Pakistan

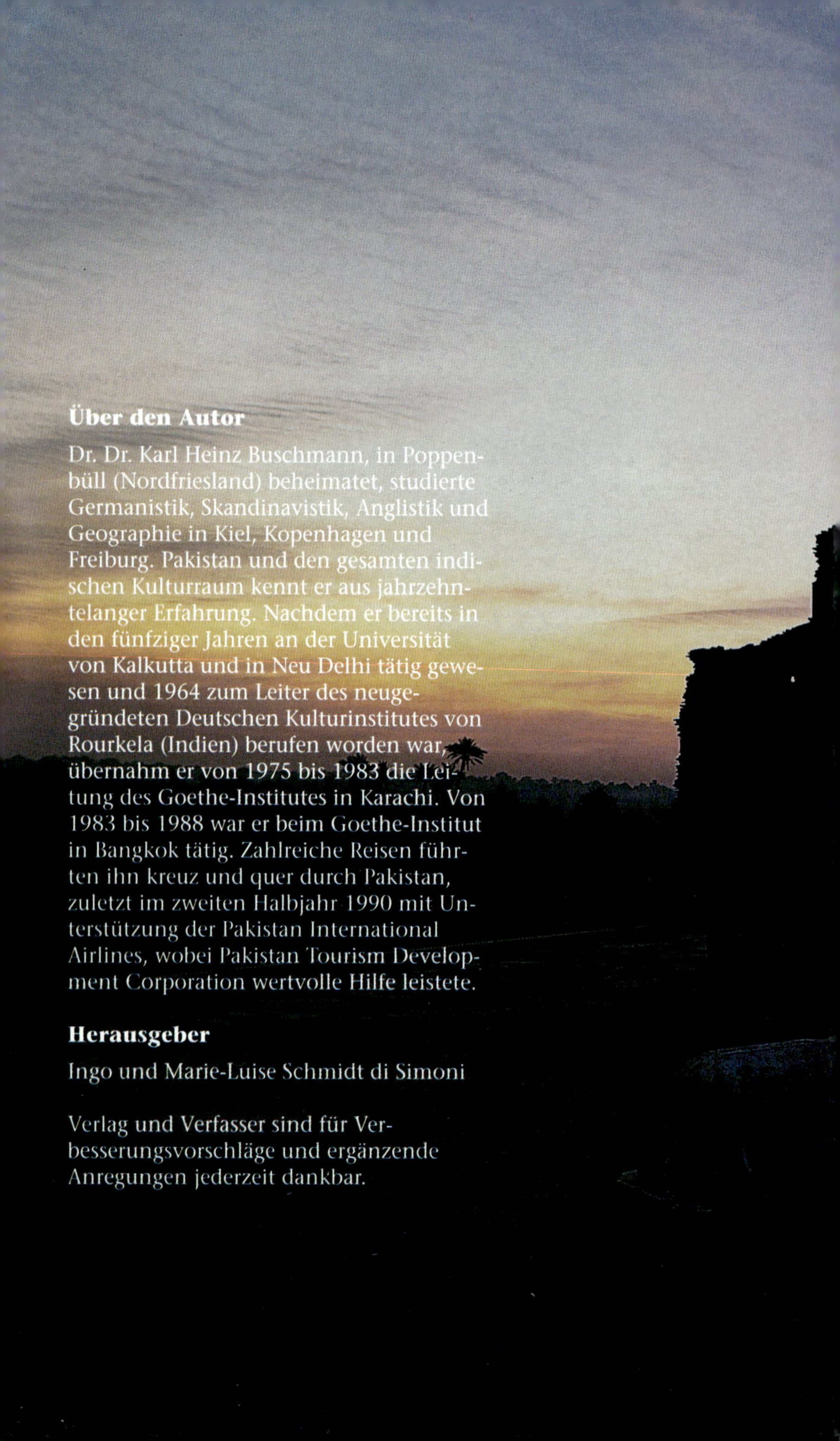

Über den Autor

Dr. Dr. Karl Heinz Buschmann, in Poppenbüll (Nordfriesland) beheimatet, studierte Germanistik, Skandinavistik, Anglistik und Geographie in Kiel, Kopenhagen und Freiburg. Pakistan und den gesamten indischen Kulturraum kennt er aus jahrzehntelanger Erfahrung. Nachdem er bereits in den fünfziger Jahren an der Universität von Kalkutta und in Neu Delhi tätig gewesen und 1964 zum Leiter des neugegründeten Deutschen Kulturinstitutes von Rourkela (Indien) berufen worden war, übernahm er von 1975 bis 1983 die Leitung des Goethe-Institutes in Karachi. Von 1983 bis 1988 war er beim Goethe-Institut in Bangkok tätig. Zahlreiche Reisen führten ihn kreuz und quer durch Pakistan, zuletzt im zweiten Halbjahr 1990 mit Unterstützung der Pakistan International Airlines, wobei Pakistan Tourism Development Corporation wertvolle Hilfe leistete.

Herausgeber

Ingo und Marie-Luise Schmidt di Simoni

Verlag und Verfasser sind für Verbesserungsvorschläge und ergänzende Anregungen jederzeit dankbar.

Pakistan

Reiseführer mit Landeskunde
von Karl Heinz Buschmann

mit 219 Fotos und Textillustrationen
sowie 40 Karten und Plänen
und einem Reiseatlas

MAI VERLAG

Die Deutsche Bibliothek – CIP-Einheitsaufnahme

Buschmann, Karl Heinz:
Pakistan : Reiseführer mit Landeskunde ; mit einem Reiseatlas / von Karl Heinz Buschmann. – 1. Aufl. – Dreieich : Mai, 1995
(Mai's Weltführer ; Nr. 25)
ISBN 3-87936-221-1
NE: GT

1. Auflage 1996

Anschrift: Mai Verlag,
Quellenweg 10, D-63303 Dreieich
Tel. 06103/62933, Fax 64885
Umschlaggestaltung, Typographie
und Layout: Gunter Czerny
Satz und Lithografie: PME, Gesellschaft
für Print- und Medienentwicklung mbH,
Kist bei Würzburg
Karten und Pläne: © Verlag Haupka & Co.,
Bad Soden
Druck und Verarbeitung: Verlag Haupka & Co.,
Bad Soden
Lektorat: Ute Hehr
Printed in Germany

ISBN 3-87936-221-1

Das Farbleitsystem

Teil 1: Landeskunde

Trekkingtouren im Hindukusch und im Karakorum

Informationsteil

Pakistan von A bis Z

Karten und Pläne

TURKMENISTAN
AFGHANISTAN
IRAN
PAKISTAN
BALUCHISTAN
Baluchistan
Rigestan
Chagai Hills
Central Makran Range
Central Brahui Range
Kirthar Range
Toba Kakar
Arabian Sea
Mashhad
Sarachs
Torbat-e Heydariyeh
3020
Torbat-e Jam
Tayebad
Gonabad
Ghoryan
Zendejan
Herat
Kushka
Qal' a-ye Nau
Darya-ye Morghab
Maimana
Mazar-e Sharif
Ajbadsh
Sar-e Pol
Pol-e Cho
Bamyan
5143
Koh-i Baba
Chaghcharan
Pangab
Meidan
Ghazni
Shindand
Birjand
2886
4182
3787
Farah
Farah Rud
Gereshk
Qandahar
Qalat
Lashkargah
Zabol
Zaranj
Rud-e Helmand
Chaman
Pishin
Quetta
3575
Zargun
Zahedan
Mirjaveh
Chagai
2462
Malik Naro
Nushki
Mastung
Sibi
Kalat
4042
Khash
Iranshahr
2093
2108
Kuhak
Panjgur
Khuzdar
2479
Mehrabpur
Jacobabad
Shahdadkot
Kambar
Larkana
Mehar
Dadu
Sehwan
Indus
Bela
Kech
Turbat
1580
Konarak
Chah Bahar
Jiwani
Gwadar
Pasni
Ormara
Qazi Ahmad
Sakrand
Dureji
Jhimpir
Bholari
Hyderabad
Karachi
Gharo
Thatta
Mirpur Sakro
Sujawal
Jati
2
A01
A76
A77
A78
13
25
50
65
5
172
362
828
482
950
562
175
690
364
504
304
102
222
62
Übersichtskarte Pakistan
0
100
200
400 km

CHINA
INDIA
NORTH WEST
FRONTIER PROV.
PUNJAB
unter pakistanischer Hoheit
unter indischer Hoheit
Aksai Chin
unter chinesischer Hoheit
Kaschmir
Karakorum
Hindukusch
Himalaya
Siwalik Range
Thar Desert
Rann of Kutch
7708 Tirich Mir
7885 Disteghil Sar
7788 Rakaposhi
8611 Mt. Godwin Austin (K2)
8126 Nanga Parbat
7672
7138
7026
7756
7817 Nanda Devi
Chahabad
Faizabad
Taleqan
Chitral
Kalam
Asadabad
Mahamud-e' Eraqi
Besham Qala
Bat Khela
Mingora
Takht-i-Bhai
Mardan
Charsadda
Tarbela Res.
Mansehra
Sawabi
Jalalabad
Landi Kotal
Peshawar
Nowshera
Attock
Parachinar
Kohat
Wah Cantonment
Haripur
Taxila
Abbottabad
Muzaffarabad
Murree
ISLAMABAD
Rawalpindi
Fatehjang
Hangu
Thal
Lachi
Talagang
Bannu
Kalabagh
Daut Khel
Isa Khel
Musa Khel
Chakwal
Jhelum
Mangla Res.
Nurpur
Malakwal
Mianwali
Hadali
Gujrat
Lala Musa
Sialkot
Jammu
Karimabad
Gilgit
Thalpan
Skardu
Srinagar
Pampore
Anantnag
Baramula
Wular Lake
Uri
Punch
Akhnoor
Udhampur
Kishtwar
Leh
Bangong Co
Kathua
Chamba
Tandi
Hanse
Dalhousie
Dharmsala
Manali
Kulu (Sultanpur)
Pathankot
Gurdaspur
Mandi
Sundanagar
Rampur
Simla
Uttar Kashi
Chandigarh
Dehra Dun
Lakki
Tank
Kulachi
Dera Ismail Khan
Piplan
Khushab
Kalur Kot
Darya Khan
Bhakkar
Sargodha
Shahpur
Wazirabad
Hafizabad
Daska
Narowal
Gujranwala
Lallian
Shekhupura
Kamoke
Dhariwal
Amritsar
Hosiarpur
Chiniot
Lahore
Jaranwala
Luliani
Kasur
Kapurthala
Jullundur
Phagwara
Ludhiana
Harike
Moga
Zira
Firozpur
Jagraon
Kharar
Faisalabad
Gojra
Jhang Sadar
Karor
Leiah
Taunsa
Shorkot
Kamalia
Okara
Renala Khurd
Ahmadpur Sial
Chichawatni
Sahiwal
Pakpattan
Dipalpur
Kot Kapura
Jaito
Muktsar
Khanna
Patiala
Ambala
Kabirwala
Khanewal
Dera Ghazi Khan
Multan
Mandi Burewala
Arifwala
Bahawalnagar
Abohar
Malout
Barnala
Sangrur
Bhawanigarh
Karnal
Yamunanagar
Narendranagar
Haridwar
Saharanpur
Deoband
Najibabad
Muzaffargarh
Shahr Sultan
Dunyapur
Lodhran
Chistian Mandy
Ganganagar
Maur
Tohana
Narwana
Shamli
Muzaffarnagar
Bijnor
Jampur
Alipur
Rajanpur
Uch
Bahawalpur
Hanumangarh
Sirsa
Fatehabad
Jind
Panipat
Meerut
Amroha
Moradabad
Mithankot
Rojhan
Ahmadpur East
Yazman
Fort Abbas
Anupgarh
Hansi
Sonepat
Rohtak
DELHI
Ghaziabad
Hapur
Chandausi
Rampur
Bareilly
Khanpur
Rahimyar Khan
Sadiqabad
Mirpur Mathelo
Bikaner
Dungargarh
Ratangarh
Churu
Jhunjhunun
Rewari
Gurgoan
Faridabad
Bulandshahr
Budaun
Bawal
Khurja
Aligarh
Deshnoke
Nokha
Ladnu
Didwana
Kot Putli
Palwal
Hathras
Etah
Fatehgarh
Alwar
Mathura
Mainpuri
Rajgarh
Bharatpur
Agra
Firozabad
Phalodi
Nagaur
Kuchaman
Bandikui
Pokaran
Jaisalmer
Phulera
Jaipur
Gangapur
Bari
Dholpur
Etawah
Bhind
Karauli
Merta
Ajmer
Malpura
Gwalior
Lashkar
Orai
Jodhpur
Bilara
Nasirabad
Tonk
Sawai Madhopur
Samthar
Datia
Balotra
Pali
Beawar
Shivpuri
Jhansi
Barmer
Devgarh
Bhilwara
Bundi
Kota
Alipura
Umarkot
Raj Samund
Baran
Mithi
Sirohi
Nathdwara
Chittaurgarh
1722 Guru Sikhar
Pindwara
Udaipur
Nimbahera
Rampura
Jhalawar
Guna
Lalitpur
Thana
Disa
Abu Road
Nimach
Gandhi Sagar
Bhawani Mandi
Sironj
Banda
Palanpur
Patan
Siddhapur
Mandasor
Agar
Rajgarh
Sagar
Radhanpur
Himatnagar
Kabul
Indus
Sutlej
Ganga
Sind (Indus)
1052
521
387
3513

Landesnatur und Bevölkerung

Lage und Größe

Die Islamische Republik Pakistan erstreckt sich zwischen dem 24. und 37. nördlichen Breitengrad und dem 61. westlichen und 77. östlichen Längengrad vom Arabischen Meer bis hinauf zu den Hochgebirgen Zentralasiens. Das Land umfaßt eine Fläche von 803 943 km^2; im Vergleich zur Bundesrepublik Deutschland ist Pakistan also mehr als doppelt so groß. Seine Ausdehnung von Südwesten nach Nordosten beträgt rund 1500 km, im Süden besitzt es 800 km Küste. Im Westen grenzt Pakistan an den Iran, im Nordwesten an Afghanistan, im Nordosten an die VR China und im Osten an Indien. Mit Ausnahme der südwestlichen Provinz Belutschistan, die zu Vorderasien gerechnet wird, liegt das Land geographisch gesehen am Rande der Großregion Südasien.

Erst 1947 als islamischer Vielvölkerstaat gegründet, gliedert sich Pakistan in vier große Provinzen, eine Hauptstadtprovinz mit dem Zentrum Islamabad und sechs kleinere Stammesgebiete. Die Provinzen Sind und Belutschistan liegen an der südlichen Landeshälfte, die Nordwest-Grenzprovinz, der Punjab sowie die Hauptstadt Islamabad im Norden und die Stammesgebiete im nordwestlichen Grenzgebiet.

Landschaft

Zwei gegensätzliche Landschaftsformen bestimmen das Profil Pakistans: Tiefland und Hochgebirge. Die Tiefebene des Flusses Indus mit seinem weitverzweigten Stromsystem nimmt im Süden als Kernland mehr als ein Drittel der Oberfläche ein. Im Norden riegeln die Gebirgszüge von Himalaya-Ausläufern und Hindukusch dieses Tiefland von Zentralasien ab. Drei weitere geographische Regionen gestalten das kontrastreiche pakistanische Relief: Im Westen ragen die Randketten des Irani-

Einer der breiten Arme des in der südpakistanischen Tiefebene weitverzweigten Indus

schen Hochlands mit dem Sulaiman-Gebirge bis zu 3400 m hoch auf, südwestlich davon breitet sich die Belutschistan-Hochebene aus, und weiter im Landesinneren begrenzt die Salzkette (Salt Range) den oberen Induslauf mit einem zusammenhängenden Gebirgsbogen. Das Potwar-Plateau, eine Ebene mit Höhen zwischen 300 und 650 m, liegt nördlich der Salzkette.

Die Indusebene

Der Indus ist mit einer Gesamtlänge von fast 3200 km der längste Strom Südasiens. Von seinem altindischen Namen *Sindhu* leitet sich die Bezeichnung »Indien« (= das Land hinter dem Indus) für den gesamten Subkontinent ab. Der Fluß entspringt im südlichen Tibet, durchquert das Himalaya-Gebirge und bahnt sich noch im Hochgebirge einen Weg in südwestlicher Richtung, die er bis zu seiner flachen Deltamündung beibehält. Nachdem er die Gebirgsketten im Norden durchbrochen hat, wird er zu einem Tieflandstrom mit geringem Gefälle. Im Nordteil dieses Tieflandes bildet er zusammen mit seinen Nebenflüssen den so-

Der sich seinen Weg im Hochgebirge bahnende Indus

Die von krassen Gegensätzen bestimmte Bergwelt des Himalaya

genannten Punjab – das »Fünfstromland« (von persisch punj ab – fünf Wasser). Diese von Nordosten kommenden Nebenflüsse – Jhelum, Chenab, Ravi, Sutlej und Beas, der bereits auf indischem Gebiet in den Sutlej mündet – prägen eine alte Kulturlandschaft mit flachen Schwemmlandtälern, die nur durch niedrige (10–15 m), ursprünglich trockene Erhebungen, die *Doabs* (persisch: Land zwischen zwei Wassern), voneinander getrennt werden. Um eine intensive landwirtschaftliche Nutzung der Punjab-Region zu ermöglichen, wurden hier seit der zweiten Hälfte des 19. Jh. zahlreiche Bewässerungskanäle angelegt. Weiter im Süden vereinigen sich die Flüsse zum Panjnad und münden wenig später in den Indus.

Damit beginnt die untere Indusebene mit der historischen Region Sind. Im weiteren Verlauf nimmt der Fluß nur noch unbedeutende Nebenflüsse auf und durchquert eine weite monotone Aufschüttungsebene. Wegen seines geringen Gefälles lagert er hier große Mengen Erde und Schlamm ab, was zu einer ständigen Erhöhung des Flußbettes führt und im Laufe der Jahrhunderte bei Hochwasser immer wieder plötzliche Verlaufsänderungen mit sich gebracht hat. Um das Flußbett zu stabilisieren und das Land vor Überschwemmungen zu schützen, mußten Dämme (*Bands* genannt) errichtet werden. Doch bei Dammbrüchen kann es immer wieder zu verheerenden Schäden kommen. Die Regionen links und rechts des Wasserlaufs gehören klimatisch zu den trockensten Südasiens. Im Osten macht sich die Nähe der Wüste Thar bemerkbar, die sich bis weit nach Indien hinein erstreckt. Im nördlichen Teil besteht sie aus einer Sandwüste, während in ihrem südlichen Teil Felsen, durchsetzt mit rund 400 kleinen und größeren Salzseen *(Dhauds),* vorherrschen. Im Westen schiebt sich das Hochland von Belutschistan an die Flußebene heran. Rund 150 km vor der Küste des Arabischen Meeres beginnt das Mündungsgebiet des Indus, der sich in mehrere Arme aufteilt. Dieses riesige Delta – größer als das des Nils – besitzt eine fast 200 km lange Küstenlinie. Es besteht aus Sand- und Schlickbänken sowie Mangrovensümpfen, an die sich im Südosten eine weite Salzwüste anschließt. Anhand alter Land-

Die Verbindung von Kultur und Wasser kennzeichnet den Punjab, das Fünfstromland Pakistans

Die weite Wüstenlandschaft des Quetta-Tals in der Hochebene Belutschistans

Die Königsgräber in Chaukandi gehören zu den vielen Sehenswürdigkeiten in der seit alters her kulturell hochstehenden Provinz Sind

Der Ausblick auf die Bergwelt um den Biafo-Gletscher vermittelt einen begreiflichen Eindruck vom »Dach der Welt«

karten erkennt man, daß sich das Delta durch die im Wasser mitgeführten Schwebstoffe ständig vergrößert hat. Viele Küstensiedlungen mußten daher im Laufe der Jahrhunderte aufgegeben werden.

Salzkette und Potwar-Plateau

Im Norden wird die obere Indus-Ebene durch die Salzkette (Salt Range) begrenzt, welche sich von den afghanischen Gebirgen in östlicher Richtung bei Kalabagh über den Indus erstreckt. Dieser verläßt bei Attock (zwischen Peshawar und Rawalpindi/Islamabad) das Hochgebirge und durchquert das Potwar-Plateau und die südlich davon

Der durchs gleichnamige Tal rauschende Swat

gelegene Salzkette. Die Salzkette verläuft dann nördlich vom Flusse Jhelum in nordöstlicher Richtung. Dieses durchschnittlich nur 680 m hohe Gebirge, das aber auch maximale Höhen von 1600 m erreicht, ist für Geologen ein wahres Museum. Hier finden sich Gesteinsablagerungen, die noch aus dem Erdaltertum stammen. An Bodenschätzen treten neben Kohle und Gips auch Steinsalzlager auf, die dem Gebirge seinen Namen gaben. Das mit Höhen von 300 bis 650 m niedrigere und landschaftlich abwechslungsreiche Potwar-Plateau nördlich der Salzkette wird von den Flüssen Haro und Sohan, die in den Indus münden, durchquert. Bergrücken und Mulden wechseln mit Bergresten aus Urgestein, Moränenhügeln aus der Eiszeit und tiefen Einschnitten ab.

Das nördliche Hochgebirge

Die drei mächtigen Gebirgszüge Hindukusch, Karakorum und Himalaya treffen in einem spitzen Winkel im Norden Pakistans zusammen; man nennt dieses Gebiet deshalb auch Pamir-Knoten (persisch *pai-mir:* Fuß der Bergspitzen), die Bergbewohner gaben dieser Region den Namen *Bam-i-Dunya* – Dach der Welt.

Unter den Gebirgen, die sich dort aneinanderdrängen, erstreckt sich der Hindukusch in westsüdwestliche Richtung und erreicht mit dem Gipfel des Tirich Mir (7 708 m) seine höchste Erhebung. Als Ostgrenze des Hindukusch wird allgemein das Durchbruchstal des mächtigen Indus-Flusses angesehen, doch sind die Übergänge in dieser Hochgebirgsregion so fließend, daß einige Forscher einzelne Regionen westlich des Indus bereits zum Nordwest-Himalaya zählen. Dies trifft insbesondere für das berühmte Swat-Tal (S. 283) zu.

Der Himalaya, das höchste Gebirge der Erde, bildet in einem langen, nach Süden vorgeschobenen Bogen die Grenze zwischen Süd- und Zentralasien. Die niederen Vorketten im Süden sind nach den Bergen Pir Panjal und

Der 8126 m hohe, immer wieder die besten Bergsteiger herausfordernde Nanga Parbat

Lowarai benannt. Das westliche Ende mit dem gewaltigen, seine Umgebung weit überragenden Gneismassiv des Nanga Parbat (8 126 m) vereinigt sich im Gebiet von Swat, Yasin und Chitral mit dem Hindukusch. Vom Durchbruchstal des Indus bis hinauf zur Nanga-Parbat-Spitze beträgt der Vertikalabstand über 7 000 m. Es ist die größte relative Höhendifferenz, die auf der Erde zu verzeichnen ist. Die Gipfel sind mit Gletschern bedeckt; weiter unterhalb folgt ein Vegetationsgürtel mit Wäldern und Almwiesen. Talwärts breiten sich bis zum Flußbett dann nur noch kahle Felsen aus. Die Südwand des Nanga Parbat, die höchste Wand aller Gebirge, ist so steil, daß sich an ihr kein Gletscher festsetzen kann. Bereits 1895 hatte der Engländer Alfred Mummery versucht, den Nanga Parbat als ersten Achttausender überhaupt zu bezwingen. Das Vorhaben mißlang. Mummery, der zu den besten und erfahrensten Bergsteigern seiner Zeit gehörte, blieb mit seinen beiden Trägern verschollen. 1932 mußte eine deutsche Expedition den Plan, den Nanga Parbat zu erklimmen, nach einem plötzlichen Schlechtwettereinbruch mit Schneestürmen aufgeben. 1934 kamen vier von neun Bergsteigern einer deutsch-österreichischen Gruppe beim Versuch, den Gipfel zu bezwingen, ums Leben. Zwei der Bergsteiger hatten im Unwetter, ohne es zu ahnen, einen Punkt 50 m unter dem Vor- und 241 m unter dem Hauptgipfel erreicht. Erst 19 Jahre später, 1953, gelang die Erstbesteigung durch Hermann Buhl, Mitglied einer deutsch-österreichischen Expedition. Doch auch nach dieser Leistung zieht der Nanga Parbat immer noch viele Bergsteiger in seinen Bann.

Der Karakorum (Schwarze Mauer) schließt sich als Transhimalaya-Gebirge von Nordwesten nach Südosten dem Himalaya-System im Norden an, mit dem zusammen er eine breite Anschwellung bildet. Der Hauptkamm des westlichen Karakorum mit dem Distaghil Sar (7885 m) als höchster Erhebung sinkt auf 40 km Länge kaum unter 7 000 m ab. Wie eine Mauer überragt er die Tallandschaften von Hunza

Die gewaltige Silhouette des 8 047 m hohen Broad Peak am Ende des Shigar-Flußtales

und Nagar und den etwa 60 km langen Batura-Gletscher. Er ist eines der großartigsten, höchsten, aber auch unwirtlichsten Gebirge der Erde. Nirgendwo sonst auf der Welt gibt es eine so große Ansammlung von atemberaubenden Gipfeln, unter ihnen der Godwin Austin (K-2 oder Dapsang), der mit 8 611 m als zweithöchster Berg der Erde gilt (Mount Everest offiziell 8 848 m, lt. Neuvermessung 1987 jedoch 8 872 m). Am Ende des Shigar-Flußtales, nur 30 km von Skardu entfernt, erheben sich allein drei der insgesamt vierzehn Achttausender, die es auf der Welt gibt: Hidden Peak oder Gasherbrum I

Jeden Frühling erblüht in den Tälern des unvergleichbar vereisten Karakorums eine verblüffend reiche Vegetation

Die höchsten Gipfel in Pakistans Gebirgswelt

Bergname	Höhe	Gebirgszug
K-2 (Mount Godwin Austin)	8611 m	Karakorum
Nanga Parbat	8126 m	Himalaya
Hidden Peak (Gasherbrum I)	8068 m	Karakorum
Broad Peak	8047 m	Karakorum
Gasherbrum II	8035 m	Karakorum
Gasherbrum III	7952 m	Karakorum
Gasherbrum IV	7925 m	Karakorum
Distaghil Sar	7885 m	Karakorum
Kunyang Kish	7852 m	Karakorum
Masherbrum	7821 m	Karakorum
Rakaposhi	7788 m	Karakorum
Batura I	7785 m	Karakorum
Kanjut Sar	7760 m	Karakorum
Saltoro Kangri	7742 m	Karakorum
Trivor	7720 m	Karakorum
Tirich Mir	7708 m	Hindukusch
Chogoliza	7654 m	Karakorum
Shispare (Batura)	7619 m	Karakorum
Skyang Kangri	7544 m	Karakorum

(Leuchtender Berg, 8068 m), Broad Peak (8047 m) und Gasherbrum II (8035 m). Siebentausender gibt es unzählige. Viele dieser namenlosen Giganten sind noch nie von einem Bergsteiger erklommen worden. Der majestätische K-2-Gipfel blieb ein Jahr länger als der Nanga Parbat unbezwungen. Erst 1954 gelang es zwei Italienern, den Berg zu besteigen. Im August 1977 waren eine japanische, im September 1978 eine amerikanische und im Juli 1979 eine deutsch-italienisch-österreichische Expedition erfolgreich. Der japanischen Gruppe hatte sich auch der 34jährige Hunzakut Ashraf Aman angeschlossen; er war damit der erste Pakistani, der die Spitze erklomm. Der Hidden Peak (Gasherbrum I) wurde erstmals 1958 von einer amerikanischen Expedition bezwungen. Erst 17 Jahre später konnten die Südtiroler Reinhold Messner und Peter Habeler diese Leistung wiederholen. Frühere Versuche italienischer, französischer und deutscher Alpinisten (1934, 1936, 1954) hatten nicht zum Erfolg geführt. Amerikanische und japanische Bergsteiger setzten 1957 bzw. 1958 als erste ihren Fuß auf die Spitze des Broad Peak. Franzosen waren 1978, nach einem Fehlschlag im Jahre 1976, erfolgreich. Auch beim Gasherbrum II liegt die Erstbesteigung noch nicht lange zurück: Nur zwei österreichische Expeditionen, 1956 und 1978, sowie eine französische im Jahr 1975 gelangten bisher auf den Gipfel.

Der landschaftliche Charakter des Karakorum ähnelt den trockenen, vegetationslosen Nordabhängen des Himalaya. Die Gletscher am Südabhang der Hochgebirge zählen zu den größten und längsten der Erde. Auf der Nordseite des Hauptkammes erreichen die bis zu 3 km breiten und mehrere hundert Meter dicken schuttbeladenen Eismassen des Batura-Gletschers eine Länge von 56 km. Der Pasu als zweitgrößter und die Ghulkin-Gletscher schließen sich an. Alle drei stoßen fast bis an den Hunza-Fluß vor. Von den Polarregionen abgesehen, existiert auf der Erde kein Gebiet, das so

Auffahrt zum Khyber-Paß, dem uralten Übergang zum indischen Subkontinent

vereist und vergletschert ist wie der Karakorum! Aber trotzdem gibt es in den besiedelten Karakorum-Tälern sowie im Hindukusch und Himalaya mit seinen Vorgebirgen Täler mit üppiger Vegetation und einer unerwarteten Blumenpracht im Frühling. Tannen, Fichten und sogar Obstbäume mit Äpfeln, Pfirsichen und Aprikosen sowie Walnußbäume wachsen dort.

Die westlichen Randgebirge

Während der Hindukusch im Norden von Schnee- und Eismassen bedeckt ist und sich Gletscher tief in die Täler hinab erstrecken, verliert er in Richtung Süden den Charakter eines extremen Hochgebirges und läuft schließlich in einer Reihe von Gebirgsketten strahlenförmig zum Kabul-Fluß aus. Zwischen den Bergzügen fließen die Flüsse Swat, Punjkora und Chitral-Kunar. Sie münden in den Kabul-Fluß, der wiederum dem Indus zufließt. Südlich von Kabul verläuft der geschichtsträchtige Khyber-Paß, das alte Einfallstor zum indischen Subkontinent. Die anschließenden westlichen Randgebirge, die sich durch eine starke und komplizierte Faltung auszeichnen, erreichen in den hohen, schroffen und zerrissenen Sulaiman-Ketten nochmals ansehnliche Höhen. Der Hauptgipfel Takht-i-Sulaiman (Thron des Sulaiman) mißt 3 440 m. Davor liegen parallele Bergrücken, welche durch Längstäler abgeschlossen und von schluchtartigen Quertälern durchbrochen sind. Regenfälle sind hier selten; die Landschaft ist fast vegetationslos. Gelegentlich richten jedoch Sturzbäche große Erosionsschäden an und führen in den Niederungen zu Überflutungen. Wo allerdings Wasser ständig vorhanden ist, gedeihen Feigen, Pfirsiche, Aprikosen, Kirschen, Oliven, Pistazien und Weintrauben in den niederen Tälern und Hochebenen, wie z. B. auf der 1 710 m hohen Ebene von Quetta (Belutschistan).

Am Südende der Sulaiman-Kette verlaufen die Bugti- und Marri-Berge von Nordwesten nach Südosten. Hauptfluß dieses Gebiets ist der Bolan. Der berühmte Paß, der dem Tal dieses

Arbeiter bei der Anlage eines Karez-Tunnels im Hochland Belutschistans

Flusses folgt und auch seinen Namen trägt, verbindet Quetta, die Provinzhauptstadt Belutschistans, per Bahn und Straße mit der Hafenstadt Karachi. Das Kirthar-Gebirge schließlich begrenzt die untere Indus-Ebene nach Westen bis zum Arabischen Meer. Die Flüsse Hab und Lyari, die bei Karachi ins Meer münden, entwässern den südlichen Teil dieses Berggebiets.

Das Hochland von Belutschistan

Westlich vom Sulaiman- und Kirthar-Gebirge erhebt sich auf etwa 600 m Höhe die ausgedehnte, unwirtliche Belutschistan-Hochebene, die im Westen weit in den Iran hineinreicht. Zum Norden, nach Afghanistan hin, wird sie durch die Chagai-, Toba- und Kakar-Berge begrenzt und von kahlen Bergketten durchzogen. Zwischen diesen liegen überwiegend trockene Senken und Salzseen. Der ganze Nordwesten dieser Region ist Wüste, der Nordosten größtenteils gebirgig, selbst die Küste zum Arabischen Meer vor dem Makran-Gebirge gilt als unangenehmer, glühend heißer Landstrich. Die wenigen Flüsse führen oft nur zur Regenzeit Wasser, so daß die wenigen Ortschaften mit Dattelkulturen wie Oasen erscheinen. Ab und zu kann man an Abhängen die Spuren der sogenannten *Karez*-Tunnel erkennen, die Teil eines Bewässerungssystems sind, das auch im Iran angewendet wird. Diese Tunnels, die gerade groß genug sind, daß ein Mann hindurchkriechen kann, werden in den Geröllkies getrieben, bis man das Grundwasserreservoir erreicht. Dazu werden enge, zumeist mit Röhren ausgelegte Schächte in einem Abstand von 10 bis 30 m entlang der geplanten Tunnellinie in den Hang gegraben. Die Endpunkte dieser Schächte werden unter der Erde miteinander verbunden und ergeben den Tunnel, durch den das Wasser an einer tiefergelegenen Stelle an die Oberfläche geleitet wird und so für die Bewässerung genutzt werden kann. Der Bau solcher Karez ist eine langwierige, schwere und mühevolle Arbeit, dieauch heute noch immer ohne irgendwelche maschinelle Hilfe bewältigt wird.

Belutschi-Musikanten an der Makran-Küste

Aufforstung gehört zum staatlichen Rekultivierungsprogramm der fruchtbaren Ebenen Zentralpakistans

Der größte Teil Belutschistans ist für den Feldanbau überhaupt nicht geeignet und bietet Ziegen und Schafen nur hier und dort Nahrung. Makran ist das trostloseste Wüstengebiet des noch wenig erschlossenen Belutschistans. Diese Landschaft aus bröckeligem Gestein, feindlicher noch als eine Sandwüste, vermittelt den Eindruck einer durch nichts unterbrochenen Öde und Leere. Während diese Region dennoch für den Besucher aus Europa faszinierend sein kann, hat sie für die wenigen Menschen, die hier wohnen, weniger Reize. Sie leben unter sehr schweren Bedingungen, zum Teil in großem Elend. Von der Provinzhauptstadt Quetta abgesehen, ist Belutschistan für den Touristen schwer zugänglich.

Klima

Pakistan hat subtropisch-kontinentales Klima mit heißen Sommern und kühlen Wintern. Belutschistan und das Indus-Tiefland bilden eines der größten Trockengebiete des indischen Subkontinents. Der wichtigste Regen ist der sommerliche Südwest-Monsun (Juni–August), der allerdings nur dem Gebirgsvorland im Norden wirklich beachtliche Niederschlagsmengen beschert. Die nördlichen und nordwestlichen Landesteile erhalten außerdem durch zyklonale Luftströmungen Winterregen. Im Küstengebiet ist die jährliche Niederschlagsmenge dagegen gering, sie beträgt etwa 100 bis 200 mm; dafür herrscht dort durchgehend eine hohe Luftfeuchtigkeit. Gegen Nordosten nehmen die Niederschläge langsam zu, bis sie im Himalaya-Vorland 900 bis 1000 mm erreichen. Diese Menge reicht aus, um Felder zu bestellen, die allein vom Regen bewässert werden. Da die sommerlichen Monsunregen mit der Schneeschmelze im Himalaya zusammenfallen, überschwemmen Hochwasser häufig die Indus-Ebene und den Punjab.

Hinsichtlich der Temperaturen wird es auf der Erde kaum ein Gebiet gleicher Größe geben, das so große Gegensätze aufweist wie Pakistan. Im Ja-

nuar dürften die Nordhänge der Hochgebirge zu den kältesten Regionen der Welt zählen. An der Karakorum-Himalaya-Gebirgsbarriere kommen die eiskalten arktischen Winde allerdings nicht vorbei. Unterhalb des Gebirgsgürtels gibt es strahlend-klare Winternachmittage. Nach Sonnenuntergang kann die Temperatur in Orten wie Peshawar, Quetta und Rawalpindi dann aber rasch unter den Gefrierpunkt absinken. Im Juli sieht das Bild völlig anders aus. Einige Orte im Innern Pakistans zählen dann zu den heißesten der Erde, z. B. Jacobabad in Sind mit zuweilen 50 °C. Diese Stadt und die fast ebenso heißen Orte Hyderabad und Multan liegen im offenen Flachland, in dem glücklicherweise stets eine leichte Brise weht. Bezeichnend für diese Temperaturen ist ein Märchen, das davon erzählt, daß in der Hölle einst ein Mann auffiel, der vor Kälte zitterte und nach einer Decke verlangte – er kam aus Multan. Eine noch unerträglichere schwüle Hitze herrscht im Sommer in Orten wie Sibi, Bhag und Gandawa in Belutschistan, die von Bergen umgeben sind und daher im Windschatten liegen. Hier steht die Luft, keine Brise bringt Erleichterung. Teile der Thar-Wüste östlich der Indus-Ebene bleiben jahrelang ohne Regen.

Flora

Pakistans Pflanzenwelt ist nicht übermäßig abwechslungsreich. Die Trockenheit in den Steppen und Halbwüsten läßt nur karge Vegetation zu. Eine Ausnahme bilden die nördlichen Hochgebirgszonen, wo oberhalb 1 000 m dichte Nadelwälder wachsen. In den westlichen Gebirgsketten finden sich verschiedentlich Trockenwälder. Die natürlichen Wälder, die einst große Gebiete Pakistans bedeckten, sind hemmungslos gerodet worden. Mit 3,8 % der Gesamtfläche des Landes ist der Waldanteil viel zu gering. Besonders wichtig sind daher Aufforstungen, wie z. B. in den bewässerten Gebieten südwestlich von Lahore, denen weitere Rekultivierungen folgen sollen.

Die ursprüngliche Vegetation in den Ebenen ist je nach Lage entweder südmediterran oder saharo-sindisch. Das Pflanzenkleid entspricht dort dem der immerwarmen Wüsten und Halbwüsten, die sich als südmediterrane nordafrikanisch-vorderasiatische Trockenzone von der Küste des Atlantischen Ozeans über ganz Nordafrika, Arabien, die inneren Teile von Iran und Belutschistan, Sind bis zur Wüste Thar erstrecken.

Auf den nicht kultivierbaren Flächen wachsen ausdauernde Hartgräser und dorniges Gestrüpp, das von Ziegen und Schafen niedriggehalten wird. Während die sandigen Halbwüsten am Unterlauf der Flüsse baumfrei sind, entwickelt sich bei steigender Niederschlagsmenge ein spärlicher Baumwuchs, der dann in einen offe-

nen regengrünen und halbimmergrünen Dornenwald übergeht. Bei über 600 mm Regenmenge kann unter günstigen Bedingungen eine geschlossene Bewaldung entstehen. Wenn dann die »Flamme des Waldes« (Butea monosperma) genannte Hülsenfrucht kurz vor Laubaustrieb ihre rote Blütenpracht entfaltet, verwandelt sich der Dornenwald in eine leuchtende Fläche.

In feuchteren Schonungen werden Maulbeer- und Shisham-Bäume (Dalbargia Sissu) angepflanzt. Der Maulbeerbaum ist wichtig für die Sportindustrie: Aus seinem Holz werden Tennisschläger, Schlaghölzer für Kricket u.ä. produziert. Die Blätter dienen als Nahrung für die Seidenraupenzucht. Shisham findet als Bauholz Verwendung und eignet sich gut zur Möbelherstellung. Shisham- und Babulbäume (Acacia arabica), die die Flußufer säumen, sind auch beliebte Brennholzlieferanten. Die Borke des Babulbaumes wird außerdem für die Gewinnung von Gerbsäure genutzt.

Als Kulturpflanzen werden in den Feuchtgebieten Bananen, Guaven und Mangos angebaut, ebenso die einheimische Dattelpalme, deren Früchte zwar ungenießbar sind, deren Blüten jedoch angezapft werden und Toddy, einen zuckerreichen Saft, liefern. An Kanälen und Straßen stehen schattenspendende Baumreihen, darunter Eukalyptus-, Pipal- und die bei uns als »Würgerfeige« bekannten Banyanbäume. Die Mündungsarme des Indusdeltas werden von Mangrovenwäldern gesäumt, die mit ihren Stelzwurzeln auch im Salzwasser gedeihen können.

Die Berggebiete von Belutschistan sind sehr trocken. An den seltenen Quellen, die von untergründigen Wasserarmen gespeist werden, befinden sich Oasen, in denen Zitrusfrüchte, Weintrauben, Melonen, Pfirsiche, Aprikosen, Mandeln, Granatäpfen, Birnen, Kirschen und Pflaumen wachsen. Die Winter sind hier sehr kalt, es fällt jedoch nur selten Schnee. In den Hochlagen ist der Boden fast ohne Vegetation. Vereinzelt trifft man in den Tälern auf kleine Pistazienhaine oder auf Weiden- und Tamariskengruppen. Die wenigen Zedern bilden wegen der Trockenheit besonders dicke Stämme aus. Ihr Bestand ist wegen des großen

Die bis in hohe Lagen aufgeforsteten Wälder des Hunza-Tales führen zu eindrucksvollen Kontrasten von Grün, Weiß, Blau

Frühlingswiese im Hunza-Tal

Bedarfs an Bau- und Brennholz stark dezimiert worden.

Die Pflanzenwelt im Himalaya ist von den Regenfällen des Sommermonsuns abhängig. Das regelmäßige Auftreten von Winterfrösten und Schneefall läßt nur widerstandsfähige Vegetation zu, die in großen Höhen weitgehend vom Wasser der Schneeschmelze genährt wird. In den Tälern beginnt in Lagen ab 600 m eine forstwirtschaftlich wichtige Bewaldung: Kiefernwälder (Pinus roxburghii) bewachsen die steilen Berghänge bis zu 1700 m Höhe. Darüber sind Koniferen (Pinus wallichiana) und Eichen (Quercus incana) anzutreffen. Der wertvollste Baum ist die mächtige Himalaya-Zeder (Cedrus deodara), eine nahe Verwandte der Libanon-Zeder. Auf guten Böden gedeihen noch Reste gemischter Wälder mit immergrünen Eichen (Quercus baloot), Akazien (Acacia modesta) und Ölbäumen (Olea cuspidata). Wegen der Fülle wilder Oliven hat man auch versucht, in den Tälern die europäische Olive zu kultivieren, bislang allerdings ohne Erfolg.

Auch im nordwestlichen Gebirgsland Pakistans breiten sich wirtschaftlich bedeutende Nadelholzwälder aus. Sie wachsen an Hängen, die nicht kultiviert werden können, und sind z. B. für die Landschaft rund um den Erholungsort Murree (S. 188) und in den Bergtälern *(Gallies)* bis zur Stadt Abbottabad ein charakteristischer Anblick. In den Tälern der Flüsse Swat, Kaghan und Chitral bilden diese Koniferenwälder unterhalb der Schneegrenze einen zusammenhängenden Waldgürtel. An Hängen, die reichlich Regen erhalten, gedeihen Himalaya-Tanne (Abies webbiana), Himalaya-Fichte (Picea morinda) und Feuchtkiefer (Pinus excelsa). Trockenkiefer (Pinus gerardiana) und Himalaya-Zeder benötigen weniger Feuchtigkeit. Laubwälder, durchsetzt von Kastanien- und Walnußbäumen, sind in den Tälern und an schattigen Hängen zu finden. Oberhalb der Baumgrenze und unterhalb der alpinen Matten wachsen Rhododendronsträucher, Wacholder, Rosen, Geißblatt, Stachel- und Himbeeren sowie Krüppelweiden und Edelweiß. Die inneren Gebirgsketten haben den Charakter einer Hochsteppe. Selbst oberhalb der Schneegrenze ist aber an steilen Südhängen, die keine Schneedecke tragen, noch vereinzelt Pflanzenwuchs festzustellen. Im Karakorum-Gebiet sind das bei über 5 800 m die höchsten Planzenwuchsstellen der Welt.

Fauna

Die pakistanische Tierwelt hat sich in den letzten 100 Jahren stark verändert. Einige Tierarten wie Elefant und Tiger sind ganz verschwunden, andere sind stark zurückgegangen. Dafür gibt es verschiedene Gründe: Einmal wurden die Lebensräume der Tiere verwandelt, z. B. durch die Urbarmachung der Steppengebiete im Punjab und Sind oder durch die Rodung der alten Baumbestände im Indus-Delta. Im Umkreis großer Bevölkerungs- und Industriezentren ist ebenfalls eine Veränderung der natürlichen Umwelt zu beobachten. Hinzu kommen die verheerenden Auswirkungen der Jagdleidenschaft von Ausländern und Einheimischen. Ob nun Vergnügen oder Profitstreben (Tierhäute und Felle sind beliebte Exportartikel) den Raubbau fördern, ist beim Resultat gleichgültig. Viele Tiere, die heute ganz ausgerottet sind, waren die natürlichen Feinde von Schädlingen, die sich dadurch wieder stärker verbreiten können. Die pakistanische Regierung bemüht sich seit etwa 20 Jahren, Jagdschutzgebiete und Nationalparks einzurichten.

Blüte des Flaschenkürbisbaumes

In den Bergen Belutschistans und in den Randgebieten der Provinz Sind kann man vereinzelt noch Steinböcke beobachten. Die selten gewordenen Wölfe und Leoparden sind die einzigen Feinde dieser wendigen Tiere, die auch steile Berghänge behend überqueren. Zusammen mit dem Wildschaf ist der Steinbock ein begehrtes Jagdwild und daher inzwischen selten geworden. Auch die Zahl der blaugrauen Antilopenart Nilgai hat stark abgenommen. Obwohl die Tiere recht massig wirken, bewegen sie sich mit großer Schnelligkeit. Wegen ihrer Vorliebe für Feldfrüchte haben die pakistanischen Bauern jedoch dafür gesorgt, daß diese Antilope ebenfalls fast ausgerottet ist.

Im Hochgebirge leben wilde Bergziegen, Wildschafe und der Jak, ein Grunzochse, der sich durch seine mächtig entwickelten Atmungsorgane und das herabwallende dunkle Haar dem Hochlandklima angepaßt hat. Zu den Bergziegen gehören die Schraubenziegen mit schraubenförmigen langen Hörnern und einem mähnenartigen Brust- und Nackenbehang. Zusammen mit den Wildschafen müssen sie sich die unteren Lagen ihres natürlichen Lebensraumes mit Hausziegen und Schafen teilen. Nur die seltenen Marco-Polo-Schafe, die noch in höchsten Lagen grasen, sind von diesem

Wettbewerb ausgenommen. Kaum noch anzutreffen sind Schneeleoparden, Luchse, Leopardkatzen und Steinmarder, deren Felle sehr begehrt sind und die deshalb den professionellen Jägern zum Opfer fielen.

Wildschweine sind dagegen in Pakistan fast schon im Übermaß vorhanden. Da der islamische Glaube den Genuß von Schweinefleisch verbietet, zählen sie für die Bevölkerung nicht zum jagdbaren Wild. Nicht-Muslime können sich allerdings ein schmackhaftes Wildschweingericht bereiten, wenn sie jemanden finden, der das erlegte Tier sofort fachgerecht zerlegt und abtransportiert. Da es an Jägern und natürlichen Feinden mangelt, vermehren sich die Wildschweine beträchtlich und richten großen Schaden in landwirtschaftlich genutzten Gebieten an. Für den Abschuß dieser Tiere werden Prämien ausgesetzt.

Als Lasttiere werden Esel und Kamele gehalten. Besonders häufig sieht man das einhöckrige Dromedar, das charakteristische Tier der Ebenen, Steppen und Wüsten, die es dank seiner Genügsamkeit und Ausdauer besser durchschreiten kann als andere Tiere. Hyänen, die sich von Aas ernähren, finden sich überall in der Indus-Ebene. ihr Geschrei ist nachts ein vertrautes Geräusch.

Groß ist die Zahl der Schlangen, von denen einige sehr giftig sind. Ihr Hauptfeind ist der Mungo, eine kleine Schleichkatze. Kämpfe zwischen Kobra und Mungo sind in den Dörfern als spannende Unterhaltung beliebt und werden an einigen Orten auch als Touristenattraktion veranstaltet. Mungos besitzen ein dickes Fell, das sie wie eine Flaschenbürste aufrichten können. Damit sind sie besser als andere Tiere vor Schlangenbissen geschützt. Sie sind jedoch nicht dagegen immun, wie immer wieder behauptet wird. Der kleine Mungo besiegt die Schlange allein durch sein geschicktes Ausweichen; die Schlange hat keine Möglichkeit zuzuschlagen und ermüdet daher rasch. Der Mungo jagt auch Füchse, Wiesel und Marder und frißt schädliche Nagetiere.

Vielfältig ist die Vogelwelt Pakistans, auch wenn einige Arten vom Aussterben bedroht sind. Falken, Habichte, Bussarde und Adler leben von Kleinwild. Das lange Zeit beliebte Fangen und Abrichten von Falken wurde durch die pakistanische Regierung stark begrenzt; für die Ausfuhr dieser Raubvögel verlangt sie jetzt hohe Gebühren. Als Käufer pakistanischer Falken treten in der Regel Scheichs aus den arabischen Golfstaaten auf. Milane und besonders Krähen haben sich den veränderten Umweltbedingungen gut angepaßt. In den Städten und Siedlungen spielen sie die Rolle der Gesundheitspolizei. Spechte, Rebhühner, Schwalben, Fliegenschnäpper, Steinschmätzer, Würger, Lerchen, Sittiche, Kiebitze, Raben und Tauben gehören ebenso zur Fauna Pakistans. In den Tälern und Waldungen unter- und oberhalb der Schneegrenze sind Ammern, Nußhäher, Schneekrähen, Amseln, Rotschwänzchen, Zaunkönige, Stieglitze, Elstern, Drosseln, Bachstelzen, Rebhühner und wilde Pfauen zu Hause. In großen Höhen kreisen Bart- und Lämmergeier.

Viele Arten von Wasservögeln leben an den zahlreichen Flüssen und Seen. Zu ihnen zählen Wild-, Tafel-, Spieß- und Krickenten, Reiher, Flamingos, Kormorane, Lauf-, Stelz- und Watvögel. Auch Wasser- und Stelzenläufer, Schlangenhalsvögel, Regenpfeifer und kleine Rotschenkel kann man beobachten. Pelikane sind dagegen selten geworden. Frösche und Kröten gibt es im Überfluß, ebenso Schmetterlinge, Käfer und schöne Schnecken. Rüsselkrokodile (Gaviale) sind wegen ihres wertvollen Leders begehrte Jagdobjek-

Schafherde auf dem Karakorum Highway

Lastkamele beim Einsatz im Swat-Tal

te und kaum noch anzutreffen. Mit etwas Glück kann man am Strand von Karachi auch Riesenschildkröten beobachten (vgl. S. 143).

Vom Aussterben bedroht ist der blinde Delphin, der im Indus und in den Flüssen Chenab, Jhelum und Ravi seinen Lebensraum besitzt. Diese Tiere wurden von ihrem ursprünglichen Lebensbereich in den Küstengewässern abgeschnitten und mußten sich im trüben Flußwasser zurechtfinden. Diese neue Umgebung wirkte sich unterschiedlich auf die Sinnesorgane aus: Das Auge verkümmerte infolge der schlechten Lichtverhältnisse – der blinde Delphin vermag nur Hell und Dunkel zu unterscheiden und die Richtung des Lichteinfalls zu erkennen –, das Gehör ist dagegen sehr verfeinert und gleicht den Mangel an Sehvermögen aus. Ausgewachsen erreicht der Indus-Delphin eine Länge von 2 m und ein Gewicht von maximal 60 kg. Da der Flußdelphin normalerweise von den Menschen nicht gefangen wird und keine natürlichen Feinde hat, sind die Voraussetzungen für ein Fortbestehen dieser Art recht günstig. Es gibt aber eine zahlenmäßig geringe Fischerkaste, die Jabbars, deren Angehörige Delphinfleisch essen und dem aus dem Tran dieser Tiere gewonnenen Öl besondere Heilkraft zuschreiben. Seit 1972 ist dieses Tier geschützt; der 150 km lange Flußlauf des Indus zwischen dem Sukkur- und Gudu-Stauwerk ist zum »Indus-Delphin-Reservat« erklärt worden. Eine von der International Union for the Conservation of Nature and Natural Resources (IUCN) und dem World Wildlife Fund (WWF) finanzierte Projektgruppe hatte 1977 auf der 150 km langen Strecke nur noch

170 Exemplare der blinden Delphine gezählt.

Bevölkerung

Die letzte Volkszählung in Pakistan 1981 ergab eine Einwohnerzahl von 83,79 Milllionen. Mit gegenwärtig 128 Mill. Einwohnern bei einer Steigerungsrate von 3,1 % jährlich zählt Pakistan zu den neun bevölkerungsreichsten Ländern der Erde. Die Geburtenrate hat sich zwar von 45 je 1000 Einwohner im Jahre 1947 auf 43,3 verringert, doch ist die Säuglingssterblichkeit merklich zurückgegangen und die Lebenserwartung gestiegen. Bevölkerungsdienste, die die Bevölkerung mit Geburtenkontrolle und Familienplanung vertraut machen könnten, sind noch unterentwickelt und decken nur ein Drittel des Landes ab. Das schnelle Anwachsen der Bevölkerung ist eines der größten Probleme der pakistanischen Regierung und eine kaum zu bewältigende Herausforderung an die wirtschaftliche Leistungsfähigkeit des jungen Staates. Im Indus-Tiefland ist die Bevölkerungsdichte am größten; dort leben drei Viertel aller Pakistanis. Die Wüsten im Sind, das Hochplateau Belutschistans und die westlichen Randgebirge sind dagegen fast menschenleer. 28 % der Menschen leben in den großen Städten wie Karachi mit 7,56 Mill., Lahore mit 3,95 Mill., Peshawar mit 1,13 Mill., Quetta oder Islamabad mit je ca. 0,5 Mill. Einwohnern (Stand 1989).

Pakistans Bevölkerung besteht aus zahlreichen Volksgruppen von unterschiedlicher ethnischer Herkunft. Sie sprechen verschiedene Sprachen, die meist indoeuropäischen und iranischen Ursprungs sind. Punjabi sprechen 66,4 %, Sindhi 12,6 %, Pashto 8,5 %, Urdu 7,6 % und Belutschi 2,5 % der Bevölkerung. Die Sprachgrenzen fallen weitgehend mit den ethnischen Grenzen zusammen. Lebensart, Kleidung und Sitten sind in den einzelnen Landesteilen sehr unterschiedlich.

Die heterogene Zusammensetzung der pakistanischen Einwohnerschaft hat historische Ursachen. Pakistan war im Laufe der Jahrtausende immer wieder Durchgangsland für aus dem Westen kommende Völker. 2500 v. Chr. kamen arische Eroberer, auf die sich Nordinder und viele Pakistanis als Stammeltern berufen; 600 v. Chr. waren es persische Einwanderer; arabische Völkerschaften kamen zu Beginn des 8 Jh. n. Chr. ins Land. Die verschiedenen Rassen vermischten sich untereinander und mit den Ureinwohnern. In Karachi und an der Makran-Küste von Belutschistan sind sogar Nachkommen von Negersklaven anzutreffen. Die Mischung dieser Rassen ergab eine bunte Vielfalt von Menschentypen, die sich besonders stark in Karachi bemerkbar macht.

Die im Punjab lebenden und Punjabi sprechenden Bewohner machen den Großteil der pakistanischen Bevölkerung aus. Rund 48 Millionen leben in dieser fruchtbaren Region, die sich bis Indien fortsetzt. Die *Punjabi* sind von schwerer, kräftiger Gestalt und arbeiten überwiegend in der Landwirtschaft. Ihre handwerklichen und kriegerischen Fertigkeiten sind berühmt. Im Gegensatz zu anderen Bevölkerungsgruppen spielt bei ihnen die Stammesorganisation keine Rolle. Die Gemeinschaft ist stark nach sozialen Hierarchien gegliedert, die sich auf das Sippengefüge stützen. Zahlreiche Großgrundbesitzer und Militärs aus dem Punjab sind aufgrund ihres Clan-Zusammenhalts zu einflußreichen Kräften in der pakistanischen Politik geworden. Nicht umsonst wird den Punjabi nachgesagt, daß sie Tüchtigkeit und Organisationstalent mit einem etwas rauhbeinigen Naturell vereinen. Das ist der Grund, weshalb sie

Muslimischer Punjabi in Lahore

bei einigen ihrer Landsleute nicht sehr beliebt sind.

Die *Sindhi* in der Südprovinz sind kleiner und feingliedriger als die Punjabi. Sie gelten als besonders friedliebend, gastfreundlich und herzlich. Die Frauen sind bekannt für ihre schlanken Taillen und ihr langes, dichtes Haar. Ihre Sprache ist wie das Punjabi indoarischen Ursprungs. Auch hier bestimmt die Gliederung in soziale Gruppen die gesellschaftliche Struktur. Die Sindhi arbeiten als Bauern, Fischer und Handwerker. Ihr markantestes Kleidungsstück ist ein ca. 5 m langes rotblaues Baumwolltuch, das die Männer als Turban, Jacke oder Schal benutzen. Die Frauen verwenden einen farbigen, oft mit schöner Stickerei verzierten Schal für Kopf und Schultern.

Auf pakistanischem und afghanischem Gebiet liegt die Heimat der *Pathanen*, die das iranische Pashto sprechen. Diese kriegerischen Stämme, die in Afghanistan Paschtunen genannt werden, leben in der Nordwest-Grenz-

Sindhi-Frau mit ihrem für Sindhi typischen rotblauen Baumwolltuch

Kalash-Frau, das charakteristische, mit Kaurimuscheln verzierte schwarze Kopftuch tragend

provinz und im nördlichen Belutschistan. Ihre anscheinend unbezähmbare Kampfeslust hat schon der antike Geschichtsschreiber Herodot konstatiert: Die Stämme befehden sich häufig untereinander, auch die Blutrache gehört zu ihrem Ehrenkodex. Einige Pathanenstämme leben als Nomaden in Zelten und züchten Pferde, Schafe, Kamele, Ziegen und Rinder. Die seßhaften Stämme bauen Dörfer, die wie Festungen aussehen. Pathanen sind oft groß und stattlich gebaut, sie haben eine helle Haut und nicht selten blaue Augen; auffällig ist die markante Nase. Die Männer tragen Turban oder Filzkappe und zur weiten Hose eine Strickweste. Gewehr und Patronengürtel führen sie immer mit sich. Rund eine Million der sechs Millionen pakistanischen Pathanen leben in Karachi, andere arbeiten dort nur vorübergehend und kehren später zu ihrer Familie zurück.

Hauptsächlich in und um Karachi und im Punjab leben rund 8 Mill. indische Muslime, deren Muttersprache das Urdu ist. Als Indien 1947 unabhängig wurde und durch Teilung ein Hindu- und ein Muslimstaat entstanden, flüchteten sie aus ihrer Heimat ins westliche Pakistan.

Die etwa 2 Mill. freiheitsliebenden und zähen *Belutschen* sind Indoarier, die eine eigene, dem Iranischen verwandte Sprache sprechen. Als Nomaden oder Halbnomaden, die etwas Landwirtschaft betreiben, sind sie stammesrechtlich organisiert. Sie sind schlank, jedoch nicht so groß wie die Pathanen und haben eine dunklere Hautfarbe. Die Männer lassen sich traditionsgemäß Bart und Haare wachsen. Die Frauen tragen sehr oft rote Kleidung mit Spiegelstickerei.

Etwa 300 000 *Brahui* leben ebenfalls in Belutschistan. Sie sind die Nachfahren der drawidischen Urbevölkerung, die von den arischen Eroberern verdrängt wurde. Obwohl sich die mittelgroßen Brahui stark mit den Belutschen vermischt haben, sind die beiden Gruppen Rivalen geblieben.

Das nordwestliche Bergland umfaßt ein Gebiet, in dem kleine Volksgruppen in fast völliger Abgeschiedenheit leben; sie haben sich ihr altes Brauchtum und selbständige Sprachen bis heute bewahren können. An der afghanischen Grenze findet sich eine Gemeinschaft von 3000 *Kafiren*, die erst im 19. Jahrhundert zum Islam bekehrt wurden. Sie sprechen eine dardische Sprache indoarischen Ursprungs. Die Kafiren vermischen noch heute den islamischen Glauben mit heidnischen Bräuchen, z.B. im Totenritual. Die Frauen tragen weite Wollkleider; den Kopf schmücken sie mit einem langen schwarzen Tuch, welches das Gesicht frei läßt und mit Schneckenhäusern, weißen Muscheln und Metallstückchen verziert ist.

Im Karakorum liegt die Heimat von rund 30000 Ismaeliten, Anhänger einer muslimischen Sekte, die in Pakistan *Hunzakuts* genannt werden – ein Name, der sich von ihrem ehemaligen Fürstentum und dem Fluß Hunza, der das Tal durchfließt, ableitet. Die Hunzakuts wurden berühmt als »Volk ohne Krankheit«, das sich von Früchten, Gemüse und Getreide ernährt, großen Wert auf Hygiene legt und das Zusammenleben harmonisch gestaltet. Die Hunzakuts leben auf der Sonnenseite des Tales; auf der anderen Seite weiter südlich leben die verwandten *Nagar*. Beide Völker stehen sich ablehnend gegenüber, wobei die unterschiedliche Religionszugehörigkeit eine Rolle spielt: Die Nagar sind muslimische Schiiten.

Hunzakuts in ihren Trachten auf der Sonnenseite des Hunza-Tales

Geschichte

Steatitbüste des bärtigen königlichen Priesters von Mohenjo-Daro

Die Indus-Kultur

Da Pakistan bis 1947, dem Jahr der Unabhängigkeit und Teilung Indiens, nie ein selbständiger Staat war, sondern immer zum indischen Subkontinent gehörte, kann man seine Geschichte nur mit Mühe in chronologischer Abfolge darstellen. Der indische Kulturraum war zu allen Zeiten in viele Reiche zersplittert, von denen jedes einzelne eine eigene historische und kulturelle Entwicklung durchlebte. Große Fürstentümer und Kleinstaaten bestanden oft mehrere Jahrhunderte nebeneinander, bis die Grenzen durch interne Kriege oder durch asiatische und europäische Eroberer verändert wurden.

Der Vielvölkerstaat Indien und der islamische Vielvölkerstaat Pakistan blicken also auf eine gemeinsame Geschichte zurück, die bereits vor 5000 Jahren mit der berühmten Indus-Kultur ihren ersten Höhepunkt erreichte. Funde in Belutschistan weisen sogar noch weiter in die Vergangenheit zurück. Dort stießen Archäologen auf Reste von Siedlungen, in denen Gebrauchskeramiken mit Ornamenten und Tierbildern angefertigt wurden. Die Architekturfragmente zeigen Häuser mit Kammern, die auf Fundamenten aus Lehmziegeln ruhen.

Die Überreste der Indus-Kultur, die zu den vier ältesten Kulturen der Menschheit gezählt wird, wurden eher zufällig entdeckt: Beim Bau der Indus-Eisenbahnlinie stießen britische Ingenieure 1922 auf gewaltige Massen von Ziegeln, in denen Archäologen die Reste uralter Städte erkannten. Als erstes wurde Harappa – daher auch der Name Harappa-Kultur – freigelegt, anschließend die besser erhaltene Stadt Mohenjo-Daro. Die beiden Ausgrabungen, die Einblick in das Leben der ersten städtischen Siedlungen der Welt gestatten, liegen heute auf pakistanischem Gebiet: Mohenjo-Daro am unteren Flußlauf des Indus in der Provinz Sind, die Harappa-Ruinen weiter nördlich im Punjab in der Nähe des Indus-Nebenflusses Ravi. Sie sind jedoch nicht die einzigen Zeugen jener hochentwickelten Kultur mit vermutlich drawidischem Ursprung, die von 2500 bis 1500 v. Chr. in der Indus-Ebene blühte und von den Forschern mit den Zivilisationen im Niltal und in Mesopotamien verglichen wird. Anhand der verarbeiteten Materialien ordnet man sie dem Übergang von der Jungsteinzeit zur Kupfer-Bronzezeit zu. Kunst-

und Gebrauchsgegenstände, Schmuckstücke, Waffen und Statuen aus Kupfer und Bronze zeigen einen hohen Grad handwerklichen Könnens. Daneben fand man auch Gegenstände aus Stein und Ton, während Objekte aus Eisen und Glas völlig fehlen. Man schätzt, daß das alte Mohenjo-Daro rund 40 000 Einwohner hatte. Die Stadtanlage war nach gut durchdachten Plänen erbaut; »Reihenhäuser« aus Ziegelsteinen säumten die Hauptstraßen, die durch schmale Gassen untereinander verbunden waren und im rechten Winkel aufeinander trafen. Die Anlage der Straßen orientierte sich an den Himmelsrichtungen. Funde weisen darauf hin, daß Straßenreinigung, Müllabfuhr sowie ein erstaunlich gutes Kanalsystem und kunstvolle Badeeinrichtungen existierten.

Überraschend ist die Tatsache, daß die Archäologen bislang keine Tempelanlagen fanden. Auch die auffallend durchrationalisierte Bauweise und die fehlenden Verzierungen an den Häusern weisen darauf hin, daß die Menschen im Indus-Tal damals mehr damit beschäftigt waren, eine Kultur zu entwickeln, die den klimatischen und ökologischen Bedingungen dieser Landschaft angepaßt war. Die große

Gemmenartiges Siegel mit dem Halblrelief eines Einhorns aus der Harappa-Kultur

Teil der erst zu einem Viertel entschlüsselten Bilderschrift aus Mohenjo-Daro

Menge gebrannter Ziegel und Darstellungen von Tieren, die einen feuchteren Lebensraum bevorzugen, deuten darauf hin, daß zur Blütezeit der Indus-Kultur ein regenreicheres Klima bestand und genügend Holz vorhanden war. Die Bewohner der Stadt lebten von der Landwirtschaft des Umlandes. Baumwolle, Weizen, Gerste und Datteln waren die Hauptprodukte, mit denen die Bewohner der Stadt einen lukrativen Handel trieben. Serien von exakt gearbeiteten Gewichtssteinen weisen auf eine genaue Regelung des Geschäftsverkehrs hin. Siegel mit Tierdarstellungen und Schriftzeichen wurden vermutlich als Warenzeichen benutzt. Sie bestehen aus kleinen gemmenartigen Specksteinplättchen, in die im Halbrelief Tierbilder, vor allem das indische Rind, aber auch Elefanten und verschiedene Mischwesen, hineingeschnitten wurden. Tiere scheinen auch eine wichtige Rolle in der Religion gespielt zu haben. Einige Plättchen tragen Inschriften, die kaum entziffert werden konnten und bis heute ihr Geheimnis bewahren. Die Entschlüsselung wird durch den Umstand erschwert, daß die Fundstücke in der Regel nur fünf bis sechs, im Höchstfall 21 Symbole aufweisen. Erst 1983 gelang es dem amerikanischen Anthropologen Walter Fairservis, etwa ein Viertel der bisher bekannten 419 Schriftzeichen zu deuten. Seine nicht nur in Fachkreisen als Sensation beglückwünschte Leistung beruht auf dem Nachweis einer Verwandtschaft zwischen der Symbolik der Harappa-

Schrift und Frühformen der Drawiden-Sprache, die heute noch in Südindien gesprochen wird. Die bisher vorliegenden Deutungen lassen erkennen, daß die Gesellschaft der Indus-Kultur von Handelsherren, Gildemeistern und Grundbesitzern, darunter auch Frauen, bestimmt wurde. Hinweise auf religiöse Riten und Glaubensvorstellungen fehlen bislang aber immer noch.

Für den Niedergang und das Verschwinden der Kultur des Indus-Tales um 1500 v. Chr. werden in erster Linie Überfälle der aus dem Norden eindringenden Arier, aber auch Überschwemmungen des Indus und Klimaveränderungen mit nachlassenden Regenfällen verantwortlich gemacht.

Der fastende, einer nach dem 6. Jh. v. Chr. einzuordnenden Epoche Mohenjo-Daros entstammende Buddha

Die Invasion der Arier

Etwa in der Mitte des 2. Jahrtausends v. Chr. eroberten hochgewachsene, hellhäutige Nomaden die Ebenen Nordwestindiens. Sie hatten ihre Bergweiden und Steppen in Zentralasien verlassen, um im Süden neuen Lebensraum zu suchen. Diese Hirtenvölker, die sich Arya (Arier), »die Edlen«, nannten, verdrängten die Urbevölkerung, die dunkelhäutigen Drawiden. Unsere Kenntnisse über Leben und Sitten der Arier verdanken wir den »Weden«, vier großen Büchern, in denen arische Priester in poetischer Form ihren Glauben, ihre Kultur und ihre Zeit beschrieben. Im ersten Buch, dem »Rigweda«, lassen Hymnen Rückschlüsse auf die sozialen Verhältnisse zu, die bei den Ariern vorherrschten; genaue historische Anhaltspunkte fehlen jedoch. In den Weden wird z. B. auch »Sapta Sindhava«, die Indus-Ebene, gepriesen, andere Textstellen schildern die Vernichtung großer städtischer Siedlungen, was auf die Zerstörung der Harappa-Kultur deuten könnte. Geschichtlich erwiesen ist diese Annahme allerdings nicht.

In ihrer Anfangszeit war die arische Zivilisation mit einer Vielzahl von kleinen Königreichen noch frei von starren sozialen Unterschieden, wie sie sich später in dem festgefügten System der über 2000 Kasten zeigten. Aus den ursprünglichen Lebens- und Gesellschaftsformen entwickelten sich zunächst vier Stände: Priester (Brahmanen), Krieger (Kschatria), Bauern (Vaisya), unterworfene Eingeborene und besitzlose Arbeiter (Sudra). Diese Kasteneinteilung nahm aber erst Gestalt an, als die Arier in der spätwendischen Epoche (1000–600 v. Chr.) das Zentrum ihrer Macht weiter nach Osten in die Ganges-Ebene verlagerten.

Ins 6. Jh. v. Chr. fällt das Auftreten eines Mannes, dessen Lehre für ganz

Steinfigur eines Löwen in der aus der Gandhara-Kultur stammenden Anlage von Butkara im Swat-Tal

Asien von nachhaltiger Bedeutung sein sollte: Um 560 v. Chr. wurde im heutigen Nepal der Fürstensohn Siddhartha geboren, der sich mit 29 Jahren aus dem weltlichen Leben zurückzog, um nach höherer Erkenntnis zu streben. Nach langen, mühevollen Jahren der Askese und der Meditation erlangte er die Erleuchtung und wurde fortan »Buddha« (Erleuchteter) genannt. In Benares hielt er seine erste Predigt und begann damit eine 40 Jahre dauernde Zeit der Lehre, deren Hauptinhalt der Überwindung des Leidens galt. Eine Ursache menschlicher Not sah er auch im Kastenwesen seiner Zeit, das er deshalb ablehnte. Buddhas Lehre war zunächst für die Provinzen, die das heutige Pakistan ausmachen, ohne große Wirkung, erzielte dann aber im Norden einen nachhaltigen Einfluß.

Die Gandhara-Zivilisation

Etwa von 300 v. Chr. an blühte im Nordwesten Pakistans eine einzigartige buddhistische Kultur, benannt nach dem alten Königreich Gandhara mit seiner Hauptstadt Pushkalavati, nahe der heutigen Stadt Peshawar. Diese Region wurde von verschiedenen Eroberern regiert und war fortwährend neuen Einflüssen ausgesetzt. Die großen Handelsstraßen vom südasiatischen Subkontinent bis nach Turkestan und von China bis zum Mittelmeer kreuzten dieses blühende Land.

Die Entstehung Gandharas liegt noch im dunkeln. 518 v. Chr. wird die Provinz erstmals erwähnt, als der persische König Darius (550–486 v. Chr.) hier einfiel. Die Bewohner werden als hochbegabte Künstler, Handwerker und Händler beschrieben. Ihre Heimat wurde stark in Mitleidenschaft gezogen, als der junge Makedonierkönig Alexander der Große (356–323 v. Chr.)

Buddha-Steinhalbrelief in der Ausgrabung von Butkara

das Gebiet eroberte. Später erwies sich sein Eindringen allerdings auch als segensreiche Tat. Die Griechen begannen, den Buddhismus zu verstehen und zu bewundern. Sie schufen eine neue Form der Buddha-Darstellung, die diesen erstmals in menschlicher Gestalt zeigt. Diese Zeugnisse wurden später als Gandhara-Kunst bekannt, die sich vom konventionellen indischen Stil deutlich unterscheidet. Auffallend sind die schönen, kraftvoll-harmonischen Gesichtszüge der Buddha-Statuen dieser Zeit, die deutlich von griechischen Idealen beeinflußt sind.

Seine Hochblüte erreichte Gandhara 320 v. Chr. mit der Maurya-Dynastie. Der große indische Herrscher Ashoka, der von 272 bis 231 v. Chr. regierte, bekehrte das Land vollends zum Buddhismus. Seine in Fels gehauenen Verordnungen und unzählige religiöse Bauwerke, von denen etliche noch teilweise erhalten geblieben sind, bezeugen seinen Tatendrang. Nach Ashokas Tod verfiel das Reich zusehends. Es wurde danach von Baktriern (Afghanistan/Iran), Griechen, Skythen (Südrußland), Parthern (Iran) und Kuschanern (Afghanistan/Nordwestindien) besetzt. Höhepunkt der griechisch-baktrischen Herrschaft war die Zeit Menanders (155–130 v. Chr.). Unter dem Kuschaner Kanishka (144–168 n. Chr.) nahmen Handel, Handwerk und Kunst einen neuen und letzten Aufschwung. Klöster und Universitäten wurden gegründet. Obwohl Buddha nie in dieses Land kam, wurde Gandhara von Kanishka zum heiligen Land des Buddhismus erklärt. Man vermutet, daß der Mahayana-Buddhismus, eine der beiden Hauptrichtungen dieser Religion, hier seinen Ausgang nahm.

Zahlreiche Skulpturen dieser religiösen Kunst aus Stein, Stuck und Ton sind erhalten geblieben. Im Mahayana-Buddhismus nimmt die Figur des Meisters eine zentrale Stellung ein. Die Schaffung des Ebenbilds Buddhas ist die größte Errungenschaft der Gandhara-Kunst. Es schien den Künstlern offenbar ganz natürlich, sich am klassischen Westen zu orientieren. So entstand ein neuer orientalischer Stil, der griechisch-römische Formen und buddhistische Motive vereinte. Einmal geschaffen, wurde diese Darstellungsform akzeptiert und in jedem buddhistischen Land nachgearbeitet. Die Buddha-Statuen, die hauptsächlich in Taxila (S. 190) gefunden wurden, stellen den Religionsgründer zuerst als Herrscher in prächtigen Gewändern mit den Insignien der königlichen Macht dar, später dann als Heiligen mit einfachen Gewändern und einem verklärten ernsten Gesicht, das von einem Heiligenschein gekrönt ist.

Die Gandhara-Kunst war jedoch nicht auf religiöse Aspekte begrenzt, sondern schloß sämtliche Lebensberei-

Halbrelief eines deutlich den griechischen Einfluß in der Gandhara-Kultur aufzeigenden Kopfes

che ein. Sie vermittelt ein gutes Bild von dem Leben der Leute damals, von ihrer Arbeit und ihren Zerstreuungen, von ihrer Kleidung, ihren Werkzeugen, Musikinstrumenten, Jagd- und Kriegsausrüstungen und Schmuckstücken. Ebenso dargestellt sind Musiker, Wanderer, Asketen, Ringkämpfer und sogar Diebe. Die Anfangsstadien dieser Kunst und die reiferen Formen aus der Zeit Kanishkas sind in den Museen von Peshawar, Taxila, Lahore und Karachi zu sehen. Von den Ruinen vermitteln die von Swat, Takht-i-Bahi (zwischen Peshawar und Swat) und vor allem Taxila den besten Eindruck.

Verfall des Buddhismus – Islamische Eroberung

Um die Mitte des 3. Jh. n. Chr. wurde das Kuschaner-Reich von den Sassaniden Persiens zerschlagen. Es bestand aber um Kabul im heutigen Afghanistan bis etwa 410 n. Chr. fort. Das Reich der Gupta-Kaiser, das unter Chandragupta II. 378–414 in Nordindien seinen Höhepunkt erreichte, dehnte seinen Einfluß auf das heutige pakistanische Staatsgebiet aus. Chandragupta förderte Wissenschaft und Dichtkunst und pflegte an seinem Hof die Sanskrit-Literatur. In der Gupta-Periode wurde auch der *Stupa* genannte Tempelturm entwickelt, der die religiöse Architektur in ganz Asien beeinflußte. Die Nachfolger Chandraguptas II., Kumaragupta und Skandagupta, hatten weniger Zeit für die Pflege der Kunst. Sie mußten sich der Einfälle der Hephtaliten, der türkisch-iranischen Weißen Hunnen, die sich im Punjab niederließen, erwehren. Die Hunnen-Invasionen führten zum Verfall der Gupta-Kultur und des Buddhismus, der sich mit der Auswanderung der Mönche nach Süd-, Zentral- und Ostasien verlagerte und zunächst vom Hinduismus, später dann vom Islam verdrängt wurde.

Nach dem Tode des Propheten Mohammed im Jahre 632 n. Chr. verbrei-

Klassische Form der Stupa aus der Gupta-Periode (4. bis 6. Jh.)

tete sich seine Lehre in Windeseile nach Ost und West. Arabische Heerscharen überrannten und bekehrten ganz Vorderasien und Nordafrika und drangen unter General Muhammad Ibn Qasim um 712 n. Chr. über Belutschistan zum unteren Indus-Tal in die Provinz Sind vor. Mit der neuen Religion wurde die Grundlage für die spätere Entstehung Pakistans gelegt. Die Araber beschränkten sich zunächst auf die Errichtung von Handelsniederlassungen, weitere Vorstöße in den Punjab gelangen ihnen noch nicht. Multan, die Stadt des Sonnentempels und das Tor zum Fünfstromland, blieb für einige Jahrhunderte die Grenze ihres Herrschaftsbereichs.

Politisch folgenreicher waren die muslimischen Invasionen vom Norden her, die nicht von den Arabern, sondern von den Türken ausgingen. Nach Auflösung des Kalifenreiches in eine Reihe von persischen, arabischen, kurdischen und türkischen Sultanaten entstand das Reich von Ghazni in Ostafghanistan (962–1186). Der bedeutendste Ghaznawide war Sultan Mahmud (998–1030), auch Mahmud von Ghazni genannt, dessen Reich sich von Lahore bis nach Samarkand (heute Republik Usbekistan) und Isfahan (Iran) erstreckte. Unter seinen Nachfolgern wurde Lahore zum Zentrum der Verwaltung und Kultur. Doch bereits hundert Jahre später mußten sie den afghanischen Ghoriden (1148–1215) weichen, die über den Punjab nach Indien vordrangen. Der von Mohammad Ghori eingesetzte Statthalter Qutbuddin Aybek, der vom Sklaven zum General aufgestiegen war, gründete nach dessen Tode 1206 die Dynastie der Mamelucken (Sklavenkönige), die erste islamische Herrscherfamilie, die in Indien regierte. Nur mit großen Schwierigkeiten konnte sie sich gegen die Mongolenscharen des Dschingis Khan, die Asien und den Osten Europas überrollten und 1221 den Indus erreichten, behaupten. Die

Eine deutlich von dem seit dem 8. Jh. herrschenden mohammedanischen Einfluß geprägte Miniatur eines Kaisers bei einer Audienz

sechs Mamelucken-Dynastien, die Khalschiden, die Tughlaquiden, die Sayyiden mit ihrem Begründer Khizr Khan, der vom mongolischen Herrscher Timur-Leng als Vizekönig von Punjab und Sind eingesetzt wurde, die Lodis und die Afghanen leiteten zur Herrschaft der Großmoguln über.

Die Mogulzeit

In die Zeit, als in Europa die Epoche der Renaissance ihre Hochblüte erreichte und in weltumspannender Expansion auch die Erkundung von Amerika und Asien mit sich brachte, fällt die Regierungszeit von Akbar (arabisch für »der Große«), der als Großmogul, Staatsmann und Feldherr zu den bedeutendsten Gestalten des Kontinents zählt. Sein Großvater war der 1483 in Fergana geborene Zehir-ed-din Muhammad, der sich später Babur (Tiger) nannte. Babur seinerseits stammte in der fünften Generation von dem berühmten Mongolenherrscher Timur-Leng (Tamerlan) ab. 1504 eroberte Babur Kabul, 1525 zog er mit seinem Heer den Khyber-Paß hinunter, und nach erfolgreichem Feldzug nahm er 1526 Delhi ein, worauf er den Titel »Kaiser von Hindustan« annahm. Baburs Reich umfaßte wenig später Afghanistan, den Punjab und die Ganges-Ebene bis an die Grenzen Bengalens; er legte den Grundstein zum Mogulreich.

Nach Baburs Tod wurde 1530 sein ältester Sohn Humayun zum neuen Kaiser gekrönt, der aber schon 1540 wieder vom Thron vertrieben wurde. Humayun floh nach Sind, der heutigen Südprovinz Pakistans, wo er Hamida Banu Begum begegnete und bald darauf zur Kaiserin machte. 1542 gebar sie ihm in Umarkot, in der östlichen Sind-Wüste, seinen Thronerben: Abdul Fath Jalahuddin Akbar. Für Humayun wandte sich bald darauf das Kriegsglück: 1545 konnte er wieder in Kabul

Miniaturgemälde von Babur, dem ersten Großmogul des indischen Subkontinents

einziehen. 1554 brach er von dieser Stadt aus zu einem großen Feldzug auf, ließ in Peshawar eine Festung errichten und bestieg nach der Überquerung des Indus und der Einnahme von Lahore erneut den Kaiserthron in Delhi. Prinz Akbar wurde zum Gouverneur des Punjab ernannt. Nach dem Tode Humayuns 1556 wurde sein damals erst dreizehnjähriger Sohn zum Mogulkaiser ausgerufen und in Lahore gekrönt. Der junge Kaiser, der seine Herrschaftsansprüche gegenüber den unabhängigen Fürsten und Sultanen Indiens erst in zahlreichen Kriegen und Feldzügen durchsetzen mußte, schuf durch eine kluge Politik, die ständige Expansion und die Errichtung einer funktionsfähigen, zentralistischen Verwaltung miteinander verband, ein gewaltiges Reich, das von Kabul über Nord- und Mittelindien bis an den Golf von Bengalen reichte. Von 1569 bis 1585 diente das von Akbar gegründete Fatehpur Sikri bei Agra in Indien als Residenz dieses Herrschers, 1587

Das Lahore-Fort, beredtes Zeugnis der Mogul-Architektur des 16. Jahrhunderts

machte er Lahore zur Hauptstadt, da er von dort aus sein Reich besser gegen Übergriffe aus dem Norden verteidigen konnte. In die Regierungszeit Akbars fällt das erste wichtige Auftreten von Europäern der Neuzeit in Indien: 1580 suchte eine portugiesische Gesandtschaft von Goa aus den Kaiser in Fatehpur Sikri auf, 1591 und 1595 besuchten ihn zwei weitere Abordnungen in seiner Residenz in Lahore.

Anfang Mai 1578 hatte Akbar ein religiöses Erlebnis, das ihn veranlaßte, eine große Jagd augenblicklich abzubrechen und ein anderes Leben zu führen. Zum Jahrestag der Geburt des Propheten, am 26. Juni 1579, verlas er selbst die Predigt, die *Khutba,* die nur am Freitag und nur in der sog. Freitagsmoschee einer Stadt gehalten werden darf. Mit dieser Geste macht er deutlich, daß er nach der politischen und militärischen Konsolidierung seines Großreichs auch zur Übernahme der geistigen Obrigkeit entschlossen war. Die *Ulema,* die islamischen Gottes- und Rechtsgelehrten, die dadurch an Einfluß verloren, mußten sich zähneknirschend fügen. Nach dem Tode Akbars, 1605, unter der Herrschaft seines Nachfolgers Jehangir traten die alten Verhältnisse wieder ein. Der von Akbar 1582 ausgerufene neue »Göttliche Glaube«, *Din Ilahi,* geriet völlig in Vergessenheit. Dem Versuch, die verwirrende Vielzahl von Sekten und Bekenntnissen zu vereinen und vor allem die Differenzen zwischen Hindus und Muslimen auszuräumen, war kein dauernder Erfolg beschieden.

Die Baukunst der damaligen Zeit dagegen offenbart sich noch heute eindrucksvoll in den Bauwerken der Hauptresidenzen der Mogulherrscher, insbesondere in der Burg, dem sog. *Fort* Lahores. Schon als Babur das Mogulreich gründete, hatte sich eine dreihundertjährige islamische Baukunst entwickelt, in der sich der turanische und iranische Spitzbogen und Kuppelbau mit dem traditionellen Stil des Subkontinents mischten. Die Bauten der Akbar-Periode weisen noch auf die Herkunft vom Holzstil hin, schräge Balken stützen die Decke. Im Sakralbau der Architektur der Mogulzeit verband sich die symbolische Form der islamischen Baukunst, die krönende Kuppel, mit dem Ideal der indischen Architektur. Die kleineren Kuppeln, welche die Fassaden der Moscheen krönen, verkörpern eine spezifische, neue Entwicklung. Der dekorative Fliesenbelag persischen Ursprungs tritt zurück und weicht dem Steinmosaik sowie teppichartigen Ornamentfeldern in gemeißeltem Flachrelief. Die Architektur der Regierungsperiode Akbars gilt als eine Übergangszeit, die über seinen Nachfolger Jehangir zur höchsten Blüte unter Kaiser Shah Jehan führte, dem Lahore seine schönsten Bauwerke verdankt.

Zu den Besonderheiten dieser Periode gehören auch die sog. Mogulgärten mit Kanälen, Wasserbecken und Fontänen, wie z.B. die Shalimar-Gärten in Lahore, die Shah Jehan um 1640 anlegen ließ. Dieser Typ eines islamischen Kunstgartens war von Babur eingeführt worden, der 1526 den ersten Mogulgarten Indiens anlegte. Die Grünflächen sind von Mauern mit hohen Zinnen umgeben. Stolze Eingangstore führen in den terrassenförmig angelegten Garten. Pavillons am Rande von Springbrunnenbassins bieten Schutz vor der Sonne.

Während seines Aufenthaltes in Persien hatte Kaiser Humayun die bekanntesten Maler dieses Landes kennengelernt. Einige von ihnen folgten ihm und entwickelten in der Folgezeit in den Residenzen von Delhi, dem südlich davon gelegenen Agra und in Lahore einen neuen Stil. So entstand die Mogulmalerei, eine Synthese turkopersischer und indischer Traditionen. Diese muslimischen Künstler hatten, da ihnen Personendarstellungen verboten waren, mit ihrer abstrakten Ornamentik einen einzigartigen Beitrag zur Weltkunst geleistet, der an Bedeutung der vollendeten griechischen Plastik nicht nachsteht. Die indische Malerei dagegen kannte keinerlei Be-

Das Chanburji-Gebäude mit Fliesenbelägen persischen Ursprungs bei den Mogulgärten

Miniatur von Großmogul Akbar auf einem Elefanten aus dem 17. Jahrhundert

schränkung in der lebendigen figürlichen Darstellung. Aus der Mischung dieser beiden Richtungen entstand die Mogulmalerei, die wiederum in der Porträtkunst gipfelte, der es in erster Linie auf die lebendige Wirkung der dargestellten Modelle ankam. Zahlreiche, in unübertrefflicher Feinheit gestaltete Miniaturgemälde und Porträtzeichnungen sind heute noch u.a. im Nationalmuseum von Karachi und im Lahore-Museum zu bewundern. Der Nachfolger Akbars war ein besonderer Förderer dieser Kunst.

Nach Akbars Tod, 1605, bestieg sein Sohn Salim im Alter von 36 Jahren als Kaiser Jehangir (Ergreifer der Welt) den Thron. Daß Jehangir (1605–1628) nach Akbar zu den bedeutendsten Großmoguln zählt, verdankt er in erster Linie seiner klugen und außerordentlich tüchtigen Frau Nur Jehan (Licht des Reiches), die über zwei Jahrzehnte die Geschicke des Reiches lenkte und ihren Mann um fast zwanzig weitere Jahre überlebte. Unter Jehangir wurde die Palastanlage im Lahore-Fort ausgebaut; er und seine Frau liegen auch in Lahore begraben.

Höhepunkt und Blüte erreichte das Mogulreich in den drei Jahrzehnten der Regierungszeit von Shah Jehan, dem »Herrn der Welt« (1628– 1658). Er festigte die Macht und Herrschaft über das Riesenreich, das seine Vorfahren in langjährigen Feldzügen und zahlreichen Schlachten erobert hatten. Er konnte sich ungefährdet seinen Interessen widmen und Bauten von hinreißender Schönheit schaffen, wie den Taj Mahal in Agra (Indien) oder die traumhaften marmornen Audienzhallen im Fort von Lahore.

Als Shah Jehan ernstlich erkrankte, brach unter den Söhnen ein Erbfolgekrieg aus, den schließlich Aurangzeb (1659–1707) zu seinen Gunsten entschied. Shah Jehan lebte noch bis 1666 und verbrachte die letzten Jahre als Staatsgefangener seines Sohnes. Der neue Kaiser und letzte bedeutende Mogulherrscher war im Gegensatz zu seinen feinsinnigen und lebensfrohen Vorgängern ein Mann von aufrichtiger Frömmigkeit, der strikt den Koran befolgte und die Gebote der islamischen Tradition beachtete. Dieser Herrscher, der sich durch großen persönlichen Mut auszeichnete, mußte zur Aufrechterhaltung der Ordnung und Verteidigung seines Reiches immer wieder zum Schwert greifen. Die Versuche dieses strenggläubigen Muslims, den Einfluß des Hinduismus auf Staatsangelegenheiten zurückzudrängen und hinduistische Beamte und Vasallen aus ihren Ämtern zu drängen, schufen ihm nicht nur Freunde. Heute gilt Aurangzeb als der letzte eigentliche Großmogul und zugleich als Begründer eines eigenständigen muslimischen Selbstverständnisses im Machtgefüge Indiens. Unter ihm erreichte das Imperium die größte Ausdehnung. Nach seinem Tode begann der Niedergang des Mogulreiches und der Muslimherrschaft. Lahore verdankt ihm die nach nur dreijähriger Bauzeit 1674 vollendete Badshahi-Moschee. Die aus rotem Sandstein und weißem Marmor gebaute Moschee ist eine der größten islamischen Gebetsstätten der Welt und gleichzeitig die letzte Glanzleistung der Mogul-Architekten.

Miniatur von Shah Jehan, dem »Architekten-Mogul«

Zerfall des Mogulreiches – Ostindische Kompanie

Die Mogulperiode dauerte nominell von 1526 bis 1858. In Wirklichkeit begann sie aber bereits 1748 mit dem Tode von Aurangzebs Nachfolger, Muhammad Shah, zu zerfallen. Danach war das Reich nur noch ein Schatten seiner selbst. Zu seiner Blütezeit von etwa 1570 bis 1712 war es ohne Frage die glänzendste und prunkvollste Periode in der Geschichte des indischen Subkontinents, die besonders in Lahore ihre Spuren hinterlassen hat.

Eine neue Invasion, die nicht wie früher über die Bergpässe im Nordwesten, sondern von der See her erfolgte, brachte eine neue Zeit. Die englische Ostindische Kompanie (East India Company) bemächtigte sich nach und nach des Landes und trat praktisch die Nachfolge des Mogulreiches an.

Die Muslime – reiche Großgrundbesitzer, ehemalige Zivil- und Militärverwalter des Mogulregimes, aber auch Bauern und Handwerker – wurden ihrer Privilegien beraubt, vom ersten Platz verdrängt und auf eine drittrangige Position verwiesen.

Die englische Handelsgesellschaft beherrschte nicht nur wirtschaftlich das Land, sondern wurde mehr und mehr auch zur einflußreichsten politischen Macht. Die Nachfolger von Warren Hastings, den der Großmogul 1774 zum ersten Generalgouverneur ernannt hatte, eroberten in den folgenden Jahrzehnten weite Gebiete Indiens. Die besetzten Territorien wurden entweder direkt der britischen Verwaltung unterstellt oder indischen Fürsten übergeben, die durch besondere Verträge der britischen Krone verpflichtet waren.

Ab 1835 folgte dann eine Phase der inneren Reformen, die von humanitären Gedanken Großbritanniens geprägt waren. Das britische Bildungssystem wurde eingeführt, die englische Sprache verbreitet, die Abschaffung der Witwenverbrennung proklamiert und den Indern Aufstiegschancen im neuen Herrschaftssystem zugesichert. Doch zunächst begannen die Briten mit weiteren territorialen Expansionen. 1843 annektierten sie die Provinz Sind im heutigen Südpakistan, drei Jahre später wurde das Reich der Religionsgemeinschaft der Sikhs im Punjab unterworfen. Als die Teilprovinz Oudh in der Nähe von Delhi besetzt wurde, kam es 1857/58 zu einem bewaffneten Aufstand, in dem unzufriedene, meist muslimische Soldaten der britisch-indischen Armee zusammen mit der entmachteten muslimischen Oberschicht gegen die Briten kämpften. Die Revolte war jedoch schlecht organisiert und blieb auf Nordindien beschränkt. Den Briten gelang es daher, den Aufstand in wenigen Monaten niederzuschlagen, aber dennoch wurde daraufhin die Ostindische Kompanie aufgelöst und Indien direkt der britischen Krone unterstellt; der Generalgouverneur bekam 1858 den Titel Vizekönig, 1877 nahm die englische Königin Victoria den Titel »Kaiserin von Indien« an. Diese Niederlage traf die indischen Muslime härter als die Hindus. Ihre Chancen, unter den neuen Herrschern ihren Status wahren zu können, wurden noch geringer. Die 1857 getroffene Entscheidung, Persisch als Kultur- und Verwaltungssprache abzuschaffen und durch das Englische und Regionalsprachen zu ersetzen, nahm der muslimischen Mittel- und Oberschicht ihre traditionellen Bildungsgrundlagen und Kommunikationsmöglichkeiten.

Rückbesinnung und Erneuerung

1875 gründete Sayyid Ahmed Khan (1817–98) das Muhammedan Anglo-Oriental College in Aligarh in der Nähe von Delhi, aus dem später die berühmte Muslim-Universität erwuchs. Damit hatte er die Grundlage für eine Selbstbesinnung und zukunftsorientierte Ausrichtung der muslimischen Bevölkerung Indiens gelegt. Er ermutigte seine Glaubensbrüder, nicht zu resignieren und in der Orthodoxie zu verharren, sondern statt dessen lieber mit Hilfe der englischen Sprache die modernen Naturwissenschaften zu studieren. Er strich die Gemeinsamkeiten heraus, die Christen und Muslime gegenüber den Hindus mit deren Vielgötterei und dem Kastensystem verbinden. Die in Aligarh erzogene westlich orientierte, politisch aufgeweckte und freiheitsbewußte Elite bildete das Rückgrat des späteren Pakistan. 1885 wurde der Indische Nationalkongreß (Indian National Congress) mit britischer Hilfe und auch mit der Unterstützung etlicher Muslime gegründet. Ziel dieser Organisation war es, eine stärkere Beteiligung und Selbstbestimmung der Bevölkerung in politischen Belangen zu erreichen. Sayyid Ahmed Khan beteiligte sich nicht an dieser Bewegung, die später zum Motor der Unabhängigkeit Indiens wurde. 1887 warnte er auch seine Glaubensbrüder öffentlich vor einer Mitarbeit. Begründung für diesen Schritt waren seine Zweifel, ob es in einem unabhängigen Indien ein gleichberechtigtes Nebeneinander von Hindus und Muslimen geben könne, was ihm angesichts der Differenzen zwischen beiden Religionen mehr als ungewiß erschien. 1906, acht Jahre nach seinem Tod, wurde die Muslim-Liga (Moslem League) als eigenständige Vertretung der Interessen der Muslime in Indien gegründet. Diese Organisation versuchte in den folgenden Jahrzehnten, die Interessen der muslimischen Minderheit wahrzunehmen, ohne sich von der Politik des Indischen Nationalkongresses dominieren zu lassen.

Pakistan – ein neues Selbstbewußtsein entsteht

Dennoch dauerte es noch einige Zeit, bis innerhalb der Muslim-Liga die Idee eines unabhängigen muslimischen Staates aufkeimte. Oberstes Ziel waren zunächst die Beendigung der Kolonialherrschaft und der Versuch, in diesem Prozeß und in dem eventuell daraus entstehenden Machtvakuum die islamischen Interessen zu wahren. Die Idee eines eigenen Staates wurde erstmals 1930 von dem großen Dichter Muhammad Iqbal (S. 101) formuliert.

Muhammad Iqbal, der große Dichter Pakistans, der erstmals die Idee eines eigenen islamischen Staates auf dem indischen Subkontinent aussprach

In seinen Überlegungen ging er davon aus, daß Indien zwei Nationen, Hindus und Muslime, beherberge, die jeweils einen eigenen Weg gehen sollten und sich eine eigene Heimat schaffen müßten. 1933 tauchte dann erstmals die Bezeichnung »Pakistan« für die Provinzen mit überwiegend islamischer Bevölkerung auf. Schöpfer dieses Namens war Choudhri Rahmat Ali, ein junger Muslim, der in Cambridge studiert hatte. Er propagierte diese Bezeichnung, die vorher völlig unbekannt gewesen war, in einem 1933 veröffentlichten Pamphlet. Das Wort »Pakistan« bedeutet »Land der Reinen«, zugleich bildet es aber auch eine Abkürzung: *P* für *P*unjab, *a* für *A*fghan Province (Nordwest-Grenzprovinz), *k* für *K*aschmir, *i* für *I*slam, *s* für *S*ind und *tan* für Belutschis*tan*. So genau, wie es diese Ableitung vermuten läßt, war der neu zu bildende Staat allerdings zu dieser Zeit geographisch noch nicht umrissen. Erst als 1940 auf dem Parteitag

Mohammad Ali Jinnah, erster Präsident Pakistans

der Muslim-Liga in Lahore die Zwei-Nationen-Theorie von den Teilnehmern aufgegriffen und unter Vorsitz von Mohammad Ali Jinnah, dem großen Führer *(Quaid-i-Azam),* ein selbständiger Muslimstaat zum Ziel proklamiert wurde, griff man den Namen wieder auf. Ali Jinnah, der später erster Präsident Pakistans wurde, verfolgte die Idee in den nächsten Jahren zielstrebig weiter, so daß der Separatstaat nach heftigen und nicht immer friedlichen Auseinandersetzungen sowohl mit den Briten als auch mit dem hinduistisch dominierten Indischen Nationalkongreß, der lange Zeit an seiner Konzeption einer Hindus und Muslime umfassenden Zentralregierung festhielt, allmählich Gestalt annahm. Die Debatten um die politische Repräsentanz in Gebieten mit muslimischer Bevölkerungsmehrheit und um die Grenzziehung in umstrittenen Regionen schufen auf beiden Seiten leider auch viel böses Blut und riefen alte Vorbehalte in diesen beiden wichtigen Bevölkerungsgruppen des indischen Subkontinents wach.

Probleme der Staatswerdung

Am 14. August 1947 endete die britische Kolonialherrschaft – ein Tag, an dem in Delhi gejubelt wurde, während in Bengalen, im Nordosten Indiens, blutige Kämpfe ausbrachen. Denn nun wurde Wirklichkeit, was Hindus und Muslime in schwierigen Auseinandersetzungen vereinbart hatten: Das unabhängige Indien trennte einen nordwestlichen und einen nordöstlichen Teil seines Landes ab; beide zusammen bildeten ein Großpakistan, in dem indische Muslime einen eigenen Staat aufbauen sollten.

Auch im Punjab gab es Massaker, in denen sich religiöse Gruppen unerbittlich bekämpften. Dann begann eine Massenflucht. Hindus flohen aus Pakistan, Muslime verließen ihre indische Heimat in Richtung Ost- und Westpakistan. Erst nach der Ermordung des politischen Führers Mahatma Gandhi im Januar 1948 besannen sich die religiösen Fanatiker, und die Unruhen ebbten ab. Großpakistan blieb ein geteiltes Land. 1700 Kilometer trennten Ostpakistan am Golf von Bengalen vom westlichen Landesteil am Arabischen Meer. Wie ein breiter Keil lag Indien zwischen den beiden Teilen des Staatsgebietes. Der Forderung nach einem Landkorridor durch Indien wurde nicht nachgegeben. Innenpolitische Gegensätze verschärften noch die Schwierigkeiten des neugeschaffenen Staates. Die verfassunggebende Versammlung für eine »Islamische Republik Pakistan« tagte jahrelang ohne Ergebnis. Zusätzlich fühlte sich das ärmere und übervölkerte Ostpakistan von Westpakistan unterdrückt. Immer wieder kam es zu blutigen Auseinandersetzungen, bei denen meist Grenzkonflikte mit Indien und die wachsende Unzufriedenheit in Ostpakistan die Ursachen waren.

Nachdem im dritten indo-pakistanischen Krieg Indien 1971 siegte, trennte sich Ostpakistan endgültig vom westlichen Teil und gab sich den neuen Namen »Volksrepublik Bangladesch«. Der Name »Pakistan« gilt seitdem nur noch für den ehemaligen westlichen Teil Großpakistans, dessen Hauptstadt zunächst Karachi war. Um aber auch äußerlich die Entwicklung des islamischen Staates zu symbolisieren, hatte die Regierung bereits 1959 beschlossen, ihren Sitz in die neugegründete Hauptstadt Islamabad im Norden des Landes zu verlegen.

Das 1972 unterzeichnete Abkommen von Simla bildete die Grundlage für eine schrittweise Normalisierung der Beziehungen zwischen Indien und Pakistan. Im September 1973 begann die Rückführung von 93 000 pakistanischen Gefangenen, die 1974 abgeschlossen wurde. Mitte Mai 1976 kamen Indien und Pakistan überein, wieder diplomatische Beziehungen aufzunehmen und den Flug- und Eisenbahnverkehr erneut aufzunehmen. Seither ist es möglich, mit indischen und pakistanischen Maschinen von Karachi und Lahore nach Bombay bzw. Delhi zu fliegen.

Bereits zuvor hatte Pakistan seine Kontakte zu den muslimischen Staaten des Ostens verstärkt. Dadurch gelang es dem Land, die Erdölversorgung sicherzustellen, finanzielle Hilfe für seine Entwicklungsprojekte zu erhalten, neue Märkte für seine Erzeugnisse zu erschließen und zusätzliche Arbeitsplätze für beschäftigungslose Staatsangehörige zu schaffen. 1974 fand die Zweite Islamische Gipfelkonferenz in Lahore statt, die bisher größte Versammlung dieser Art, an der 37 Muslimstaaten teilnahmen. Ein Ergebnis dieser Konferenz war die Anerkennung Bangladeschs durch Pakistan. 1975 gaben beide Länder gemeinsam in den Vereinten Nationen ihren Entschluß bekannt, diplomatische Beziehungen aufzunehmen. Im Januar 1976 traf der erste Botschafter Bangladeschs in Pakistan ein.

Die Entwicklung seit der Unabhängigkeit

Politisch und wirtschaftlich war Pakistan 1947 auf die Unabhängigkeit nicht vorbereitet. Es fehlten tragfähige Programme und politische Strukturen. Bis heute ist es den unterschiedlichen Regierungen nicht gelungen, eine Verfassung auszuarbeiten, die den Eigenheiten des Landes und seiner Men-

Der Minar-e-Pakistan erinnert an die Proklamation des selbständigen Muslimstaates Pakistan im Jahr 1940

schen gerecht wird. Politische Unruhen, Streiks, häufig wechselnde Regierungen, Rivalitäten zwischen den einzelnen Provinzen bestimmten weiterhin das innenpolitische Klima. In dieser Unruhe erwies sich das Militär immer wieder als stabilisierende Kraft. Durch Unterstützung der USA, die in Südasien eigene strategische Interessen verfolgen, war es bis heute in der Lage, seine Vormachtstellung zu halten und auszubauen.

Nach dem Tod von Muhammad Ali Jinnah, dem Vorkämpfer eines unabhängigen Pakistans, im Jahr 1948 und nach der Ermordung des ersten Ministerpräsidenten, Liaqat Ali Khans, 1951, stagnierte die politische und wirtschaftliche Entwicklung. Jinnahs Muslim-Liga zeigte sehr rasch Zerfallserscheinungen. Wichtige Grundsatzfragen, wie ein islamischer Staat im 20. Jh. aussehen solle, konnten nicht geklärt werden. Umstritten war auch die Frage, wieviel Zentralgewalt der Staat und wieviel regionale Autonomie die Provinzen haben sollten. 1956 wurde endlich die Verfassung der »Islamischen Republik Pakistan« verabschiedet, die aber keine nennenswerte Stabilisierung brachte. Nach fortwährenden innenpolitischen Unruhen proklamierte Staatspräsident Iskander Mirza schließlich 1958 das Kriegsrecht und setzte die Verfassung außer Kraft. Neuer starker Mann wurde der Feldmarschall Ayub Khan, der sich kurz darauf selbst zum Präsidenten der Republik ernannte. Er führte die sog. »Basisdemokratie« ein, ein stufenartiges Organisationsmodell, das er für die politisch noch unerfahrenen Pakistanis für besser geeignet hielt als eine verwirrende Parteienstruktur. In 80 000 kleinen Wahlkreisen sollten die Bürger Persönlichkeiten ihres Vertrauens wählen, die dann zusammen mit ernannten Beamten die lokalen Angelegenheiten selbständig verwalten und aus ihrer Mitte Delegierte in übergreifende Gremien entsenden sollten. Wahlmänner sollten über die Besetzung des Präsidentenamtes entscheiden. Für den Präsidenten selbst sah dieses Modell eine sehr weitgehende Machtvollkommenheit vor. Diese *Basic Democracies* wurden in der neuen Verfassung von 1962 verankert.

Wirtschaftlich entwickelte sich Pakistan von 1960 bis 1965 außerordentlich gut, so daß im Ausland sogar vom Modellcharakter dieses Entwicklungslandes gesprochen wurde. Doch auch Ayub Khan scheiterte schließlich an den strukturellen Problemen des Landes. Massendemonstrationen beendeten 1969 seine Regierung, er mußte die Staatsgewalt dem Oberbefehlshaber der Streitkräfte, General Yahya Khan, übergeben. Erneut wurden das Kriegsrecht verhängt und die Verfassung teilweise außer Kraft gesetzt. Der nachfolgende Krieg mit Indien, der durch langanhaltende Unruhen in Ostpakistan ausgelöst wurde, führte das Land an den Rand des Bankrotts. Die Abspaltung Bangladeschs stellte Pakistan schließlich vor eine völlig neue Situation. In diesem Chaos betrat Zulfikar Ali Bhutto, der ehemalige Außenminister Ayub Khans, wieder die politische Bühne und wurde von vielen als Retter der Nation angesehen. Seine sozialistisch inspirierten Reformideen lösten Begeisterungsstürme aus. Er führte eine Bodenreform durch und verstaatlichte Industriebetriebe und Banken. Als Ministerpräsident unterzeichnete er 1973 eine neue Verfassung.

Dieser zweite Versuch, in Pakistan ein demokratisches System einzuführen, scheiterte jedoch an der Machtbesessenheit Bhuttos, der den Staat völlig unter seiner Kontrolle haben wollte. Die schon seit seiner Amtsübernahme Anfang 1972 fälligen Wahlen wurden schließlich auf den

7. März 1977 festgelegt. Die Hauptgruppen der konservativen Opposition gegen Bhutto schlossen sich vorher zur Pakistanischen Nationalallianz (PNA) zusammen. Diese Partei erwies sich als ernst zu nehmender Gegner der Pakistan People's Party (PPP) Ali Bhuttos. Im Wahlkampf ging die PNA mit islamischen Parolen gegen den Ministerpräsidenten vor. Der Ausgang der Parlamentswahlen brachte große Unsicherheit ins Land. Ministerpräsident Bhutto und seiner siegreichen Volkspartei wurde Wahlbetrug vorgeworfen. Pakistan lebte für Monate am Rand des Bürgerkrieges. Um eine Eskalation der Unruhen zu verhindern, griff wiederum das Militär ein. General Muhammad Zia-ul-Haq erklärte das Kriegsrecht und suspendierte die Verfassung. Bhutto wurde wegen angeblicher Anstiftung zum politischen Mord verhaftet und 1979 gehängt.

Seit 1978 amtierte nun General Zia-ul-Haq als Staatspräsident. Die seit 1979 angekündigten Wahlen fanden im Februar 1985 statt. Tendenzen zur Umwandlung des demokratischen Gesellschaftssystems des Landes in eine islamische Ordnung haben sich bisher unter der Regierung Zia-ul-Haqs deutlich verschärft. Um diese Entwicklung zu steuern und die Rückkehr zur Demokratie zu beschleunigen, hat sich im August 1983 eine Gruppe von acht großen verbotenen Parteien zu einer Bewegung des zivilen Ungehorsams zusammengeschlossen und das sog. Movement for the Restauration of Democracy (MRD) gegründet.

Am 19. Dezember 1984 stimmte die pakistanische Bevölkerung in einem Referendum bei geringer Beteiligung für die Islamisierungspolitik und bestätigte zugleich den obersten Kriegsrechtsverwalter General Zia-ul-Haq für weitere fünf Jahre in seinem Amt als Staatspräsident. In dem Bestreben, die

General Muhammad Zia-ul-Haq, von 1978 bis 1988 Staatspräsident Pakistans

islamische Gesetzgebung durchzusetzen, wurde mit Wirkung vom 1. Januar 1985 der bereits am 10. Februar 1979 als Ziel angekündigte und in Schritten vorangetriebene Übergang vom traditionellen zum islamischen Bankensystem vollzogen. Nach dem Koran ist *Riba* (Zins) verboten, *Baei* (Profit) dagegen erlaubt. In dem zinslosen System sind die Banken nicht außenstehende Verleiher, die einen im voraus festgelegten Zins nehmen oder geben, sondern Partner, die an Gewinn oder Verlust teilhaben und das Risiko mittragen. Bankdepositen bringen vom 1. Juli 1985 an keine von vornherein festgesetzten Zinsen, sondern teilen den Gewinn oder Verlust, den die Anlagen in Projekten erwirtschaften. Dem neuen System mußten sich auch die ausländischen Banken in Pakistan unterwerfen.

Am 25. Februar 1985 wurden die Wahlen zur Nationalversammlung

Benazir Bhutto, Ministerpräsidentin Pakistans der Jahre 1988 bis 1990

und am 28. Februar zu den Landtagen in den Provinzen abgehalten. Den seit dem 16. Oktober 1979 verbotenen Parteien blieb eine Teilnahme versagt. Sie riefen daher zum Wahlboykott auf. Dieser hatte nur eine begrenzte Wirkung. Die Wahlbeteiligung übertraf mit 52,93 % die Erwartungen. Sie war am höchsten in der Hauptstadt Islamabad (60,2 %) und im Punjab (59,6 %), war bedeutend niedriger im Sind (44 %) und am geringsten in der Nordwest-Grenzprovinz (38,8 %) und erwartungsgemäß in Belutschistan (35 %). Auffallend waren die Niederlagen von Kabinettsmitgliedern und prominenten Exponenten des Militärregimes sowie religiöser Führer, welche die orthodoxe Glaubensrichtung vertreten und die Islamisierung verstärkt vorantreiben wollten. Das konservative Element überwog bei den 237 Mitgliedern der bis 1990 gewählten Nationalversammlung. So waren mehr als die Hälfte der Abgeordneten Grundbesitzer (117) oder Stammesführer (17), die nächstgrößere Gruppe stellten Geschäftsleute (42) und städtische Freiberufler (8). Einige der Parlamentarier hatten sich dem Boykottbeschluß der MRD-Parteien widersetzt und sich wählen lassen. Im März 1985 wurde Muhammad Khan Junejo zum zivilen Ministerpräsidenten bestimmt. Er ließ am 18. Januar 1986 die Muslim-Liga (S. 69) als Regierungspartei wiederaufleben. Nun war es den Oppositionsparteien möglich, sich wieder zu betätigen. Die Pressefreiheit wurde wiederhergestellt. Am 10. April kehrte Benazir Bhutto, Tochter des früheren pakistanischen Ministerpräsidenten und Vorsitzende der Pakistanischen Volkspartei (Pakistan People's Party – PPP) aus dem europäischen Exil zurück. Hunderttausende von Anhängern und Sympathisanten bereiteten ihr einen triumphalen Empfang. Spektakuläre Großveranstaltungen mit ihr in allen Teilen des Landes schienen Vorboten eines bevorstehenden Wandels zu sein. Neuwahlen wurden gefordert. Zehntausende demonstrierten am 5. Juli 1986 anläßlich des neunten Jahrestages der Herrschaft Zia-ul-Haqs.

Am 17. August 1988 kam Zia-ul-Haq bei einem Flugzeugabsturz ums Leben. Die Wahlen vom 16. November 1988 brachten Benazir Bhutto an die Macht. Auf zu schmaler Basis konnte ihre Regierung jedoch keine erfolgreiche Arbeit leisten und anstehende Probleme lösen. Sie stützte sich auf die alte feudale Ordnung und geriet so immer mehr in Mißkredit. Am 6. August 1990 setzte Präsident Ghulam Ishaq Khan die Regierung ab, und eine Übergangsregierung wurde gebildet. Neuwahlen für die Nationalversammlung fanden am 24. Oktober und für die Provinzparlamente am 27. Oktober statt. Die Oppositionsgruppierung Islamisch Demokratische Allianz gewann 105 der 217 Parlamentssitze. Die PPP hatte nur noch 45 Abgeordnete im Parlament.

Mit dem Ausgang dieser Wahlen wurde der Kreislauf von Militär- und Bhutto-Regierungen unterbrochen. Seit Beginn seiner Geschichte im Jahr 1947 stand Pakistan 25 Jahre unter Kriegsrecht. Jetzt erfolgte zum erstenmal ein Machtwechsel im Rahmen der Verfassung auf friedlichem und demokratischem Wege. Mian Nawaz Sharif von der Islamischen Demokratischen Allianz, zuvor Chefminister des Bundeslandes Punjab, wurde am 6. November 1990, zu dem Zeitpunkt erst 41 Jahre alt, mit 153 gegen 39 Stimmen zum neuen Ministerpräsidenten Pakistans gewählt. Es waren nicht mehr die Militärs und Großgrundbesitzer, welche die Zügel der Macht in der Hand hielten. Der neue Regierungschef war erfolgreicher Unternehmer und galt als Vertreter der aufstrebenden Mittelklasse. Im Parlament waren mit Muhammad Khan Junejo, Benazir Bhutto und Ghulam Mustafa Jatoi drei ehemalige Ministerpräsidenten des Landes vertreten und dazu die Söhne der ehemaligen Militärbefehlshaber und Präsidenten Ayub Khan und Zia-ul-Haq, Anwar Saifullah, Schwiegersohn des im Juli 1993 abgetretenen Präsidenten Ghulam Ishaq Khan, und Asad Junejo, Sohn des ehemaligen Premiers und Präsidenten der Muslim-Liga, der PML. Diese bildete das Rückgrat der Islamischen Allianz und rechten Koalitionsregierung, die aus achtzehn Parteien bestand.

Die fundamentalistische Islamische Partei, Jamiat-Ulema-i-Islami, warf Sharif vor, nicht genügend für die Entwicklung eines islamischen Staates zu tun, und entzog ihm ihre Unterstützung. Durch sein Bemühen, die Sondervollmachten des Präsidenten einzuschränken, die 1985 von Zia-ul-Haq als achte Zusatzklausel vor der Aufhebung des Kriegsrechts in der Verfassung von 1973 festgeschrieben wurden, geriet Sharif zusehends in Gegensatz zu dem Staatsoberhaupt und dem Establishment, der Bürokratie.

Die schwelende politische Krise und der Machtkampf zwischen Sharif und Präsident Ghulam Ishaq Khan kam im Januar 1993 zum Ausbruch, als der Präsident General Abdul Waheed zum Chef der Streitkräfte ernannte. Er überging dabei den vom Ministerpräsidenten favorisierten Kandidaten und fünf ranghöhere Generäle.

In dem parlamentarischen System Pakistans verfügt der Präsident über außerordentliche Vollmachten. Er ist der Oberbefehlshaber der Streitkräfte, kann das Parlament auflösen und die gewählte Regierung entlassen, wenn er sie für korrupt und unfähig hält. Von diesem Recht machte er im August 1988 und April 1993 mit den Entlassungen der Regierungen Benazir Bhuttos und Nawaz Sharifs Gebrauch.

Am 18. März 1993 starb Muhammad Khan Junejo. Nach seinem Tod entwickelte sich ein Machtkampf um die Führung der Muslim-Liga. Sharif wurde von seinen Anhängern als Nachfolger nominiert. Aus Protest traten Asad Junejo, Umweltminister Anwar Saifullah und Planungsminister Nasir Chatta zurück. Die Partei spaltete sich.

Ende März 1993 besuchte Sharif noch als Regierungschef seines Landes die Bundesrepublik Deutschland, die bislang an Pakistan insgesamt 4 Mrd. DM Entwicklungshilfe gezahlt hat und nach den USA und Japan drittgrößter Wirtschaftspartner ist.

Die Auseinandersetzung mit dem Präsidenten spitzte sich weiter dramatisch zu. Am 18. April 1993 enthob Ghulam Ishaq Khan den Ministerpräsidenten seines Amtes und löste das Parlament auf. Er ernannte Balkh Sher Mazari zum Chef einer Übergangsregierung. Ihr gehörten 34 Unions- und 10 Staatsminister sowie 14 Berater mit Ministerstatus an, unter ihnen Mitglieder des abgespalteten Junejo-Flügels der Muslim-Liga, der Pakistan People's Party (zu ihnen zählte Ali Zardari, Ehemann von Frau Benazir Bhutto), und anderer oppositioneller Gruppen. Als Termin für Neuwahlen war der 14. Juli vorgesehen.

Nawaz Sharif ließ am Obersten Gericht Klage gegen seine Absetzung einreichen. Am 26. Mai traf das Gericht eine historische Entscheidung: Es setzte den abgesetzten Regierungschef und das Parlament wieder in die alten Funktionen ein. Der Machtkampf jedoch war nicht entschieden und lähmte das Land. Eine Annäherung zwischen Regierung und Opposition scheiterte an Frau Bhuttos strikter Forderung nach Neuwahlen, der sie mit der Ankündigung eines Massenmarsches auf die Hauptstadt Islamabad für den 16. Juli Nachdruck verlieh.

Am 17. Juli traten auf Druck der Armeeführung sowohl der Präsident als auch der Regierungschef zurück. Der Weg für Neuwahlen am 6. Oktober und am 9. Oktober für die Landtage war frei.

Der angesehene Moeen Qureshi, vormals Vizepräsident der Weltbank und erster Asiate, der die zweitwichtigste Position in dieser internationalen finanziellen Institution innehatte, wurde Chef der Übergangsregierung. Noch in seiner Eigenschaft als Senior Vice President der Weltbank hatte Qureshi 1990 bei einem Besuch seines Heimatlandes sein Unbehagen über das Anwachsen der organisierten Kriminalität, die Korruption auf allen Ebenen und die Drogenszene, eine Milliarden-Dollar-Industrie, zum Ausdruck gebracht.

Aus Protest über angebliche Benachteiligungen nahm die in Karachi und im südlichen Sind einflußreiche Mohajir Nationale Bewegung, MQM, an den Unionswahlen vom 6. Oktober 1993 nicht teil und erhöhte damit die Chancen für die PPP Benazir Bhuttos. Ihre Partei, mit dem Pfeil als Symbol, gewann 86 der insgesamt 217 Sitze in der Nationalversammlung, mit der PML-J, der Hauptverbündeten (der abgespaltenen Junejo-Gruppe der Muslim-Liga) insgesamt 92. Die Muslim-Liga Nawaz Sharifs mit dem Tigersymbol mußte sich mit 72 Sitzen begnügen. Von den wahlberechtigten 53 Millionen gingen etwa 40% zur Urne.

Bei den Landtagswahlen konnte sich die PPP in der Provinz Sind mit 56 von 100 Sitzen durchsetzen und im Punjab mit 112 gegenüber 106 für die PML. In der Nordwest-Grenzprovinz war jedoch die PML erfolgreich. In Belutschistan, der vierten Provinz des Landes, erreichte keine der beiden großen Parteien die Mehrheit. Die großen Stammesfamilien dieses entlegenen und riesigen, aber bevölkerungsarmen Territoriums teilen sich die 40 Sitze.

Fundamentalistische, streng religiös ausgerichtete Parteien, die sich als Alternative zu den von Benazir Bhutto und Nawaz Sharif zwar islamisch geprägten, aber doch wesentlich säkularen Hauptströmungen in der Politik Pakistans empfahlen, erlitten bei den Oktoberwahlen 1993 empfindliche Niederlagen. Hatten sie schon 1990 mit nur 17 Sitzen ein enttäuschendes Ergebnis erzielt, so war das Resultat 1993 mit nur 9 Sitzen das bisher schlechteste.

Von Damaskus aus kandidierte der 39jährige Mir Murtaza Bhutto, Sohn und einziger männlicher Erbe des früheren Ministerpräsidenten Zulfikar Ali Bhutto, in drei Wahlbezirken der Provinz Sind, unterstützt von seiner Mutter Begum Nusrat Bhutto, aber gegen den Wunsch der PPP. Er verlor in allen dreien und konnte schließlich nur einen Landtagssitz in Sind erringen. Als General Muhammad Zia-ul-Haq seinen Vater stürzte, verließen Murtaza und sein Bruder Shahnawaz, der dann im Exil starb, Pakistan und organisierten eine Widerstandsbewegung, die Al-Zulfikar Organisation (AZO), gegen die Militärregierung. Ihre spektakulärste Tat war die Entführung eines Flugzeugs der Pakistan International Airlines im Jahr 1981. Murtaza wurde in Abwesenheit zu einer Haftstrafe von 14 Jahren verurteilt. Als seine Schwester 1988 an die Macht gelangte, wurde dieses Urteil aufgehoben. Es laufen aber noch andere Verfahren gegen ihn. Die Übergangsregierung von Moeen Qureshi verwarf ein Amnestieersuchen Nusrat Bhuttos. Die Aktivität ihres Bruders hat Benazir Bhutto in ihrem Bestreben, erneut die Macht in Pakistan zu übernehmen, nicht sonderlich behindert.

Die Wahl des Parlamentssprechers und seines Stellvertreters am 17. Oktober war der erste Versuch, das Kräfteverhältnis im Parlament zu testen. Yusuf Raza Gilani von der PPP erhielt 106 Stimmen und Gohar Ayub von der PML 90 Stimmen. Bei der Wahl des Stellvertreters konnte die PPP schon 115 gegen 81 Stimmen verbuchen, weil Abgeordnete kleinerer Parteien und der Minderheiten ihre Stimmen der vermeintlich stärkeren Gruppe gaben.

Am 19. Oktober wurde Benazir Bhutto mit 121 gegen 72 Stimmen zur neuen Regierungschefin gewählt. Religiöse Parteien enthielten sich der Stimme. Das eindrucksvolle Ergebnis täuscht nicht darüber hinweg, daß sie auf die Unterstützung kleinerer Parteien angewiesen ist und deren Wünschen und Forderungen entgegenkommen muß.

Benazir Bhutto nach ihrer Wiederwahl 1993 zur Ministerpräsidentin ihres Landes

Einen Tag nach ihrer Wahl und Vereidigung konnte Benazir Bhutto eine weitere Stärkung ihrer Position verbuchen. Ihr Kandidat Manzoor Ahmed Wattoo wurde zum Chefminister des Bundeslandes Punjab gewählt. Wattoo ist Mitglied der abgespaltenen PML-J; er erzielte 131 Stimmen, sein Konkurrent Shabaz Sharif 105 Stimmen. Auch in der Provinz Sind konnte sich der PPP-Kandidat durchsetzen, nicht jedoch in der Nordwest-Grenzprovinz, wo Sharifs PML mit 48 gegen 29 Stimmen gewann.

Die von der PML gestellte Landesregierung der Nordwest-Grenzprovinz unter Chefminister Sabir Ali Shah wurde Ende Februar 1994 von Staatspräsident Farooq Ahmed Leghari entlassen und das Provinzparlament aufgelöst.

Der Gouverneur übernahm die Direktherrschaft. Diese ungewöhnliche Maßnahme wurde seit den 70er Jahren in keiner der vier Provinzen in Pakistan ergriffen.

Das 462 Mitglieder umfassende Wahlgremium aus den beiden Häusern des Parlaments und der Landtage wählte am 13. November den von der PPP nominierten Farooq Ahmed Leghari, Außenminister in der am 19. Oktober 1993 gebildeten Regierung Benazir Bhuttos, zum neuen Staatspräsidenten Pakistans.

Auf Einladung seines pakistanischen Kollegen besuchte Indiens Außenminister J. N. Dixit vom 1. bis 3. Januar 1994 Islamabad. Es war die erste Begegnung der Außenminister beider Länder seit 15 Jahren.

Außenpolitische Beziehungen

In der außenpolitischen Orientierung zeichnen sich dagegen kaum Veränderungen ab: Schon unter Ayub Khan hatte Pakistan die früheren verpflichtenden Bindungen an den Westen weitgehend aufgegeben. Diese Haltung war hauptsächlich dadurch motiviert, daß die erhoffte und erwartete Unterstützung bei Auseinandersetzungen mit dem Nachbarn Indien ausgeblieben war. Statt dessen hat sich das Land der Gruppe der blockfreien Staaten angeschlossen und spielt dort als Vertreter der muslimischen Länder eine wichtige Rolle.

Im Norden ist Pakistan nur durch den schmalen Wakhan-Streifen, der an seiner breitesten Stelle 75 km und an seiner schmalsten 15 km mißt, von Gebieten der ehemaligen Sowjetunion getrennt. Zu diesem mächtigen Nachbarn waren die Beziehungen seit der Entstehung Pakistans recht kühl, denn die UdSSR hatte durch ihr Veto in den Vereinten Nationen eine für Pakistan günstige Lösung des Kaschmir-Streits mit Indien (S. 63) verhindert und sich im Konflikt von 1971 eindeutig auf die Seite Indiens gestellt. Eine Annäherung auf wirtschaftlichem Gebiet war dagegen erfolgreicher: Die Sowjetunion bot den Bau eines Stahlwerks in Karachi an und gab 1974 die Zusage eines neuen Kredits für dieses große Industrievorhaben, das ab 1984 seine Produktion aufgenommen und 15 000 neue Arbeitsplätze geschaffen hat.

Die Beziehungen zwischen Pakistan und der Volksrepublik China waren seit ihrem Entstehen 1949 freundschaftlich. Die Festlegung und Demarkation der Grenzen zwischen beiden Staaten 1962 hatte mögliche Spannungsfelder beseitigt. Der mit chinesischer Hilfe erbaute, 1978 vollendete Karakorum Highway (S. 256) stellte die alte Verbindung der berühmten Seidenstraße zwischen Gilgit und Sinkiang für den modernen Verkehr wieder her.

Die sowjetische Besetzung Afghanistans 1979 hat Pakistan wieder verstärkt in den Blickpunkt der Weltöffentlichkeit gerückt und die strategische Bedeutung des Landes offensichtlich werden lassen. Die Kampfhandlungen in Afghanistan ließen den Flüchtlingsstrom ins Nachbarland rasch anschwellen. Im März 1981 wurde die Zwei-Millionen-Grenze überschritten. Bei den Hilfeleistungen steht die Bundesrepublik Deutschland an erster Stelle. Das umfangreiche Unterstützungsprogramm in Höhe von drei Milliarden US-Dollar, das im Oktober 1982 anlief und sich über fünf Jahre erstreckte, tastete trotz der militärischen Komponente den unabhängigen und blockfreien Status des Landes nicht an. Pakistan verfolgt weiterhin den eingeschlagenen Kurs in Richtung außenpolitischer Unabhängigkeit.

Nachrichten, daß Pakistan in der Lage sei, Kernwaffen herzustellen, hatten Anfang 1987 Tendenzen bestärkt, das

Hilfsprogramm auszusetzen oder gar einzustellen, wie es bereits zuvor im Jahre 1965 während der indisch-pakistanischen Auseinandersetzungen und 1979 wegen der Weigerung Pakistans, Inspektionen zuzulassen, praktiziert worden war. Nach dem Einmarsch der Sowjets in Afghanistan hob die Reagan-Administration 1981 die Beschränkungen wieder auf.

Im Jahre 1990, ein Jahr nach dem Abzug der sowjetischen Truppen aus Afghanistan, setzten die USA militärische und neue wirtschaftliche Unterstützungsmaßnahmen aus, weil sie befürchteten, Pakistan produziere Nuklearwaffen.

Mirza Aslam Beg, von 1988 bis 1991 Oberbefehlshaber der Streitkräfte, bestätigte Ende Juli 1993 in einem Interview, daß Pakistan einen erfolgreichen Atomtest durchgeführt habe und über technische Kapazitäten auf dem Gebiet der Nukleartechnik verfüge, die denen Indiens nicht nachstünden.

Mit der Ernennung von Maleeha Lodhi, der einflußreichen, bekanntesten Journalistin des Landes, zur neuen pakistanischen Botschafterin in Washington setzte die neue Regierung ein deutliches außenpolitisches Zeichen. Die neue Missionschefin genießt internationales Ansehen. Der engen Vertrauten Benazir Bhuttos fällt die Aufgabe zu, die einst freundschaftlichen Beziehungen zu den USA, der vormals größten Gebernation, in vollem Maße wiederherzustellen. Diese Rolle hat inzwischen Japan übernommen. Die USA stellten wegen ihres Verdachts, daß Pakistan Nuklearwaffen entwickle, ihre wirtschaftlichen und militärischen Hilfsmaßnahmen 1990 ein. Pakistan konnte allerdings die Gefahr, auf die Liste der Länder zu kommen, die den internationalen Terrorismus unterstützen, abwenden.

Im August 1993 verhängten die USA Sanktionen gegen China und Pakistan wegen des Transfers von Raketentechnologie. Ministerpräsidentin Bhutto setzte sich während ihres Besuchs in der chinesischen Hauptstadt Ende 1993 zusammen mit ihren Gastgebern für eine Aufhebung der Restriktionen ein. Sie unterrichtete auch über gegensätzliche Standpunkte Indiens und Pakistans in der Kaschmirfrage, konnte jedoch Peking nicht bewegen, den Verhandlungsprozeß, der mit dem Besuch des indischen Außenministers in Islamabad wieder in Gang gebracht wurde, zu unterstützen.

Das Kaschmir-Problem

Das Kaschmir-Problem ist bis heute ein Streitpunkt zwischen Indien und Pakistan geblieben. Kaschmir, ein ehemals selbständiger Fürstenstaat im nordwestlichen Himalaya, war bis 1947 einer der größten Staaten auf dem indischen Subkontinent. Mit der Unabhängigkeit Indiens begann ein zäher Kampf um diese Region, der bereits 1947/48 erstmals zum Krieg führte. Indien bezog sich bei seinen Forderungen auf den Entschluß des Maharadschas von Kaschmir, sich Indien anzuschließen. Pakistan machte geltend, daß dieses Land mit rund 80% Muslimen in sein Territorium gehöre. Der auf Vermittlungsvorschlägen der Vereinten Nationen basierende Waffenstillstand besiegelte die Teilung Kaschmirs zwischen Indien und Pakistan. 1965 brachen erneut offene Kämpfe zwischen beiden Staaten aus, die aber auf Intervention der Vereinten Nationen bald eingestellt wurden. Vier Monate später unterzeichneten die Regierungschefs beider Länder auf der Konferenz von Taschkent eine Erklärung, daß eine Lösung des Kaschmir-Problems nur auf friedlichem Weg erfolgen solle.

Die Aufteilung des Gebiets blieb bestehen. Ein Drittel des alten Kaschmir gehört heute zu Pakistan und besitzt eine besondere Verwaltung. Dabei unterstehen die nördlichen Grenzgebiete (Baltistan, Gilgit, Hunza) direkt der pakistanischen Zentralregierung, für die Westbezirke des eigentlichen Kaschmir besteht eine eigene Landesregierung (Azad Kashmir) mit Sitz in Muzaffarabad. Im Süden hat Indien zwei Drittel des Landes zu seinem 16. Bundesstaat erklärt, der gewisse autonome Rechte behalten hat. Nach einem erneuten Aufflackern der Streitigkeiten im indo-pakistanischen Krieg von 1971 ist der umstrittene Grenzabschnitt von beiden Ländern hermetisch abgeriegelt.

Zeittafel zur Geschichte

3000 v. Chr.	Seßhaftwerden nomadischer Gruppen
2500 – 1500 v. Chr.	Hochentwickelte Stadtkulturen im Indus-Tal – Mohenjo-Daro und Harappa
1500 v. Chr.	Arier (Arya), zentralasiatische Nomadenvölker mit pferdebespannten Streitwagen, dringen in Indien ein
518 v. Chr.	Persische Eroberungen unter Darius I.
327 v. Chr.	Indienfeldzug Alexanders des Großen
seit 320 v. Chr.	Die nordindische Maurya-Dynastie beherrscht Nordindien
272–231 v. Chr.	Unter Kaiser Ashoka breitet sich das Reich bis an den Ganges aus; Blütezeit des Buddhismus (Gandhara-Kultur)
155 – 130 v. Chr.	Der indo-griechische König Menander regiert in Nordindien; Höhepunkt griechisch-baktrischer Herrschaft
um 50 v. Chr.	Nordiranische Randvölker dringen ein; Parther und Skythen beherrschen das heutige Pakistan bis etwa zur Mitte des 1. Jh. n. Chr.
um 50 n. Chr.	Die ostiranisch-chinesischen Kuschaner-Könige machen sich zu Herren Nordindiens
um 250 n. Chr.	Kuschana wird vom Sassanidenkönig Schapur I. besiegt; Eroberung des Sind-Gebietes
378 – 414	Unter Chandragupta II. dehnt die nordindische Gupta-Dynastie ihre Herrschaft aus
seit 450	Invasion zentralasiatischer Hunnenvölker, Auswanderung der buddhistischen Mönche nach Süd-, Zentral- und Ostasien
622	Der Prophet Mohammed zieht von Mekka nach Medina; Beginn der islamischen Zeitrechnung
712	Islamische Heere dringen bis zum Indus vor; General Muhammad Ibn Qasim errichtet im Sind die erste Muslim-Herrschaft auf dem indischen Subkontinent
seit 1000	Mahmud von Ghazni, Herrscher zentralasiatischer Turkstämme, unternimmt 17 Feldzüge nach Indien
1030 – 1148	Lahore ist Mittelpunkt eines Ghaznawiden-Reiches
1206	General Qutbuddin Aybek begründet die erste islamische Dynastie der Sklavenkönige (Mamelucken) in Indien; Errichtung des Sultanats Delhi

1221	Mongolenheere unter Dschingis Khan fallen in Indien ein und rücken bis zum Indus vor
1525/26	Babur, ein Nachkomme zentralasiatischer Eroberer, überschreitet den Khyber-Paß und zieht in Delhi ein; er gründet das muslimische Königreich der Moguln
1530	Baburs Sohn Humayun wird Kaiser
1556–1605	Der Mogulkaiser Akbar vergrößert das Reich; Gujarat, Bengalen, Kaschmir, Belutschistan und Sind kommen hinzu
1600	Gründung der englischen Ostindischen Handelskompanie
1659–1707	Das Mogulreich erreicht unter Aurangzeb seine größte Ausdehnung
seit 1748	Zerfall des Mogulreiches
seit 1774	England wird bedeutendste Kolonialmacht in Indien
1857	Militäraufstand gegen die britische Herrschaft wird niedergeschlagen
1877	Indien wird offiziell zum Kaiserreich erklärt, Königin Victoria von England nimmt den Titel »Kaiserin von Indien« an
25. 9. 1879	Muhammad Ali Jinnah in Karachi geboren
1906	Gründung der Muslim-Liga in Britisch-Indien
1930	Der Dichter und Philosoph Muhammad Iqbal fordert einen separaten Muslimstaat auf indischem Boden
1940	Die Muslim-Liga nimmt das Ziel eines Muslimstaates offiziell in ihr Programm auf
3. 6. 1947	Nach schwierigen Verhandlungen gibt die britische Regierung bekannt, daß die Muslim-Liga und der indische Nationalkongreß einer Teilung Indiens zustimmen werden
14. 8. 1947	Indien wird unabhängig; es erfolgt die Teilung in den säkularen Staat Indien und den islamischen Staat Pakistan, der vom nordwestlichen und nordöstlichen Gebiet des indischen Subkontinents abgetrennt wird
1947/48	Krieg zwischen Indien und Pakistan um den Himalayastaat Kaschmir
1952	Aufnahme diplomatischer Beziehungen mit der Bundesrepublik Deutschland
1956	Pakistan nennt sich um in »Islamische Republik Pakistan« und erhält eine erste Verfassung
1958	General Ayub Khan kommt an die Macht
1959	Gründung der neuen Hauptstadt Islamabad; bis zu ihrer Fertigstellung dient Rawalpindi als Regierungszentrale
1962	Ayub Khan wird auf die neue Verfassung vereidigt. Ende des Kriegsrechts. Die Grenzen zwischen Pakistan und China werden festgelegt.
1965	Zweiter Krieg zwischen Indien und Pakistan wegen Kaschmir
1966	Auf Vermittlung der UdSSR verpflichten sich beide Kriegsgegner in der Konferenz von Taschkent auf eine friedliche Lösung des Kaschmir-Konflikts
1967	Gründung der Pakistan People's Party (PPP) durch Zulfikar Ali Bhutto

1969	Machtübernahme durch General Yahya Khan
1971	Dritter indisch-pakistanischer Krieg. Ostpakistan wird am 26. März als Bangladesch selbständiger Staat. Nach schweren Unruhen übergibt das Militär die Macht an Zulfikar Ali Bhutto.
1972	Blutige Unruhen im Sind
1973	Die neue Verfassung bestätigt Pakistan als islamische Republik mit föderativen Grundzügen
1974	2. Islamische Gipfelkonferenz in Lahore
1975	Aufnahme diplomatischer Beziehungen zwischen Bangladesch und Pakistan
1977	Staatsstreich unter Generalstabschef Zia-ul-Haq; Ministerpräsident Bhutto wird verhaftet, das Kriegsrecht eingeführt, das Parlament aufgelöst
1979	Z.A. Bhutto wird am 4. April hingerichtet. Die Militärregierung unter Staatspräsident Zia-ul-Haq verfolgt eine stärkere Islamisierung des Gesellschaftssystems. Die Gruppe der blockfreien Staaten nimmt Pakistan als Vollmitglied auf. Nach der sowjetischen Invasion in Afghanistan strömen pathanische Flüchtlinge nach Pakistan.
1981	Ende Mai leben über zwei Millionen Afghanen in pakistanischen Flüchtlingslagern; Präsident Zia-ul-Haq beauftragt den Rat für Islamische Ideologie (Council of Islamic Ideology) mit dem Entwurf eines islamischen Regierungssystems
1983	Acht große verbotene Parteien schließen sich zu einer Bewegung zusammen, die für eine beschleunigte Rückkehr zur Demokratie eintritt
1984	Volksabstimmung im Dezember über Islamisierungspolitik bestätigt Zia-ul-Haq für weitere fünf Jahre als Präsident; Beteiligung gering
1985	Wahlen zur Nationalversammlung am 25. und zu den Provinzparlamenten am 28. Februar; Muhammad Khan Junejo wird am 23. März vom Parlament einstimmig als ziviler Premierminister bestätigt und hebt am 30. Dezember Ausnahmezustand und Kriegsrecht auf
1986	Wiederaufleben der Pakistan Moslem League als Regierungspartei. Benazir Bhutto, Tochter des hingerichteten früheren Premierministers Z. A. Bhutto, Vorsitzende der Volkspartei, kehrt am 10. April aus dem Exil zurück und fordert Neuwahlen. Am 5. Juli anläßlich des neunten Jahrestages der Herrschaft Zia-ul-Haqs landesweite Demonstrationen. Im Dezember Spannungen an der pakistanisch-indischen Grenze.
1987	Ende September indisch-pakistanischer Zusammenstoß auf dem Siachen-Gletscher in 6300 m Höhe
1988	Staatschef Zia-ul-Haq kommt am 17. August bei einem Flugzeugabsturz ums Leben. Wahlen zur Nationalversammlung am 6. Oktober. Pakistan People's Party wird stärkste Partei. Benazir Bhutto wird am 2. Dezember als erste Ministerpräsidentin eines islamischen Landes vereidigt.
1990	Ethnische Spannungen in Karachi und Sind. Kontrolle der Lage mit Hilfe des Militärs. Nach einer Regierungszeit von 21 Monaten wird Benazir Bhutto am 6. August von Präsident

	Ghulam Ishaq Khan abgesetzt. Übergangsregierung unter Ghulam Mustafa Jatoi. Neuwahlen für die Nationalversammlung am 24. Oktober und die Provinzparlamente am 27. Oktober. Mian Nawaz Sharif wird am 6. November neuer Ministerpräsident Pakistans.
1993	Ministerpräsident Sharif besucht im März die Bundesrepublik Deutschland. Am 18. April wird er vom Staatspräsidenten seines Amtes enthoben und am 26. Mai nach einer Entscheidung des Obersten Gerichts wieder in sein Amt eingesetzt. Präsident Ghulam Ishaq Khan und Ministerpräsident Nawaz Sharif treten am 17. Juli gemeinsam zurück. Parlaments- und Landtagswahlen am 6. und 9. Oktober. Benazir Bhutto und ihre Volkspartei gewinnen. Am 19. Oktober wird Frau Bhutto zum zweitenmal Ministerpräsidentin Pakistans.

Das im Detail feingearbeitete Eingangsportal der Badshahi-Moschee

Staat und Verwaltung

Probleme beim Staatsaufbau

Die politische Entwicklung Pakistans gleicht einer Dauerkrise. Vom Tag der Unabhängigkeit an verhinderten verschiedene Faktoren das kontinuierliche Wachsen des jungen Staatsgebildes. Der wichtigste Grund liegt vermutlich darin, daß Pakistan personell und organisatorisch am Nullpunkt anfangen mußte. Nachdem die qualifizierten Fachkräfte hinduistischen Glaubens nach Indien abgewandert waren, fehlten ausgebildete Kräfte in Politik, Wirtschaft und Verwaltung, die tragfähige Programme und eine politische Infrastruktur entwerfen konnten. Pakistan konnte nicht auf eine parlamentarische Tradition zurückgreifen, wie das in Indien der Fall war.

Eine zweite Ursache ist der Streit zwischen orthodoxen und liberalen Muslimen, der die Verfassungsgebung lähmte. Der Streit um die Rolle des Islam beim Staatsaufbau konnte nicht beigelegt werden. Liberale und konservative islamische Theologen stritten sich jahrelang um die Fragen, ob der islamische Glaube durch nationalstaatliches Denken beeinflußt werden oder ob ein islamischer Staat Banken besitzen dürfe (im Islam sind Zinsen verboten). Die orthodoxe Richtung wurde durch den 1970 verstorbenen Theologen Maududi vertreten, dessen Bewegung noch immer erfolgreich ist. Als Gegenpol zu den zahlenmäßig kleinen orthodoxen Gruppierungen existiert in Pakistan eine große Anhängerschaft des Staatsgründers Jinnah. Dieser übernahm die liberale Ideologie des Dichterphilosophen Iqbal, der eine Synthese zwischen parlamentarischer Demokratie und islamischer Glaubensstrenge anstrebte. Damit trug er der Tatsache Rechnung, daß das pakistanische Volk in den letzten zwei Jahrhunderten dem Einfluß des Westens ausgesetzt und durch die Briten zu einem Staatsverständnis nach europäischem Muster erzogen worden war. Die geistigen Bindungen an die angelsächsische Welt konnte und wollte Iqbal nicht verleugnen.

Die Probleme beim Staatsaufbau wurden noch durch die Tatsache verschärft, daß besitzende Oberschicht und besitzlose Masse in Pakistan unüberwindliche Gegensätze bilden. Die krassen sozialen Unterschiede im Land hemmten den wirtschaftlichen und politischen Aufschwung. Der breiten Masse besitzloser Kleinbauern, Pächter, Handwerker und Hilfsarbeiter steht eine kleine Elite der Großgrundbesitzer, Unternehmer, Kaufleute und Intellektuellen gegenüber. Die Oberschicht sorgte und sorgt zudem durch Cliquenwirtschaft und Opportunismus dafür, daß ihre Privilegien unangetastet bleiben. Deshalb konnte sie sich in Zeiten wirtschaftlichen Wachstums bereichern, während die Armen leer ausgingen.

Militärregierung und Islamisierung

Eine dauerhafte staatsrechtliche Konsolidierung Pakistans ist bisher noch nicht erreicht worden. Von 1947 bis heute übernahm in Pakistan das Militär dreimal die Macht: 1958 (Ayub Khan), 1969 (Yahya Khan) und 1977 bis 1988 Zia-ul-Haq. Während der 47 Jahre seines Bestehens stand das Land fast die Hälfte der Zeit unter Militärherrschaft und Kriegsrecht. Neben der

Verwaltungsbürokratie und den politischen Parteien sind die Streitkräfte eine der staatstragenden Säulen und als Ordnungsmacht entscheidender stabilisierender Faktor.

Es war der Chef der Streitkräfte, der am 17. Juli 1993 den gemeinsamen Rücktritt des Präsidenten und auch des Ministerpräsidenten erwirkte und den Weg für Neuwahlen ebnete.

Mitte der siebziger Jahre gewann die streng religiös ausgerichtete Partei Jamiat-i-Islami als entschiedene Gegnerin des von 1971 bis 1977 regierenden Zulfikar Ali Bhutto an Einfluß und Gewicht. Sie zwang ihn, den Alkoholgenuß in Pakistan zu verbieten und den Freitag an die Stelle des Sonntags als wöchentlichen Feiertag einzusetzen.

Die richtungweisende Rolle des Islam wird von allen politischen Gruppierungen anerkannt und mehr oder minder stark gefördert. Ausgesprochene Protagonisten einer strikten Islamisierung der Gesellschaftsordnung wie die fundamentalistische Jamiat-i-Islami geraten jedoch zusehends ins Hintertreffen. Dr. Khalid Mahmood Soomro, Anhänger und Kandidat dieser Partei, gelang am 6. Oktober 1993 in Larkana, dem Heimatort und -kreis Frau Benazir Bhuttos, ein Achtungserfolg. Mit 15 721 Stimmen errang er einen Anteil von 22%. In seinem Wahlkampf stellte er heraus, daß im Islam eine Beteiligung der Frauen an der politischen Macht nicht möglich sei. Insgesamt jedoch schnitt die Partei sehr schlecht ab.

Parteien und Verbände

Obwohl es in Pakistan viele Parteien gibt, ist nur eine kleine Zahl von Bedeutung, und von 1977 bis Mitte der achtziger Jahre waren sogar politische Parteien aufgelöst und Aktivitäten untersagt. Nach seinem Regierungsantritt hob Ministerpräsident Muhammad Khan Junejo Beschränkungen für Parteien und Presse auf. Seine Anhänger formierten sich zu der neuen Pakistan Moslem League (PML), der Muslim-Liga, die somit Regierungspartei wurde.

Nach dem Tode Muhammad Khan Junejos im März 1993 spaltete sich die PML-J, die sogenannte Junejo-Gruppe, von der noch regierenden Muslim-Liga ab. Als Verbündete der Pakistan People's Party trug sie im Oktober 1993 zum Wahlerfolg Benazir Bhuttos bei. Die PML ist die zur Zeit stärkste und bedeutendste Oppositionspartei.

Die Pakistan People's Party (PPP), derzeitige Regierungspartei, wurde 1967 vom späteren Ministerpräsidenten Zulfikar Ali Bhutto gegründet. Anfangs trat sie für einen islamischen Sozialismus ein, ist aber inzwischen davon abgerückt. Sie ist die politische Heimat hauptsächlich der benachteiligten Bevölkerungsgruppen, hat aber auch unter den Großgrundbesitzern ihren Anhang. Die Familie Bhutto gehört zu dieser Klasse.

Nach dem Staatsstreich von 1977 und der Hinrichtung Bhuttos am 4. April 1979 übernahm seine Witwe Nusrat den Vorsitz der PPP, den sie auf eigenen Wunsch ab 1986 mit ihrer charismatischen Tochter nach deren Rückkehr aus dem Exil teilte.

Am 5. Dezember 1993 wählte das Zentralkomitee der PPP die zu diesem Zeitpunkt gerade 40jährige Benazir Bhutto, deren Vorname »einzigartig« bedeutet, zur alleinigen Vorsitzenden und räumte der 63jährigen Nusrat Bhutto nur noch die zeremoniell bedeutende Rolle der Patronin der Partei ein. Entscheidend für diesen Schritt war die Wahlhilfe Nusrat Bhuttos für ihren 39jährigen Sohn Murtaza. Nusrat Bhutto akzeptierte diese in ihrer Abwesenheit getroffene Entscheidung nicht und legte ihrer Tochter nahe, den Familien- und Mädchennamen Bhutto abzulegen und den ihres

Mannes, Asif Ali Zardari, anzunehmen.

Am 5. Januar 1994, dem 66. Geburtstag Zulfikar Ali Bhuttos, besuchte die Ministerpräsidentin unter strengen Sicherheitsvorkehrungen das Grab ihres Vaters in Garhi Khuda Baksh, etwa 25 km vom Familiensitz in Larkana entfernt. Ihre Mutter und die Anhänger ihres Bruders Murtaza wurden daran gehindert, das Grab aufzusuchen. Bei Zusammenstößen mit der Polizei wurden zwei Demonstranten getötet und weitere verletzt.

Die fundamentalistische Partei Jamiat-Ulema-i-Islam ist ein Zusammenschluß orthodoxer religiöser Kräfte, die für die Umwandlung Pakistans in einen islamischen Staat eintritt. Bei den Wahlen 1990 konnte sie noch sechs Sitze im Parlament erringen, 1993 nur noch vier.

Jamiat-i-Islami, die seit 1941 bestehende rechtsgerichtete Kaderpartei, vertritt Vorstellungen von einem islamischen Staat, die in der Nähe faschistischen Gedankengutes angesiedelt sind. Ihr Führer Qazi Hussain Ahmed präsentierte sich als Alternative zu der säkularen Politik der Muslim-Liga und Volkspartei (PPP). Die Hoffnung, das Ergebnis von 1990 erheblich zu verbessern, erwies sich als Wunschtraum: Konnte die Partei 1990 immerhin noch acht Abgeordnete ins Parlament entsenden, so waren es 1993 nur noch drei.

Einige Parteien spielen nur eine regional bedeutende Rolle.

Die Mohajir Quomi Movement (MQM) ist eine Bewegung, die die Belange der aus Indien stammenden und nach der Teilung Britisch Indiens nach Pakistan eingewanderten Muslime vertritt. Ihre Hauptstützpunkte sind Karachi und Hyderabad. Bei den Parlamentswahlen 1990 gewann die MQM allein 12 der 13 Sitze von Karachi und insgesamt 15. Bei den Parlamentswahlen vom 6. Oktober 1993 trat die MQM aus Protest gegen angebliche Benachteiligungen und wegen interner Querelen nicht an. Die PPP zog ihren Nutzen daraus. Die MQM beteiligte sich jedoch an den Landtagswahlen der Provinz Sind und gewann 27 der insgesamt 109 Sitze.

In Pakistan waren 1988 etwa 48 Millionen Bürger wahlberechtigt, 1990 waren es 48,6 und 1993 schon 53 Millionen. 1970 betrug die Wahlbeteiligung 67 %, 1993 nur noch 40 %.

Rechtswesen

Das Zivil- und Strafrecht Pakistans beruht auf islamischer Tradition, wobei das Zivilrecht überkommenes Gewohnheitsrecht sowie britische und indische Kolonialgesetze übernommen hat. Für Christen, Hindus und andere Minderheiten ist das indische Recht von 1947 maßgeblich; im Familien- und Erbrecht gilt ausschließlich islamisches Recht. In der neuen Verfassung ist eine Angleichung der Gesetze an das sunnitische Recht vorgesehen.

Das höchste Gericht des Landes ist der Oberste Gerichtshof mit Sitz in Islamabad. Jede Provinz hat einen High Court und untere Gerichtshöfe. Alle Richter sind unabhängig. Seit 1978 gibt es bestimmte Kammern an den Gerichten, die in Strafsachen nach dem islamischen *Scharia*-Recht urteilen. Die Anwendung des islamischen Rechts sieht harte Strafen vor. So soll z. B. Diebstahl mit der Amputation der rechten Hand geahndet werden, Rufschädigung hinsichtlich des moralischen Lebenswandels hat 80 Stockschläge und außerehelicher Beischlaf 100 Stockschläge zur Folge. Auf Vergewaltigung steht die Todesstrafe. Das 1979 eingeführte strenge Alkoholverbot wird sehr ernst genommen. Das Strafmaß bei Übertretung kann für Pakistanis wie für Ausländer von 30 Stockschlägen bis hin zu Geldbußen

Verwaltungseinteilung und Bevölkerungsdichte

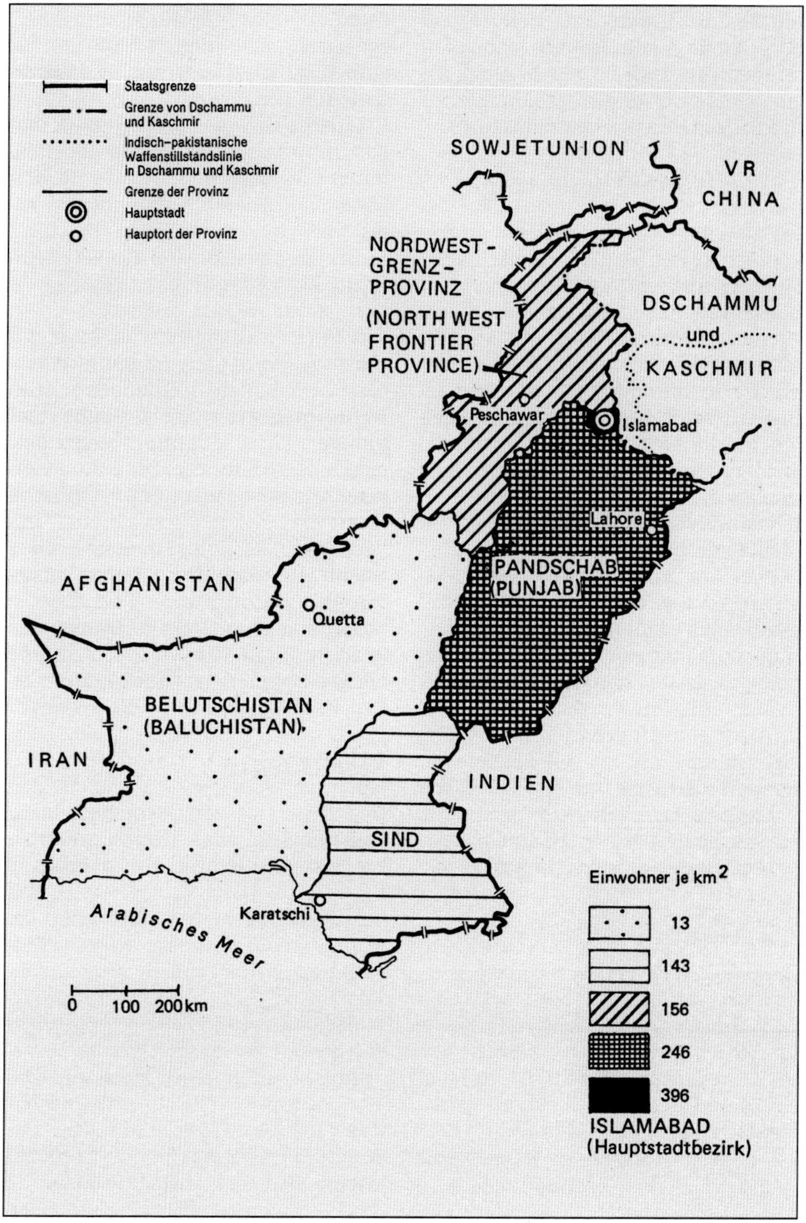

oder Freiheitsstrafen reichen. (Ausländern ist der Besitz und Genuß von Alkohol allerdings innerhalb ihrer privaten Räume gestattet. Machen sie sich aber durch Alkoholgenuß in der Öffentlichkeit strafbar, gelten nicht die strengen Beweisregeln des Korans, sondern allgemeine Rechtsgrundsätze.)

Verwaltungsgliederung

Pakistan besteht aus fünf Provinzen, von denen vier (Punjab, Belutschistan, Sind und die Nordwest-Grenzprovinz) bereits seit Gründung des Staates existieren. Als fünfte Provinz kam am 1. 1. 1981 der Bezirk der Hauptstadt Islamabad hinzu, die vorher einen Sonderstatus hatte. Gesonderte Regelungen gelten für die sechs Stammesgebiete, die an der nordwestlichen Grenze liegen und als *Agencies* direkt von der Zentralregierung verwaltet werden, sowie für die Kaschmir-Region.

Die Provinzen besitzen eigene Regierungen und Parlamente, deren Mitgliederzahl der jeweiligen Bevölkerungsstärke entspricht. Die Provinzgouverneure werden vom Staatspräsidenten ernannt und entlassen. Da die Provinzen und Territorien weitgehend eigenständig sind, haben die Gouverneure die Aufgabe, die Einheitlichkeit der Entwicklung innerhalb des Staates zu wahren. Die Provinzen sind in Kreise (Divisions, Bevollmächtigter ist der Commissioner) gegliedert. Diese sind wiederum in Bezirke aufgeteilt (Districts und Agencies, Bevollmächtigte sind Deputy Commissioner und Political Agent). Die unterste Verwaltungseinheit ist die Gemeinde. Es gibt 14 Kreise und 55 Bezirke.

Einen ganz besonderen Status hat Kaschmir. Es besteht aus dem Bergland im Grenzgebiet und aus der Region ober- und unterhalb des Jhelum-Flusses, die zum eigentlichen Kaschmir zählt. Die Täler im Grenzgebiet, Baltistan, Gilgit und Hunza, werden von der pakistanischen Regierung direkt verwaltet. Das eigentliche Kaschmir hat dagegen die alte Stammesverwaltung beibehalten, soll jedoch schrittweise integriert werden. Dieses *Azad Kashmir* (Freies Kaschmir) besitzt eine eigene Verwaltung und eine Regierung, die dem Parlament verantwortlich sind. Ein Ministerium für Kaschmir-Fragen in Islamabad überwacht die Arbeit dieser Institutionen. Hauptstadt und Sitz der Regierung ist Muzaffarabad mit 15 000 Einwohnern. Azad Kashmir, Baltistan, Gilgit und Hunza umfassen ca. 84 800 km², in denen rund 1,5 Mill. Einwohner leben.

Streitkräfte

In Pakistan besteht keine allgemeine Wehrpflicht. Die Freiwilligenarmee umfaßt 429 000 Mann, davon sind

Die Provinzen Pakistans

Provinz	Fläche in km²	Einwohner in 1000	Hauptstadt
Punjab	205 345	50 460	Lahore
Sind	140 913	20 213	Karachi
Nordwest-Grenzprovinz	74 522	11 658	Peshawar
Belutschistan	347 190	4 611	Quetta
Hauptstadtterritorium	907	359	Islamabad
Zentral verwaltete Stammesgebiete	27 221	2 329	–

Staatswappen

Die Nationalflagge Pakistans mit dem weißen Streifen, der für die religiösen Minderheiten steht

400 000 im Heer, 11 000 in der Marine und 18 000 in der Luftwaffe. Hinzu kommen noch weitere rund 100 000 Mann starke paramilitärische Ordnungskräfte, wie z. B. Nationalgarde, Grenzschutz und Küstenwache. Im Konfliktfall stehen 513 000 Reservisten zur Verfügung. Die Ausgaben für die Streitkräfte betragen 28 % des Staatshaushaltes.

Wappen, Flagge und Hymne

Pakistans Staatswappen besteht aus einem Schild, der in vier Felder unterteilt ist. Diese Felder zeigen in Weiß und Grün die wichtigsten landwirtschaftlichen Produkte des Landes: Baumwolle, Tee, Weizen und Jute. Über dem Schild befindet sich ein grüner zunehmender Halbmond mit einem fünfzackigen Stern, dem Sinnbild des Islam; unten wird der Schild durch einen Jasminkranz und ein Schriftband begrenzt. Dieses trägt eine Inschrift in der Nationalsprache Urdu: »Iman, Itehad, Nazm« – Glaube, Einheit, Disziplin.

Die pakistanische Flagge zeigt auf dunkelgrünem Grund – der bevorzugten Farbe des Islam – einen Stern und einen Halbmond und an der linken Seite einen weißen Streifen, der für die religiösen Minderheiten steht.

Die Nationalhymne wurde von Hafeez Jullundhari gedichtet. Die erste Strophe lautet: Heil sei dem Boden, dem reinen/Heil sei dem Land, dem schönen/ Dir, dem Symbol hohen Strebens/ Erde von Pakistan/ Heil sei dem Glaubenszentrum stark!

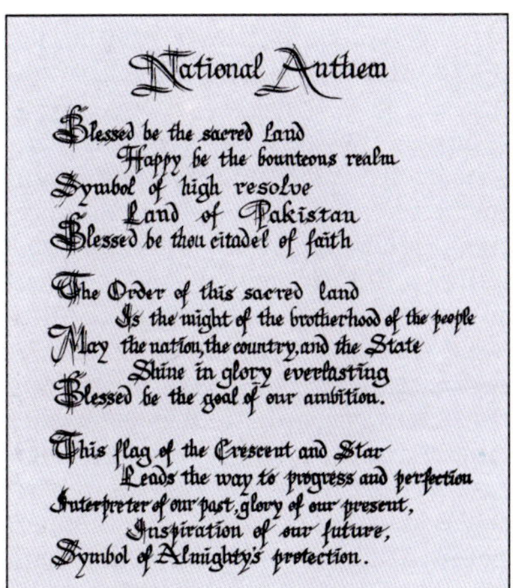

National Anthem

Blessed be the sacred Land
Happy be the bounteous realm
Symbol of high resolve
Land of Pakistan
Blessed be thou citadel of faith

The Order of this sacred land
Is the might of the brotherhood of the people
May the nation, the country, and the State
Shine in glory everlasting
Blessed be the goal of our ambition.

This flag of the Crescent and Star
Leads the way to progress and perfection
Interpreter of our past, glory of our present,
Inspiration of our future,
Symbol of Almighty's protection.

Nationalhymne in Urdu

Wirtschaft

Allgemeine Entwicklung

Pakistan zählt wie seine Nachbarn Afghanistan und Indien zu den 20 ärmsten Ländern der Welt. In der internationalen Entwicklungsländer-Klassifizierung gehört es zu den Most Seriously Affected Countries (MSAC). Die Lebensfähigkeit des neuen Staatsgebildes wurde in seiner Entstehungsphase vielfach angezweifelt. 1947 verfügte Pakistan nur über eine unbedeutende Industrie, der viele wichtige Rohstoffe fehlten. West- und Ostpakistan waren gleichermaßen von wichtigen Produktionsstätten und weiterverarbeitenden Industrien abgeschnitten. So wuchsen im Land zwar Jute und Baumwolle, es bestand aber vorerst keine Möglichkeit, sie zu verarbeiten. Die Jute-Industrie war im indischen Kalkutta zentriert, die Baumwollfabriken lagen im indischen Teil des Punjab und an der Westküste des Nachbarlandes.

Insgesamt gesehen war die wirtschaftliche Infrastruktur völlig unzureichend. Verkehrswege, Nachrichtenübermittlung und Energieversorgung mußten ausgebaut werden, ebenso die Häfen von Karachi und Chittagong (Bangladesch), die plötzlich fast den gesamten Warenverkehr des Staates zu bewältigen hatten. Es gab weder eine inländische Fluggesellschaft noch eine Handelsflotte, die Transporte zwischen den Landesteilen hätten übernehmen können. Belastend war auch die unausgewogene Bevölkerungsstruktur. Fast alle hinduistischen Fachkräfte aus Handel, Industrie und Bankwesen hatten das Land verlassen. Die eingewanderten Muslime waren zumeist Bauern, Pächter und Handwerker und nicht imstande, die freigewordenen Positionen einzunehmen. So kam die Wirtschaft in den ersten Jahren der Unabhängigkeit fast vollständig zum Erliegen. Bis 1959 mußten zunächst die Defizite beseitigt, eine funktionsfähige Verwaltung geschaffen und die Flüchtlinge eingegliedert werden. In dieser Zeit konnte so gut wie kein Wachstum verzeichnet werden. Erst in den folgenden Jahren und bis 1969 kam die Wirtschschaft langsam zu Kräften. Der Außenhandel entwickelte sich günstig, in der Landwirtschaft gab es Leistungssteigerungen. Innenpolitische Krisen und der indo-pakistanische Krieg beendeten jedoch diesen Aufschwung. Die Kriegsfolgelasten, die Abspaltung Ostpakistans und ein inflationärer Preisauftrieb in der Zeit danach belasteten vor allem die Masse der Kleinbauern und Pächter, die vom Wirtschaftswachstum ohnedies nicht profitiert hatten.

Mit dem Regierungsantritt Zulfikar Ali Bhuttos, 1971, begann eine neue Phase der Wirtschaftspolitik: Sein Ziel war es, die bestehende Gesellschaftsstruktur zu verändern. Dazu muß gesagt werden, daß Pakistan eine für viele Entwicklungsländer typische Zweiteilung aufweist: Einer kleinen, sehr reichen Oberschicht (22 Familien kontrollieren die Wirtschaft, 600 Großgrundbesitzern gehört ein Achtel der gesamten Nutzfläche des Landes) steht die Masse der Kleinbauern, Landarbeiter, Pächter und Handwerker gegenüber. Die Klein- und Kleinstpächter mußten meist die Hälfte ihrer Ernteerträge an den Landbesitzer abführen. Das 1972 verkündete Reformprogramm zielte deshalb auf eine gewisse Umverteilung des Bodens zugunsten der besitzlosen Landbevölkerung.

Außerdem sollten die Kleinbauern von der Landsteuer befreit und die Großbauern höher belastet werden. Bhuttos Absichten wurden aber nur ansatzweise realisiert, da die Oberschicht großzügige Ausnahmeregelungen zu ihren Gunsten erreichen konnte.

Nachdem das Jahr 1973 zum erstenmal in der Geschichte des Landes eine positive Handelsbilanz aufwies, folgten 1974 weitere Maßnahmen. Die Verstaatlichung der Banken und die Enteignung von 32 Betrieben der Großindustrie sollten die Wirtschaftslage Pakistans stabilisieren. Im selben Jahr erschütterte aber ein schweres Erdbeben Nordpakistan, das 5500 Todesopfer forderte und 60000 Menschen obdachlos machte. Diese Katastrophe bedeutete einen Rückschlag, zumal schon im Jahr zuvor eine Überschwemmung im Punjab und Sind verheerende Folgen hatte. Im Verlauf der folgenden Jahre konnten selbst wirtschaftliche Verbesserungen keine grundsätzliche Änderung zum Besseren herbeiführen, da die Bevölkerung rascher wuchs als das Bruttosozialprodukt. Auch nach dem Staatsstreich von 1977 und der Machtübernahme durch das Militär trat kein wesentlicher Aufschwung ein. 1980 gewährte der Internationale Währungsfonds Pakistan einen Beistandskredit von 1,7 Mrd. US-$ – dies ist der höchste Betrag, den diese Institution jemals an ein Entwicklungsland vergeben hat.

Die kritische Wirtschaftslage wird zusätzlich durch Flüchtlinge aus Afghanistan belastet. Seit 1978 hat die Wirtschaft mit Zuwachsraten von mehr als 6% einen stetigen Aufschwung genommen. Im Finanzjahr 1985/86 konnte ein Wachstum von 6,5% bei einer Inflationsrate von 5,2% erzielt werden.

Doch im September 1992 wurden weite Teile Pakistans von Überschwemmungen heimgesucht, welche

Das Pakistan-Institut für Nuklearwissenschaft und Technologie in Nilore bei Islamabad

die Landwirtschaft und die von ihr abhängige Textilindustrie beeinträchtigten, Verkehrsverbindungen unterbrachen und den Anstieg der Inflation von 9,6% im Finanzjahr 1991/92 auf fast 12% in 1992/93 zur Folge hatten.

Inzwischen ist man dazu übergegangen, die 1974 verstaatlichten Unternehmen zu reprivatisieren. 1991 und 1992 gingen Industriebetriebe, Zement-, Chemie- und Düngemittelfabriken und Reismühlen im Wert von 5,448 Mrd. pR und die Mehrheit der Allied Bank wieder in Privatbesitz über. Zehn neue Gesellschaftsbanken nahmen am 26. August 1991 ihren Betrieb auf: die Bank Commerce Al-Habib, Soneri Bank, Union Bank, Mehran Bank, Indus Bank, Prime Commercial Bank, Askari Bank, Bolan Bank, Capital Bank und Republic Bank.

Die wegen des umstrittenen Nuklearprogramms ausgesetzte oder verringerte westliche Militär- und Wirtschaftshilfe hemmte den ökonomischen Aufschwung. Pakistan konnte dennoch von Juni 1992 bis Januar 1993 einen Anstieg seiner Exporte um 12% verzeichnen, mußte jedoch eine Verringerung der Devisenreserven von 1 Mrd. auf 830 Mill. US-$ in Kauf nehmen. Aufwendungen für die Tilgung der Auslandsschulden erfordern einen hohen Anteil der Exporteinnahmen. Positiv wirkte sich die Liberalisierung der Devisengesetzgebung aus, die es Millionen von pakistanischen Gastarbeitern erlaubt, bei einheimischen Banken Konten in ausländischer Währung, vorwiegend US-$, zu unterhalten. Die Überweisungen stiegen drastisch auf 805 Mill. US-$.

Im Juli 1993 wurde die pakistanische Rupie um gut 9% abgewertet. Um sich aber bei der Ausfuhr von Baumwollprodukten gegenüber Konkurrenten – insbesondere China, das am 1. Januar 1994 seine Währung konvertierbar machte, die dabei ein Drittel ihres Wertes einbüßte – behaupten zu können, halten pakistanische Textilfabrikanten und -exporteure eine weitere Abwertung für geboten.

Die neue Regierung hat sich nach Oktober 1993 neben der Verwirklichung eines religiös bestimmten Sozialsystems der Liberalisierung der Wirtschaft verschrieben. Sie ist bestrebt, Restriktionen bei ausländischen Hilfeleistungen zu entgehen, und erhofft sich eine Belebung des Handelsverkehrs, die den industriellen Aufschwung fördern und die Wirtschaftslage verbessern könnte.

Sozialstruktur

Im gesellschaftlichen Aufbau Pakistans überwiegt das bäuerliche Element. Von den rund 22 Mill. Erwerbstätigen arbeiten 55% in der Land- und Forstwirtschaft, im produzierenden und verarbeitenden Gewerbe sind dagegen nur 18% beschäftigt, im Handel und Gaststättengewerbe 11%, in der öffentlichen Verwaltung 10%, im Verkehrswesen 5%, Banken und Versicherungen beschäftigen rund 0,7% aller Erwerbstätigen. Die offizielle Arbeitslosenquote liegt bei knapp 6%.

Da der Großteil der Bewohner in ländlichen Gebieten lebt und arbeitet, ist dieser Lebensraum sehr wichtig für die Struktur des Landes. Überlieferte Traditionen und Bräuche formen die Verhaltensweisen und Wertvorstellungen der Landbevölkerung. An der Spitze der sozialen Pyramide steht der Landbesitzer, die Basis bilden Landarbeiter, Kleinpächter und Kleinbauern, die alle ungefähr den gleichen Status besitzen. Die Dorfhandwerker sind mit den Landbesitzern eng verbunden, da sie neben ihren Tätigkeiten auch bei der Ernte mithelfen. Auch unter ihnen gibt es wiederum unterschiedliche Schichten. Während Barbier, Schmied, Zimmermann und Wäscher höher angesehen werden, stehen die Weber, Schuhmacher, Ölpresser, Töpfer, Wasserträger, Fischer und Bootsleute auf einer unteren Stufe. Sie heiraten in der Regel innerhalb ihrer Gruppe oder in nahestehende Berufsgruppen.

Einen krassen Gegensatz zum Landleben bilden die übervölkerten Großstädte, in denen sich im Zuge der Industrialisierung eine Arbeiterklasse und eine Mittelschicht von Beamten und Angestellten entwickelt haben. Die Einkommen sind aber auch dort ausgesprochen niedrig, und nicht jeder hat überhaupt einen Arbeitsplatz. Das monatliche Nettogehalt eines Facharbeiters liegt umgerechnet zwischen 50 und 200 DM, ein graduierter Ingenieur verdient 100 bis 250 DM, der leitende Arzt eines staatlichen Krankenhauses rund 700 DM, ein Betriebsleiter erhält etwa 500 DM und eine Fremdsprachensekretärin zwischen 200 und 400 DM. Dazu muß aber er-

Ein sein Feld mit einem vom Ochsen gezogenen Hakenpflug bestellender Kleinbauer

gänzend gesagt werden, daß die Lebenshaltungskosten erheblich niedriger liegen als in Europa. Die Ausgaben können auch dadurch niedrig gehalten werden, daß viele Familienmitglieder zusammen wohnen und gemeinsam wirtschaften.

Landwirtschaft und Fischerei

Wenn auch die Städte Pakistans ein überaus schnelles Wachstum verzeichnen, so ist Pakistan in erster Linie doch ein Bauernland: Über 60 % der Bevölkerung lebt direkt oder indirekt von der Landwirtschaft. Diese hängt fast völlig von ausgedehnten Bewässerungsanlagen ab, die vom Wasser des Indus und seiner Nebenflüsse im Punjab-Gebiet gespeist werden. Die Gletscher und Schneefelder der nördlichen Berggebiete bilden ein riesiges natürliches Wasserreservoir, das die Voraussetzung für eine kontinuierliche ganzjährige Versorgung schafft. Dieses Bewässerungssystem, ursprünglich gemeinsam für Indien und Pakistan konzipiert, wurde bei der Erlangung der Unabhängigkeit zwischen beiden Staaten geteilt. Pakistans Landwirtschaft geriet dadurch in eine bedrohliche Situation: Die Flüsse des Punjab entspringen und fließen teilweise durch Indien, bevor sie pakistanisches Gebiet erreichen. Damit bestand die Gefahr, daß indische Bauern in Dürreperioden, wenn man besonders auf Flußwasser für die Bewässerung angewiesen ist, das kostbare Naß für sich allein beanspruchten. Erst 1960 wurde eine Einigung über die Verteilung des Wassers erzielt. Auf der Grundlage dieses Vertrages hat Pakistan das existierende Bewässerungssystem ausgebaut und weitere Verbindungskanäle und Dämme geschaffen. So besitzen die Provinzen Punjab und Sind zusammen das bei weitem größte Bewässerungssystem der Erde. Es übertrifft das Areal des bewässerten Landes im Niltal um das Dreifache. Im Punjab sind zwei Drittel, im Sind sogar vier Fünftel des gesamten Anbaugebietes bewässert. Wo früher Dornbuschsteppe vorherrschte, erstrecken sich heute Weizen-, Baumwoll-, Zuckerrohr-, Bananen- und Reisfelder. Besonders im Indusgebiet hat die Bewässerung aber auch zur Versalzung bzw. Versumpfung einiger Areale geführt. In höheren und von Kanalwasser nicht zu erreichenden Lagen sind bei erschließbarem Grundwasser Schöpfräder in Betrieb, um das kostbare Naß aus Brunnen zu holen und über kleine Kanäle auf die Felder zu leiten.

Wo die Bewässerung wie hier im Hunza-Tal sichergestellt ist, kann erfolgreich Landwirtschaft betrieben werden

Ochsen halten das Göpelwerk in Bewegung.

Ende Juni, Anfang Juli erreicht der Sommermonsun den Punjab; ihm folgt im November die kühle Jahreszeit. Bedingt durch diesen saisonalen Rhythmus gibt es zwei Ernten: *Kharif* nach der Regenzeit und *Rabi* im Frühjahr, wobei *Kharif* die ertragreichere Haupternte ist. Der *Rabi*-Ertrag hängt von der Intensität der unregelmäßigen Winterregen ab. Im allgemeinen werden die Felder noch mit den primitiv anmutenden, von Ochsen gezogenen Hakenpflügen bestellt. Sie zerkrümeln die Oberfläche lediglich und beugen einer zu starken Verdunstung vor, die ein Scharpflug mit dem Wenden der Scholle begünstigen würde.

Einige Zahlen können die Produktionssteigerung in der Landwirtschaft belegen. 1970 produzierte Pakistan 7,3 Mill. t Weizen und 2,4 Mill. t Reis. Fünfzehn Jahre später war die Weizenproduktion auf einem Anbaugebiet von 7,259 Mill. ha auf 11,703 Mill. t und 1991/92 bei 7,801 Mill. ha auf 14,643 Mill. t gestiegen, das ist ein Ertrag von 1877 kg pro ha; 1984/85 waren es noch 1012 kg pro ha. Die Erzeugung konnte mit dem Anwachsen der Bevölkerung allerdings nicht Schritt halten. Für Weizenimporte mußten 1990/91 139,1 Mill. US-$ und 1991/92 341,5 Mill. US-$ ausgegeben werden.

Die Reiserzeugung belief sich 1985 auf 3,32 Mill. t und 1992 auf 3,24 Mill. t. Die Anbaufläche lag in diesem Zeitraum nahezu unverändert bei etwa 2 Mill. ha. Der Erlös aus der Ausfuhr betrug 1990/91 350 Mill. US-$ und 1991/92 416,2 Mill. US-$.

Wichtigste Devisenquelle für Pakistan ist jedoch die Baumwolle. Die Ausdehnung der Anbaufläche von 2,242 Mill. ha (1984/85) auf 2,836 Mill. ha (1991/92) und die Ertragssteigerung von 450 kg pro ha (1984/95) auf 772 kg (1991/92) durch bessere Anbaumethoden führten zu einer Produktionssteigerung auf 12,867 Mill. Ballen. Die Ausfuhr von Rohbaumwolle erreichte 1990/91 426,1 Mill. US-$

Land- und Forstwirtschaft

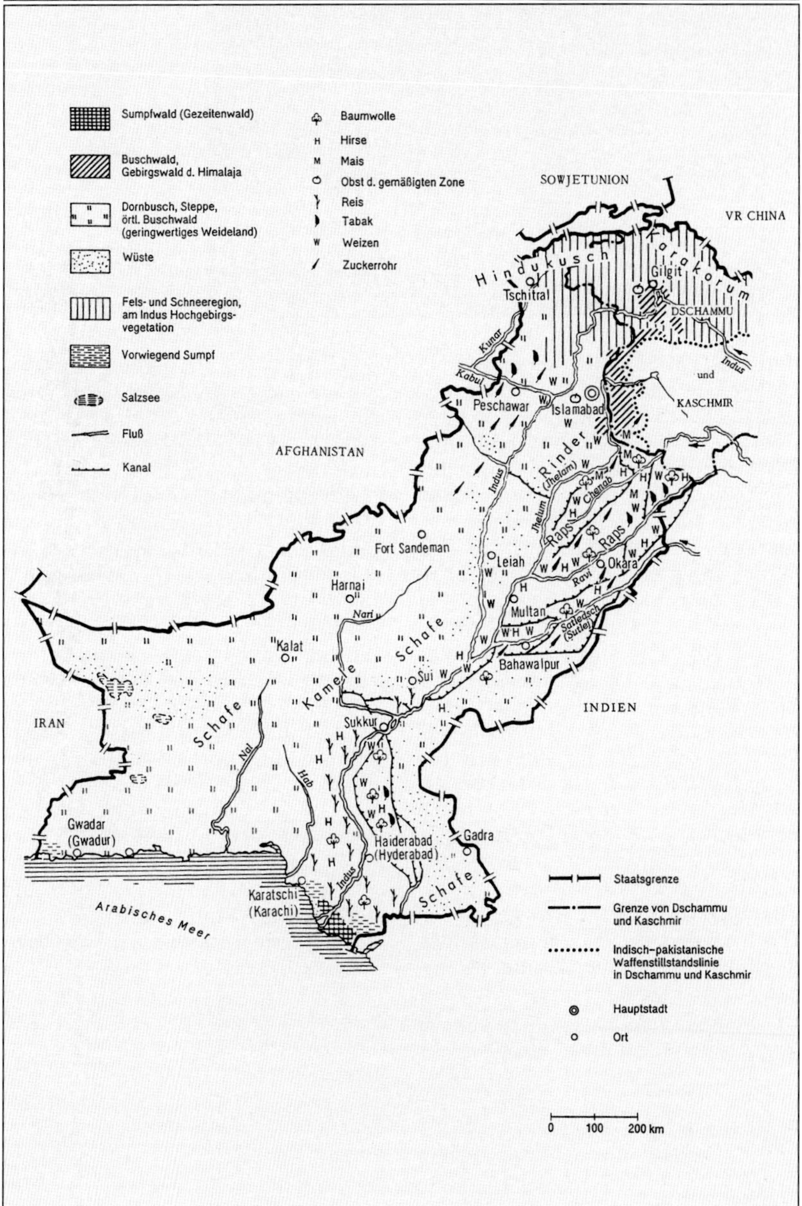

Viehmarkt an der alten Mogulstraße bei Taxila, unweit von Rawalpindi

und 1991/92 521 Mill. US-$. Weitaus höhere Werte erzielten die Exporte von Baumwollgarn und -gewebe mit 1,193 und 677,9 Mill. US-$ bzw. 1,178 und 820 Mill. US-$. Von Juli bis November 1993 konnte die Ausfuhr von Baumwollgarn auf 221,238 t gesteigert werden. Im gleichen Zeitraum des Vorjahres waren es noch 200,166 t. Der durch Überschwemmungen und Pestbefall bedingte Ernteausfall – Rückgang der Produktion auf 8 Mill. Ballen in 1993 – ließ den Inlandspreis der Baumwolle von 1000 pR pro Maund (37,28 kg) Ende 1993 auf 1500 pR (50 US-$) Anfang 1994 schnellen und zwang Spinnereien und Webereien, 300000 Ballen zusätzliche und billigere Baumwolle in Zentralasien hinzuzukaufen.

Das Areal für den Anbau von Tabak ist erweitert und der Ertrag von 58000 t im Jahre 1976 auf jeweils 74000 t in den Jahren 1989/90 und 1990/91 gesteigert worden. 1991/92 wurden auf einem Gebiet von 45000 ha 75000 t Tabak erzeugt, also 1667 t pro ha. Die Maiserzeugung belief sich im Finanzjahr 1981/82 auf 930300 t, 1984/85 auf 1,028 Mill. t und 1989/90 auf 1,18 Mill. t. 1990/91 und 1991/92 wurden 1,19 bzw. 1,20 Mill. t produziert.

Flußfischer mit seinem Netz am Indus

Die Produktion von Zuckerrohr auf einer Anbaufläche von 904 000 ha belief sich 1984/85 auf 32,14 Mill. t und 1991/92 auf 35,66 Mill. t auf 896 000 ha.

Weitere landwirtschaftliche Produkte von Bedeutung sind Hülsenfrüchte, Erdnüsse und Kartoffeln. Aber auch Obst und Gemüse werden in großer Vielfalt angebaut.

Größere Anstrengungen sind noch bei der Viehzucht nötig, um insbesondere die Milcherzeugung zu steigern. Rinder werden hauptsächlich zur Fleischgewinnung und zur Arbeitsleistung gezüchtet. Häute und Felle sowie Ledererzeugnisse spielen in der Ausfuhr (1991/92 241,1 Mill. US-$) eine immer größere Rolle. Die Zahl der Ziegen ist in einigen Landstrichen sogar entschieden zu hoch und verhindert u.a. die natürliche Regenerierung des abgeholzten Baumbestandes.

Wald nimmt nur 3,8 % der Gesamtfläche Pakistans ein und liegt damit weit unter dem für Umweltstabilität und Wirtschaftswachstum erstrebten Fünftel bis Viertel. Aufforstungsprogramme sollen die mißliche Lage bessern. Im Jahre 1990 wurden 25 Mill. Bäume gepflanzt. Für die Einfuhr von Holz muß Pakistan über 3 Mrd. pR aufwenden.

Fisch ist eine wichtige Nahrungsquelle insbesondere für die Bewohner der Küste. Der Fischmarkt in Karachi z.B. bietet eine große Auswahl von schmackhaften Fischen und anderen Meerestieren wie Hummern, Garnelen, Krebsen und Krabben. Sie sind eine willkommene Bereicherung des Speisezettels. Der Fischfang hat sich von 195 000 t im Jahr 1975 auf über 445 760 t in 1989/90 gesteigert. Ein Fünftel des Fangs (96899 t) entfällt auf die Süßwasserfischerei. Die Erlöse aus dem Export von Fisch und Fischprodukten haben wegen der starken Konkurrenz auf dem Weltmarkt Einbußen erlitten und fielen von 110 Mill. US-$ in 1988/89 auf 85 Mill. US-$ in 1989/90, konnten sich aber 1990/91 und 1991/92 bei einem Stand von etwa 114,9 Mill. US-$ stabilisieren.

Bodenschätze und Energie

Bislang kann man nicht sagen, daß Pakistan zu den Ländern gehört, die mit Bodenschätzen reich gesegnet sind; die Erforschung mineralischer Vorkommen ist jedoch noch nicht abgeschlossen. Die geringe Bedeutung des Bergbaus, er trug 1991/92 nur 0,55 % zum Volkseinkommen bei, ist u.a. darauf zurückzuführen, daß sich die Lagerstätten der Minerale häufig in verkehrsmäßig ungünstigen Gebieten befinden, wie z.B. die Antimonvorkommen in Chitral, die Kaolinlager (Porzellanerde) im Swat-Tal und die Phosphatablagerungen im Gebirge der Nordwest-Grenzprovinz.

Chrom ist derzeit das einzige Metall, das Pakistan für den Export produziert. Vor allem die Reserven an Chromerz sind beträchtlich. Der größte Teil des hauptsächlich bei Muslimbagh in Belutschistan gefundenen Chromeisenerzes wird nach Japan exportiert. Die Förderung belief sich 1989/90 auf 25 000 t und 1990/91 auf 28 000 t. Große Ablagerungen von Dolomit, das in der Eisen- und Stahlindustrie Verwendung findet, wurden im Punjab und in der Nordwest-Grenzprovinz entdeckt. Die Vorkommen bei Thatta in der Nähe von Karachi werden bald den Bedarf des mit sowjetischer Hilfe erbauten Stahlwerks von Karachi decken. Zur Zeit beträgt der jährliche Bedarf nur knapp 400 t. Die Reserven an Eisenerz belaufen sich nach derzeitiger Kenntnis auf 400 Mill. t, wovon allein drei Viertel in der Region Kalabagh-Makerwal im Punjab lokalisiert wurden. Weitere Vorkommen sind in entlegenen Gebieten der Nordwest-grenzprovinz und in Chitral gefunden worden. Abbauwürdige Kupferlager wurden kürzlich im südlichen Belutschistan und an der pakistanisch-iranischen Grenze bei Saindak entdeckt. Mit Hilfe des United Nations Development Programme (UNDP) werden die Fördermöglichkeiten dort weiter untersucht. Ebenfalls in Belutschistan ist man auch auf Mangan- und Magnesitvorkommen gestoßen. Die Schwefelförderung, die in dieser Provinz lange Zeit betrieben wurde, ist dagegen rückläufig und wurde teilweise bereits aus wirtschaftlichen Gründen ganz eingestellt. Von größerer Bedeutung sind heute Grundstoffe für die Bauindustrie, wie z. B. Kalk, der in allen Provinzen Pakistans in reichlichen Mengen vorkommt. 1984/85 wurden 4,6 Mill. t gefördert und 1991/92 8,53 Mill. t. Die Produktion von Gips belief sich 1989/90 auf 348 000 t und 1991/92 auf 471 000 t. Die Gewinnung von Steinsalz, von dem es in der Salzkette riesige Vorkommen gibt, ist Regierungsmonopol (Privatfirmen dürfen nur Meersalz extrahieren). Sechs Salzbergwerke, das bekannte Khewra-Bergwerk im Punjab eingeschlossen, sind derzeit in Betrieb. Die Produktion belief sich 1990/91 auf 516 000 t und 1992/93 auf 833 000 t. In staatlichen Händen ist neuerdings auch die Edelsteinförderung (insbesondere Rubine und Smaragde), die seit alters her zum legendären Ruf der nördlichen Gebirgsregionen beigetragen hat. Die Smaragd-Bergwerke im Swat-Distrikt, die mehr als zehn Jahre auf privater Basis arbeiteten, sind von der Landesregierung der Nordwest-Grenzprovinz übernommen worden, während die Pakistan Mineral Development Corporation (PMDC) die Rubinbergwerke in Hunza für die Bundesregierung betreibt. Der Schliff und die Vermarktung der Edelsteine wurden einer Unterorganisation dieser Gesellschaft übertragen.

Für die Energiewirtschaft Pakistans sind Kohle, Erdöl, Erdgas und die Nutzung der Wasserkraft von Bedeutung. Die geringste Rolle spielt dabei die Kohle, deren Reserven sich auf etwa 442 Mill. t belaufen. Von der Jahresproduktion (1991/92 3,07 Mill. t) werden allein 80 % von den Ziegelbrennereien verbraucht. Eisenbahn, Kleinindustrie und private Haushalte sind weitere Abnehmer. Für die Kokserzeugung ist die heimische Kohle allerdings nicht oder nur wenig geeignet,

Nationale Raffinerie in Karachi

Bodenschätze, Industrie, Verkehr

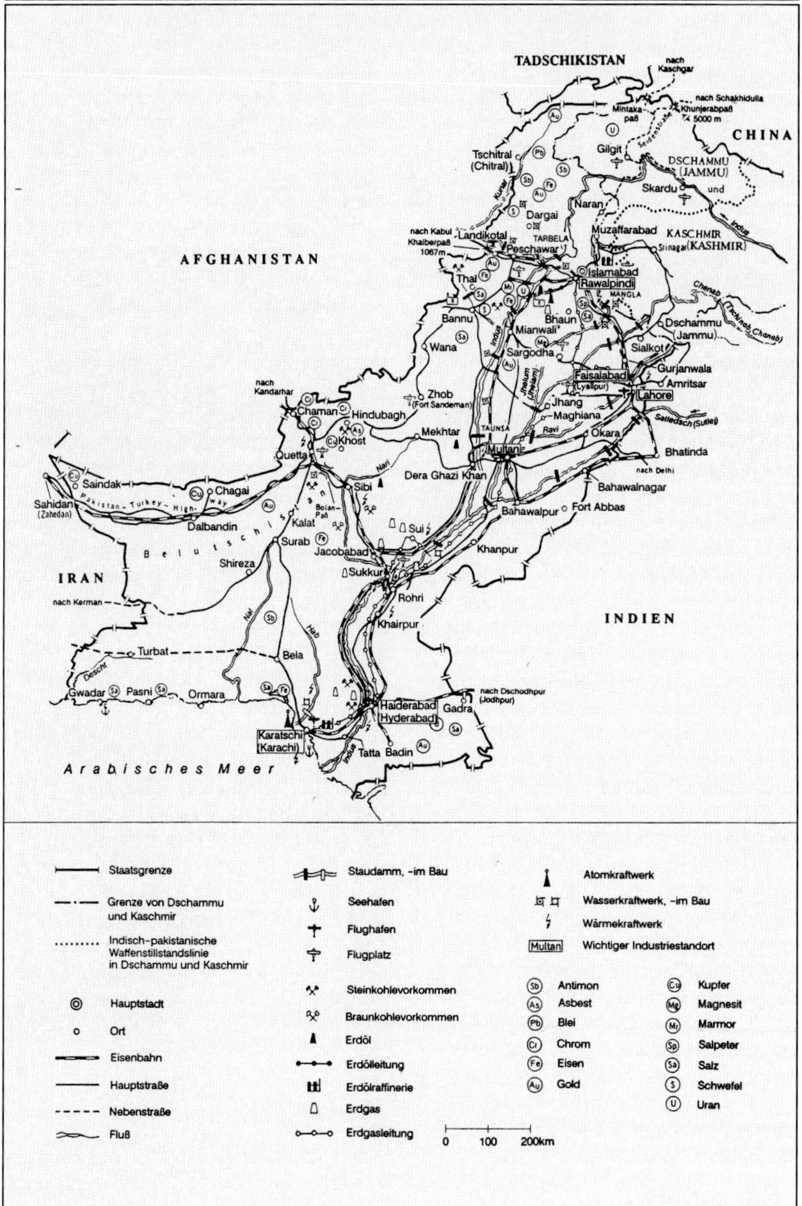

Der gewaltige Tarbela-Staudamm in der Nähe von Islamabad

da die pakistanischen Vorkommen nur einen niedrigen Kohlenstoffgehalt und einen hohen Schwefelanteil aufweisen.

Bei der Versorgung mit Erdöl ist Pakistan noch auf Importe angewiesen. Die Erdölgewinnung aus den Feldern auf dem Potwar-Plateau und aus neu erschlossenen Vorkommen ist jedoch ständig gestiegen. Von den 1989/90 verbrauchten 33,4 Mill. Barrel (1,59 hl) wurden 14,26 Mill. Barrel aus eigenen Quellen gedeckt. 1971/72 belief sich die Erdölgewinnung in Pakistan gerade auf 3 Mill., 1984/85 auf 9,5 Mill. und 1991/92 auf 22,4 Mill. Barrel. 30 Mill. Barrel mußten eingeführt werden.

Pakistan verfügt über beträchtliche Erdgasvorräte. Die beiden größeren Vorkommen finden sich in Sui, Belutschistan, und Mari, Sind. Die Erdgasgewinnung konnte kontinuierlich gesteigert werden und belief sich 1989/90 auf 14,1 Mrd. m^3, 1990/91 auf 15 Mrd. m^3 und 1991/92 auf 15,6 Mrd. m^3.

Uranreserven werden gegenwärtig von der Pakistan Atomic Energy Commission in Zusammenarbeit mit dem UNDP untersucht.

Wichtigster Pfeiler der Energieversorgung des Landes ist die Nutzung der Wasserkraft, deren Bedeutung in den letzten Jahrzehnten durch staatliche Baumaßnahmen (Mangla-Damm, Indus-Entwicklungsprogramm, Tarbela-Staudamm) ständig gestiegen ist. Von der gesamten Stromerzeugung der staatlichen Water and Power Development Authority (WAPDA) werden knapp zwei Drittel aus Wasserkraft gewonnen. Vor allem im Sommer, wenn die Klimaanlagen im ganzen Land auf Hochtouren laufen, sind Stromausfälle keine Seltenheit. Die Folgen, die für den einzelnen zwar ärgerlich, aber immer noch erträglich sind, schädigen vor allem Pakistans in der Entwicklung befindliche Industrie. Dringend erforderlich ist auch eine Erweiterung des Stromnetzes. Von den insgesamt rund 43 000 Dörfern des Landes werden gegenwärtig etwa 32 000 mit elektrischem Strom versorgt. In der Erweiterung seiner Elektrizitätsversorgung setzt Pakistan auf die Kernkraft. Entsprechende Forschungen werden vom Pakistan Institute of Nuclear Science and Technology betrieben.

Handwerk

Nach Schätzungen sind etwa 12 % aller Erwerbstätigen im handwerklichen und kleingewerblichen Sektor beschäf-

Schreiber an seinem Arbeitsplatz in Saidu Sharif im Swat-Tal

tigt. Dabei handelt es sich vorwiegend um Familienbetriebe, in denen mit einfachen Geräten und niedriger Produktivität gearbeitet wird. Die handwerkliche Geschicklichkeit der Pakistanis ist bemerkenswert, zumal ihnen meist nur veraltetes Werkzeug und altertümliche Maschinen zur Verfügung stehen.

Ihre Fähigkeit zu improvisieren oder komplizierte Mechanik genau zu kopieren, kann man überall beobachten. Fast alle Handwerksbetriebe liegen in den engen Gassen des Basars, den jede Stadt besitzt. Viele Straßen beherbergen ausschließlich die Werkstätten einer Berufssparte.

Seit alters her von Bedeutung sind Handweberei, Teppichherstellung, Metallverarbeitung, Gold- und Silberschmiedekunst, Holzschnitzerei, Keramik und Korbflechterei. Die pakistanische Regierung fördert das hochentwickelte, traditionelle Kunsthandwerk, um Arbeitsplätze zu schaffen und um neue Artikel für den Export zu gewinnen.

Infolge der allgemeinen Technisierung ist als neuer Gewerbezweig das Reparaturhandwerk entstanden. Von zum Teil eher einfallsreichen als ausgebildeten Handwerkern werden Fahrräder, Autos, Wasserpumpen, Elektrogeräte und Uhren repariert und instand gehalten. Das heimische Handwerk erhält neuerdings Unterstützung durch Beratungsdienste, deren Aufgabe darin besteht, Interessenten bei technischen und organisatorischen Fragen behilflich zu sein. Hinzu kommen Handwerks-Entwicklungszentren in 16 Städten Pakistans.

Industrie

Mit über 60 % der gesamten industriellen Produktion Pakistans stellt die Baumwollverarbeitung den bedeutendsten Anteil. 1990/91 verfügte Pakistan über 5,49 Mill. und 1991/92 über 6,14 Mill. Spindeln, die in den Textilfabriken 307,9 Mill. m^2 Baumwollstoffe herstellten.

Um die landwirtschaftliche Produktion zu heben und wertvolle Devisen zu sparen, ist die Regierung bestrebt, in der Erzeugung von Düngemitteln eine Eigenversorgung zu erreichen. Im Fi-

Teppiche, wie diese hier auf dem Markt von Rawalpindi, gehören mit zu den wichtigsten Handelsgütern Pakistans

nanzjahr 1991/92 standen einer Eigenproduktion von 2,79 Mill. t Einfuhren von 1,27 Mill. t gegenüber. Die Zementindustrie versorgt mit einer Kapazität von 8,32 Mill. t (1991/92) die einheimische Bauwirtschaft und Industrie. Die Papierfabriken können aus Rohstoff- und Kapazitätsmangel den Bedarf des Landes nicht decken. Die gegenwärtige Produktion beläuft sich auf 63 000 t Papier. Hauptproduzent ist die Papierfabrik in Charsadda.

Pakistan verfügt über eine Reihe von Fabrikationsanlagen für Arzneien, Farben, Insektizide u. a., die in Zusammenarbeit mit ausländischen, zum großen Teil deutschen und schweizerischen Firmen hergestellt werden. Weltbekannt sind die Erzeugnisse der Fertigungsstätten für Sportgeräte und chirurgische Instrumente in Sialkot und natürlich der Teppichknüpfereien. Aber auch Werkzeuge, Tele-fone, Transformatoren, Schalter, Maschinenteile und Motoren werden in Pakistan produziert. Die mit chinesischer Hilfe in Taxila errichtete Schwerindustrie erlaubt die Herstellung von Straßenbaumaschinen, Kränen, Kesseln und Anlagen für die Zucker- und Zementfabrikation. Eine Gießerei und Gesenkschmiede mit einer Kapazität von 60 000 t liefert den erforderlichen Gußstahl. Die Karachi-Stahlwerke, die mit sowjetischer Hilfe errichtet wurden, erreichten 1987 eine Kapazität von 1,8 Mill. t. Auch die Schiffswerften in Karachi zeugen von der wachsenden Bedeutung der Schwerindustrie.

Die Industriepolitik Pakistans geht davon aus, daß sowohl der staatliche als auch der private Sektor eine wichtige Rolle bei der Entwicklung des Landes und besonders bei der Erschließung unterentwickelter Regionen spielen. Auch ausländische Geldgeber sollen ermutigt werden, ihr Kapital in Pakistan anzulegen. Der Foreign Private Investment Promotion and Protection Act von 1976 soll Auslandskapital, das in Industriebetrieben angelegt wird, die nach 1954 mit Genehmi-

Schiffswerft in Karachi

gung der Bundesregierung errichtet wurden, schützen.

Nachdem die Industrieproduktion von 1972 bis 1977 gleich geblieben war, erfuhr sie nach dem Regierungswechsel im Juli 1977 einen plötzlichen Auftrieb, der danach aber zusehends wieder abflachte. Bedeutende Zuwachsraten von teilweise 10% und mehr konnten nur in der Baumwollindustrie, der chemischen Industrie und bei der Produktion von Düngemitteln verzeichnet werden. Die von der Privatindustrie 1978 und in den Folgejahren erhofften strukturellen Veränderungen, eine Modifizierung der Arbeitsgesetze und die erforderliche drastische Reduzierung des öffentlichen Sektors blieben zunächst aus. Seit Ende 1977 wurden Reismühlen und einige andere Betriebe an ihre früheren Besitzer zurückgegeben, doch die Schlüsselindustrien und Banken sind bisher nicht reprivatisiert worden. Bei dem Index 100 für das Jahr 1980/81 hat sich die industrielle Produktion 1989/90 auf 197,5%, 1990/91 auf 202,7% und 1991/92 um weitere 7,4% auf 217,7% erhöht. Seit Mai 1985 hat die Rückführung weiterer Wirtschaftszweige der auf Agrarproduktion basierenden Fertigung sowie der Zementindustrie in den Privatbesitz zur Liberalisierung und Senkung des Anteils von Investitionen des öffentlichen Sektors von 50% im Finanzjahr 1982/83 auf 10% im Jahr 1985/86 beigetragen. Neun Zehntel der Neuinvestitionen in der Industrie werden von privater Seite geleistet. Seit 1982 erhalten staatliche Industrien keine Unterstützung mehr aus dem Staatshaushalt. Eine Expansion des öffentlichen Sektors ist nur im Rahmen der Selbstfinanzierung möglich. Für den Aufbau von gewerblichen Produktionsstätten bis zu 300 Mill. pR sind keine regierungsamtlichen Genehmigungen erforderlich. Die Privatwirtschaft hat direkten Zugang zu Fremdwährungen. Ausländische Investitionen genießen gesetzlichen Schutz gegen Verstaatlichung. 1991/92 gingen Industriebetriebe, Zement-, Chemie-, Düngemittelfabriken und Reismühlen im Werte von 5,45 Mrd. pR in Privathand über.

Außenhandel

Pakistans Wirtschaftsbeziehungen erstrecken sich in erster Linie auf einige fernöstliche Länder, Nordamerika, die Europäische Gemeinschaft und arabische Staaten. Weitere wichtige Handelspartner sind die USA, Japan und die VR China. Pakistan ist Mitglied des Internationalen Währungsfonds, der Weltbank, der International Development Association (IDA) und der International Finance Corporation (IFC). Ferner ist es dem General Agreement on Tariffs and Trade (GATT) angeschlossen.

In den letzten Jahren hemmte ein wachsendes Zahlungsbilanzdefizit die wirtschaftliche Entwicklung des Landes. Trotz großer Exportanstrengungen konnten die steigenden Kosten für die Einfuhr von Erdöl, Weizen, Düngemitteln, Maschinen und Kraftfahrzeugen nicht aufgefangen werden. Die Regierung mußte seit 1979 auf dem internationalen Kapitalmarkt Kredite aufnehmen und ist außerdem bei internationalen Fonds hoch verschuldet.

Der Wert der gesamten Ausfuhren Pakistans belief sich im Finanzjahr 1991/92 auf 6,92 Mill. US-$, 1990/91 waren es noch 6,17 Mill. US-$ und 1989/90 nur 4,97 Mill. US-$. Die Steigerung im Vergleich zum Vorjahr betrug 1991/92 21,3%. Hauptabnehmer pakistanischer Güter waren die USA, die ihre Einfuhren um 221,6 Mill. US-$ auf 885,8 Mill. US-$ steigerten, mehr als $^1/_8$ der Gesamtausfuhren Pakistans. Die Exporte nach Japan nahmen um 62,1 Mill. US-$ zu und erreichten mit 572,6 Mill. US-$ 8,3% der Gesamtexporte. Die Ausfuhren nach Deutschland nahmen dagegen um 57,6 Mill. bis auf 490,1 Mill. US-$ ab. Deutschland blieb aber trotzdem drittwichtigster Handelspartner Pakistans. Der Anteil von Fertigprodukten steigerte sich von 1990/91 bis 1991/92 von 56,9% auf 59,6%. Halbfertigwaren machten 21,4% und Rohstoffe 19% der Ausfuhren aus.

Anschaffungen für eine verstärkte Industrialisierung und Modernisierung der exportorientierten Wirtschaftszweige (Textil-, Bau-, Bergbau- und Elektromaschinen sowie Stromerzeugungsanlagen und Transportausrüstungen) zeichneten 1991/92 mit 36% des Wertes der Gesamteinfuhren für ei-

Ein- und Ausfuhren Pakistans in Mill. US-$

Importe	1990/91	1991/92	Exporte	1990/91	1991/92
Weizen	139,1	341,5	Reis	350,0	416,2
Tee	166,3	173,3	Rohbaumwolle	426,1	521,0
Erdöl, Treibstoffe	1 686,8	1 384,9	Baumwollgarn	1 193,0	1 177,9
Pflanzenöl	402,3	403,5	Baumwollgewebe	677,9	820,0
Chem. Dünger	263,6	256,3	Leder	275,8	241,1
Eisen und Stahl	255,3	325,1	Fischprodukte	114,9	114,8
Schrott	71,4	103,8	Bekleidung	497,6	613,9
NE-Metalle	94,1	112,1	Strickwaren	334,9	425,5
Pharm. Produkte	196,6	208,7	Synthet. Textilien	348,2	418,7
Transportausrüstungen	510,3	830,7	Sportartikel	138,2	141,5
Elektromaschinen	219,8	300,7	Med. Instrumente	84,8	90,9
Maschinen	1 346,6	2 195,6			
Andere Produkte	2 279,1	2 617,4		1 725,7	1 921,1
Insgesamt	7 631,3	9 253,6		6 167,1	6 912,4

ne Steigerung auf 9,25 Mill. US-$ verantwortlich, im Vergleich zum Vorjahr ein Anstieg um 21,3 %. Dazu trug auch die Verdoppelung der Weizenimporte bei. Hauptlieferant ist nach wie vor Japan, das 1991/92 mit 1,33 Mill. US-$ und im Vergleich zum Vorjahr einen Zuwachs von 337,4 Mill. US-$ (34,1 %) allein 14,3 % der Gesamteinfuhren Pakistans für sich verbuchen konnte. An zweiter Stelle stehen die USA mit 971 Mill. US-$ und einem Anteil von 10,5 %. Im Vorjahr betrug er noch 11,8 %. In der Rangordnung folgen Deutschland mit 735,6 Mill. US-$, einer Steigerung um 181,3 Mill., Frankreich mit 438,1 Mill., einer Zunahme um 217,4 Mill., und Italien mit 383,9 Mill., Erhöhung um 119,9 Mill. US-$. Eine bemerkenswerte Steigerung um 47,3 Mill. auf 242,5 Mill. US-$ hat auch die Schweiz zu verzeichnen. Die Handelsbilanz mit Österreich ist ausgeglichen.

An dem gesamten Exportvolumen waren 1991/92 Baumwollprodukte mit 2,6 Mill. US-$, Rohbaumwolle mit 521, synthetische Textilien 418,7, Reis 416, Leder und Ledererzeugnisse 241,1, Fisch- und Fischprodukte 114,8, Sportartikel 141,5, medizinische Instrumente 90,7 Mill. US-$ beteiligt.

Bei der Einfuhr standen Maschinen mit 2,47 Mill. US-$ deutlich an der Spitze. Es folgten Erdöl mit 1,385, Transportausrüstungen 839,7, Pflanzenöl 403,5, Weizen 341,5, Eisen und Stahl 325,1, chemische Düngemittel 256,3, Arzneimittel 208,7, Tee 173,3, NE-Metalle 112,1 und Schrott mit 103,8 Mill. US-$.

Tourismus

Obwohl 1985 rund 440 500 ausländische Gäste nach Pakistan kamen, ist das Land als Reiseziel noch nicht so beliebt wie manche anderen asiatischen Staaten. Dabei könnte man sagen, daß Pakistan die Attraktionen dieser Länder vereint: Es besitzt sowohl herrliche Strände als auch eindrucksvolle Hochgebirgslandschaften. Ein Grund für die vergleichsweise geringen Besucherzahlen mag derzeit wohl der Schatten des Nachbarlands Afghanistan sein; ein anderer ist die Tatsache, daß Pakistan seit urdenklichen Zeiten ein Durchgangsland war und heute noch ist. Dabei lohnt sich ein längerer Aufenthalt durchaus. Allein die Gastfreundlichkeit und Herzlichkeit der Pakistanis sind eine Wohltat für jeden, der aus dem industrialisierten Westen kommt. Trekkingrouten, die noch nicht so überlaufen sind wie im nepalesischen Himalaya, archäologische Fundstätten, schöne Gartenanlagen aus der Mogulzeit, Moscheen, Mausoleen, alte Städte und Besuche der verschiedenen Volksstämme in abgeschiedenen Hochgebirgstälern bieten reizvolle Ziele.

Das Land hat erst vor kurzem begonnen, sich auf den internationalen Tourismus einzustellen. 1972 gründete die Regierung ein selbständiges Ministerium für Tourismus, das jetzt dem Ministerium für Kultur und Sport angeschlossen ist, da man die wirtschaftliche Bedeutung des Fremdenverkehrs erkannte, der schon 1979 Deviseneinnahmen von 95 Mill. US-$ erbrachte. 1985 waren es bereits 186 Mill. US-$ und 1993 276 Mill. US-$, obwohl auch das noch ein sehr geringer Anteil am Weltmarkt ist (261 Mrd. US-$). Das Potential ist auf jeden Fall noch nicht ausgeschöpft. Aber noch ist Pakistan kein Land für gehobene Ansprüche. Wer jedoch auf westlichen Komfort gelegentlich verzichten kann und das Alkoholverbot in der Öffentlichkeit nicht allzu bitter empfindet, der erlebt hier abseits von touristischen Trampelpfaden die bunte Vielfalt eines freundlichen und sehenswerten Landes.

In den größeren Städten wurde mittlerweile für den Ausbau der Hotelkapazitäten gesorgt, während in den abgeschiedenen Regionen einfache, aber saubere Quartiere zur Verfügung stehen. Mit den Fernbussen kann der Reisende alle Orte erreichen; bequemer ist es allerdings, die inländischen Flugverbindungen zu nutzen und weitere Erkundungen mit dem Mietwagen zu machen. Die meisten Touristen kommen noch immer aus Indien (43%). Die Bundesrepublik Deutschland rangiert an 5. Stelle. 1992 besuchten 352000 Touristen das Land, nur ein Viertel davon Frauen. Der Fremdenverkehr bietet 600000 Pakistanis ein Einkommen.

Arbeits- und Sozialordnung

Rahmenbedingungen des Arbeitslebens, wie Wochenarbeitszeit, Arbeitsbedingungen, Mindestlöhne, Betriebsunfall-Entschädigungen oder Kündigungsschutz, sind in Pakistan in verschiedenen Gesetzen festgelegt. Sie gelten für Arbeiter in Industrie- und Handelsbetrieben und teilweise für Angestellte. Wichtige Regelungen gehen noch auf den Factories and Shop Act aus dem Jahre 1934 zurück, der durch neuere arbeitsrechtliche Bestimmungen erweitert wurde.

In den Fabriken beträgt die gesetzliche Arbeitszeit 48 Stunden pro Woche, wobei dem Arbeiter nach fünf Stunden eine Pause von 30 Minuten zusteht; maximal 54 Stunden Arbeit pro Woche gelten für Groß- und Kleinhandelsbetriebe. Hier hat der Arbeitnehmer Anspruch auf eine Stunde Pause, nach einer Betriebszugehörigkeit von einem Jahr stehen ihm außerdem zehn Tage bezahlter Urlaub zu. Auch Regelungen zur Sicherheit und Gesundheit des Arbeitnehmers, Begrenzungen der Arbeitszeit für Kinder und Frauen sowie Meldepflicht bei Unfällen und Berufskrankheiten sind gesetzlich festgelegt. Eine Sozialversicherung existiert in Pakistan nicht. Zwar hatte die Regierung 1962 ein umfassendes System der sozialen Sicherung angekündigt, bislang wurden die erforderlichen Vorschriften aber nicht erlassen. Einzelverordnungen sind jedoch bereits in Kraft getreten. Bei Krankheit, Mutterschaft und Arbeitsunfällen sind Geld- und Sachleistungen vorgesehen, auch Alters- und Invalidenrente sowie Sterbegeld werden gewährt. Die erforderlichen Mittel dazu kommen aus einem Fonds, in den sowohl Arbeitgeber als auch Arbeitnehmer Beiträge einzahlen. Seit 1972 sind die Unternehmer durch eine geänderte Arbeitsgesetzgebung verpflichtet, wenigstens einem Kind eines Betriebsangehörigen eine Schulausbildung zu ermöglichen. Außerdem müssen Arbeiter und Angestellte mit einem Bonus von 4% am ausgewiesenen Jahresgewinn beteiligt werden. Alle diese Bestimmungen kommen hauptsächlich der nicht allzu großen Zahl von Arbeitern großer Industriebetriebe in den Städten zugute. Die Sozialreform auf dem Land, wo 80% der Pakistanis beschäftigt sind, hat dagegen nur geringe Fortschritte gemacht.

Das pakistanische Gewerkschaftswesen ist stark zersplittert. Am einflußreichsten sind die Pakistan National Federation of Trade Unions mit einer Gesamtmitgliederzahl von 130000 Arbeitern, die Pakistan Mazdoor Federation mit 72000 Mitgliedern und die United Trade Unions Federation of Pakistan mit rund 15000 Mitgliedern. In diesen drei großen Verbänden sind mehr als 320 Einzelgewerkschaften zusammengeschlossen.

Da die pakistanische Regierung bestrebt ist, die Beschäftigung von Ausländern einzuschränken, hat sie dazu besondere Bestimmungen erlassen. Die Schaffung von Arbeitsplätzen für die schnell wachsende Bevölkerung bleibt darüber hinaus ein dringliches Problem. Der Mangel an Beschäftigungsmöglichkeiten im eigenen Land hat schon seit langem dazu geführt, daß zahlreiche Pakistanis als Gastarbeiter in Europa, vor allem aber in den arabischen Golfstaaten, ihren Lebensunterhalt verdienen.

Gesundheitswesen

Wie auf anderen Gebieten ist auch im Gesundheitswesen der Unterschied zwischen Stadt und Land deutlich zu erkennen. Während die großen Städte Pakistans über alle medizinischen Einrichtungen und über genügend Ärzte verfügen, ist die Versorgung der Landbevölkerung häufig noch völlig unzureichend. Im ganzen Land gibt es etwa 750 Krankenhäuser, 3500 Erste-Hilfe-Stationen und fast 1000 Entbindungsheime mit zusammen mehr als 66000 Betten. An medizinischem Personal sind über 60000 Ärzte, 2000 Zahnärzte, 15000 Krankenschwestern registriert. Hinzu kommen etwa 5000 Lady Health Visitors, weibliche Gesundheitsberaterinnen, die eine wichtige Aufgabe bei der Untersuchung und Behandlung der islamischen Frauen erfüllen. Für je 1695 Einwohner steht ein Krankenbett zur Verfügung.

Das staatliche Gesundheitswesen hat in den letzten Jahren erhebliche Fortschritte gemacht. Dabei spielt die vorbeugende Gesundheitsfürsorge eine große Rolle, z.B. wurden Schutzimpfungen gegen Tuberkulose und Pocken, Cholera und Typhus eingeführt. Viele Erfolge wurden allerdings durch den hohen Bevölkerungszuwachs wieder zunichte gemacht. Obwohl Maßnahmen zur Geburtenregelung überall propagiert werden, ist die Geburtenzahl nicht gesunken. Die jährliche Bevölkerungszunahme liegt immer noch bei 3%.

Entwicklungshilfe

In Pakistan leben 45% der Bevölkerung unterhalb der Armutsgrenze. Das durchschnittliche Pro-Kopf-Einkommen lag nach dem World Development Report von 1989 im Jahre 1987 bei 350 US-$ (in Indien bei 300, Sri Lanka 450 und Bangladesch 160 US-$). Im Rahmen ihrer wirtschaftlichen Zusammenarbeit hat die Bundesrepublik Deutschland Pakistan von 1961 bis 1986 3,4 Milliarden DM an Entwicklungshilfe und Handelskrediten gewährt, womit sie unter den Geberländern an 3. Stelle steht. Die Rückzahlungszeiträume wurden 1976 von 30 auf 50 Jahre ausgedehnt und der Zinssatz von 2,5% auf 0,7% gesenkt. Die wirtschaftliche Hilfe wurde für die Entwicklung und Verbesserung der Energieversorgung, des Verkehrs- und Nachrichtenwesens, für die landwirtschaftliche Bewässerung, für Forstwirtschaft, dörfliche Infrastruktur, Klein- und Mittelindustrie und für die Berufsausbildung bereitgestellt.

Eines der wichtigsten Entwicklungsprojekte ist der Bau des Tarbela-Staudammes, der zu den größten Wassernutzungsanlagen der Welt gehört. Mit ihm wird das Wasser des Indus gestaut und fruchtbaren Anbaugebieten, die bislang unter Wassermangel litten, zugeführt. Die 1968 begonnenen Arbeiten wurden mittlerweile abgeschlossen. Die Finanzierung erfolgte durch die Weltbank sowie durch eine Reihe westlicher Industrieländer.

Von 1981 bis 1992 hat Pakistan Entwicklungshilfen in der Größenordnung von 27 Mrd. US-$ erhalten. Die Auslandsschulden beliefen sich am 30. Juni 1991 auf 15,5 Mrd. US-$ und 1992 auf 16,6 Mrd. US-$ und machten 36,9% bzw. 38,2% des Bruttosozialprodukts und die Schuldzinsen und -tilgung 13,5% bzw. 14,9% der gesamten Exporterlöse aus.

Kulturelle Grundlagen

Sprachen

In Pakistan werden entsprechend der unterschiedlichen ethnischen Herkunft der Bevölkerung verschiedene Sprachen gesprochen. Die Hauptregionalsprachen sind: Sindhi in der Provinz Sind (12,6%), Punjabi in der Provinz Punjab (66,4%), Pashto in der Nordwest-Grenzprovinz (8,5%) und Belutschi in Belutschistan (2,5%). Die letzten drei greifen, wie auch ihre entsprechenden Volksstämme, über die heutigen Grenzen Pakistans nach Indien, Afghanistan bzw. den Iran über. Punjabi z.B. ist gleichzeitig die religiöse Sprache der Religionsgemeinschaft der Sikhs, die heute überwiegend im östlichen, indischen Teil des Punjab leben. Innerhalb des Punjabi wiederum gibt es erhebliche Dialektunterschiede. In Belutschistan hat sich mit dem Brahui eine Sprachinsel erhalten, die Verwandtschaft mit den südindischen Drawidensprachen aufweist. In entlegenen Bergregionen gibt es außerdem Sprachen, die nur noch von wenigen Menschen gesprochen werden und im Aussterben begriffen sind.

Englisch ist nach wie vor die wichtigste Verkehrssprache in Pakistan. Der Versuch, das persisch beeinflußte Urdu als offizielle Sprache an die Stelle des Englischen treten zu lassen, hat sich bisher nur ansatzweise durchgesetzt. Die wissenschaftliche Ausbildung an den Universitäten erfolgt teilweise noch in englischer Sprache. Die Nationalsprache Urdu ist nicht regional an eine Heimatprovinz gebunden. Es ist die Muttersprache einer Minderheit (7,6%), die hauptsächlich aus Flüchtlingen aus Indien besteht. Das Verhältnis der Pakistanis zu dieser Sprache ist daher unbelastet, keine der Provinzen kann sich ihr gegenüber benachteiligt fühlen. Sie wird neben den Regionalsprachen fast überall verstanden und gesprochen. Die Entstehung des Urdu geht auf die Muslim-Invasionen seit dem 12.Jh. n.Chr. zurück. Die Sprache hat sich aus dem Hindi, angereichert durch persischen, arabischen und englischen Wortschatz, entwickelt. Man schreibt es mit arabischen Schriftzeichen. Zunächst als einfache Verständigungsmöglichkeit zwischen den Muslim-Herren und den unterworfenen Hindus benutzt, wuchs Urdu in der Mogulperiode zusehends in die Rolle einer verfeinerten Hofsprache mit einem reichen literarischen Erbe.

In Karachi wird auch noch Gujarati, eine neuindische Sprache, gesprochen, hauptsächlich von Geschäftsleuten und Muslimen, die früher in Bombay und Umgebung beheimatet waren. Als Bildungssprachen sind neben Englisch auch Persisch und Arabisch von Bedeutung.

Religion

Der Islam

Pakistan ist, wie bereits ausgeführt, ein überwiegend muslimisches Land. Es ist das letzte Glied eines Gürtels von Muslim-Ländern, der sich durchgehend von Marokko über ganz Nordafrika und den Nahen Osten bis nach Vorderindien hinzieht. Als der pakistanische Staat geschaffen wurde, war der islamische Glaube das einzig Verbindende in diesem Vielvölkerland. Die Bezeichnung Islam bedeutet »Ergebung in den Willen Gottes«. Für den Muslim gibt es keinen Gott außer Allah. Sein Prophet Mohammed ist der Verkünder der göttlichen Lehre, wobei

Adam, Abraham, Moses und Jesus als Vorgänger anerkannt werden.

Als der Begründer des Islam 632 n. Chr. starb, hatte er keinen Nachfolger bestimmt. In die engere Wahl kamen nur sein Schwiegervater Abu Bakr und sein Schwiegersohn und Vetter Ali. Dieser Ali war der tapferste und treueste Gefährte des Propheten, dessen Tochter Fatima er heiratete. Schließlich wurde aber der ältere und lebenserfahrenere von beiden von den Anhängern der *Sunna*, der Tradition, zum Nachfolger gewählt. (Sowohl der Koran wie die Sunna sind Sammlungen der als göttliche Offenbarung angesehenen Aussprüche des Propheten, aus denen erst später muslimische Theologen ein dogmatisches System aufgestellt haben.) Dementsprechend werden heute die Anhänger der orthodoxen Hauptrichtung des Islam *Sunniten* genannt. Die meisten pakistanischen Muslime bekennen sich zu dieser Auslegung.

Eine Minderzahl, die sog. *Schiiten*, d. h. die Anhänger der *Schia*, der Trennung (dieser Name wird ihnen von den Sunniten beigelegt), erkennen nur Ali oder, wie sie ihn auch nennen, den »ersten Muslim« als den rechtmäßigen Nachfolger Mohammeds an. Als Imam oder Hohepriester erweisen sie ihm fast die gleiche Ehre wie dem Propheten. Die Schiiten sehen die ersten drei Kalifen (Nachfolger des Propheten), Abu Bakr, Omar und Osman, als usurpatorische Glaubenswächter an. Erst nach der Ermordung Osmans, 656 n. Chr., wurde Ali zum vierten Kalifen gewählt, doch diese Wahl blieb umstritten. In angeblich neunzig Treffen bekämpfte er siegreich verschiedene Rebellen, hauptsächlich seinen Gegenspieler Muawija. 661 wurde er in Kufa ermordet.

Hasan, der erste Sohn Alis, konnte sich nicht als Kalif behaupten und mußte zugunsten von Muawija abdanken; 668 wurde er vergiftet. Als Yediz 680 Kalif wurde, sammelte sich eine Schar Unzufriedener um Husain, den zweiten Sohn Alis, um in einen aussichtslosen Kampf gegen den Kalifen zu ziehen. Im Treffen wurde die Schar vollständig aufgerieben und Husain getötet. Der Todestag Husains ist das Hauptfest der Schiiten. Da er im islamischen Kalendermonat Muharram erschlagen wurde, nennt man die zehntägige Periode des Fastens, welche sich die Schiiten zur Trauer um Husains Tod auferlegen, *Muharram*. Obgleich die Trennung beider Glaubensrichtungen schon sehr bald einsetzte, machten sich die Schiiten als religiöspolitische Partei erst geltend, als die ersten Kalifen sie mit Waffengewalt zu unterdrücken suchten. In den jahrhundertelangen Kämpfen zwischen den Sunniten und Schiiten spielten aber auch Beweggründe mit, welche mit den unterschiedlichen Glaubensinhalten nichts oder doch zumindest sehr wenig zu tun hatten: Die unterschiedliche Wesensart der beiden Volksgruppen, die sich zum Islam bekannten, mag bei den Kämpfen eine große Rolle gespielt haben. Die schiitischen Iraner z. B. sind Nachkommen der Arier, die den sunnitischen Arabern feindlich gegenüberstanden. Seit frühester Zeit ist deshalb der Iran das eigentliche Zentrum der Schiiten. Es ist das einzige islamische Land mit einer schiitischen Mehrheit. In Pakistan bilden die Schiiten nur eine Minderheit, allerdings eine beachtliche.

Eine besondere, weltberühmt gewordene Schia-Sekte sind die Ismaeliten, die sich auf den Imam Ismail (8. Jh.) als rechtmäßigen Nachfolger Mohammeds berufen und dessen Nachfahren Aga Khan als ihr Oberhaupt betrachten. Anhänger dieser Sekte sind auch die *Hunzakuts*, Bewohner des ehemaligen Fürstentums Hunza im Norden des Landes. Ismaeliten

Muslime in einer Moschee in Peshawar

findet man in fast allen Ländern der Erde. In Karachi haben sie heute ihre größte Gemeinde und besitzen dort auch ein beachtliches Kulturzentrum und eine Medizinische Universität. Viele Ismaeliten sind gute Geschäftsleute und gelten als ausgesprochen vertrauenswürdig.

Bezeichnend für den Islam ist die Verschmelzung von Religion, Staat und Gemeinschaft. Er kennt weder Priesterschaft noch eine kirchliche Hierarchie. An erster Stelle steht das Volk der Gläubigen, das von Theologen und Gelehrten unterwiesen wird. Der Islam ist nicht nur eine Glaubenslehre, sondern gleichzeitig eine umfassende Lebenshilfe. Religion ist für den Muslim keine Privatangelegenheit, sondern ein Gesetz, das alle Bereiche des Lebens von der einfachsten Tätigkeit bis zu allgemeinen Fragen der Ethik und Philosophie durchdringt. Dabei schreiben die Gebote des Koran dem Gläubigen das richtige Verhalten im Alltag vor. Da aber letztendlich Gott das Schicksal der Menschen bestimmt, gehört auch Ergebung in den Willen Allahs zu den muslimischen Tugenden. Am Jüngsten Tag werden die Menschen für ihre Handlungen bestraft oder belohnt, obwohl sie nach der Lehre der Vorherbestimmung keine Willensfreiheit besitzen – ein theologisch nicht gelöster Widerspruch.

Der Grundsatz der Brüderlichkeit ohne Rücksicht auf Herkunft und Rasse ist der Kern der muslimischen Gemeinschaft. Die soziale Gruppe, die *Umma*, vermittelt dem einzelnen ein Gefühl von Solidarität und Geborgenheit. Um ein echtes Mitglied der Gemeinschaft zu werden, muß der Muslim fünf Grundpflichten und Regeln für das tägliche Zusammenleben befolgen. Diese sogenannten »fünf Säulen« des Islam beinhalten das Bekenntnis zur Einheit Gottes und zur Prophetenschaft Mohammeds, das Einhalten der Ritualgebete fünfmal am Tag, die Pilgerfahrt nach Mekka wenigstens einmal im Leben, das Einhalten des Fastenmonats Ramadan und das Almosengeben. Dazu treten verschiedene Vorschriften für

Ein mit Fahnen geschmücktes Heiligengrab vor der Kulisse der Pasu-Kathedralen am Karakorum Highway

den im Alltag gelebten Glauben, wie z. B. das Verbot von Alkohol und bestimmten Fleischsorten, die Gesetze über Testamente und Eheschließungen, das Verbot von Glücksspiel und Wucher und die Verpflichtung, gemeinschaftliche Friedhöfe anzulegen.

In Pakistan ist der Islam allerdings auf einem Boden gewachsen, der zwei Jahrtausende von Hinduismus und Brahmanismus geformt wurde. Man spricht deshalb vom indischen Islam, der Reste hinduistischer Tradition enthält; dazu zählen eine verdeckte Kastenordnung und Heiligenkulte. Das islamische Prinzip der Brüderlichkeit und Gleichheit aller Menschen wurde unter indischem Einfluß in eine Gesellschaftsordnung umgewandelt, die zwar keine Unterschiede hinsichtlich der Geburt kennt, in der die Menschen aber nach Reichtum und sozialer Stellung beurteilt werden. Auch eine Art Priesterschaft, die der arabische Islam verwirft, entstand bei den indischen Muslimen. Dies zeigt sich z. B. in einer Form von Orden, die sich in Untergruppen aufgliedern und von frommen Führern, den *Pirs*, geleitet werden. Diese Männer gelten oft als Heilige und haben großen Einfluß auf einfache Menschen. Die Gräber dieser Heiligen werden häufig zu wahren Kultstätten, die mit Fahnen, Stoffstückchen und Kerzen geschmückt werden. Ein solcher Heiligenkult ist in seinem Wesen aber gänzlich unislamisch. Die Wurzeln liegen wie bei der verdeckten Kastenordnung im hinduistischen Glauben, dessen Traditionen und Rituale sich mit der neuen Religion vermischt haben. Obwohl orthodoxe Theologen, aber auch fortschrittliche Sozialreformer diese Bräuche immer wieder kritisieren, sind die Kulthandlungen so stark mit dem Gottvertrauen der einfachen Menschen in Pakistan verschmolzen, daß sie aus dem religiösen Leben nicht wegzudenken sind. So strömen z. B. zu den großen Heiligenfesten in Multan, Sehwan, Pakpattan und Bhit Shah alljährlich Zehntausende von Gläubigen zusammen, um gemeinsam zu beten, zu meditieren und den Klängen religiöser Musik zu lauschen.

Eine wichtige Bewährungsprobe für jeden Muslim ist der Fastenmonat *Ramadan*. Während dieser Zeit dürfen die Gläubigen vor Sonnenaufgang nur einen Imbiß, *Sehri* genannt, zu sich nehmen. Erst nach Sonnenuntergang ist dann wieder eine Mahlzeit, *Iftar*, erlaubt. Am Tage müssen sie also absolute Enthaltsamkeit üben, was in den heißen Sommermonaten mit den langen Tagen besonders schwer ist. Da der muslimische Kalender dem Mond und nicht der Sonne folgt, verschiebt sich der Fastenmonat von Jahr zu Jahr. Er ist eine harte Prüfung und wirkt sich spürbar auf die Leistungsfähigkeit der Menschen aus; sie sind auch reizbarer als sonst. Auch Nicht-Muslime sind vom Ramadan betroffen, und sei es nur, daß die Gerichte zum Mittag- und Abendessen nicht mehr so schmackhaft sind, weil muslimische Köche in dieser Zeit nicht abschmecken können. Das Ende des Fastenmonats zeigt das nun folgende Freudenfest *Id-ul-Fitr* an. Man trägt neue Kleider, besucht und beschenkt Verwandte, Freunde und Bekannte und wünscht einander *Id Mubarak* – »Frohes Fest«. In dieser Zeit steigen die Preise und Lebenshaltungskosten merklich an.

Id-ul-Azha zur Erinnerung an Abrahams Sohnesopfer ist ein weiteres bedeutendes muslimisches Fest. An diesem Tag opfern Muslimfamilien, die Söhne haben und es sich leisten können, eine Ziege oder ein Schaf oder gar mehrere Tiere. Die Felle werden als Spende an Sammelstellen abgegeben, der Erlös kommt mildtätigen Zwecken zugute. Die nutzlosen Innereien dagegen werden oft einfach weggeworfen und von herrenlosen Katzen, Hunden und Krähen verzehrt.

Das höchste Fest der Schiiten, die Muharram-Prozession, findet in Pakistan auch die Anteilnahme der die Mehrheit bildenden Sunniten. Bei dieser Prozession werden weiße, blutbefleckte Fahnen entrollt. Ein Pferd, Symbol des Reittiers, auf dem Ali dem Volksglauben nach gen Himmel geritten sein soll, begleitet den Zug; es folgen Särge und Opfergaben. Einzelne Gruppen von Gläubigen, die stets von einer größeren Menschenmenge umgeben sind, schlagen sich büßend mit den Fäusten auf die entblößte Brust. Ständig werden die Ausrufe »Ya Hasan! Ya Husain! Ya Ali!« wiederholt. Zum Zeichen ihrer Trauer schlagen sich manche auch mit einem kleinen Messerbündel über die bloßen Schultern. Diese Selbstgeißelung hinterläßt oft blutige Spuren zurück.

Religiöse Minderheiten

Die Christen in Pakistan machen etwa 3% der Gesamtbevölkerung aus. Es sind überwiegend Katholiken, die dem

Schulappell in Hunza

in Karachi residierenden Kardinal unterstehen.

Zahlenmäßig noch geringer ist die exklusive Gemeinde der Parsen, von denen es in Pakistan nur einige tausend gibt, die überwiegend in Karachi leben. (Karachi hat nach Bombay, mit weitem Abstand allerdings, die zweitgrößte Parsengemeinde der Welt.) Ihre wirtschaftliche Bedeutung ist unübersehbar. Parsen gelten als klug, gebildet, arbeitsam, fortschrittlich, unternehmungslustig, sie spielen in der Meinungsbildung und auf dem Wirtschafts- und Kultursektor eine bestimmende Rolle. Die Parsen stammen, wie der Name anklingen läßt, aus Persien und sind der in der alten Sprache der iranischen Arier niedergelegten Lehre Zarathustras treu geblieben. Sie haben ihr Land verlassen, als die Muslime ihre Heimat überrannten. Nach der dualistischen Lehre ihres Religionsstifters, der von 630 bis 553 v. Chr. lebte, glauben sie an den guten Geist, das Licht, der am Ende der Welt über den bösen Geist, die Finsternis, siegen wird. Das Feuer als Symbol des Lichts genießt eine besondere Verehrung (Rauchen ist bei Parsen daher verpönt). Ihre heiligen Stätten sind für Andersgläubige nicht zugänglich.

Angehörige einer erst Ende des 19. Jh. von Mirza Ghulam Ahmed gegründeten Sekte, die Mohammed den Rang des letzten und endgültigen Propheten aberkennt, sind die Ahmedis oder Qadianis. Die in Qadian im Ostpunjab entstandene Religion wird von den Muslimen nicht anerkannt. Die Zahl der Qadianis ist nicht groß, zeichnet sich aber durch Fleiß und Bekehrungseifer aus.

Die Zahl der Hindus, die vor der Entstehung Pakistans nicht unbeträchtlich war, ist seit Ausrufung der »Islamischen Republik«, 1947, deutlich zurückgegangen. Die meisten siedelten ins benachbarte Indien über.

Erziehung und Ausbildung

1947, bei Erlangung der Unabhängigkeit, waren 90% der pakistanischen Bevölkerung Analphabeten; heute sind es immer noch rund 74% (Männer 65 und Frauen 84%; im Vergleich dazu in Afghanistan 82, Nepal 79, Bangladesch 71, Indien 59, Sri Lanka 13%). Um das allgemeine Bildungsniveau zu heben, wurden gewaltige Anstrengungen unternommen: Man richtete 10000 Alphabetisierungszentren für Erwachsene ein, und die Regierung begann, ein umfassendes Schulsystem aufzubauen. 1973 wurde der freie und kostenlose Unterricht in Grund- und Sekundarschulen für alle pakistani-

Unterrichtung im Freien in Kachura

schen Kinder gesetzlich verankert. Da die Bevölkerung aber zu rasch wächst und nicht genügend Lehrkräfte und Schulgebäude zur Verfügung stehen, konnte die allgemeine Schulbildung bislang nicht realisiert werden. Die Ausgaben für die Erziehung beliefen sich 1973 auf 1,5 %, 1983 auf 1,6 %, 1987 auf 2,5 % und 1990 auf 3,6 % des Nationaleinkommens. Während die Kinder in den Großstädten größere Chancen haben, eine solide Schulausbildung zu bekommen, ist die Lage der Landkinder weniger gut. Allgemeinbildende Schulen werden auch von christlichen Missionen unterhalten. Daneben gibt es an zahlreichen Moscheen Koranschulen, deren Unterrichtsplan sich jedoch wesentlich von dem anderer Bildungsstätten unterscheidet. Seit 1972 sind Privatschulen und private Colleges zum Teil verstaatlicht worden. Die früher gebräuchliche Unterrichtssprache Englisch wird zunehmend durch die Nationalsprache Urdu ersetzt.

Das Schulsystem ist folgendermaßen aufgebaut: Am Anfang stehen Vorschuleinrichtungen für die Drei- bis Sechsjährigen, dann folgen fünf Jahre Grundschule. Danach kann man drei Jahre lang die Unterstufe und anschließend eine zweijährige Oberstufe an der Sekundarschule besuchen. Darauf aufbauend führt der zweijährige Besuch eines Colleges zur Hochschulreife. Wer die Sekundarunterstufe abschließt, kann auf eine Berufs- oder Fachschule überwechseln. Schüler, die die Sekundaroberstufe schaffen, sind berechtigt, eine Lehrerausbildung aufzunehmen.

5,7 Mill. Schüler und 2,9 Mill. Schülerinnen besuchten 1990 die ca. 91 000 Primarschulen, davon etwa 27 000 für Mädchen. In der Mittelstufe, den Klassen 6 bis 8, wurden 1,7 Mill. Jungen und 667 000 Mädchen an 4 900 bzw. 2 200 Unterrichtsstätten unterrichtet, in der Oberstufe mit den Klassen 9 und 10, den High Schools, 816 000 Jungen und 218 000 Mädchen an 4 000 bzw. 1 700 Einrichtungen sowie 65 000 männliche und 12 000 weibliche Jugendliche an 196 Fachoberschulen.

Die akademische Ausbildung verläuft nach amerikanischem Muster. Sie teilt sich in zwei Abschnitte: Nach zwei Jahren wird der erste akademische Grad (Bachelor) erworben, nach zwei weiteren Jahren kann der akademische

Das Fatimah Jinnah Medical College für Frauen in Lahore

Grad des Masters erreicht werden. Pakistan verfügt über 20 Universitäten. Die bekanntesten sind Islamabad, Lahore, Karachi, Jamshoro/Hyderabad, Peshawar, Quetta und Dera Ismail Khan, in denen sämtliche Fakultäten vertreten sind. Landwirtschaftshochschulen befinden sich in Faisalabad und Tando Jam; 1975 wurde die Islamische Universität in Bahawalpur gegründet; in Lahore besteht eine technische Hochschule.

292 000 Studenten und 137 000 Studentinnen besuchen zur Zeit 405 bzw. 187 Colleges. An 99 Fachhochschulen, davon acht nur für Studentinnen, wurden 1990 ca. 83 000 Kursteilnehmer registriert, davon ca. 21 700 weiblichen Geschlechts. An den 22 Universitäten waren 1990 63 000 Studenten und 10 300 Studentinnen eingeschrieben.

Presse, Rundfunk, Fernsehen, Film

Artikel 19 der pakistanischen Verfassung gewährleistet die Pressefreiheit. Nach 1977 hatte die Militärregierung jedoch informell eine Pressezensur eingeführt, die 1986 wieder aufgehoben wurde. Zugleich erhielten Zeitungen und Zeitschriften allerdings Anweisung, nichts zu veröffentlichen, was gegen den Islam gerichtet sei oder den nationalen Interessen des Landes schaden könne.

In Pakistan erscheinen zur Zeit 1 500 Zeitungen und Zeitschriften in Urdu, Englisch und in Regionalsprachen. Wegen der Papierverteuerung sind sie in der Regel nicht sehr umfangreich. Sie haben meist eigene Korrespondenten an den wichtigsten Orten der Welt. Die staatliche Nachrichtenagentur Associated Press of Pakistan (APP) untersteht wie Rundfunk und Fernsehen dem Informationsministerium und unterhält Verbindungen zu internationalen Agenturen. Daneben besteht noch die halbamtliche Agentur Pakistan Press International (PPI).

Von den 84 Tageszeitungen erscheinen 62 in Urdu, 12 in Englisch und 10 in verschiedenen Regionalsprachen. Karachi ist das wichtigste Pressezentrum, ein weiteres hat sich in Lahore entwickelt. Die bedeutendste Tageszeitung in Urdu, »Jang«, erscheint in einer Auflage von 245 000 Exemplaren in Karachi, Quetta und Rawalpindi. Die Fernausgabe dieser Zeitung in London bringt es auf beachtliche 40 000 Exemplare. Die englischsprachige Presse hat nur rund eine Million Leser, besitzt jedoch großen Einfluß auf politische, akademische und wirtschaftliche Kreise. Die wichtigsten englischsprachigen Tageszeitungen sind Morning News, Business Recorder, Pakistan Times, The Muslim und Dawn. Wöchentlich erscheinen Current, Pakistan Economist, Viewpoint; monatlich werden Herald, Sportimes und Tempo publiziert. Die größte Presseorganisation Pakistans ist der 1964 gegründete National Press Trust, dessen Vorsitzender von der Regierung ernannt wird; die Pressepolitik dieses Hauses ist daher nicht sonderlich kritisch. Der National Press Trust gibt die Zeitungen Pakistan Times, Imroze, Mashriq, Morning News (älteste Tageszeitung der muslimischen Welt), Sportimes und die Frauenzeitschrift Akhbar-e-Khawateen heraus.

Da etwa 74% der Bevölkerung Analphabeten sind, hat der Rundfunk große Bedeutung. Man nimmt an, daß 85% der Pakistanis vom Mittelwellensender der Rundfunkgesellschaft Pakistan Broadcasting Corporation (PBC) erreicht werden. Sendungen in Urdu haben den größten Anteil am Programm, aber auch Englisch und die Regionalsprachen erhalten einen Teil der Sendezeit.

Das pakistanische Fernsehen strahlt täglich von 8 bis 22 Uhr seine Sendungen aus. Die Pakistan Television Corporation (PTC) hat in den Städten Rawalpindi, Peshawar, Quetta, Lahore und Karachi Fernsehstudios errichtet. Ein Netz von Stationen erlaubt den Empfang der pakistanischen Programme fast im ganzen Land sowie in angrenzenden Teilen Afghanistans und Nordindiens. Seit Ende 1976 können Sendungen auch in Farbe empfangen werden. Die Programme sind ähnlich wie beim Rundfunk sprachlich der Vielfalt des Landes angepaßt, wobei Urdu dominierend ist.

Das pakistanische Filmschaffen hat sich bisher noch nicht durch herausragende Leistungen mit internationalem Echo bemerkbar gemacht. Die meisten Filme werden in Urdu und Punjabi gedreht, einige auch in Sindhi, Pashto, Gujarati und Englisch. Ausländische Filme, besonders amerikanische, werden in den Lichtspielhäusern der Großstädte gezeigt. Sie unterliegen wie alle öffentlich vorgeführten Filme der Zensur.

Literatur, Kunst und Musik

Der junge Staat Pakistan kann auf eine alte und vielschichtige Tradition zurückblicken. Dabei haben sich jahrhundertelang unterschiedliche literarische Stränge nebeneinander entwickelt – eine Folgeerscheinung der verschiedenen Sprachen, die im Land gesprochen werden. Eine reiche Überlieferung alter Erzählformen und interessante Werke zeitgenössischer Autoren gibt es in den Sprachen Sindhi und Urdu. Die freiheitsliebenden Pathanen haben Heldengedichte und eigenwillige Verse im iranischen Pashto verfaßt. Aus Belutschistan stammen Volksballaden, die das harte Leben eines kriegerischen Hirtenvolkes schildern. Romanzen, Koranübersetzungen und religiöse Lehrgedichte sind von den Dichtern des Punjab überliefert. Auch das drawidische Brahui, das Kaschmiri und das Dardische sowie die Sprachen der Volksstämme im Hochgebirge brachten zahlreiche volkstümliche poetische Erzählungen hervor. Fast in jeder Sprachregion gibt es heute eigene Organisationen, die sich mit der Pflege der überlieferten Kultur befassen.

Um die pakistanische Literatur zu verstehen, muß man berücksichtigen, daß nur 30% der Bevölkerung lesen und schreiben können. Deshalb sind Kurzformen und Lieder, die dem Publikum mündlich vorgetragen werden, besonders beliebt. In Belutschistan z. B. besuchen noch heute fahrende Sänger die einzelnen Dörfer, wo sie den andächtig lauschenden Zuhörern Prophetengeschichten, Stammessagen und Feenmärchen erzählen. Die Barden im Bergland Baltistans (Karakorum) brauchen oft fünf Nächte für

Das Verbot bildlicher Darstellung im Islam hat Wunderwerke geometrischer Ausgestaltung der Moscheen hervorgebracht

die Darbietung einer dramatischen Heldensage. Die Menschen dort haben viel Zeit für Unterhaltung und Geschichten, vor allem im Winter, wenn die Dörfer eingeschneit und von der Außenwelt abgeschnitten sind.

Eine weitere Eigentümlichkeit der pakistanischen Dichtkunst ist der Einfluß der islamischen Mystik. Diese geht davon aus, daß durch gefühlvolle Andachtsübungen der Gläubige dem allgegenwärtigen Gott nahe sein und die Einheit von Welt und Kreatur im Schöpfer erfahren kann. Volkslieder, Hymnen und Gedichte spielen dabei eine große Rolle. Bei seiner religiösen Versenkung wird der Gläubige von den *Pirs*, den heiligen Männern, geleitet. Der Tod eines solchen Heiligen bringt immer eine Unzahl von Legenden hervor. Hauptthema vieler alter Lieder Pakistans ist deshalb die Liebe zu Gott. Die schönen Verse »Er ist ganz erhaben hoch / Er, der tiefste Schöpferglanz / Er ist des Geliebten Bild / Er, vollkommner Liebreiz ganz / Er wird Meister, Jünger selbst / Er wird aller Träume Tanz / Und aus aller Dinge Kranz / wird Er uns bekannt« von Shah Abdul Latif (1689–1752) werden noch heute überall im Land gesungen.

Als Gegenbewegung zur stärker subjektiv gefärbten Mystik entstanden später religiöse Lehrgedichte und gereimte Lehrbücher der islamischen Theologie. Im 19. Jh. begannen die Dichter, sich mit europäischer Literatur vertraut zu machen. Mirza Kalich Beg (1855–1929), der Begründer der modernen Sindhi-Prosa, hat eine Vielzahl europäischer Schriften in seine Heimatsprache übersetzt, darunter Essays von Francis Bacon, einige Dramen von William Shakespeare und den Frauenbildungsroman »Henrietta Temple« von Benjamin Disraeli.

Als herausragendste Gestalt der pakistanischen Literatur wird noch heute der Philosoph und Dichter Muhammad Iqbal (1877–1938) angesehen, der seine Werke in Urdu und Persisch veröffentlichte. In Sialkot geboren, besuchte er das College und die Universität in Lahore, reiste 1905 nach Europa, wo er in Cambridge, London und Berlin studierte und in München mit einer religionshistorischen Arbeit promovierte. 1908 kehrte Iqbal ins damalige Indien zurück. Er erkannte die Ohnmacht der muslimischen Minderheit und begann, nach einer Lösung zu suchen. Eine Möglichkeit sah er in der Schaffung eines selbständigen Staates für die islamischen Inder. Zwei Jahre nach seinem Tod übernahm die Muslim-Liga Iqbals Konzept eines muslimischen Staates (S. 53). Der Dichter gilt als geistiger Vater der neuen islamischen Republik. Iqbal gehört zu den großen Reformern des 20. Jh. In zahlreichen poetischen Werken riet er seinen Glaubensbrüdern, den mystischen Traum vom Einssein mit Gott nicht überzubewerten und sich statt dessen dem wirklichen Leben zuzuwenden, im Alltag zu bestehen und ihre positiven menschlichen Anlagen zu verwirklichen. Iqbal übte Kritik an sozialen und politischen Mißständen und vermittelte den indischen Muslimen Selbstvertrauen, indem er auf die Kraft der Korangesetze baute anstatt auf fremde Ideologien. In seiner klaren Sprache schrieb er auf englisch »Six Lectures on the Reconstruction of Religious Thought in Islam« für alle, die am Islam und an seinen neueren Ausformungen interessiert waren. Die Lücke, die durch Iqbals Tod entstand, konnte so schnell kein anderer Dichter füllen.

Viele Autoren der neueren Generation bevorzugen die Form der Kurzgeschichte. Die schrecklichen Geschehnisse während der Massenflucht nach der Teilung Indiens werden gelegentlich thematisiert, einige Erzähler üben in ihren literarischen Arbeiten auch konkrete Sozialkritik. Beliebter sind aber Impressionen aus dem Alltagsleben und Themen der Romantik, der zeitlosen Idylle, die mit orientalischer Weitschweifigkeit ausgemalt werden. Englisch schreibende Autoren widmen sich international diskutierten Themen, die sie irgendwo auf der Welt ansiedeln, vielleicht, um eine größere Leserschicht zu erreichen oder um Anschluß an den internationalen Literaturmarkt zu finden.

Da der Koran die bildliche Darstellung von Tieren und Menschen verbietet, hat die darstellende Kunst in Pakistan keine lange Tradition. Deshalb kann man auf dem Gebiet des Theaters vorerst nur von dramatischen Versuchen reden, zumal es keine professionellen Theatergruppen gibt, die die wenigen vorhandenen Stücke aufführen könnten. Es existieren lediglich amateurhafte Wandergruppen. Da der Koran die Verherrlichung des Körperlichen generell ablehnt, wird auch der künstlerische Tanz als schamlos empfunden und im pakistanischen Kulturleben nicht gefördert. In manchen Spielfilmen kann man allerdings Tanzszenen erleben, die durch kleinste Bewegungen und nuancierte Gestik bezaubern und damit der islamischen Zurückhaltung entsprechen. Auch Volkstänze gibt es trotz der körperfeindlichen Grundtendenz in großer Zahl (vgl. S. 107).

Betroffen von den Schranken der Religion sind auch die Bildhauerei und, wenngleich nicht so stark, die Malerei. Seit dem 12. Jh., als der Islam auf pakistanischem Gebiet Fuß faßte, entstanden hier keine Plastiken mehr. Auch Denkmäler in den Städten sind daher meist nicht älter als 30 Jahre und in abstrakten Formen gehalten. Eine Ausnahme bildet die Zeit der Mogulkaiser, die die Gesetze des Korans freier auslegten. Künstler aus Persien schufen die berühmten Miniaturen mit Motiven aus dem Hofleben, aus Sagen und Kriegen. Daneben waren sie Meister der Kalligraphie, der Schönschrift, bei der die arabischen Lettern in immer neuen Formen zusammengesetzt

Miniatur einer Mogulprinzessin
aus dem 17. Jh., der von einer Hofdame
eine Trinkschale gereicht wird

Klassische pakistanische Zupf- und Streichinstrumente

wurden. Die schönsten Schriftzüge findet man in der ornamentalen Ausschmückung der Moscheen und Mausoleen. Die Malergeneration der heutigen Zeit greift häufig auf diese alten Traditionen zurück; sie versucht, Kalligraphie und Miniaturtechnik zu modernen Kunstformen zu vereinigen.

Seit der Islamisierung des Landes trennte sich die bis dahin gemeinsame musikalische Entwicklung des heutigen Pakistan von derjenigen Indiens. Unter arabisch-islamischem Einfluß entwickelte sich eine geistliche Musikkultur. Durch intensive Musikausübung sollte Gott unmittelbar erfahren werden. Zahlreiche Chorgesänge stammen aus dieser Bewegung.

Bei festlichen Anlässen spielen neben Militärkapellen auch Dorfmusikanten auf Handtrommeln, Zupfinstrumenten, Trompeten, Flöten, einer Art Akkordeon-Harmonium und manchmal sogar auf Dudelsäcken, die noch aus der Zeit schottischer Kolonialtruppen stammen. Eine Besonderheit ist die *Sorangi*, eine Art Bratsche, bei der nur eine Saite gestrichen wird, während viele kleine Saiten mitklingen.

Volkskunst

Bevor der indische Subkontinent vom 19. Jh. an zum Hauptabsatzgebiet britischer Industriewaren wurde, standen dort das Kunsthandwerk mit Gold-, Silber-, Messing-, Kupfer-, Leder-, Ton- und Holzarbeiten sowie die Herstellung von feinsten Seiden-, Woll- und Baumwollstoffen in hoher Blüte. Nachdem diese Fertigkeiten zeitweilig von anderen verdrängt worden waren, gewinnen sie heute wieder an Bedeutung. In Pakistan hat jede Region oder größere Stadt ihr bodenständiges Kunsthandwerk, dessen Erzeugnisse man in den Basaren oder in den regierungseigenen Kunstgewerbegeschäften aller Großstädte findet.

Die Tradition der Metalleinlegearbeiten geht auf die Regierungszeit des Mogulkaisers Akbar zurück. Berühmt ist die Kunst der Damaszierung, in Pakistan *Koftgari* genannt. Darunter versteht man die Nachahmung des Damaszener Stahls, wobei ein anderes Metall zur Verzierung kunstvoll in den Schweißstahl eingelassen wird. Wenn es sich dabei um Silber handelt, nennt man diese Technik *Bidri*. Sie wird hauptsächlich in Sialkot und Gujrat (Punjab) ausgeübt.

Für alte und neue Kupfer- und Messingarbeiten, schlicht gehämmert oder fein getrieben, graviert und ziseliert, ist Peshawar und hier vor allem der »Basar der Kupferschmiede« eine Fundgrube. Aber auch in Karachi oder Lahore kann man sorgfältig gearbeitete Teekessel und Samoware, Vasen, Kannen, Scha-

Pakistani beim Lackieren eines auf Kamelhaut aufgetragenen traditionellen Ornaments

len und alle möglichen anderen Arten von Gefäßen einschließlich der *Pandans* (Betelnußbehälter) kaufen.

Die Holzschnitzerei ist die überlieferte Kunst Kaschmirs. Truhen, Kästchen, Schalen, Möbel mit attraktiven Mustern und kunstvolle Wandschirme aus Walnußholz haben einen guten Markt. Eine besondere Holzlacktechnik ist in Khanot unweit von Hyderabad entwickelt worden. Dort werden niedrige Tische und Stühle mit hohen Rückenlehnen hergestellt, die anschließend geschwärzt oder farbig behandelt werden. Dazu wird bunter Lack in mehreren Schichten aufgetragen, wobei Purpur, Orange und Grün die Hauptfarben sind.

Der Mogulkaiser Akbar führte mit Hilfe persischer Weber auch die Kunst der Teppichherstellung in Lahore ein. Pakistan ist zur Zeit das zweitgrößte Teppichexportland der Welt. Der Wert der Ausfuhren stieg von 12 Mill. US-$ 1971/72 auf über 172,3 Mill. US-$ 1983/84 und erreichte 1991/92 die Höhe von etwa 230 Mill. US-$.

Teppiche werden heute hauptsächlich in Multan, Lahore, Faisalabad, Karachi, Muzaffarabad und überall auf dem Land hergestellt. Die Qualitäten reichen bis zu feinsten Ausführungen mit 3 500 bis 7 000 Knoten pro dm^2, eine Dichte, die anderswo selten erreicht wird. Mit Ausnahme einiger Bilderteppiche mit Jagdszenen und der Belutsch- oder Belutschistan-Teppiche hat Pakistan allerdings keine selbständigen Knüpfmuster entwickelt, sondern ahmt fremde Formen wie den

Teppichknüpfer in Lahore bei der Arbeit an einem fein gewebten Stück

Turkmenen-Buchara nach. Kette und Flor bestehen meist aus Wolle, der Flor ist manchmal mit Seide gemischt. Die Florhöhe geht bei guten Exemplaren von Turkmenenteppichen nicht über 5 mm hinaus. Bei minderer Qualität bestehen Kette und Schuß aus Baumwolle, und der Flor ist länger. Die Belutsch-Teppiche mit ihren geometrischen Mustern und Ornamenten und den rötlich- bis dunkelbraunen, dunkelblauen und lila Farben stammen ursprünglich nur zu einem sehr geringen Teil aus dem pakistanischen Belutschistan. Bezeichnend für diesen Teppich, der bis zu sechs Bordüren zählt, sind lange, lose Fransen, die an der Endseite länger sind als an der Anfangsseite. Als Bordürenvorlagen dienen hakenbesetzte Mäanderbänder, Arabesken und Rauten. Für das Mittelfeld gibt es keine festen Muster. Achteckige Medaillons, gezähnte Rhomben oder durchlaufende Diagonalstreifen herrschen vor, bei Gebetsteppichen findet man auch häufig den stilisierten Lebensbaum. Der *Namda*, ein aus verfilzter Wolle bestehender, reich bestickter Vorleger, und der *Gabba* aus rauhem Wollstoff sind beliebte Souvenirs.

Dagegen sind die ockergelb gefärbten und reich bestickten ledernen Kamelsättel, *Nath* genannt, aus Hyderabad und dem umliegenden Gebiet eher bei Einheimischen begehrt. Dafür bereiten reich bestickte Stoffe und Wollschals sowie Flickendecken weder Platzsorgen, noch belasten sie den Reisehaushalt zu sehr. Reizvoll in ihrer Farbenfreudigkeit sind die *Rilli*, Flickendecken, für die Hyderabad berühmt ist. Nach altüberlieferten Vorlagen setzt man kleine Flecken aus verschiedenfarbigen Baumwollstücken zu großen Decken und Vorhängen zusammen.

Die Spiegelstickerei ist typisch für Sind und Belutschistan. Dabei werden zahlreiche winzige Spiegel mit einer Kreuzstichstickerei in den Stoff eingefügt. In kleinen Ausführungen als Deckchen und Kissenbezüge eignen sie sich gut als Mitbringsel. Man kann sich auch Damenröcke und lange Kleider mit dieser Spiegelstickerei anfertigen lassen. Die runden spiegelbestickten Mützen werden von Männern getragen.

Der *Phulkari* (*phul* bedeutet Blume) ist ein handgewebter, über und über mit geometrischen Motiven bestickter Baumwollstoff in Rosa, Ocker oder Weinrot, der aus den Bergdistrikten Nordpakistans stammt. Ein gestreifter bunter Baumwollstoff, *Sussi* genannt, ist typisch für Sind und den südlichen Punjab. Dort wurden schon immer Stoffe gewebt und mit hölzernen Handblöcken in Rot und Schwarzbraun, den Farben der Wüste, bedruckt. Das Gewebe, *Ajrak*, findet vielseitige Verwendung als Turban, Schal, Gebetsmatte oder Decke. Modelle dieser Druckblöcke werden auch als Souvenirs angeboten.

Multan, die Stadt im mittleren Punjab, ist bekannt für ihre schönen Seiden- und Baumwollerzeugnisse und für Tonglasuren in eleganten blauen und weißen Mustern, die hier seit der frühen islamischen Eroberung produziert werden. Diese Kunst ist unter dem Namen *Kansi* oder *Chino* bekannt und wurde nach lokaler Überlieferung von den Moguln von China über Persien eingeführt. Die Glasurtechnik war aber auch den alten Arabern bekannt, die sie in Europa einführten. *Daryai*, schattierende Seide in leuchtenden Farben, und *Boski*, eine Art weiche Rohseide, sind herausragende Beispiele der Webkunst in Multan. Auch besonders schöne *Saris*, 6 m lange Stoffbahnen aus Seide, die mit Gold- und Silberstickerei den pakistanischen Frauen als prächtige Kleidungsstücke dienen, werden in dieser Stadt angefertigt. Eine Besonderheit Multans ist die mit lebhaften Farben und Mustern bemalte Kamelhaut, die bei Lampen Verwendung findet.

Die Stadt Bahawalpur, südlich von Multan, ist berühmt für ihre zarte, papierdünne Keramik aus schwarzem Ton. In Hala, nordöstlich von Hyderabad im Süden des Landes gelegen, werden große und kleine Vasen, Blumentöpfe, Schalen und Teller in Ocker, Grün und Blau gefertigt. In der Keramik, dem ältesten Kunsthandwerk der Menschheit, hat jede Region Pakistans ihren eigenen Stil.

Eine Übersicht über das Kunsthandwerk in Pakistan wäre unvollständig ohne den Hinweis auf die Silber- und Goldschmiedekunst. Gold- und Silberschmuck wird in traditionellen, kunstvollen Formen mit oder ohne Edelsteine gefertigt. Der Preis des Schmucks richtet sich zunächst nach dem Gewicht. Ein Aufschlag für besonders feine Arbeit kann (muß aber nicht) erhoben werden. Die pakistanischen Frauen lieben Schmuck und besitzen in der Regel mehr davon als ihre Geschlechtsgenossinnen in Europa. In den Goldschmiedebasaren, insbesondere dem von Peshawar, der Hauptstadt der Nordwest-Grenzprovinz, kann man noch Glück haben und auf alten Schmuck der Powindas, der Nomaden des Nordens, stoßen. Man kann aber auch an dem ganz andersartigen schweren silbernen Volksschmuck Gefallen finden. Silber mit eingelegtem Glas bzw. ungeschliffenen Steinen *(Kundan)* oder mit Emaille *(Minkabari)* wird in Sind und Belutschistan hergestellt und erfreut sich großer Beliebtheit.

Volkstänze

Die Volkstänze Pakistans variieren nach Landschaften und Volksgruppen; einige sind auf bestimmte Gebiete, insbesondere in den Gebirgsregionen, beschränkt, andere dagegen im ganzen Land bekannt und beliebt. Getanzt wird in der Regel in Gruppen zu Musik auf einheimischen Instrumenten. Meist bilden die Tänzer einen Kreis, die Trommler stehen in der Mitte. Händeklatschen und Gesang sorgen für einen zusätzlichen Rhythmus. Abgesehen von einigen Tänzen in der Nordwest-Grenzprovinz kennen die Volkstänze in Pakistan keine festen Regeln und einstudierten Bewegungen. Sie haben ihre Einfachheit und Ungezwungenheit bewahrt.

Am bekanntesten und volkstümlichsten ist der *Khattak-Tanz* der Pathanen, ursprünglich ein Kriegstanz, an dem ausschließlich Männer teilnehmen. Die Tänzer sind mit farbenprächtigen Turbanen, bestickten Westen und weiten Hosen bekleidet und tragen blitzende Schwerter in ihren Händen; sie bewegen ihre Köpfe sehr schnell nach rechts und links und sind stundenlang unermüdlich in Bewegung. In Sind und Belutschistan wird eine Abwandlung des Khattak, der *Garba*, getanzt, bei dem Holzstäbe statt der Schwerter benutzt werden. Beim *Luddi* und *Jhumar* (d.h. schnelles Spinnen und Wirbeln) und anderen Volkstänzen bewegen sich Mädchen mit schnellen und graziösen Bewegungen im Kreis um einen oder mehrere Trommler.

Landestrachten

Man braucht nur an einem Empfang, einem offiziellen Abendessen, einer Hochzeit oder anderen Festlichkeiten teilzunehmen, um zu erkennen, daß der prachtvolle *Sari* als festliches Frauengewand in Pakistan an erster Stelle steht. Er ist wohl das graziöseste und fraulichste Kleidungsstück, das es auf der Welt gibt – und zeitlos noch dazu. Er besteht aus einem langen farbenprächtigen, bestickten oder einfarbigen Seiden-, Chiffon- oder Baumwolltuch, das sich die Trägerin kunstvoll um den Körper windet.

Der aus einem Tuch gewundene »Sari« gehört auch heute noch zu den üblichen Kleidungsstücken der pakistanischen Frau

Darunter trägt sie eine Bluse und einen langen Unterrock. Die übliche Kleidung für die Frauen Pakistans besteht aus dem *Kamis*, einem gerade geschnittenen, langärmeligen Hemd, dem *Schalwar*, einer bauschigen Seiden- oder Baumwollhose, und der *Dupatta*, dem Schleier. Dunkelrot, Schwarz oder Braun werden als Farben bevorzugt. Da es sich nicht ziemt, die Beine zu zeigen, tragen auch moderne und emanzipierte Frauen den Schalwar, wenn auch in modernem Schnitt und verschiedenen Formen. Die hart arbeitende Frau auf dem Lande trägt den buntkarierten *Lacha* als Rock um die Hüften geschlungen und darüber ein gerade geschnittenes Hemd, dazu aus ungegerbtem Leder gearbeitete Schnabelschuhe. Der reich gefaltete *Garara* aus bis zu 20 m bunt bedrucktem Baumwollstoff wird vor allem von Nomadenfrauen getragen. Aus der Mogulzeit stammen *Peschwas* und *Farsi Garara*, knöchellange, eng anliegende Hosen, die zu einem weiten golddurchwirkten bodenlangen Faltenrock sehr elegant aussehen. Wenn sie mit der *Dupatta*, dem reich bestickten Schleier, der Kopf, Schultern und einen Teil der Brust bedeckt, und einer Tunika getragen werden, verleihen sie der Trägerin eine bewundernswerte Würde.

Sport

Die bei weitem populärste Sportart in Pakistan ist Hockey, worin die Nationalmannschaft schon wiederholt den ersten Platz bei Olympischen Spielen belegte. Dieses Spiel ist nach Fuß- und Korbball das dritte in der internationalen Beliebtheitsskala. Es wurde 1861 zuerst in England gespielt und um die Jahrhundertwende von den Briten in Indien eingeführt. Die Inder waren gelehrige Schüler und dominierten für Jahrzehnte im Hockey, das auf Grasplätzen gespielt wurde, und gewannen 1928 bei den Olympischen Spielen die Goldmedaille. Inder und nach der Teilung Indiens Pakistanis blieben an der Spitze. 1978 gewann Pakistan in Barcelona die Weltmeisterschaft und verteidigte 1982 den Titel erfolgreich in Bombay gegen die Mannschaft der Bundesrepublik Deutschland. Die Einführung von künstlichem Belag auf den Spielfeldern, die dann von den Wetterverhältnissen unabhängig sind, und die Entscheidung des Internationalen Hockey-Bundes, daß internationale Wettbewerbe auf solchen Plätzen

Das in Nordpakistan gepflegte »tent pegging«, ein Reiterspiel, bei dem Pflöcke in den Boden geschlagen werden müssen

auszutragen sind, veränderte Spielweisen sowie steigendes Interesse und spielerisches Können vor allem in Europa führten dazu, daß Südasien seine Dominanz im Hockey einbüßte.

Auch im Squash sind die Pakistanis große Könner, die internationale Anerkennung finden. Sie stellen die Mehrzahl der Spieler, die in der Weltrangliste ganz oben stehen. Der zu Beginn seiner Karriere erst 17 Jahre alte Jehangir Khan gewann von April 1981 bis November 1986 fünfmal den Weltmeistertitel und blieb in dieser Zeit unbesiegt. In seine Fußstapfen ist Jansher Khan getreten, der am 20. Oktober 1987 im Alter von 18 Jahren den Weltmeistertitel gewann und im Februar 1993 in Cardiff seine Dominanz in dieser Sportart unter Beweis stellte. Am 17.11.93 verteidigte er in Dohar, Qatar, seinen WM-Titel und gewann am 22.11.93 auch das World-Open-Endspiel in Karachi gegen seinen 30jährigen Landsmann Jehangir Khan, den bisher erfolgreichsten Squashspieler der Welt.

Kricket ist ein weiterer Volkssport, in dem Pakistan beachtliche Erfolge aufweisen kann. Fußball wird zwar mit großer Begeisterung gespielt, doch haben die pakistanischen Mannschaften noch kein internationales Niveau erreicht. Tennis und Golf werden hauptsächlich von wohlhabenden Pakistanis und im Land lebenden Ausländern gespielt. Auf eine lange Tradition können die Polo-Spieler des Landes zurückblicken. Im nördlichen Distrikt Gilgit ist diese rasante Sportart besonders sehenswert. Hier hat fast jedes Dorf eine eigene Polo-Mannschaft. Die Reiter scheinen mit ihren schnellen und zähen Gebirgsponys, die während des Spiels nicht ausgewechselt werden, verwachsen zu sein. Die Schlaghölzer stammen übrigens aus der heimischen Produktion.

Weniger positiv als bei den typischen Männersportarten sieht es in Pakistan mit der Beteiligung von Frauen am sportlichen Geschehen aus. Dies hängt vor allem mit der verstärkten Re-Islamisierungswelle der letzten Jahre zusammen. So müssen Mädchen und Frauen bei sportlichen Veranstaltungen voll bekleidet sein. Bei den 19. Nationalen Wettkämpfen im April 1982 durften Frauen erstmals überhaupt nicht teilnehmen.

Mensch und Gemeinschaft

Bedeutung der Familie

Familienleben und Sippenzusammenhalt sind in Pakistan wie in allen islamischen Gesellschaften stark ausgeprägt. Um die weitverzweigten Familienbande zu pflegen, erforschen viele pakistanische Frauen mit akribischer Genauigkeit die Familiengenealogie und Verwandtschaftslinien, die oft so weit reichen, daß die Tochter des Vetters von der Frau des Bruders des Großvaters durchaus noch zur Sippe gerechnet wird – für Europäer eine erstaunliche Vorstellung. Traditionsgemäß regiert das älteste Familienmitglied – normalerweise ein Mann, es kann aber auch eine Frau sein – den Clan. Die Gesetze sind streng und müssen von allen befolgt werden. Allerdings leben heute nicht mehr alle Generationen einer Großfamilie unter einem Dach; jungverheiratete Paare versuchen neuerdings, selbständig zu werden.

Pakistans Söhne und Töchter werden dazu erzogen, ihre Eltern zu respektieren und die Autorität des Vaters als unbestrittenes Familienoberhaupt anzuerkennen. Selbst erwachsene Söhne, die es im Leben zu etwas gebracht und bereits Frau und Kinder haben, beherzigen seinen Rat und beugen sich seinem Willen. Der Herr des Hauses nimmt auch als erster seine Mahlzeit ein. Ehefrau, Töchter und Schwiegertöchter bedienen ihn und essen nicht in seiner Gegenwart.

Die Verbundenheit mit der Sippe hat Vor- und Nachteile. Durch die strenge Überwachung fühlen sich häufig besonders die jungen Leute in ihrer individuellen Entwicklung eingeschränkt. Sitte, Moral, Brauchtum und Ansehen der Familie sind wichtiger als die persönlichen Wünsche und Bedürfnisse. Andererseits bietet die Sippe auch Schutz: Finanzielle Verluste oder Bedrohungen von außen lassen sich in der großen Gemeinschaft leichter überwinden. Die älteren sorgen für das Studium der jüngeren Geschwister, durch günstige Verbindungen werden Karrieren gefördert oder standesgemäße Heiraten arrangiert. Auch die alten Familienmitglieder sind in der Sippe abgesichert, Söhne und Enkel haben die Verpflichtung, ihnen finanzielle und sonstige Unterstützung zukommen zu lassen. In einem Land, das eine gesetzliche Sozialfürsorge nicht kennt, ist der familiäre Schutz lebensnotwendig. Deshalb kommt es auch nur ganz selten vor, daß sich ein Mann endgültig von seiner Sippe trennt (für eine Frau ist es undenkbar). Gesellschaftlich und beruflich hätte er keine Chancen mehr vorwärtszukommen. Auch wenn die Nachteile für ihn sehr groß sind, nimmt er sie in Kauf, da er den Rückhalt des Clans eines Tages brauchen könnte, und wenn nicht er, dann eventuell seine Kinder.

Die enge Verknüpfung mit der Familie, Sippe und dem Stammesverband geht auf Kosten der Bindung zur Gesellschaft im allgemeinen. Gruppenstolz und -zusammenhalt können dazu führen, daß die Bevorzugung und Förderung der eigenen Sippenangehörigen auch Vorrang vor sachlichen Gesichtspunkten hat und Vetternwirtschaft begünstigt wird.

Stellung der Frau

Die traditionelle Muslim-Gesellschaft ist, wenn man von den oberen Schichten absieht, eine reine Männergesellschaft. In der Öffentlichkeit sind nur wenige Frauen zu sehen, und auch am Freitagsgebet im Hof der Moschee nehmen keine Frauen teil. Der strenggläubige Muslim nimmt das Gebot, seine Frau unter *Purdah* zu halten, sehr ernst. Wörtlich heißt *Purdah* »Vorhang«; im übertragenen Sinne umfaßt dieser Begriff ein System von Regeln und Verhaltensvorschriften, die das Prinzip der Geschlechtertrennung im Alltag verankern. Vor allem bedeutet *Purdah*, daß islamische Frauen nie allein in der Öffentlichkeit auftreten dürfen und sich vor den Blicken fremder Männer schützen müssen. Niemand außer den Verwandten darf sie sehen oder mit ihnen sprechen. Selbst wenn die Frau mit ihrem Muslim-Ehemann das Haus verläßt, bleibt sie immer einige Schritte hinter ihm zurück und ist so gekleidet, daß nur das Gesicht unbedeckt bleibt; auch ganz verschleierte Frauen sind häufig anzutreffen.

Nach islamischem Gesetz ist die Frau einer Vielzahl von Geboten unterworfen. Finanzielle Abhängigkeit – zuerst vom Vater, dann vom Ehemann –, Gehorsam und das Verbot, sich in der Öffentlichkeit zu zeigen, haben zur Folge, daß die meisten pakistanischen Frauen auf die Rolle im Haus beschränkt bleiben. Ihre ausschließliche Aufgabe ist es, dem Mann Söhne zu gebären und ihm den Haushalt zu führen. Es ist üblich, daß Eltern für ihre Töchter einen Ehemann auswählen und für eine kostspielige Aussteuer aufkommen, ebenso für die aufwendige Hochzeitsfeier, an der der Stand und der Reichtum der Sippe gemessen wird. Diese prunkvollen Hochzeiten stürzen die Brauteltern mittlerer und unterer Schichten häufig in große Unkosten, oft müssen sie deswegen jahrelang Schulden abtragen. Das Hochzeitsmahl wird von Frauen und Männern getrennt eingenommen. Die festlich gekleidete, zurückhaltende Braut hat bis zu diesem Tag ihren zukünftigen Ehemann häufig weder gesehen noch ein Wort mit ihm gesprochen. Am Hochzeitstag übergibt der Bräutigam seiner zukünftigen Ehefrau eine Morgengabe, die in den persönlichen Besitz der Frau übergeht. In der islamischen Ehe gibt es keine Gütergemeinschaft, Frauen und Männer verfügen frei über ihr Eigentum. Allerdings erben Frauen nur die Hälfte dessen, was männliche Angehörige der Familie erhalten.

Der Islam erlaubt dem Mann, bis zu vier Frauen zu ehelichen. Diese Sitte ist in Pakistan allerdings nicht sehr verbreitet, was hauptsächlich finanzielle Gründe hat. Der Koran gestattet die Vielehe nämlich nur unter der Bedingung, daß der Mann alle Frauen angemessen unterhält und sie gleich und gerecht behandelt. Da die finanziellen (und seelischen) Möglichkeiten vieler Männer dazu nicht ausreichen, neigen die Pakistanis zur Einehe. 1961 ist die Mehrehe auch gesetzlich eingeschränkt worden. Danach ist der pakistanische Muslim verpflichtet, die schriftliche Genehmigung von einer Schiedsstelle zu erwirken, wenn er beabsichtigt, eine weitere Ehefrau ins Haus zu holen. Er muß die Gründe für eine Mehrehe angeben und die Zustimmung der bereits vorhandenen Ehefrau einholen. Die erbetene Genehmigung wird z.B. erteilt, wenn die erste Ehefrau kinderlos geblieben ist oder ihren ehelichen Verpflichtungen nicht nachkommt.

Hart sind die Strafen für ehebrecherisches Verhalten. Einschränkend wirkt sich dabei allerdings eine Forderung des Korans aus: Danach müssen vier Zeugen den Akt des Ehebruchs bestätigen, wobei die Zeugenaussage von zwei Frauen soviel Gewicht hat wie die eines Mannes. Während ein Muslim auch eine Nichtmuslimin ehelichen kann, darf eine muslimische Frau keinen Andersgläubigen heiraten, es sei

Der unter westlichem Einfluß ausgelöste soziale Wandel zeigt sich in den Städten unter anderem darin, daß sich viele Familien frei von traditionellen hierarchischen Strukturen bewegen

denn, er paßt sich an und tritt zu ihrer Religion über. Nach dem Tod des Ehemanns muß die Witwe eine Trauerzeit von vier Monaten und zehn Tagen einhalten, bevor sie sich wieder verheiraten darf. Der Mann kann dagegen sofort eine neue Ehe eingehen.

Bei Scheidungsverfahren hat es der Mann erheblich leichter als die Frau, da ihm ein außergerichtliches Verfahren offensteht: Wenn er dreimal die Formel »Ich verstoße dich« ausgesprochen, dem Obmann der Schiedsstelle die Verstoßung schriftlich mitgeteilt und dann einen Versöhnungstermin abgewartet hat, der nicht zu einer gütlichen Einigung führte, tritt die Scheidung in Kraft. Die Frau hat es da wesentlich schwerer. Sie muß das Gericht entscheiden lassen und schwerwiegende Gründe anführen, z. B. daß der Ehemann ihr seit zwei Jahren keinen Unterhalt mehr gewährt oder geisteskrank ist. Für den Fall, daß eine Scheidung ausgesprochen wird, behält die Mutter das Sorgerecht für die Kinder und kehrt in den Schoß der eigenen Familie zurück. Die gesetzliche Vertretung der Kinder liegt jedoch beim Vater.

Bei solchen Hemmnissen ist es verständlich, daß sich pakistanische Frauen ganz ihren häuslichen Pflichten widmen, um eine Trennung zu vermeiden; denn wenn eine Frau von ihrem Mann verstoßen wird, verliert sie dadurch auch ihre Ehre und schädigt das Ansehen ihrer Sippe. Die Einengung auf das Haus hat aber auch dazu geführt, daß die Stellung der Frau in der Hausgemeinschaft sehr stark ist. Sie regiert die Sippe und wacht über Moral und Tradition. Ihr dürfen selbst die erwachsenen Söhne nicht widersprechen, geschweige denn gegen ihren Willen handeln.

Einflüsse aus westlichen Ländern haben in der Vergangenheit bewirkt, daß eine langsame Veränderung der sozialen Stellung der Frau in Pakistan einsetzte. Eine große Rolle bei der Förderung der weiblichen Ausbildung spielen Frauenorganisationen, die sich für die Errichtung allgemeinbildender Schulen, die von Jungen und Mädchen gemeinsam besucht werden, einsetzen. Doch hat sich bisher wenig daran geändert, daß bei den ärmeren Bevölkerungsschichten nur die männlichen Nachkommen eine Schulbildung erhalten, während in gehobenen Schichten auch dafür gesorgt wird, daß die Mädchen eine gute Schule besuchen und studieren. Bevorzugte Frauenberufe sind Lehrerin und Ärztin. Vor allem der Arztberuf ist für eine pakistanische Frau sehr aussichtsreich, da die islamische Tradition verbietet, daß sich Frauen von männlichen Ärzten untersuchen lassen. Die berufstätige Frau bleibt im Privatleben eng mit ihrer Familie verbunden, und es kommt sehr selten vor, daß ledige, beruflich selbständige Frauen ein eigene Wohnung besitzen. Nachdem der Islam nun eine weltweite Wiedererstarkung erfahren hat und die konservativen islamischen Verhaltensvorschriften wieder gefördert werden, haben sich die Ansätze zur Emanzipation der pakistanischen Frau nicht weiterentwickeln lassen. Diese Ansätze bestanden allerdings nur in den Großstädten und waren für das Land insgesamt nicht kennzeichnend.

Pakistanische Namen

Viele pakistanische Namen enthalten oder beginnen mit Ehrentitel wie Chaudhri, Haji, Khwaja, Malik, Mian, Mirza, Pir, Pirzada, Sheikh oder Seth. *Chaudhri* bezeichnet seiner Grundbedeutung nach einen Dorfhäuptling, *Haji* (auch: *Hadschi*) nennt man einen Muslim, der die Pilgerfahrt nach Mekka unternommen hat, *Khwaja* und *Mian* deuten auf Wohlhabenheit durch Landbesitz oder Handel hin, *Mirza* kennzeichnet die Angehörigen der früheren Militäraristokratie, *Pir* den religiösen Führer, *Pirzada* seinen Sohn, *Sharif* bezeichnet adelige Herkunft und *Seth* einen wohlhabenden Gujarati-Kaufmann. In der Anrede wird dem Namen eines Mannes *Sahib* (Herr) hinzugefügt, bei Frauen wird *Begum* vorangestellt.

Häufig bereitet das Fehlen des Familiennamens dem Besucher einiges Kopfzerbrechen, da aus dem Namen das Verwandtschaftsverhältnis nicht immer hervorgeht und Vater, Sohn und Geschwister verschiedene Namenszusammensetzungen haben können. Dagegen offenbart der Name häufig die Zugehörigkeit seines Trägers zu einer bestimmten Gemeinschaft und Landschaft. Im Punjab und insbesondere im Nordwesten sowie in Belutschistan ist der Name *Khan* so häufig wie beispielsweise Meier im Deutschen. Ihm wird dann in der Regel der Name des Clans hinzugefügt. Die Endungen *-ro* und *-ani* sind für Sindhis typisch, *-zai* für Pathanen. Die Namen *Abasi, Hussain, Jafri* und *Naqvi* deuten auf eine nordindische Herkunft. Zum Verständnis der Muslimnamen ist es wichtig zu wissen, daß der Prophet Angehöriger der Familie Hashim des Kureish-(Qureish-)Stammes war. Die Abkommen seines einzigen Kindes, der Tochter Fatima, heißen *Sayyids*. Diese Bezeichnung ist arabischer Herkunft, ebenso die Namen *Ansari, Faruqi, Qureishi* und *Siddiqi* (die Schreibweisen variieren häufig). Bei den Parsen sind die Endungen *-ji* und (in Zusammenhang mit Ortsnamen) *-wala* nicht selten. Christen tragen häufig portugiesische Namen, da viele von ihnen aus dem ehemals portugiesischen Goa stammen.

Umgang mit Pakistanis

Im Familienleben und gegenüber Leuten in einflußreicher Position verhält sich der Pakistani äußerst höflich und rücksichtsvoll – schließlich findet der einzelne Sicherheit und Verständnis nur in der Großfamilie und im Stammesverband. Verläßt er diesen schützenden Raum, so ändert sich sein Verhalten: In einer feindlich gesinnten Welt fürchtet er, daß ihm Höflichkeit und Zuvorkommenheit lediglich als

Schwäche ausgelegt würden. Deshalb wirkt das Benehmen des pakistanischen Mannes auf den ahnungslosen Besucher manchmal ungalant und ruppig. Die Abschirmung der Frau und die Folge, daß in der Öffentlichkeit überwiegend Männer miteinander verkehren, hat natürlich auch dazu beigetragen, daß Charme und heitere Lebensart nur selten nach außen gezeigt werden können. Menschen mit diesen freundlichen Eigenschaften trifft man eher in unberührten ländlichen Gebieten oder entlegenen Bergregionen und stärker im Norden als im Süden des Landes. Im Straßenbild der Städte fallen allerdings häufig männliche Paare auf, die sich an den Händen halten oder Arm in Arm gehen – eine Folge der Tatsache, daß die Frauen bis zur Heirat behütet werden und den jungen Männern keine andere Gelegenheit bleibt, zärtliche Gefühle zu zeigen.

Bestes Beispiel für den Drang, sich nach außen auf jeden Fall zu behaupten, ist vielleicht der Straßenverkehr. Dort herrschen rauhe Sitten. Wenn ein Autofahrer z. B. anhält, um einem Fußgänger den Weg freizugeben, muß er damit rechnen, unverständiges Staunen zu ernten. Im Verkehr versucht jeder auf Kosten anderer Vorteile zu erzielen, auch wenn sie noch so unbedeutend sind. Dieses Verhalten wird allgemein respektiert und führt auch nicht zu Protestreaktionen wie etwa einem Hupkonzert oder Streitigkeiten. Auf den Überlandstraßen begegnet man Bussen und Lastwagen, deren Fahrer die Pkw-Besitzer an Rücksichtslosigkeit noch übertreffen. Wenn es aber darum geht, anderen bei einer Panne oder in einer Notlage zu helfen, so erweisen sich die »Rabauken der Landstraße« meist als hilfsbereite Mitmenschen, besonders in entlegenen Teilen des Landes. In solchen und anderen Situationen kann man auch die ausgeprägte Improvisationskunst der Pakistanis bewundern, ebenso ihre stoische Ruhe, die sie selbst in heiklen Situationen bewahren.

Im Bereich der zwischenmenschlichen Beziehungen kann man mit Pakistanis eigenartige Erfahrungen machen. Beim Schlangestehen in Ämtern oder Kinos herrschen die Gesetze des Straßenverkehrs: Übervorteilen durch Vordrängeln mit allen möglichen Tricks. Wird ein Pakistani von einem Fremden um Rat gefragt, kommt es leicht zu einer ausweichenden Antwort, denn sein Stolz verbietet ihm, eine noch so kleine Wissenslücke zuzugeben. Bei Amtsgeschäften oder anderen bürokratischen Angelegenheiten erhält man oft freundliche, aber unverbindliche Zusagen und Angebote, die man nicht zu ernst nehmen sollte. Wichtiger ist es, darauf zu achten, daß die Angelegenheit nicht in Vergessenheit gerät. Bei bestimmten Dingen (Bescheinigungen, Permits usw.) sollte man den Rat eines pakistanischen Freundes einholen und mit dem entsprechenden Feingefühl auf die Erledigung der Geschäfte einwirken. Da es als ungehörig gilt, das Urteil oder das Verhalten eines Vorgesetzten zu kritisieren oder gar in Frage zu stellen, und man sich gerne bei anerkannten Autoritäten gründlich absichert, ist bei Amtspersonen, die keine Macht und wenig Befugnisse besitzen, das Verantwortungsbewußtsein nur schwach entwickelt und Entscheidungsfreude nur selten vorhanden. Wer beruflich mit Behörden zu tun hat und die Aufgabe nicht an Fachleute weiterleiten kann, muß viel Geduld aufbringen und darf nicht unter Zeitdruck stehen.

Im täglichen Arbeitsablauf ist die Teepause besonders wichtig. Bei geschäftlichen Besprechungen, bei Einkäufen im Basar und Besuchen in Behörden wird zur Einstimmung zunächst eine Tasse Tee, gezuckert und mit Milch, angeboten. Nach einem unverbindlichen Frage- und Antwortspiel kommen die Gesprächspartner dann allmählich auf das eigentliche Thema zu sprechen.

Bei privaten Einladungen sollte man pakistanische Gastgeber nicht durch zu frühes Erscheinen und ungewohnte Pünktlichkeit in Verlegenheit bringen. Meist wird für den Besucher ein Essen vorbereitet, dessen Zubereitung viel Zeit in Anspruch nimmt; nicht selten wird das Gastmahl erst kurz vor Mitternacht aufgetischt. Da der Appetit der Gäste dann verständlicherweise sehr groß ist, entsteht häufig ein wahrer Ansturm auf die Tafel oder aufs Buffet. Bis dahin hatten die Gäste genügend Zeit, sich angeregt zu unterhalten. Die Damen in ihren farbenfrohen, kostbaren Saris sitzen getrennt von ihren männlichen Begleitern. (Ausländische Besucherinnen sollten bei solchen Einladungen langärmelige, hochgeschlossene Kleider oder lange Hosen tragen.) Nach dem Essen ist es üblich, sich bald zu verabschieden.

Eine besondere Erfahrung ist die Gastfreundschaft, die dem Fremden bei einem Besuch auf dem Lande zuteil werden kann.

Bambusherzen anbietender Händler auf dem Markt von Rawalpindi

Pakistans Beziehungen zu den deutschsprachigen Ländern

Kulturelle Verbindungen

Zwischen Pakistan und der Bundesrepublik Deutschland bestehen seit 1951 diplomatische Beziehungen. Ein Kulturabkommen zwischen beiden Ländern wurde 1961 abgeschlossen. Träger der kulturellen Begegnung und des Austausches sind die beiden Goethe-Institute in Karachi und Lahore. Diese Institute arbeiten eng mit Partnern des Gastlandes zusammen, die für die kulturelle Szene wichtig sind, wie z. B. Theatergruppen, Journalisten- und Schriftstellerverbände, Akademikervereinigungen. Sie widmen sich aber auch der Fortbildung von jungen Führungskräften in der Wirtschaft und schulen Arbeitskräfte in der Landwirtschaft, Genossenschaftsexperten oder Naturschützer. Die Betreuung der pakistanischen Rückkehrer aus der Bundesrepublik Deutschland ist ein besonderes Anliegen.

Die kulturellen Berührungspunkte zwischen Deutschland und Pakistan gehen auf das 18. und 19. Jh. zurück. Deutsche Gelehrte waren die Initiatoren der grammatikalischen Klassifikation und wissenschaftlichen Erforschung der pakistanischen Landessprachen. Bereits im Jahre 1714 übersetzte der Missionar Benjamin Schulze das Neue und Teile des Alten Testaments in Urdu. Die Arbeit wurde in den vierziger Jahren des 18. Jh. in Halle mit einem grammatikalischen Anhang veröffentlicht. Der bei uns eher als Lyriker bekannte Friedrich Rückert (1788–1866), Professor für orientalische Sprachen in Erlangen und Berlin, führte seit 1820 als meisterhafter Übersetzer die persische und indopersische Literatur in Deutschland ein. Christian Larsen, Professor in Bonn, veröffentlichte 1842 Aufsätze über Belutschi. Er war der erste, der sich wissenschaftlich mit dieser Sprache und ihrer Literatur beschäftigte. Larsen war es auch, der als erster den drawidischen Ursprung der Brahui-Sprache erkannte. Im Jahre 1839 veröffentlichte Heinrich Ewald, Professor an der Universität Tübingen, eine grammatikalische Analyse der schwierigen Pashto-Sprache. Er war der Lehrer von Ernst Trumpp, dem bedeutendsten deutschen Sprachforscher, der viel zum Verständnis der Regionalsprachen Pakistans beigetragen hat und in gründlichen, detaillierten grammatikalischen Analysen die modernen Sprachen des heutigen Pakistan untersuchte. Ernst Trumpp wurde 1828 in der Nähe von Heilbronn geboren. Er studierte in Tübingen Theologie und orientalische Sprachen, war kurze Zeit Vikar und ging dann nach England. 1854 reiste er nach einer Tätigkeit als Hilfsbibliothekar am Ostindien-Haus in London in Missionsdiensten über Bombay nach Karachi, wo er in erstaunlich kurzer Zeit die Sindhi-Sprache erlernte. Von allen indischen Sprachen, die im Sanskrit ihren Ursprung haben, wurde Sindhi damals wegen seiner Randlage am wenigsten beachtet, was sich erst mit Trumpp änderte. Er verfaßte ein Lesebuch in dieser Sprache, das 1858 in London veröffentlicht wurde. Im selben Jahr trat Ernst Trumpp eine Reise von Karachi nach Peshawar an. Sie nahm 48 Tage in Anspruch: 23 Tage den Indus hinauf, drei Tage mit dem Büffelkarren nach Lahore und schließlich 22 Tage in Trageseln nach Peshawar. Während seines anderthalbjährigen Aufenthalts in Peshawar widmete er sich der Pashto-Sprache. Er veröffentlichte Artikel über die »Verwandtschaftsverhältnisse des Paschto« und 1873 mit Hilfe der Kaiserlichen Akademie der Wissenschaften in Wien die Pashto-Grammatik, welche noch heute ein Standardwerk ist. Daß Trumpp auch eine Brahui-Grammatik verfaßte und Studien auf dem Gebiet der Dialekte Kafiristans betrieb, sei nur noch der Vollständigkeit halber erwähnt.

Trumpps Hauptwerk ist jedoch seine Sindhi-Grammatik, die erst 1872 in England herausgegeben wurde. Sie gilt noch heute als Standardwerk, wenn sie auch zum Erlernen der heutigen Umgangssprache zu kompliziert ist. Die Leistungen Trumpps auf dem Gebiet der Erforschung der Sindhi-Sprache und -Literatur sind unerreicht. Er war es auch, der die Gedichte Shah Abdul Latifs (S. 157), welche für die Literatur Sinds die gleiche Bedeutung haben wie Goethes »Faust« für die deutsche, veröffentlichte und damit nach einer langen Zeit der Vernachlässigung wieder ans Licht brachte. Aus Mangel an Geldmitteln konnte die Herausgabe nicht ganz vollständig erfolgen. Wenn Trumpp auch mehr für die Sprache Sinds getan hat als irgend jemand sonst, so beschränken sich seine Verdienste jedoch nicht nur darauf: Auch der Punjabi-Sprache hat er mit der »Adi Granth«-Übersetzung einen unschätzbaren Dienst erwiesen. In dieser heiligen Schrift der Sikhs hat er grammatische Strukturen wiederentdeckt und die Bedeutung von Worten erschlossen, die in Vergessenheit geraten waren. Später setzte er seine Arbeit in Deutschland fort, wo er 1873 zum Professor für semitische Sprachen an der Universität München ernannt wurde. Trumpp starb 1885 in München.

Schließlich ist noch Aloys Sprenger zu erwähnen, der 1813 in Tirol geboren wurde und in Wien bei Joseph von Hammer-Purgstall, dem Herausgeber der »Fundgruben des Orients«, der ersten Zeitschrift, die sich der west-östlichen Begegnung widmete, studierte. Sprenger kam als Militärarzt nach Indien, arbeitete dann am Delhi College mit bekannten Urdu-Forschern zusammen und begann Manuskripte zu sammeln. Nach seiner Rückkehr wurde er Professor für orientalische Sprachen an der Universität Bern. 1858 übereignete er die von ihm gesammelten Manuskripte der Berliner Staatsbibliothek.

Ein deutliches Echo auf das über Jahrhunderte konstante deutsche Interesse an den Ländern des indischen Subkontinents findet sich in den Werken Muhammad Iqbals (S. 101). Seine »Botschaft des Ostens« (Payam-i-Mashriq) aus dem Jahre 1924 ist eine Entgegnung auf Goethes »West-Östlichen Diwan«. In diesem von Otto von Glasenapp übersetzten Werk schreibt der Dichter-Philosoph: »Aus dem Westen an den Osten hat er einen Gruß gesandt / Ihm antwortend hab ich Botschaft aus dem Osten nun gebracht / Einen Mondschein ausgegossen hab ich auf des Ostens Nacht / … Aufgeschlagen vor uns beiden lag der Schöpfung ew'ges Buch / Beide gleichen wir zwei Dolchen, spiegelnd hell in Farbenglut / Seiner ist gezückt und funkelt, meiner in der Scheide ruht …«

Das Johann Wolfgang von Goethe gewidmete Gedicht bezeugt die enge Verbundenheit Iqbals mit dem deutschen Geist, der sein Denken beeinflußte, ihn aber auch zu einer kritischen Auseinandersetzung herausforderte. In seinem Studienort Heidelberg erinnern heute eine Gedenktafel und ein Straßenname an Pakistans großen Dichter. Ihm zu Ehren hat die pakistanische Regierung 1977 eine Iqbal-Professur am Südasien-Institut in Heidelberg geschaffen.

Die deutsche Orientalistin Annemarie Schimmel erhielt am 15. Oktober 1995 in der Frankfurter Paulskirche vom Bundespräsidenten den Friedenspreis des Deutschen Buchhandels. Durch Übersetzungen der poetischen Werke von Iqbal, Ghalib, Jalaluddin Rumi und Sauda hat sie sich um die pakistanische Literatur verdient gemacht.

Wissenschaftliche, medizinische und technische Zusammenarbeit

Das Südasien-Institut in Heidelberg ist seit 1981 mit einem Repräsentanten in der pakistanischen Hauptstadt vertreten. Mitglieder des Instituts leisten wertvolle wissenschaftliche Arbeit auf verschiedenen Gebieten, u.a. der Ethnologe Karl Jettmar mit der Dokumentation von Felszeichnungen und -inschriften in den früher unzugänglichen und nun durch den Karakorum Highway erschlossenen Berggebieten. Von 1979 bis Mitte der achtziger Jahre führte eine von der Deutschen Forschungsgemeinschaft geförderte Expertengruppe eine fotogrammetrische Dokumentation der Ruinen Mohenjo-Daros durch. Das Projekt wurde vom Institut für Baugeschichte und Denkmalpflege der Technischen Hochschule Aachen getragen.

1967 begann das Pak-German Technical Centre, Moghalpara, Lahore, seine Arbeit. Deutsche Fachleute bilden hier junge Pakistanis in handwerklich-technischen Fertigkeiten zu qualifizierten Facharbeitern aus. Eine deutsche Expertengruppe ist bei der Planung und Durchführung von Aufforstungsvorhaben im Norden des Landes behilflich.

Die deutsche Ärztin Ruth Pfau, Ehrenbürgerin Pakistans, setzt sich seit 1960 in ihrer Wahlheimat Pakistan in aufopfernder Arbeit für die Leprakranken ein. Unterstützung erhält sie vom Deutschen Aussätzigen-Hilfswerk (DAHW) Würzburg; mehr als 150 000 Patienten werden von ihr betreut. Im »Marie Adelaide Leprosy Centre« (MAC) werden einheimische Leprahelfer für ganz Pakistan ausgebildet. Es ist Ruth Pfau gelungen, ganz Pakistan mit einem Netz von Behandlungsstätten zu überziehen, bis hin zu den entlegenen Bergregionen. Die größten Lepra-Behandlungszentren befinden sich in Karachi, Rawalpindi, im Swat, in Gilgit, Kaschmir und im Sind.

Festlich gewandeter Besucher einer Moschee in Peshawar

Anreise und Verkehr

Reisen nach Pakistan

Flugverbindungen

Wichtigste Drehscheibe im pakistanischen Luftverkehr ist der internationale Flughafen von Karachi, der von Frankfurt aus täglich mindestens einmal mit einem Direktflug zu erreichen ist. Die Lufthansa bietet siebenmal pro Woche eine Flugverbindung nach Karachi an, davon fünf mit einer Zwischenlandung; mit der nationalen Fluggesellschaft Pakistan International Airlines (PIA) gelangt man viermal wöchentlich von Frankfurt aus in die größte Stadt des Landes – davon zweimal nonstop und zweimal direkt über Lahore – und einmal von Zürich. Die Kosten für einen Linienflug (einfach) in der Economy Class liegen gegenwärtig bei ca. 2100 DM, bei einem Mindestaufenthalt von 14 Tagen (Höchstaufenthalt 3 Monate) sind jedoch sehr viel günstigere Tarife für Hin- und Rückflug möglich (sog. Holiday-Tarif 1699 bis 1938 DM). Billige Charterflüge nach Karachi gibt es nicht, da Pakistan bislang noch abseits von den großen Touristenrouten liegt.

Die internationale Bedeutung des Flughafens von Karachi hat sich in den letzten Jahren ständig gesteigert. Einige Fluggesellschaften nutzen ihn für Zwischenlandungen auf der Südostasienroute, günstige Anschlußflüge führen von hier aus in die östlichen Golfstaaten und Emirate sowie nach Indien und weiter in den Fernen Osten. Viermal in der Woche fliegt PIA von Karachi nach Bombay, dreimal nach Delhi, je einmal nach Kathmandu und Dhaka, einmal über Kathmandu nach Dhaka und umgekehrt.

Überlandverbindungen

Vor den militärischen Auseinandersetzungen in Afghanistan, dem Umsturz im Iran und den Kampfhandlungen an der Westgrenze dieses Landes benutzte fast die Hälfte aller Pakistan-Reisenden den Landweg. Gegenwärtig ist die Route über Afghanistan nicht passierbar. Für die Durchreise durch den Iran benötigt man ein Transitvisum, das bei der zuständigen Botschaft

Ein weiß-grüner Jumbo der Pakistan International Airlines

beantragt werden muß. Obwohl dem Durchschnitts-Reisenden eine Pakistan-Fahrt auf dem Landweg zur Zeit kaum anzuraten ist, seien die wichtigsten Routen hier kurz skizziert.

Die gängigste und am meisten benutzte, rund 9000 km lange Strecke führt über die Türkei, den nördlichen Iran und das südliche Afghanistan nach Pakistan. Sie berührt die Städte Istanbul, Teheran und Mesched (Iran), Herat, Kabul, Jalabad in Afghanistan und erreicht in Torkham die Grenze zu Pakistan. Von dort aus gelangt man über den Khyber-Paß nach Peshawar.

Eine weitere Möglichkeit bildet die Abzweigung von dieser Nordroute. Man fährt in Afghanistan nicht nach Kabul, sondern biegt bereits in Kandahar auf die gute Straße zum afghanischen Grenzübergang Spin-Boldak und dem pakistanischen Grenzort Chaman ab. Die Grenzposten sind nur tagsüber besetzt. Obwohl die Anschlußstraßen auf pakistanischer Seite nicht besonders gut sind, verkürzt diese Strecke den Weg nach Karachi erheblich.

Da diese beiden Strecken gegenwärtig nicht benutzbar sind, muß man die längere Route durch den südlichen Iran wählen. Sie verläuft von Teheran aus über Isfahan, Yazd, Kerman, Bam und Zahidan zum Grenzübergang Mirjawa–Qila Safed und weiter nach Quetta. Die Abfertigung an der iranisch-pakistanischen Grenze erfolgt nur tagsüber. Die Entfernung vom Grenzübergang bis Quetta beträgt rund 500 km.

Problemloser ist die Einreise von Indien aus möglich. Hier führt die Auto-Route von Delhi aus über Jullundur, Amritsar und über den Grenzübergang Atri – Wagah nach Lahore. Die Abfertigung an der Grenze für Reisende mit eigenem Fahrzeug erfolgt nur zwischen 9 und 16 Uhr.

Reisen in Pakistan

Flugverkehr

Das dichte, derzeit 236000 km umfassende Luftverkehrsnetz der Pakistan International Airlines stellt innerhalb Pakistans schnelle und bequeme Verbindungen her, durch die jetzt auch die früher schwer zugänglichen Gebirgsorte im Norden des Landes leichter erreichbar sind. Die profitable Gesellschaft und ihre tüchtigen Piloten haben einen guten Ruf. PIA, so lautet die Abkürzung dieser Fluglinie, konnte ihre Einnahmen gegenüber früheren Jahren deutlich steigern und 1992/93 einen Gewinn von mehr als 1 Mrd. pR einfliegen.

Auch für den Inlandsflugverkehr ist Karachi der wichtigste Knotenpunkt. Von hier aus bestehen täglich sechs bis sieben Verbindungen nach Lahore, fünf bis acht nach Islamabad/Rawalpindi und Peshawar, zwei bis vier nach Sukkur, eine bis drei nach Quetta, zwei nach Multan, Mohenjo-Daro und Faisalabad. Weitere Ziele, die eher für Geschäftsleute interessant sind und mehrmals wöchentlich mit kleineren Maschinen angeflogen werden, kommen hinzu.

Andere wichtige Flughäfen für den binnenländischen und z. T. auch internationalen Flugverkehr sind Islamabad und Lahore. PIA fliegt viermal wöchentlich von Lahore direkt nach Delhi und einmal direkt nach Toronto über Frankfurt und New York. Islamabad, sechs- bis neunmal täglich mit Lahore verbunden, ist der Ausgangspunkt für drei bis vier Morgenflüge täglich nach Gilgit und einen nach Skardu. Sonnabends fliegt eine Maschine über Skardu direkt nach Gilgit und donnerstags von Gilgit über Skardu nach Islamabad. Von Peshawar, täglich mehrmals von Islamabad, Lahore und Karachi angeflogen, starten drei tägliche Flüge vormittags nach Chitral.

Die Flüge in Pakistans grandiose Bergwelt hängen allerdings von den Wetterverhältnissen ab.

Eisenbahnen

Bereits im Jahre 1861 wurde die erste Eisenbahnstrecke im heutigen Pakistan gebaut. Die 174 km lange Strecke von Karachi nach Kotri nahm sich zwar im Vergleich zu den 2700 km langen Eisenbahnlinien, die damals insgesamt in Britisch-Indien bestanden, gering aus, doch heute spielen die Eisenbahnen eine wichtige Rolle im öffentlichen Verkehr Pakistans. Zwar sind auch heute noch große Teile Belutschistans und der Nordwest-Grenzprovinz nicht durch die Eisenbahn erschlossen, doch dafür ist das Verkehrsnetz im Sind und insbesondere im Punjab sehr beachtlich. Insgesamt unterhält die staatliche Gesellschaft Pakistan Railways ein 8774 km langes Streckennetz, auf dem zahlreiche Züge unterschiedlicher Spurweite verkehren. Die Tarife sind selbst für die 1. Klasse oder Abteile mit Air Condition (AC) ausgesprochen günstig. Außerdem erhalten ausländische Touristen (außer Indern), die das Land besuchen, 25%, Studenten sogar 50% Fahrpreisermäßigung, wenn sie dem Schalterbeamten ihren Reisepaß oder Studentenausweis und dazu ein Empfehlungsschreiben der pakistanischen Eisenbahnverwaltung vorzeigen können. Dieses Schreiben erhält man über die Pakistan Tourism Development Corporation (PTDC), Islamabad, oder auch direkt bei der pakistanischen Eisenbahnverwaltung in Lahore.

Hauptlinien des pakistanischen Schienennetzes sind die Strecken von Karachi nach Lahore (1219 km), Rawalpindi (1509 km) und Peshawar (1682 km) sowie von Sukkur nach Quetta (350 km) und Chaman (526 km) an der Grenze nach Afghanistan.

Die Reisegeschwindigkeit der Expreßzüge ist insgesamt recht günstig: Man benötigt z. B. für die 1219 km lange Strecke von Karachi nach Lahore zwischen 18 und 24 Stunden. Der Fahrpreis nach dem Stand von 1992 beträgt pro Kilometer bei einer Distanz bis 40 km in der 2. Klasse 0,15 pR (1. Klasse 0,22), von 41 bis 500 km 0,10 (1. Klasse 0,19), über 500 km 0,9 (1. Klasse 0,17) pR.

Es empfiehlt sich, Reservierungen für Schlafplätze in der 1. oder AC-Klasse rechtzeitig im voraus vorzunehmen. Diese Reservierungen gelten für die Zeit von 21 Uhr abends bis 6 Uhr morgens, und in der Regel kann man auch damit rechnen, daß tatsächlich eine Schlafgelegenheit zur Verfügung steht – eine Garantie wird bei großem Andrang allerdings nicht gegeben. Tagsüber haben dann auch andere Fahrgäste mit entsprechenden Billets das Recht, die wieder in Sitzplätze umgewandelten Schlafbänke zu benutzen. Die Bahnhöfe in Karachi, Multan, Lahore, Rawalpindi, Quetta, Taxila, Sargodha und Bahawalpur bieten Übernachtungsräume, die Fahrgäste mit Erste-Klasse- oder AC-Karten gegen eine geringe Gebühr in Anspruch nehmen können. Allerdings sind Bettwäsche, Kopfkissen und Decken mitzubringen; bei längeren Fahrten mit Übernachtungen im Zug kann man auch diese Sachen vorbestellen.

Alle Fernzüge mit 1. und 2. Klasse führen Speisewagen. (Nebenbei sei bemerkt, daß einige Bahnhofsrestaurants sehr zu empfehlen sind. Sie genügen zwar nicht immer den verwöhntesten Ansprüchen, sind jedoch preiswert und oft besser als andere Lokale.) Gepäcksorgen muß man in Pakistans Zügen nicht entwickeln: Reisenden mit AC-Karten werden 60 kg und Benutzern der 1. Klasse 40 kg zugestanden. Diese Obergrenzen sind jedoch eher theoretischer Natur – die meisten

Einer der bunt bemalten Busse auf dem Karakorum Highway

Pakistanis reisen mit wesentlich mehr Gepäck. Den Transport auf dem Bahnhof und ins Abteil übernehmen lizenzierte Gepäckträger gegen eine Gebühr von 5 pR pro 40 kg.

In Lahore können eingeschworene Eisenbahn-Fans einen Touristen-Eisenbahnwagen der 1. Klasse mit Bedienung, Küche, Bad, Salon und Schlafgelegenheiten mieten. Sie können auf Nebenstrecken noch mit Zügen fahren, die von Dampflokomotiven gezogen werden und an den Knotenpunkten Kotri, Mirpur Khas, Rohri, Khanpur, Samasatat, Bahawalpur, Multan, Faisalabad, Wazirabad, Sherkot, Lalamusa, Attock, Rawalpindi, Nowshera, Peshawar, Kohat, Mari Indus, Kundian, Quetta und Dalbandin besichtigt werden können.

Busverkehr

Das gut ausgebaute Busnetz auf Pakistans Straßen ist insbesondere für sparsame Reisende dank seiner niedrigen Fahrpreise vorteilhaft. Auf den stark belasteten Fernstraßen, beispielsweise auf der Strecke von Lahore nach Peshawar, verkehren die Busse teilweise nachts, um der großen Verkehrsdichte des Tages auszuweichen.

Mit Bussen lassen sich auch die entlegenen Teile des Landes einigermaßen bequem erkunden. Selbst im unwegsamen Norden des Landes sind Buslinien im Einsatz. Falls man allerdings sehr weit in die Berge fahren möchte, muß man auf Jeeps umsteigen. Zur Bewältigung des Überlandverkehrs gibt es in allen größeren Städten zentrale Busbahnhöfe, in denen man sich über Streckenführung, Abfahrtszeiten und Fahrtdauer informieren kann. Diese Busbahnhöfe sind meist an die innerstädtischen öffentlichen Buslinien angeschlossen.

Wer als Tourist in ländlichen Gegenden mit dem Bus unterwegs ist, kann häufig unvermutet einen Eindruck von der pakistanischen Gastfreundschaft gewinnen: Meist wird dem fremden Besucher der beste Platz neben dem Fahrer angeboten. Dort ist er am wenigsten dem trockenen Staub ausgesetzt, der in das Wageninnere dringt. Bei einer längeren Reise kümmern sich besorgte Mitpassagiere manchmal sogar um das leibliche

Wohl des Gastes und bieten Früchte, Fladenbrot, Eier, Tee oder andere Getränke an. Wo gäbe es Entsprechendes in unseren Breiten?

Weitere Straßenverkehrsmittel

Pakistan ist eines jener interessanten Länder, in denen es scheinbar möglich ist, zur gleichen Zeit in verschiedenen Jahrhunderten zu leben; besonders auffällig sind die Gegensätze im Verkehrswesen. Es ist durchaus nicht ungewöhnlich, daß in Städten bei Rotlicht vor einer Kreuzung ein moderner Straßenkreuzer, ein altes Taxi und ein bunt bemalter Lastwagen neben einer Pferdedroschke, einem Kamel oder einem flinken Eselskarren stehen. Der Ochsenkarren ist auf dem Lande und auch in den Städten kein seltener Anblick. Kamelkarawanen sind insbesondere in unzugänglichen Gebieten gelegentlich anzutreffen. Es gibt sogar noch Orte, die nur auf dem Kamelrücken zu erreichen sind. In Dörfern, Klein- und Mittelstädten ist der zweirädrige, von einem Pony oder Pferd gezogene Wagen, *Tonga* genannt, mit zwei Sitzen für die Passagiere, ein häufiges Verkehrsmittel.

Große Teile der relativ dünn besiedelten landwirtschaftlichen Gebiete in den trockenen und unbewässerten Zonen müssen noch verkehrstechnisch erschlossen werden. Gelegentlich sieht man Menschen, die auf staubigen Pfaden wandern oder reiten, um eine größere Straße zu erreichen. Dort warten sie dann auf einen der bunt bemalten Busse, die im Überlandverkehr auch unwegsame Gebiete passieren.

Pakistans Lastwagen kommen zwar kaum als Transportmittel für Touristen in Betracht, verdienen aber wegen ihrer farbenfreudigen Gestaltung die Aufmerksamkeit des Besuchers – vor allem des Hobbyfotografen. Beachtenswert sind nicht nur die Konstruktionen der Aufbauten dieser Fahrzeuge, sondern mehr noch die einfallsreichen bunten naiven Bilder, die die Karosserie überziehen. Es scheint unter den Fahrern einen Wettstreit zu geben, wer seinen Wagen am prächtigsten herausputzt. Wahre Kunstwerke lassen sich beispielsweise auf der hinteren ovalen Fläche von Tanklastzügen bewundern. Tierszenen und Landschaftsdarstellungen, Dörfer, Berge, Seen oder Moscheen unter blauem Himmel schmücken in phantasievoller Ausgestaltung das Blech.

Straßenverhältnisse

Die Provinz Sind verfügte 1943 über ganze 400 km Schotterstraßen. Im damaligen Indien war das nach Belutschistan der niedrigste Wert. Vergleicht man diese Angaben mit neueren Zahlen, so kann man daraus den gewaltigen Fortschritt erkennen, den Pakistans Straßenbauer erzielt haben. Pakistan besitzt heute ca. 120000 km Asphalt- und 60000 km Schotterstraßen. Die vier Provinzen Pakistans sind durch verhältnismäßig gute Straßen miteinander verbunden. Von Peshawar im Nordwesten nach Lahore im Nordosten verläuft die berühmte Grand Trunk Road, deren Strecke bis zur indischen Grenze insgesamt 464 km beträgt. Von Lahore führt eine stark befahrene, 1285 km lange Straße in südwestlicher Richtung zur Hafenstadt Karachi.

Die bedeutendste Straßenverbindung verläuft von Karachi über Hyderabad – Sukkur (Abzweigung nach Quetta) – Muzaffargarh – Multan – Lahore – Gujrat – Jhelum – Rawalpindi – Attock – Nowshera nach Peshawar. Sie ist in gutem Zustand, und man findet in regelmäßigen Abständen Rasthäuser und Tankstellen. In den Bezirken westlich von Karachi gibt es bislang erst wenige Straßen, die oft nur

Farbenprächtig bemalter Lastwagen, wie man sie oft auf den Straßen Pakistans sieht

mit Jeeps befahrbar sind. Von Quetta, der Hauptstadt Belutschistans, verläuft eine 421 km lange Straßenverbindung nach Osten, die bei Rohri auf die Verbindungsstraße von Karachi nach Lahore stößt.

Bemerkenswert ist der neue Super Highway zwischen Karachi und Hyderabad. Diese Verbindung wird später ein Teil der auf dem Westufer des Indus verlaufenden Schnellstraße Indus Super Highway zwischen Peshawar und Karachi sein.

Pakistans Straßen sind unfallträchtig und besonders bei Nacht wegen unzureichend beleuchteter und zu schnell fahrender Autos und Lastkraftwagen nicht ungefährlich. Kleinere Fahrzeuge werden auf den häufig recht schmalen Straßen durch rücksichtslose Lastkraftwagen, die strikt und schnell auf ihrer Spur fahren, immer wieder gezwungen, den asphaltierten Mittelstreifen zu verlassen. Der Linksverkehr macht für viele Besucher eine Umstellung erforderlich.

Der Karakorum Highway

(Karte S. 256)

Etwa 100 km nördlich der Hauptstadt Islamabad beginnt bei Havelian der Karakorum Highway, der Pakistan mit China verbindet und als Pionierleistung des Straßenbaus in Hochgebirgsregionen besondere Erwähnung verdient. Der Karakorum Highway folgt der alten Seidenstraße, auf der bereits Marco Polo im 13. Jh. von Venedig nach Peking reiste und auf der jahrhundertelang die Karawanen vom Reich der Mitte ans Arabische Meer, nach Indien und in den Vorderen Orient zogen. Die rund 800 km lange Fernverbindung führt zunächst von Havelian über Abbottabad, Mansehra, Dasu und Chilas nach Gilgit, wobei sie in zahlreichen Windungen dem Lauf des Indus folgt. Durch grandiose Gebirgstäler wendet sie sich dann weiter nach Norden, passiert Karimabad im berühmten Hunza-Tal und erreicht schließlich beim Khunjerab-Paß die Grenze zur Volksrepublik China.

Die 1978 fertiggestellte Straße wurde mit Unterstützung der Volksrepublik China gebaut. Nachdem die Chinesen bereits 1968 den nördlichsten Abschnitt vollendet hatten, wurden sie von der pakistanischen Regierung auch um Mithilfe beim Bau der Anschlußstrecke in Richtung Islamabad gebeten. Mitte 1974 wurde die Arbeit aufgenommen, und schon vier Jahre später konnte sie abgeschlossen werden. Damit können beide Länder stolz auf eine großartige technische Leistung sein, die allerdings auch viele Menschenleben gekostet hat. Strecken, für die man früher Tage brauchte, können heute in wenigen Stunden zurückgelegt werden. Hochgebirgstäler, die bis dahin kaum zu erreichen waren, erhielten eine ganzjährig nutzbare Verbindung zur Außenwelt. Um die tiefen Schluchten und reißenden Bäche und Flüsse dieser Region meistern zu können, mußten insgesamt 24 größere Brücken, rund 70 Übergänge und zahlreiche Entwässerungsstollen gebaut werden. Die Allwetterstraße besitzt ein durchgehend 6 m breites Asphaltband und erlaubt immerhin Durchschnittsgeschwindigkeiten von 50 bis 65 km pro Stunde. Allerdings blockieren auch heute noch Steinschlag, Erdrutsche

Pakistans Straßen führen im Norden häufig durch gewaltige, wilde Schluchten

und Lawinen hin und wieder den Verkehr, so daß es zu Fahrtverzögerungen kommen kann.

Der Karakorum Highway führt durch unwegsame, wildromantische Hochgebirgslandschaften. Die Höhendifferenz zwischen dem tiefsten (766 m) und dem höchsten Punkt (4694 m) beträgt 3928 m. Als Benutzer sollte man bedenken, daß es in den höheren Lagen recht kalt sein kann, während es von Juli bis August in den Tälern und Schluchten gelegentlich unerträglich heiß wird.

Bis 1981 war es Touristen nur mit einer Genehmigung erlaubt, den Karakorum Highway bis Ganesh im Hunza-Tal zu befahren. 1982 wurden weitere 60 km bis zum Pasu- und Batura-Gletscher freigegeben. Heute ist die Hochstraße bis zur Grenze offen und eine Grenzüberschreitung möglich (S. 264). Auf der chinesischen Seite läßt der Straßenzustand jedoch noch sehr zu wünschen übrig.

Abgesehen von dieser Hochstraße sind die Jeepstraßen und Reitpfade *(Rafiks)* in den Bergen recht gefährlich und oft nichts anderes als lose übereinandergeschichtete Brocken und Steine. Diese ungesicherten Bergstraßen sind zuweilen nicht breiter als das Fahrzeug.

Karachi

Lage und Geschichte

Rund 150 km westlich der Mündung des Indus liegt Karachi, Pakistans größte und wirtschaftlich bedeutendste Metropole, gleichzeitig Hauptstadt der Provinz Sind. Den rasanten Aufstieg zum wichtigsten Industrie- und Handelszentrum des Landes verdankt die Stadt in erster Linie ihrem geschützten Hafen. Jahrhundertelang war Karachi nur ein bescheidenes Fischerdorf, das durch die umliegende Wüste vom Hinterland abgeschnitten war. Noch als die Briten 1843 die Provinz Sind eroberten, war Karachi lediglich eine kleine Küstenstadt, von einer Mauer mit zwei Toren umgeben, die die beiden Stadtteile Mithadar und Karadar umschloß. Die Kolonialherren begannen bald, den sicheren Hafen auszubauen, und richteten in der Stadt das Hauptquartier ihrer Armee ein. Damit setzten sie die sprunghafte Aufwärtsentwicklung Karachis in Gang. Bald darauf wurde ein Gerichtshof etabliert, gleichzeitig entstanden Wohnbezirke für das Militär und repräsentative Gebäude für die zivile Verwaltung. Dieses *Saddar* genannte Verwaltungszentrum ist heute das Hauptgeschäftszentrum der Stadt. 1947 zählte Karachi bereits 400 000 Einwohner, 1965 waren es über 2 Mill., heute sind es mehr als 9 Mill., und ein Ende des Wachstums scheint noch lange nicht erreicht. Im nächsten Jahrtausend muß mit mehr als 18 Mill. Einwohnern gerechnet werden.

Nach der Erlangung der Unabhängigkeit Pakistans wurde Karachi zur ersten Hauptstadt des Landes gewählt, ein Rang, den es später aus politischen Gründen an die eher im Herzen des Landes liegenden Städte Rawalpindi und Islamabad abtreten mußte. Für die Geschäftswelt Pakistans, für Handel,

Blick auf Karachi (Stich von 1858)

Die Elphinston Road in Karachi (historische Aufnahme aus dem Jahr 1958)

Banken, Industrie und Verkehr ist Karachi jedoch nach wie vor die »heimliche Hauptstadt« des Landes. Dem Stadtbild ist diese Funktion auf den ersten Blick nicht anzumerken: Wolkenkratzer und Hochhäuser, die anderswo geschäftliche Betriebsamkeit signalisieren, fehlen noch weitgehend. Während andere Großstädte in die Höhe streben, dehnt sich Karachi über eine immer uferloser werdende Fläche aus.

Blick über Karachi vom Drehrestaurant auf dem Shaheen Complex

Stadtplan Karachi

Super Highway
Jehangir Road
Zoo
Quaid-e-Azam-Mausoleum
Kashmir Road
Shahid-e-Millat Road
Sharah-i-
Quaideen
Tariq Road
Garden Road
M. A. Jinnah Road
Hill Park
Flughafen
Dr. Daud
Empress-Markt
Bohri-Basar
Abdullah Haroon Road
Haroon Road
Sharah-i-Liaquat Road
Shahrah-e-Faisal
Shahrah-e-Faisal
Hospital Rd.
Gerichtshof
Shaheed
Strachan Rd.
Sarwar
YMCA
Korangi Road
Sherpao Garden
Club
Sind Club
Fatima Jinnah Rd
Ali Road
Dr. Daud Pota Road
Dr. Zia-ud-din Ahmed Road
Frere Hall
Rd.
Korangi Road
Masjid-e-Tobo
DEFENCE HOUSING SOCIETY
Khayaban-i-Iqbal
Khayaban-i-Hanz
BATH ISLAND
Sunset Boulevard
Sunset Street
Super Highway
Khayban-i-Roomi
Khayban-i-Imami
Khayaban-i-Rum
Khayaban-i-Sadi
Shahrah-i-Iran
Clifton Road
Zamzama Boulevard
Vergnügungspark und Aquarium
Clifton Mazaar
Sharah-i-Attar
26th Street
Touristen-Information
Post
Museum
Krankenhaus
Hotel
Sehenswürdigkeit
Polizei
0
500
1000 m

Die wichtigsten Sehenswürdigkeiten

Trotz seiner Modernität haben sich in Karachi noch zahlreiche Überreste aus der Kolonialzeit erhalten. Um mit einem kleinen Beispiel zu beginnen: Seit der Jahrhundertwende dient die einspännige Pferdekutsche *(Tam-tam)* als Transportmittel. Sie wird in Karachi heute noch nach der Kaiserin Victoria genannt. Von 2000 »Victorias«, die es in den dreißiger und vierziger Jahren in vielen Farben und mit Messingteilen verziert oder vornehm schwarz gehalten gab, ist ein Viertel noch erhalten. Die Kutschen erfreuen sich bei Touristen großer Beliebtheit, da sie ein Beobachten des Lebens und Treibens und eine Entdeckung der älteren Teile Karachis gestatten. Steigende Einnahmen haben es einigen Kutschern, die schon ihre Existenz bedroht sahen, erlaubt, ihre Fahrzeuge instand zu halten und für Besucher attraktiv herzurichten. Ähnlich »konservativ« verhält man sich in Karachi auch in bezug auf Straßenbezeichnungen. Viele englische Straßennamen aus der britischen Kolonialzeit wurden zwar in den letzten Jahren durch pakistanische Bezeichnungen ersetzt, die alten Namen sind aber immer noch geläufig.

Berühmte alte Baudenkmäler hat Karachi nicht aufzuweisen. Nur einige Gebäude im venezianisch-gotischen oder romanisch nachempfundenen Kolonialstil sind noch erhalten. Dazu zählt z. B. die 1865 erbaute **Frere Hall,** das älteste öffentliche Gebäude der Stadt, im Bagh-i-Jinnah, dem Jinnah-Park, mit schönen, seltenen Pflanzen oder nördlich daran anschließend der altehrwürdige **Sind Club.** Auch einige alte Residenzen sowie die St. Patrick's Kathedrale, die Holy Trinity und die St. Andrew's Church erinnern noch an die britische Herrschaft. Schräg gegenüber dem Sind Club versorgt in der Club Road das **Touristen-Informationsbüro** der Pakistan Tourism Development Corporation (PTDC) den Besucher mit nützlichen Hinweisen und Tips. Ein weiteres Büro ist im **Hotel Metropole** untergebracht. Die Dr. Zia-ud-din Ahmed Road, in deren Umkreis einige der großen Hotels erbaut wurden, führt vorbei am **Sherpao** oder **Fatima Jinnah Garden,** einer schönen Parkanlage. Nach Westen zweigt die I. I. Chundrigar Road ab, an der die Großbanken konzentriert sind und **Hauptpostamt** und **Telegrafenamt** liegen. Die Straße stößt später auf die M. A. Jinnah Road, die verkehrsreichste Straße Karachis. An der

Einspännige, auf Touristen wartende Pferdekutsche vor dem Pearl Continental Hotel in Karachi

Kreuzung liegt der **Merewether Tower** mit der ältesten Turmuhr Pakistans. Folgt man der M. A. Jinnah Road in westlicher Richtung, so stößt man auf das imposante **Zollamt,** das bereits die Nähe des Hafens ankündigt. Nach Osten zu liegen linker Hand im alten verwinkelten Teil Karachis der **Sarafa-Basar,** berühmt für seine Gold- und Silberwaren, und der **Khajoor-Basar,** der nicht nur verschiedene Dattelsorten aus allen Teilen des Landes offeriert (Khajoor = Dattel), sondern auch Korbwaren, Webarbeiten und dekorative Textilien in orientalischer Enge ausbreitet. Das aufragende Minarett der **Memon-Moschee** markiert den Beginn dieses ältesten Teiles der Stadt, der sich viel ursprüngliche Atmosphäre erhalten hat. Weiter geradeaus liegt links an der M. A. Jinnah Road das Rathaus der Stadt, das **Karachi Metropolitan Corporation Building.** Das Haupteinkaufszentrum Karachis bilden die **Abdullah Haroon Road** (früher Victoria Road) und ihre Parallelstraße, die **Zaibun Nisa Street** (früher Elphinston Street, kurz »Elphi« genannt). Östlich davon liegt der von engen Gassen durchzogene **Bohri-Basar,** in dem Textilien, Schuhe, Schmuck und Souvenirs aller Art angeboten werden. Ein Stückchen weiter nördlich lohnt der malerische **Empress-Markt** an der Dr. Daut Pota Road auf jeden Fall einen Besuch. Hier findet man Lebensmittel, Utensilien für den Haushalt, lebende Tiere, Möbel, Stoffe, alte und neue Bücher und

Der an der M.A. Jinnah Road, der verkehrsreichsten Straße Karachis, gelegene Merewether Tower mit der ältesten Turmuhr Pakistans

Reiches buntes Gewürzangebot auf dem Empress-Markt in Karachi

Das 35 m hohe Quaid-e-Azam-Mausoleum des ersten Staatspräsidenten Pakistans, M.A. Jinnah

vieles andere mehr. Westlich der Abdullah Haroon Road liegen der **Gerichtshof** der Provinz Sind, ein schönes, elegantes Kolonialzeitgebäude, der **Landtag** und das **Nationalmuseum,** dem man unbedingt einen Besuch abstatten sollte. Es ist in einem modernen Gebäude im Burns-Garten untergebracht. Sehenswert sind besonders die Zeugnisse der Indus-Zivilisation mit Funden von Harappa und Mohenjo-Daro. Diese umfassen Plastiken, darunter schöne Skulpturen weiblicher Figuren, Wappenbilder und Siegel mit Darstellungen von kurzhörnigen Bullen, wilden Ebern, Elefanten, Tigern und Rhinozerossen sowie von Hunden, Pfauen und anderen Vögeln. Hinzu kommen Haushaltsgeschirr, Töpferwaren und Spielfiguren. Eine großflächige Übersichtsdarstellung (Diorama) an der Ostseite der Galerie mit Zeugnissen der Indus-

Die in einem Villenviertel Karachis erbaute moderne säulenlose Masjid-e-Tobo

Kultur zeigt eine Szene aus dem täglichen Leben der Bewohner von Mohenjo-Daro vor 5000 Jahren. Vor einer Fahrt nach Mohenjo-Daro (S. 213) kann man sich hier also einen ersten Eindruck von der Ausgrabungsstätte verschaffen.

Genauso wichtig ist der Besuch der buddhistischen Galerie des Nationalmuseums. Ausgestellt sind verschiedene Buddhastatuen, die in Taxila gefunden wurden. Der griechische Einfluß ist an den Gesichtszügen deutlich erkennbar. Auch nichtbuddhistische Zeugnisse der Gandhara-Kunst sind vertreten. Kunstvolle Schmuckstücke offenbaren die hohe Stufe des Kunsthandwerks in der Gandhara-Epoche.

In der islamischen Galerie zeigt ein Schaubild die Belagerung der Stadt Banbhore durch Muhammad Ibn Qasim im Jahre 711 n. Chr. Der Sieg des arabischen Heeres war der Beginn einer tausendjährigen Muslimherrschaft über den südasiatischen Kontinent. Die islamische Abteilung enthält vor allem Münzen, unglasierte weiße Töpferwaren, Waffen und andere Stücke der frühesten islamischen Kultur, die in Banbhore gefunden wurden. Sehenswert sind auch die Miniaturen aus der Zeit der Mogulkaiser, die zu den schönsten auf dem indischen Subkontinent zählen. Diese Kunst gelangte zwischen dem 16. und 18. Jh. zu voller Blüte. Die Bilder haben meist Hof- und Jagdszenen als Motive, zeigen eine Vorliebe für das Detail, schön geschwungene Linien und die Farben Smaragdgrün, Orange und Leuchtendrot. In ihren Ursprüngen geht diese Mogulkunst auf persische Vorbilder mit dekorativen Arabesken zurück; es sind aber auch chinesische Einflüsse erkennbar.

Karachi ist der Geburtsort des Quaid-e-Azam (Großer Führer) Muhammad Ali Jinnah, des Gründers von Pakistan. Er wurde 1876 im Wazir-Haus im Kharadar-Bezirk des alten Karachi geboren. Sein Geburtshaus ist ein geschütztes Baudenkmal. Das markanteste Bauwerk Karachis ist das mächtige, 35 m hohe, aus Marmor erbaute **Quaid-e-Azam-Mausoleum,** in dem M. A. Jinnah beigesetzt wurde. Im allgemeinen wird das Gebäude allerdings schlicht *Mazaar* (Grab, Mausoleum) genannt. Mit seiner großen Kuppel ist es weithin sichtbar, da es auf einer Anhöhe errichtet wurde. Der riesige Kronleuchter im Inneren des Gebäudes ist ein Geschenk der Volksrepublik China. Zehn Jahre, von 1960 bis 1970, dauerten die Arbeiten an diesem prächtigen Grabmal. Seine Basis hat einen Umfang von 27,5 m, nach oben hin verjüngt es sich leicht. Die Gedenkstätte ruht auf einer großen Plattform, zu der breite Treppen hinaufführen.

Ein weiteres interessantes islamisches Bauwerk ist die **Masjid-e-Tobo,** eine säulenlose Moschee. Sie liegt in der »Defence Housing Society«, einem modernen Villenviertel, und wird deshalb häufig auch einfach Defence-Moschee genannt. Eine freitragende Riesenkuppel überspannt den Gebetsraum. Die Akustik ist so gut, daß eine Unterhaltung in normaler Lautstärke überall in der Halle gehört werden kann.

Ausflüge in die nähere Umgebung

Der Vorort Clifton

Eine Stadtrundfahrt in Karachi sollte auch nach Clifton führen, wo früher, als Karachi noch Hauptstadt des Landes war, die Botschaften residierten. Auch heute noch haben viele konsularische Vertretungen ihren Sitz in diesem Stadtviertel. Zu Füßen seiner Anhöhe mit weitem Blick über das Hafengebiet und die Silhouette der Stadt liegen ein **Vergnügungspark** und ein sehenswertes **Aquarium.** Auch ein

Geschmücktes Kamel, bereit zum Ausritt am Clifton-Strand

Besuch des **Clifton Mazaar,** eines Schreins, der die Gebeine des Sind-Heiligen Abdullah Shah Ghazi birgt, ist lohnend.

Clifton besitzt einen Strand, der sich kilometerweit in südöstlicher Richtung erstreckt. Am Wochenende wimmelt es hier von Ausflüglern, welche die frische Luft genießen wollen. Man hat dort auch die Möglichkeit, einen kurzen Kamelritt am Strand zu unternehmen. Zum Baden ist der Clifton-Strand allerdings nicht mehr zu empfehlen.

Badestrände

Bessere Bademöglichkeiten bieten die Strände **Sandspit, Paradise Point** oder **Hawkes Bay,** rund 25 km nordwestlich vom Stadtzentrum am Ende der Mauripur Road. Dort kann der Badegast auch Hütten, in denen man sich tagsüber vor der Sonne schützt, für längere Zeit mieten. Es ist allerdings nicht üblich, dort zu übernachten.

Bander-Bootsfahrt

Eine weitere Attraktion Karachis ist eine Bander-Bootsfahrt (*Bander* = Hafen). Einheimische Segelboote *(Dhaus)* mit kleiner Besatzung und einem Ausleger fahren vom Hafen in die vorgelagerten Lagunen. Man kann den Ausflug zu einem Sonnenbad nutzen, einfach faulenzen oder Krebse fischen. Bei der Organisation einer Bander-Bootsfahrt ist man allerdings ganz auf Eigeninitiative angewiesen. Die attraktiven Boote liegen im Hafenbecken von Keamari. Wenn nicht gerade Freitag oder ein Feiertag ist, stehen genügend Boote zur Verfügung. Nähert man sich den Ankerplätzen, wird man oft sofort von Bootsleuten umringt, welche ihre Boote anpreisen. Die Sätze liegen bei 100–150 pR pro Stunde. Man muß vorher ausmachen, ob man nur eine Ausfahrt plant oder ob man auch Krebse fischen und an Bord gekocht haben möchte. Die Besatzung sorgt dann für alle weiteren Zutaten und die Zubereitung. Getränke sind mitzubringen.

Tagesausflug nach Juna Shah Bander

Abgesehen von Bander-Bootsfahrten im geschützten Hafen von Karachi und in den Lagunen besteht für unternehmungslustige Besucher die interessante Möglichkeit eines Tagesausflugs mit dem Motorboot nach Juna Shah Bander, der vom frühen Morgen bis zum Abend dauert. Diese Expedition bedarf aber guter Vorbereitung und Planung. Vor Antritt der Fahrt sind mit dem Dorfältesten und/oder dem Motorbootbesitzer im Fischerdorf Ibrahim Haideri (s. u.) der Preis und die den Gezeiten angepaßten An- und Rückfahrtszeiten festzulegen. Es ist ratsam, die Verhandlungen mindestens einen

Bander-Boot vor dem geschützten Hafen Karachis

Tag vor Antritt der Fahrt zu führen und einen Einheimischen mitzunehmen. Verpflegung, viel abgekochtes Wasser und Getränke sollte man in ausreichender Menge mitbringen. Am meisten Spaß macht der Ausflug nach Juna Shah Bander in einer Gruppe, im Kreis von Freunden und Bekannten, denn die Fahrt übers Meer, am neuen Hafen Port Qasim vorbei und durchs Mangrovendickicht dauert Stunden. Die Winterzeit mit ruhiger See ist dafür am günstigsten.

Das Fischerdorf **Ibrahim Haideri** erreicht man von Karachi je nach Ausgangspunkt über Korangi oder Malir. Von Malir zweigt eine Straße von der Nationalstraße in Richtung Thatta hinter der Abzweigung zum Flughafen, aber noch vor Chaukundi, nach rechts ab und führt direkt zum Dorf mit seinem kleinen Hafen. Nach mehrstündiger Bootsfahrt erreicht man von dort aus die Ruinen von **Juna Shah Bander,** einem befestigten Hafen (*juna* = alt) aus der Zeit von 1690 bis 1760, der entweder nach *Shah* (Herrscher, Kaiser) Aurangzeb oder nach Ghulam Shah, einem Herrscher der früheren Kalhora-Dynastie von Sind, benannt ist. *Shah Bander* ist aber auch die alte Bezeichnung für »Hafenmeister« und in Indonesien heute noch gebräuchlich. Der Hafen, der evtl. bereits im 15., wahrscheinlich jedoch im 16. Jh. angelegt und später ausgebaut worden ist, gehört vermutlich zu einer Kette von Häfen, die damals zwischen Arabien und Indonesien eingerichtet worden sind. Die aus Sicherheitsgründen befestigte Anlage mit Umfassungsmauer, die noch erhalten ist, war wahrscheinlich der Sitz des damaligen Hafenmeisters.

Zwischen den Ruinen sowie am Ufer, das bei Ebbe freiliegt, kann man mit etwas Glück noch interessante Objekte aus Ton, Scherben in großer Menge und unter Umständen sogar alte Münzen finden.

Karachi von A bis Z

Apotheken

Die größeren Hotels haben Drogerien und die Supermärkte kleinere Abteilungen, in denen fast alle europäischen Arzneimittel (importiert oder in Lizenz hergestellt) verkauft werden.

Autovermietung

Avis, 13, Services Mess, Merewether Rd., Tel. 52 62 95 (Lizenzträger Travel Walji's)

Dial-a-Car, Tel 43 17 51

Mietwagen sind in allen größeren Hotels erhältlich

Banken

Allied Bank of Pakistan, Jubilee Insurance House, I.I. Chundrigar Rd., Tel. 22 70 11

Algemene Bank Nederland, I.I. Chundrigar Rd., Tel 52 20 27

American Express International Banking Corporation, Shaheen Commercial Complex, Dr. Zia-ud-din Ahmed Rd., Tel. 52 03 40

Bank of America, Jubilee Insurance House, I.I. Chundrigar Rd., Tel. 22 25 21

Bank of Oman, Variawa Building, I.I. Chundrigar Rd., Tel. 21 05 84

The Bank of Tokyo, Shaheen Commercial Complex, Tel. 52 30 71

Banque DCL, Indochine et de Suez (Indo Suez), Muhammadi House, I.I. Chundrigar Rd., Tel. 22 71 51

Citibank N.A., State Life Building, I.I. Chundrigar Rd., Tel. 22 26 41

Chase Manhattan Bank, Shaheen Commercial Complex, M.R. Kayani Rd., Tel. 52 30 71

Deutsche Bank, Uni-Towers Building, I.I. Chundrigar Rd., Tel. 2 41 96 11

Grindlays Bank, I.I. Chundrigar Rd., Tel. 23 41 31

Habib Bank, Habib Bank Plaza, I.I. Chundrigar Rd., Tel. 21 91 11

Industrial Development Bank of Pakistan, State Life Building, Wallace Rd., off I.I. Chundrigar Rd., Tel. 22 85 35

Middle East Bank, I.I. Chundrigar Rd., Tel. 22 70 65

Muslim Commercial Bank, Adamjee House, I.I. Chundrigar Rd., Tel. 22 40 91

National Bank of Pakistan, National Bank Building, I.I. Chundrigar Rd., Tel. 2 41 61 66 u. 2 41 67 80; Fax 24 10 20

Rupali Bank, Uni-Towers Building, I.I. Chundrigar Rd., Tel. 22 24 81

Standard Chartered Bank, I.I. Chundrigar Rd., Tel. 22 85 41

United Bank, State Life Building, I.I. Chundrigar Rd., Tel. 22 71 11

Bibliotheken

Ausländische Besucher können in Karachi Bücher und Zeitschriften in ihrer Sprache bei verschiedenen Institutionen einsehen. Deutschsprachiges Material hat das Goethe-Institut, 256, Sarwar Shaheed Road. Englische Lektüre findet man im British Council, Bleak House Road. Auch die Universität besitzt eine Bibliothek, die jedermann zugänglich ist. Die Bücherei des französischen Kulturinstituts Alliance Française, St. 1, Block 8, Kehkashan, Clifton, können nur Mitglieder besuchen.

Buchhandlungen

Liberty Books in den Hotels Marriott, Pearl Continental und Sheraton

Midtown Bookshop, 8/9 Services Club Shops, Rückseite Hotel Metropole, Merewether Rd.

Pak-American Commercial Bookshop, Zaibun Nisa St.

Busverkehr

In Karachi gibt es keinen zentralen Busbahnhof. Der Empress-Markt ist Ausgangs- und Durchgangspunkt des Stadtverkehrs. Festgelegte Fahrzeiten und Orientierungshilfen über das Streckennetz sucht man vergeblich. Vom Lee-Markt, Nähe Sarafa-Basar, verkehren von 4.30 bis 20.30 Uhr im 10-Minuten-Takt Busse nach Thatta. Die Fahrt dauert 2 1/2 Stunden und kostet 15 pR. Nach Mangho Pir fahren die Busse stündlich vom frühen Morgen bis zum Abend. Umständlicher ist es, an den Strand von Hawkes Bay zu gelangen. Endstation ist hier das Dorf Mauripur, und von dort ist es noch ein gutes Stück bis zum Meer.

Nach Hyderabad verkehren ab Boulton-Markt, Nähe Memon-Moschee, im 5-Minuten-Takt zwischen 5 und 24 Uhr besonders liebevoll dekorierte Busse. Komfortabler reist man aber mit den klimatisierten Bussen der Blue Lines, die vom PIDC Building, Dr. Zia-ud-din Ahmed Rd., hinter dem Sheraton Hotel abfahren, und zwar nach Hyderabad jeweils um 6.30, 7.30, 10.30, 11.30, 13, 13.30, 16.30, 20.30, 21.30, 22.30 und 23.30 Uhr (Fahrtdauer 2 Std., Fahrpreis 41 pR); nach Larkana um 6.30, 10.30, 13, 21.30 und 22.30 Uhr (Fahrtdauer 8 Std., Fahrpreis 136 pR); nach Sukkur um 7.30, 11.30, 13.30, 20.30 und 22.30 Uhr (Fahrtdauer 8 Std., Fahrpreis 136 pR); nach Faisalabad um 11.30 Uhr (Fahrtdauer 20 Std., Fahrpreis 336 pR); nach Lahore und Faisalabad um 13.30 Uhr (Fahrtdauer 22 Std., Fahrtpreis 351 pR).

Die Gesellschaften Qadri Coach, Tel. 52 45 46, 52 45 53, und Chiltan, Tel. 71 32 42, 71 32 43, betreiben mit klimatisierten, 40sitzigen Bussen den Verkehr zwischen Karachi und Quetta. Die Qadri-Busse fahren vom Maki Masjid Garden und Lucky Star, Saddar, und die Chiltan-Busse vom Bambino-Kino ab und legen die Strecke bis Quetta über Bela, Khuzdar, Kalat und Mastung in 12 Std. zurück. Abfahrtszeiten um 6 und 18 Uhr, Fahrpreis 200 pR.

Karachi Coach Service verkehrt zwischen Karachi und Mirpur Khas. Abfahrt vom Taj Complex, Capri-Kino an der M. A. Jinnah Rd.

Clubs

Boat Club, Tamizuddin Khan Rd., Karachi 2, Tel. 55 20 57

Golf Club, PNS Karasaz, Tel. 48 13 35

Gymkhana, Club Rd., Tel. 52 49 24

Lions Club, Prince St., Saddar, Tel. 71 11 02

Press Club, 267, M.R. Kayani Rd., Tel. 51 69 10

Rotary Club, 231, Muhammadi House, Tel. 22 14 58

Sind Club, Abdullah Haroon Rd., Tel. 51 01 00

Yacht Club, Bunker Island, Sekretariat: Top Floor National & Grindlays Bank Building, I.I. Chundrigar Rd., Tel. 2 41 21 27

Eisenbahn

Hauptbahnhof, I.I. Chundrigar Rd., Tel. 2 41 63 49

Cantonment-Bahnhof, Fatima Jinnah Rd. (Ausgangspunkt für einige Fern- und Expreßzüge); Auskunft: Tel. 51 01 78, 51 01 79, Reservierung: Tel. 51 55 69

Fluggesellschaften (Auswahl)

Aeroflot, Hotel Taj Mahal, Tel. 52 92 10

Air France, Hotel Marriott, Tel. 51 20 17

Air Lanka, Services Club, Merewether Rd., Tel. 51 44 21

ALIA-Royal Jordanian Airlines, Hotel Metropole, Tel. 51 20 26

Bangladesh Biman, Avari Tower, Tel. 51 00 69

British Airways, Hotel Marriott, Tamizuddin Khan Rd., Tel. 51 60 61

Egypt Air, Avari Tower, Tel. 51 11 09

Garuda Indonesian Airways, Qasre Zainab, Club Rd., Tel. 51 64 71

Gulf Air, Kashif Centre Shahrah-e-Faisal, Tel. 5 25 31

Indian Airlines, Hotel Pearl Continental, Tel. 51 15 77

Japan Airlines, Central Hotel, Civil Lines, Tel. 51 01 61

KLM Royal Dutch Airlines, Qasr-e-Zainab, Club Rd., Tel. 51 56 93

Kuwait Airways Corporation, Hotel Metropole, Tel. 51 07 03

Lufthansa, Hotel Pearl Continental, Tel. 5 68 54 97

PIA Pakistan International Airlines, Strachen Rd., Tel. 41 20 11

SAS Scandinavian Airlines System, Hotel Metropole, Tel. 51 58 93

Saudi Arabian Airlines, Saudia Building, Strachen Rd., Tel. 51 49 52

Swissair, Hotel Metropole, Tel. 51 20 66

Flughafen

Karachis internationaler Flughafen Civil Airport liegt 19 km außerhlb der Stadt. Im Terminal I werden der internationale Flugverkehr und die Ankunft der Inlandsflüge der Pakistan International Airlines (PIA) abgewickelt, Terminal II ist für den Abflug von PIA-Inlandsverkehr und die Ankunft der internationalen PIA-Flüge zuständig. Die Flughafengebühr für Auslandsflüge beträgt je nach Klasse 200 oder 300 pR, für Inlandsflüge 20 pR. Für das Taxi zum Flughafen sollte man etwa 150 pR rechnen. Flugauskunft: Tel. 41 20 11, 48 22 23; PIA-Reservierung: Tel. 41 30 61.

Gottesdienste

In allen katholischen Kirchen Karachis werden sowohl am Sonntag wie auch an Wochentagen morgens und abends Messen gefeiert. In den protestantischen Kirchen finden am Sonntagmorgen und -abend Andachten in englischer Sprache statt.

Katholische Kirchen

St. Patrick's Cathedral, Clark St., Tel. 51 15 29

Christ the King Church, Dadabhai Naoroji Rd., Tel. 41 58 08

Our Lady Fatima Church, 73, Randal Rd., Tel. 7 29 57

St. Anthony's Church, McNeil Rd., Tel. 51 33 83

St. Jude's Church, Nazimabad, Tel. 61 16 93

St. Lawrence's Church, Nähe Britto Rd., Cincinnatus Town, Tel. 7 35 17

The Friary, Portiuncula, Tel. 41 79 78

Jesus and Mary Convent Chapel, Shas-e-Ran Rd., Tel. 53 28 64

Protestantische Kirchen

Holy Trinity Cathedral, Fatima Jinnah Rd., Tel. 51 22 75

St. Andrew's Church, 74, Garden Rd.

Hotels (Auswahl)

In Karachi kann der Besucher unter Hotels unterschiedlicher Ausstattung wählen, wobei die Auswahl vom Fünf-Sterne-Hotel mit allem Komfort bis zu kleinen Unterkünften für Globetrotter mit schmalem Reisebudget reicht. Die Preise für ein Einzelzimmer in Hotels der 1. Kategorie (vier bzw. fünf Sterne) liegen zwischen 2500 und 3000 pR, ein Doppelzimmer kostet über 3000 pR. Für eine Übernachtung in einem Drei-Sterne-Hotel muß man etwa 1500 pR (Einzelzimmer) bzw. 2000 pR (Doppelzimmer) rechnen. In einem Zwei-Sterne-Hotel kostet ein Einzelzimmer zwischen 500 und 1000 pR, das Doppelzimmer etwa 800 bis 1200 pR. Die Preise für Ein-Stern-Hotels liegen zwischen 100 und 300 pR (Einzelzimmer) und 150 bis 400 pR (Doppelzimmer). Noch billiger wird es in sehr einfachen Hotels, die nicht mehr klassifiziert sind. Diese bieten Einzelzimmer ab 50 pR an, für ein Doppelzimmer muß man dort etwa 80 bis 120 pR rechnen. Auf alle diese Preise kommt eine Steuer von 15%. Die Hotels der gehobenen Kategorie berechnen zusätzlich noch eine Gebühr. Das Frühstück ist nicht im Preis eingeschlossen.

5 und 4 Sterne

Avari Tower Ramada Renaissance Hotel, Fatima Jinnah Rd., Shahrah-e-Faisal, Tel. 52 52 61, Fax 5 68 03 10 (200 Zimmer)

Marriott, Abdullah Haroon Rd., Tel. 5 68 01 11 (221 Zimmer)

Midway House, Stargate Rd. (Nähe Flughafen), Tel. 48 03 71 (200 Zimmer)

Pearl Continental, Club Rd., Tel. 5 68 55 27, Fax 5 68 34 19 (300 Zimmer)

Sheraton, Club Rd., Tel. 5 68 54 97 (446 Zimmer)

3 Sterne

Beach Luxury, Tamizuddin Khan Rd., Tel. 55 10 31, Fax 5 68 72 42 u. 5 68 72 88

Faran, Shahrah-e-Faisal, Tel. 43 02 01 u. 44 60 07

Jabees, Abdullah Haroon Rd., Tel. 51 20 11 (102 Zimmer)

Mehran, Shahrah-e-Faisal, Tel. 51 50 61 (302 Zimmer)

Metropole, Club Rd., Tel. 51 20 51 (90 Zimmer)

Plaza International, Dr. Daud Pota Rd., Tel. 52 03 51 (100 Zimmer)

Taj Mahal, Shahrah-e-Faisal, Tel. 52 02 11 (500 Zimmer)

2 Sterne

Airport, Stargate Rd., Tel. 48 01 41 (288 Zimmer)

Bloom Luxury, Golf Club Rd., Cantonment Station, Tel. 52 43 81 (64 Zimmer)

Gulf, Dr. Daut Pota Rd., Tel. 51 58 31 (85 Zimmer)

National City, Sarmad Rd., Tel. 51 39 15 (60 Zimmer)

1 Stern

Al-Mashriq, Street A.M. 21, off Frere Rd., Saddar, Tel. 51 10 04 (70 Zimmer)

Karachi, 236, Sohrab Katrak Rd., Tel. 52 53 26 (38 Zimmer)

Park, Robson Rd., Tel. 21 08 76 (45 Zimmer)

United, Dr. Daud Pota Rd., Tel. 51 50 10 (49 Zimmer)

Eine Reihe billiger, einfacher Hotels findet man am Cantonment-Bahnhof:

Abbaseen, Tel. 51 28 79 (28 Zimmer)

Hyder, Tel. 52 28 62 (43 Zimmer)

Mona Lisa, Tel. 51 02 20

New Attock, Tel. 52 76 89

Shams, Tel. 52 73 22

Shalamar, Tel. 51 11 04

Umpire, Tel. 51 35 50

Information

Information Centre, Shafi Chambers, Club Rd.

Pakistan Tourism Development Corporation (PTDC), Hotel Metropole, Club Rd., Tel. 51 17 76

Jugendherbergen

Boy Scouts Headquarter, Amin House, 2, Tamizuddin Khan Rd., Tel. 52 46 65

YMCA – Christlicher Verein Junger Männer, Aiwan-e-Saddar Rd., Tel. 51 30 22 u. 51 69 27

YWCA – Christlicher Verein Junger Frauen, M.A. Jinnah Rd., Tel. 7 16 62

Kinos

Die meisten Kinos der Stadt zeigen überwiegend Spielfilme in Urdu. Einige Filmtheater präsentieren aber auch englischsprachige, in der Mehrzahl amerikanische Filme. Dazu zählen: Bambino, Scala, Garden Rd.; Capri, M.A. Jinnah Rd.; Prince, M.A. Jinnah Rd.; Star, Garden Rd.

Klima

Karachi hat subtropisches Klima mit hoher Luftfeuchtigkeit, doch sorgt eine ständige Seebrise für Abkühlung. Regen fällt im Juni, Juli und August; in den übrigen Monaten ist es niederschlagsfrei, aber schwül. Mai und Juni verzeichnen Spitzentemperaturen um 45 °C, die Durchschnittstemperatur liegt während dieser beiden Monate bei 30 °C. Der Januar ist der kälteste Monat, wobei Tiefstwerte von 7 °C gemessen werden; der mittlere Wert liegt bei 19 °C. Die angenehmste Zeit ist der milde Winter von November bis März.

Krankenhäuser

Aga Khan Hospital and Medical University, Stadium Rd., Tel. 42 00 51

Holy Family Hospital, Soldier Bazar, Tel. 71 89 81

Civil Hospital (Unfallstation), M.A. Jinnah Rd., Tel. 72 97 19

Jinnah Post Graduate Medical Centre, Korangi Rd., Tel. 51 25 51

National Institute of Cardio Vascular Diseases, Rafiqui Shaheed Rd., Tel. 51 67 16

Mideast Medical Centre, Clifton Rd., Tel. 53 06 60 u. 53 50 41

Seventh Day Adventist, M.A. Jinnah Rd., Tel. 7 80 86 u. 71 80 21

Kulturzentren

Goethe-Institut, 256, Sarwar Shaheed Rd., Tel. 5 68 48 11

British Council, 20, Bleak House Rd. (zwischen Clifton Bridge und Cantonment Railway Station), Tel. 51 20 36

Alliance Française, St. 1, Block 8, Kehkashan, Clifton, Tel. 53 05 47

American Centre, Abdullah Haroon Rd. (im amerikanischen Generalkonsulat), Tel. 51 50 81/02 35

Pakistan-American Cultural Centre (PACC), 21, Fatima Jinnah Rd., Tel. 51 06 61 u. 51 38 36

Museen und Galerien

Nationalmuseum, Burns Garden, Tel. 21 13 41; geöffnet 10–13 und 13.30–17 Uhr, Mi geschlossen

Arts Council of Pakistan, M.R. Hayani Rd., Tel. 51 51 08

Indus Gallery, 11/B/6, P.E.C.H.S., Tel. 43 82 29

Bashir Mirza Gallery, 43/8/C, Block 6, P.E.C.H.S., Tel. 43 38 67

Chaukandi Gallery, Clifton, Tel. 57 35 82

Polizei

Ausländerregistrierung (Foreigners Registration Office) und Polizeihauptquartier, I.I. Chundrigar Rd., Tel. 23 37 37

Post und Telefon

Das Hauptpostamt (General Post Office – GPO) liegt in der I.I. Chundrigar Rd., Tel. 21 02 15; geöffnet Sa–Mi 8.30–13 Uhr und 14–20 Uhr, Do 8.30–12 Uhr und 15–20 Uhr, Fr geschlossen. Ein weiteres zentral gelegenes Postamt befindet sich im Hotel Metropole; geöffnet Sa–Mi 9–14 Uhr und 15–20 Uhr, Do 9–11.30 Uhr und 15–20 Uhr; Fr geschlossen.

Das Telegrafenamt (Central Telegraph Office) befindet sich direkt neben dem Hauptpostamt in der I.I. Chundrigar Rd., Tel. 22 61 00; täglich durchgehend 24 Stunden geöffnet.

Reisebüros (Auswahl)

American Express, Shaheen Commercial Complex, Dr. Zia-ud-din Ahmed Rd., Tel. 52 02 61-65

Bukhari Travel, Uni Plaza Building, I.I. Chundrigar Rd., Tel. 22 01 66

Mackinnons Travel, MackVolk Building, I.I. Chundrigar Rd., Tel. 2 41 77 27 u. 24 19 77 77

Pakistan Tours, Hotel Metropole, Tel. 51 05 13

Rakaposhi Tours, 12-C, 31st Commercial St., Phase V, Defence Housing Authority, Karachi 75500, Tel. (92-21) 5 86 48 48 u. 5 86 49 49, Fax 5 87 06 52

Shangrila Tours and Travels, No. 1 Clifton Centre, Khayaban-e-Iqbal, Tel. 57 11 46

Travel Walji's, 13, Services Mess, Merewether Rd., Tel. 51 66 98

United Travels, 6, Bridge Shopping Centre, Clifton Rd., Tel. 52 14 30, Fax 5 68 65 42

ZEB Travels, Uni Plaza, Harat Mohani Rd., Karachi 74000, Tel. 2 41 70 54 u. 2 41 87 72, Fax 2 42 51 81

Restaurants

Alle größeren Hotels in Karachi verfügen über z.T. sehr gute Restaurants, deren Speisekarten sowohl internationale als auch einheimische Gerichte enthalten. Besonders empfehlenswert ist das Dachgartenrestaurant des Hotels Pearl Continental, wo man neben einem vorzüglichen Essen auch einen überwältigenden Rundblick auf die Stadt genießen kann. Eine etwas preiswertere Möglichkeit bieten die Coffee Shops, die sich ebenfalls in fast allen Hotels finden.

Die meisten empfehlenswerten Lokale liegen im Basar-Bezirk im Umkreis von Abdullah Haroon Rd., Zaibun Nisa St. und Dr. Daud Pota Rd. Die nachfolgende Auswahl kann vielleicht die Orientierung erleichtern:

A.B.C., Zaibun Nisa St., Tel. 51 14 42 (chinesisch)

Café de Khan, Nähe Tariq Rd., P.E.C.H.S., Tel. 43 29 72

China Town, gegenüber Clifton Food Centre, Kahkashan, Tel. 57 06 10

Chinkiang, Mitha Court Bulding, Plot BO-7, Block 9, Kahkashan, Clifton, Tel. 53 27 73

Excellency, Marina Arcade, Shahrah-e-Firdousi, Kahkashan

Farooq, Nähe Zaibun Nisa St., Tel. 51 10 13

Haandi, Main Khayaban-e-Shamsher, Phase V, Defence Housing Society (typisch pakistanische Küche)

Hong Kong, Abdullah Haroon Rd., Tel. 51 19 71 (chinesisch)

Horse Shoe, Saeeda Chambers, Shahrah-e-Faisal, Tel. 43 29 39

Kababish, Jabees Funland, New Clifton, Tel. 53 23 14 (Freiluftrestaurant)

Kabana, New Sea Breeze Centre, Clifton, Tel. 53 49 61

Kowloon, Allama Iqbal Rd., P.E.C.H.S., Tel. 43 50 10 (chinesisch)

Kundan, Khayaban-e-Roomi, Clifton, Tel. 53 12 55

La Rosh, Ibn-e-Sina Rd., Nazimabad IV, Tel. 61 72 36

Maxim's, Main Clifton Rd., Tel. 53 25 88

Mezban, Kahkashan Boating Basin, Tel. 43 88 75

Nanking, 1/C, Tariq Rd., P.E.C.H.S., Tel. 43 49 66 (chinesisch)

New Al Hamra, Gulshan-e-Zahoor, M.A. Jinnah Rd., Tel. 71 47 61

Oasis, D-1, Tooba Apartment, Masjid-e-Toba, Defence Housing Society, Tel. 54 48 94

Omar Khayyam, Beaumont Rd., Tel. 52 43 62

Pioneer Coffee House & Restaurant, Abdullah Haroon Rd., Tel. 7 17 34

Rag Saag, 13, Dr. Zia-ud-din Ahmed Rd., Tel. 51 10 59 (vegetarisch)

Rangoon, 826-827/C, Commercial Area, P.E.C.H.S. (birmanisch)

Revolving Restaurant, Shaheen Complex, M.R. Kayani Rd., 14. Stock, Tel. 52 76 23 – Büfett-Mittagessen beliebt, herrlicher Blick, eine Runde im Drehrestaurant dauert 50 Min. In dem Hochhaus sind Banken, Reisebüros und Firmen untergebracht.

Shezan Ampis, Merewether Rd., Tel. 51 48 32

Shezan International, Abdullah Haroon Rd., Tel. 7 89 84

Shezan Jasmine, Allama Iqbal Rd., P.E.C.H.S., Tel. 43 88 15

Shezan Kohsar, Hill Park, P.E.C.H.S., Tel. 42 86 28

Silver Spoon, 831-C, Allama Iqbal Rd., P.E.C.H.S., Tel. 43 88 75

Sohni, Green Terrace, Manzoor Square, Norman St., Plaza Square, M.A. Jinnah Rd., Tel. 72 77 08

Talk of Town, Dr. Zia-ud-din Ahmed Rd., Tel. 51 26 75

Tariq, 267-269, Commercial Area, P.E.C.H.S.

Village, Merewether Rd., Tel. 51 28 80

Ausflüge in die weitere Umgebung von Karachi

Zu den Riesenschildkröten am Strand von Hawkes Bay (25 km)

Von Juli bis Oktober kann man in der Nähe von Karachi in mondhellen Nächten Riesenschildkröten beim Eierlegen beobachten. Ihre Brutplätze befinden sich 25 km nordwestlich vom Stadtzentrum entfernt am Strand von Hawkes Bay.

Diese Tiere aus der Familie Chelonidae, auch Grüne Schildkröten genannt, wiegen bis zu 250 kg (vereinzelt sogar mehr) und besitzen einen flachen, eiförmigen Panzer, der hinten spitz zuläuft und vorn abgerundet ist. Die vorderen Beine sind sehr groß und gleichen flügelartigen Rudern. Die Zehen sind mit Haut überwachsen. Mit diesen Beinen können die Tiere zwar ausgezeichnet schwimmen, sich aber nicht ausreichend hoch vom Boden abheben. Sie ziehen und stoßen sich Stück für Stück vor und hinterlassen eine Spur, die der eines Raupenfahrzeugs ähnelt. Diese anstrengende Arbeit zwingt sie immer wieder zu Ruhepausen, wenn der Druck auf die Lungen zu stark wird. Die Schildkröte kriecht so

Am Strand der Hawkes Bay in mondheller Nacht Eier legende Riesenschildkröte

weit den Strand hinauf, bis sie einen Platz gefunden hat, der von der Flut und Brandung nicht mehr erreicht werden kann. Hier schaufelt sie zunächst mit den kräftigen Vorderbeinen eine kraterähnliche Grube. Für stille Beobachter ist es nicht ratsam, dem Tier zu nahe zu kommen, weil ein unverhoffter Schlag mit einem Bein unangenehm sein könnte und man die Schildkröte in diesem Stadium nicht stören sollte. Wenn sie sich tief genug eingegraben und genügend Raum geschaffen hat, treten die Hinterbeine in Aktion. Mit ihnen holt sie mit schaufelartigen Drehbewegungen den Sand hervor, deponiert ihn an den Seiten und gräbt somit eine flaschenförmige Vertiefung, die Platz für sechzig bis hundert weiche elastische weiße Eier in der Größe von Tischtennisbällen bietet.

Hat die Schildkröte dieses Stadium erreicht, beginnt sie die Eier zu legen. Das Tier läßt sich jetzt durch nichts mehr stören. Man kann mit der Taschenlampe verfolgen, wie sich das Gelege füllt. Die Schildkröte vergießt während der Eiablage Tränen, vermutlich, weil die Drüsen durch den langen Kontakt mit der Luft aktiviert werden. Wenn alle Eier gelegt sind, schüttet das Tier mit seinen Hinterbeinen das Loch wieder sorgfältig zu und streut mit den Vorderbeinen noch weitere Sandmengen darüber, damit das Gelege nicht entdeckt wird. Dann kehrt die Schildkröte ins Meer zurück. Wer den ganzen Prozeß verfolgen will, muß viel Zeit und noch mehr Geduld aufbringen; eine Garantie, dieses Naturschauspiel zu erleben, gibt es allerdings nicht.

Der Strand von Hawkes Bay wird von den großen Seeschildkröten aufgesucht, weil hier der Sand gleichmäßig grobkörnig und lehmfrei ist, Sauerstoff durchläßt und so den kleinen Schildkröten gestattet, an die Oberfläche zu kommen. Sie schlüpfen nach dreißig bis sechzig Tagen aus und bewegen sich, nachdem sie die Erdoberfläche erreicht haben, zielstrebig auf das Meer zu. Auf diesem für sie sehr langen Weg lauern große Gefahren. Natürliche Feinde, wie Krebse oder Krähen, lassen häufig keines der kleinen Tiere das nasse Element erreichen. Oft zerstören auch wildernde Hunde die Gelege. Die Gattung der Schildkröten, die älter ist als die Dinosaurier, wird aber auch vom Menschen bedroht. Die Küstenbewohner Pakistans jagen sie zwar im allgemeinen nicht und verschmähen auch ihr Fleisch, es gibt aber Leute aus Karachi, die diese prächtigen Tiere töten, um die Beine zu exportieren und

Stumpfnasige Krokodile mit ihrem Wärter an einem von einer Mauer umgebenen Teich beim Schrein von Mangho Pir

um aus dem Fleisch ein heilkräftiges Öl zu gewinnen.

1980 hat die Landesregierung der Provinz Sind ein Projekt zur Erhaltung der Meeresschildkröten in Angriff genommen und um dessen Aufnahme in das globale Programm »Die See muß leben« der International Union for the Conservation of Nature and Natural Resources (IUCN) und des World Wildlife Fund (WWF) ersucht. Die Maßnahmen umfassen u.a. die Umbettung der Eier in geschützte Gehege. Auf diese Weise konnten bis jetzt an die 100 000 junge Schildkröten nach dem Ausschlüpfen vor ihren Feinden auf dem Lande gerettet werden.

Zum Schrein von Mangho Pir
(18 km)

Überall in Pakistan wird der Besucher Heiligenschreine finden, in denen die sterblichen Überreste besonders frommer und verehrungswürdiger Muslime aufbewahrt werden. Auch der Schrein von Mangho Pir wurde zu Ehren eines solchen gottgefälligen Gläubigen errichtet (*Pir* = geistlicher Führer). Was diesen Ort jedoch von anderen Gedenkstätten unterscheidet und ihn so beliebt macht, sind die heißen Quellen und ein von einer hohen Mauer umgebener Teich in der Nähe des Schreins. In diesem Teich leben stumpfnasige Krokodile, die durch ihren beengten Lebensraum sehr träge geworden sind. Durch die Mauer geschützt, kann der Besucher die gefährlich dreinblickenden Reptilien beobachten. Gegen ein kleines Trinkgeld bringt der Wärter die Tiere dazu, die Mäuler mit den bedrohlichen Zähnen zu öffnen; evtl. kann man auch bei einer Fütterung zusehen.

Mangho Pir liegt etwa 18 km westlich von Karachi und ist über die gleichnamige Straße (Mangho Pir Road) zu erreichen.

Zu den Khadeji-Wasserfällen
(ca. 45 km)

Um die Khadeji-Wasserfälle zu erreichen, benutzt man den Super-Highway, die neue gebührenpflichtige Schnellstraße von Karachi nach Hyderabad. 30 km nordöstlich vom Stadtrand und 15 km von der Straßenzollstation entfernt passiert man eine asphaltierte Straße, die zum Gartenpalast des Sultans Al-Nahyan, Herrscher des Emirats Abu Dhabi am Persischen Golf, gehört. 10 km weiter zweigt eine Nebenstraße nach links ab, die zu den Khadeji-Wasserfällen führt. Kurz vor dieser Abbiegung beschreibt die ansonsten schnurgerade Schnellstraße einen Bogen auf ein Plateau. Unmittel-

Der im Indus-Tiefland bei Karachi gelegene Haleji-See

bar hinter diesem Punkt weist ein Schild die Richtung. Nach kurzer Fahrt gelangt man auf einen Parkplatz, von dort aus geht es zu Fuß weiter den Berg hinunter, bis man den Wasserfall erreicht. In der Nähe gibt es schöne Badeplätze.

Zum Haleji-See (88 km)

Während der Wintermonate von November bis Februar/März ist Naturfreunden ein Ausflug an den Haleji-See sehr zu empfehlen. Man erreicht diesen See bequem über den alten National Highway von Karachi nach Hyderabad, von dem zwischen Banbhore (S. 147) und Thatta bei der Ortschaft **Gujjo,** 82 km hinter Karachi, eine etwa 6 km lange Stichstraße zum See abzweigt. Der Haleji-See bildet das größte Vogelschutzgebiet Pakistans, das zahlreichen Wasservögeln als Winterquartier dient. An seinen Ufern kann man u.a. Fischreiher, Enten, Flamingos und Pelikane beobachten. Die Jagd mit dem Gewehr oder durch Fallenstellen ist strikt untersagt. Ein kleines Rasthaus am See bietet Übernachtungsmöglichkeiten, doch sollte man sich vorher über die genauen Bedingungen (Verpflegung, Bettzeug) bei der Water Supply Authority in Karachi erkundigen. Beim Eintritt in das Schutzgebiet wird eine geringe Gebühr erhoben.

Der Haleji-See, der gleichzeitig als Süßwasserreservoir Karachis dient, ist nur einer von einer ganzen Reihe von Seen und Feuchtgebieten im Indus-Tiefland, die alljährlich im Winter von Tausenden von Zugvögeln aufgesucht werden. In Zusammenarbeit mit internationalen Organisationen, wie dem World Wildlife Fund, versuchen die pakistanischen Naturschutzbehörden, diese Vogelparadiese zu erhalten und zu schützen. Von Karachi aus bequem zu erreichen sind außerdem Haleji-See der Hadero- und der Keenjhar-See (S. 146, 208).

Zum Gräberfeld von Chaukandi und zur Ruinenstadt Banbhore
(67 km)

Um zu den Sehenswürdigkeiten östlich von Karachi zu gelangen, kann man die Hilfe von Reiseveranstaltern in Anspruch nehmen oder sich ein Auto mieten. In diesem Fall fährt man am besten nicht auf dem neuen Super Highway, sondern benutzt zunächst die Straße in Richtung Flughafen und stößt dann hinter der Abbiegung zum Flughafen auf den alten National Highway nach Hyderabad. Dieser führt zunächst an Industriebetrieben, dem neuen Stahlwerk und dem modernen Hafen **Port Qasim** vorbei. Nach 27 km zeigt ein Hinweisschild links das **Gräberfeld von Chaukandi** an, das, nur wenige hundert Meter von der Straße entfernt, deutlich erkennbar und gut zu erreichen ist.

Die stufenförmigen Grabmäler aus braungelbem Sandstein mit einzigartiger Bildhauerarbeit stammen aus dem 16. bis 18. Jh. Sie stehen entweder einzeln der in Reihen erhöht auf einem Sockel. Einige Gräber tragen die Inschriften von Namen und weisen dar-

Das unweit von Karachi gelegene, aus dem 16.–18. Jh. stammende Gräberfeld von Chaukandi mit seinen stufenförmigen, wunderbar verzierten Grabmälern aus braungelbem Sandstein

auf hin, daß hier Angehörige der kriegerischen Jokhiya- und Numeri-Stämme begraben liegen. Nur ein Grab ist genau datiert: Es trägt die Jahreszahl 1168 islamischer Zeitrechnung (= 1790 n. Chr.).

Das Grab von Jam Murid Ibn Haji, eines Führers des Jokhiya-Stammes aus dem 17. Jh., ist von einem Baldachin überdacht. Auch sein Urgroßvater liegt hier begraben.

Die Chaukandi-Gräber sind zwar nicht die einzigen ihrer Art in Sind und Belutschistan, aber sie sind die am besten erhaltenen und leicht zu erreichen. In die Steinplatten sind kunstvoll abstrakte Muster, Blüten- und Reitermotive und Nachbildungen von Schmuck-Ornamenten eingemeißelt. Der zentrale Teil besitzt jeweils die Form eines Sargs, zuweilen sind vorn und hinten zwei Griffe, oft in der Form von Krokodilsköpfen mit aufgerissenen Mäulern, angebracht. Fotografen ist zu empfehlen, diese Gräberstätte am späten Nachmittag aufzusuchen; dann herrschen die besten Lichtverhältnisse.

Stufenförmiges Grabmal im Gräberfeld von Chaukandi mit seinen kunstvoll in Stein ziselierten abstrakten Blüten-, Reiter- und geometrischen Schmuck-Ornamenten

Wenn man auf dem National Highway von Chaukandi aus weiterfährt, zweigt nach etwa 27 km rechts ein asphaltierter Weg ab, über den man die **Ruinenstadt Banbhore** erreicht, die 67 km von Karachi entfernt ist. Banbhore war seit dem 1. Jh. v. Chr. ein wichtiger befestigter Hafenplatz, der dann aber durch eine Verlagerung des

Ernst und würdig steht das Diwan Shurfa Khan-Mausoleum im Ruinenfeld von Makli Hills, der größten Totenstadt der Erde

Indus-Verlaufs im 13. Jh. seine Bedeutung verlor. Vieles spricht dafür, daß Banbhore mit der bekannten Hafenstadt Debal identisch ist, die 712 n. Chr. von den Arabern unter Muhammad Ibn Qasim erobert wurde. In den folgenden drei Jahren wurde ganz Sind der Muslimherrschaft unterworfen. Die 1958 begonnenen Ausgrabungen in Banbhore haben die Reste von drei Bauperioden vom 1. Jh. v. Chr. an offengelegt, eine hellenistisch-buddhistische, eine hinduistische und schließlich eine frühislamische. Die Festungsmauern bestehen aus großen, schweren Kalksteinblöcken. In der Festungsanlage befand sich die älteste Moschee des südasiatischen Subkontinents, deren Umrisse noch deutlich erkennbar sind. Durch Inschriften läßt sie sich auf das Jahr 727 n. Chr. datieren. Große Mengen von Tongefäßen und etliche Münzen sind bei den Ausgrabungen der letzten Jahre gefunden worden. Die besten Stücke können im Museum an der Fundstätte besichtigt werden (geöffnet April bis September tägl. 8–12 Uhr und von 14.30 Uhr bis Sonnenuntergang, Oktober bis März 9–16 Uhr).

Zum Gräberfeld Makli Hills und nach Thatta (95 km bzw. 100 km)

Makli Hills

Auf halbem Wege zwischen Karachi und Hyderabad, kurz vor Thatta, passiert die alte Nationalstraße den Höhenzug Makli Hills, auf dem sich ein unübersehbares Ruinenfeld von Grabstätten über eine Fläche von 13 km^2 ausdehnt. Dieses als größte Totenstadt der Erde gerühmte Areal mit einer Million Gräbern ist unbedingt einen Besuch wert. Einige der Mausoleen der riesigen Nekropole sind noch recht gut erhalten, darunter prächtige Ruhestätten von Fürsten, Heiligen, Gouverneuren und Ministern. Die jüngeren Grabbauten liegen im südlichen Teil, die älteren aus dem 14. bis 16. Jh. im nördlichen. Zu den ältesten und schönsten zählt das **Grabmal des Jam Nizamuddin** aus dem Jahre 1508 n. Chr. Es ist quadratisch angelegt, seine Kuppel ist unvollendet. An der vorspringenden Rückseite der Gebetsnische *(Mihrab)* haben auch Säulen, Pfeiler und Reliefdarstellungen aus früheren Hinduheiligtümern eine neue Verwendung gefunden. Wie eine Festung erhebt sich das **Diwan Shurfa Khan-Mausoleum** aus dem Jahre 1638. Es ist noch gut erhalten. Der sorgfältig gearbeitete und verzierte

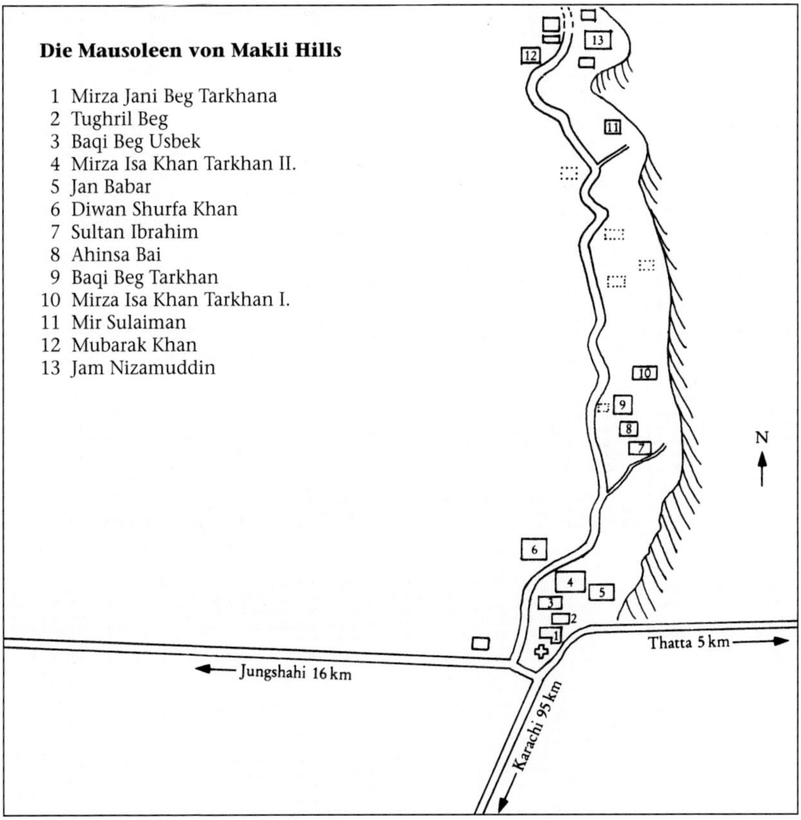

Grabstein ist mit beschrifteten oder spitzenartig durchflochtenen Feldern versehen. Das besterhaltene und zugleich größte Bauwerk ist das **Mirza Isa Khan Tarkhan II.-Mausoleum** aus dem Jahre 1644. Die quadratische, von einer großen Kuppel überwölbte Innenhalle ist von einem zweistöckigen Säulenbau mit kleinen Kuppeln umgeben. Die Außenwände sind mit behauenen Steinen in ungewöhnlichen Formen reich verziert.

Thatta

Die Stadt Thatta, 100 km östlich von Karachi, war früher ein bedeutendes Handelszentrum und die Hauptstadt von Sind. Wie Banbhore ist später auch Thatta Opfer des unberechenbaren Indus geworden, der sein Flußbett verlagerte. Ibn Battuta, der 1304 in Tanger geborene und 1377 in Fez gestorbene arabische Entdeckungsreisende, der 1333 den Indus hinunterfuhr und die Provinz Sind besuchte, erwähnt Thatta noch nicht. Dagegen wird es in einem Bericht über den Feldzug Muhammad Tughlaqs, der die Stadt 1347 besetzte, genannt. Thatta muß also zwischen 1334 und 1347 gegründet worden sein. Im 15. Jh. soll Thatta angeblich etwa 500 000 Einwohner gehabt haben – für damalige Verhältnisse eine Riesenstadt. Im

17. Jh. sollen es immer noch 300 000 gewesen sein, Mitte des 18. Jh. dann 100 000, Ende des 19. Jh. noch 7 000, und heute ist die einstige Metropole des Sind ein verschlafener Marktflecken.

Die Stadt besitzt zwei überaus sehenswerte Moscheen. Die ältere, die **Dabgir-Moschee,** wurde 1588 aus Backstein erbaut. Der Gebetsraum mit drei Gewölben und flachen Kuppeln auf achteckigem Sockel über jeder Abteilung entspricht persischem Vorbild. Die imponierende **Shah Jehan-Moschee** läßt deutlicher als alles andere erkennen, daß die heutige Kreisstadt einstmals glanzvollere Zeiten erlebt hat. Die mittlerweile sorgfältig restaurierte und in ihren alten Glanz neu erstandene Moschee besitzt wunderbar dekorierte Fliesen und Kacheln in weißen, hell- und dunkelblauen Farbabstufungen. Eine neu angelegte Straße am Ende der Stadt führt zu dieser Moschee, die zwischen 1644 und 1647 entstand. Zwölf Jahre später wurde der Ostteil mit dem großen Torweg hinzugefügt. Das massive Backsteingebäude wurde auf einem Steinsockel errichtet. Der Gebetsraum ist von einer großen Kuppel überwölbt, die von innen in Mosaiktechnik blaue und weiße Sterne zeigt. Auch die Eingangspassage besitzt zwei kleinere Kuppeln in Längsachse. Ein doppeltes, auch in der heißen Zeit Kühlung spendendes Arkadensystem umschließt den offenen Hof. Die umliegenden wabenförmigen Zellen werden ebenfalls jeweils von einer kleinen Kuppel überwölbt. Das

Der Innenhof der imposanten Shah Jenan-Moschee mit ihren wabenförmigen, von kleinen Kacheln überwölbten Zellen

Die mit kalligraphischen Koraninschriften und weiß-blauen Kacheln nach persischem Vorbild verzierte Fassade der Shah Jenan-Moschee in Thatta

Der weiß-braun gehaltene Arkadengang in der Shah Jenan-Moschee

eindrucksvolle Bauwerk zählt alles in allem 93 Kuppeln. Die Fassaden sind mit den besten Erzeugnissen der Keramikkunst versehen, darunter wunderschönen Kacheln mit Blumenmotiven und Friese mit kalligraphischen Inschriften.

Zum Kirthar-Nationalpark
(80 km)

Anstrengend und abenteuerlich ist die Fahrt von Karachi zum Kirthar-Nationalpark, die mindestens zwei Tage in Anspruch nimmt. Nach rund 60 km auf dem Super Highway Richtung Hyderabad zeigen blaue Schilder nach links Abzweigungen zum Kirthar-Nationalpark an, der an der Grenze zwischen den Provinzen Sind und Belutschistan liegt. Die zweite Ausfahrt vor einer Moschee, ist zusätzlich als Abfahrt zur »Oil and Gas Development Surjan Test Well« gekennzeichnet. Die holprige, kurvige und staubige Piste führt zunächst an den Naturgasfeldern von **Sari** und **Hundi** vorbei durch ein mit Wolfsmilchstauden, Dornbüschen und verkrüppelten Akazien bestandenes trockenes, felsiges Gebiet. Hin und wieder sieht man bestellte Felder mit kümmerlich wachsender Hirse, kleine Ansammlungen von drei oder vier ärmlichen Hütten und ausgetrocknete Flußbetten, in denen aufgeschreckte Flughühner hochflattern. Man begegnet Bachstelzen, grünen Bienenspechten, Rebhühnern und Trappen.

Nach gut 80 km Fahrt erreicht man **Karchat**, ein Dorf mit etwa 150 Hütten und einer Polizeistation. (Es besteht auch eine unregelmäßige Busverbindung.) 1,5 km von dieser Siedlung entfernt befindet sich ein Touristenkomplex, der vier braungelbe Hütten mit Bademöglichkeiten, einen Schlafsaal mit 16 Betten, ein kleines Museum und ein Büro umfaßt.

Auf den Hängen der Karchat-, Gaonri- und Kambuhberge, welche den Komplex umgeben, leben über tausend Steinböcke und Hunderte von Gazellen und Wildschafen. Den wenigen Leoparden (Panthera pardus), es sollen noch sieben sein, wird man vermutlich kaum begegnen. Der Nationalpark ist gut 300000 ha groß und umfaßt die südöstlichen Ausläufer des Kirthar-Gebirges; die höchste Erhebung, der Karchat-Berg, erreicht über 1000 m Höhe. Die Westgrenze des Naturschutzgebietes ist zugleich die Landesgrenze zwischen Sind und Belutschistan. Dieser Nationalpark ist der älteste Pakistans, er wurde 1975 in die UN-Liste der Nationalparks aufgenommen. (Mittlerweile sind noch Khunjerab im hohen Norden und die Margalla Hills nördlich der Hauptstadt Islamabad hinzugekommen.)

Die beste Art, den Nationalpark zu besuchen und kennenzulernen, ist in Begleitung eines Mitarbeiters des Wildlife and Forest Department, wenn dieser den im Park beschäftigten 96 Wildhütern ihren Lohn bringt oder aus einem anderen Anlaß den Park aufsuchen muß. Über das Wildlife Department oder den Deputy Conservator of Forests (Strachen Road, Karachi) kann man auch die Reservierung eines Schlafplatzes im Touristenkomplex vornehmen lassen. Es ist empfehlenswert, Wasser und Verpflegung mitzunehmen, da man im Dorf nur wenig mehr als Eier und Hühner zu überhöhten Preisen kaufen kann.

Verkehrsverbindungen nach Mohenjo-Daro

Der Vollständigkeit halber sei hier auch auf die Möglichkeit hingewiesen, von Karachi aus die berühmte Ausgrabung von Mohenjo-Daro zu besuchen (265 km). Eine ausführliche Beschreibung der Sehenswürdigkeit findet sich auf S. 213.

Die schnellste und bequemste Transportmöglichkeit stellen die täglichen Flugverbindungen am Vor- und Nachmittag dar. Eilige Besucher, die von der Ausgrabungsstätte nur einen flüchtigen Eindruck gewinnen wollen, können so den Abstecher nach Mohenjo-Daro auf einen Tagesausflug beschränken. Das Flugzeug verläßt Karachi sehr früh am Morgen (Mi 6.30 Uhr; Di und Fr 6.45 Uhr; Do, Sa, So 7.00 Uhr, Mo 7.15 – Stand 1993/94). Der Flug dauert anderthalb Stunden, an Tagen mit Zwischenlandungen (Di, Do, Fr) etwa zwei Stunden. Die Maschine landet in der Nähe des Ausgrabungsgeländes. Es bleiben etwa acht Stunden für Besichtigungen. Sie reichen aus, um einen guten Überblick zu gewinnen. Der Rückflug startet Di 17.35 Uhr, Do und Sa 18.00 Uhr, Mo und So 18.10 Uhr, Mi 18.30 Uhr, Fr 18.45 Uhr.

Auch mit dem Zug, der von Karachi aus nach Quetta, der Hauptstadt der Provinz Belutschistan, fährt, kann man Mohenjo-Daro bequem erreichen. Von der Bahnstation Dokri, die 9 km von den Ruinen entfernt liegt, kann man mit Pferdegespannen den letzten Teil der Anreise zurücklegen.

Hyderabad

Lage und Geschichte

175 km nordöstlich von Karachi, am östlichen Ufer des Indus, liegt Hyderabad, die zweitgrößte und frühere Hauptstadt der Provinz Sind. Mit knapp 800 000 Einwohnern ist sie heute ein bedeutendes wirtschaftliches Zentrum mit Industrieanlagen und kunstgewerblichen Betrieben. Die Geschichte der Stadt weist jedoch weit zurück in die Vergangenheit. Jahrhundertelang war Hyderabad unter dem Namen *Nerunkot* (nach dem Hindufürsten Nerun) bekannt.

Obwohl es im Laufe seiner Geschichte nicht dieselbe Berühmtheit erlangen konnte wie die gleichnamige Stadt im Süden Indiens, entwickelte sich Hyderabad schon früh zu einem Zentrum des Sind. Als 712 n. Chr. der arabische General Muhammad Ibn-Qasim das Land am Unterlauf des Indus eroberte, galt das damalige Nerunkot als eine bedeutende buddhistische Stadt. Unter der Herrschaft der Arghun-Dynastie, die im 16. und 17. Jh. Thatta (S. 149) zur Hauptstadt des Sind erwählte, war Nerunkot Zentrum eines Verwaltungsdistrikts. Während der nachfolgenden Kalhora-Dynastie wurde zunächst Khudabad zur neuen Hauptstadt ausgerufen, doch als 1757 der Indus seinen Lauf änderte und Khudabad überflutete, verlegte der Herrscher Ghulam Shah Kalhora seine Residenz in die günstiger gelegene Stadt, die er nach dem vierten Kalifen Hazrat Ali, dem Schwiegersohn Mohammeds, der volkstümlich unter dem Namen Hyder bekannt ist, in Hyderabad umtaufte. 1769 ließ Ghulam Shah Kalhora in der Stadt eine gewaltige Festung errichten, die nach einer Bauzeit von nur zwei Monaten (so sagt es zumindest die Überlieferung) fertiggestellt wurde. 1783 stürzte die Talpur-Dynastie die Kalhoras und machte Hyderabad zu ihrem Herrschaftszentrum.

Straßenszene in Hyderabad, in der Nähe des großen Forts

Unter Mir Fateh Ali Khan wurde die Stadt weiter ausgebaut, die nun auch den nördlichen Teil der Ganjo Thakkar-Hügel umfaßte. (Ganjo Thakkar nennt man eine Anhöhe, die in nordsüdlicher Richtung parallel zum Indus verläuft.)

Die wichtigsten Sehenswürdigkeiten

Nur wenige Zeugnisse der Vergangenheit haben sich in Hyderabad erhalten. Das große **Fort,** das heute in der Nähe des Bahnhofs liegt, wurde 1906 durch eine Explosion erheblich beschädigt. Erhalten blieben nur ein Turm und Reste des Palastes von Mir Nasir Khan Talpur mit Porträts von Talpur- und Kalhora-Herrschern sowie Darstellungen historischer Ereignisse. In dem kleinen **Fort-Museum** am Bahnhof kann man Waffen aus der Zeit der Talpur-Fürsten besichtigen (geöffnet im Sommer tägl. 8–12 und 14–17 Uhr, im Winter 9–12 und 14–17 Uhr). Ein weiteres Fort, das jedoch keinen militärischen Zwecken diente, befindet sich westlich des Fort-Museums: Das **Shaik Makki-Fort,** auch *Dargah Shaik Makki* genannt, birgt das Grab des Heiligen Hazrat Shaik Makki. Dieser Muslim-Heilige soll 1260 von Mekka nach Nerunkot gekommen sein, wo er sich für den Rest seines Lebens niederließ. Mit dem Bau eines Mausoleums für den noch heute sehr verehrten Shaik Makki wurde 1671 begonnen, 1774, unter der Regierung Ghulam Shah Kalhoras, wurde die Stätte mit einer Lehmbefestigung umgeben. Nördlich des Forts erstreckt sich in gerader Linie über eine Länge von eineinhalb Kilometern der bunte **Shahi-Basar,** der beim **Uhrturm** des neuen Marktes, einem der Wahrzeichen Hyderabads, endet. Dieser Basar bietet eine gute Gelegenheit, Spiegelstickereien und handbedruckte Stoffe,

Navalrai Hiranand-Markt und Glockenturm, das Wahrzeichen Hyderabads

für die Hyderabad berühmt ist, zu kaufen oder auch einen Kamelsattel.

Noch weiter nordöstlich, auf dem nördlichen Teil der Ganjo-Thakkar-Hügel, liegen die Grabstätten der Kalhora- und Talpur-Herrscher, die allerdings nur schlecht erhalten sind. Die **Mausoleen der Talpur-Fürsten** im Stadtteil Hirabad, die zwischen 1828 und 1878 angelegt wurden, sind heute von Wohnbezirken eingeschlossen, die den Zugang erschweren. Ihre blauen Kachelverzierungen an den Außenwänden und über den Eingängen vermitteln jedoch noch einen Eindruck von der früheren Schönheit. Die **Gräber von Ghulam Shah Kalhora** (1774) und **Ghulam Nabi Kalhora** (1780) in der Nähe des Zentralgefängnisses sind vor allem wegen ihrer Wandmalereien mit Blumen- und Pflanzenmotiven berühmt. In westlicher Richtung außerhalb des alten

Feine blaue Kachelarbeit am Talpur-Mausoleum im Stadtteil Hirabad

Stadtzentrums liegt in der Nähe des Polytechnikums das sehenswerte **Sind Provincial Museum** mit angeschlossener Bibliothek. Es gehört zu den besten und attraktivsten des Landes (geöffnet tägl. 10–18 Uhr).

Eine weitere, eher dem Alltagsleben zuzuordnende Besonderheit Hyderabads sollte nach den Sehenswürdigkeiten nicht unerwähnt bleiben: Beim Bummeln durch die Straßen der Stadt werden dem Besucher sicherlich die merkwürdig geformten Aufbauten auf vielen Hausdächern ins Auge fallen. Diese einfachen Konstruktionen aus Holz, Stoff u.ä. dienen als Windsegel, die im Sommer, der hier unangenehm heiß werden kann, jede Brise auffangen und mit dem Luftstrom das Innere der Häuser klimatisieren.

Hyderabad von A bis Z

Busverkehr

Die wichtigsten Abfahrtsstellen für den innerstädtischen Busverkehr und für die Linien nach Karachi befinden sich beim neuen Markt in der Nähe des Uhrturms und in der Barrage Colony Richtung Kotri.

Eisenbahn

Auskünfte über Zugverbindungen erhält man in der Hyderabad Railway Station, Tel. 2 74 51; Reservierungen: Tel. 2 42 44

Flüge

Der Flughafen Hyderabad liegt im Südwesten der Stadt, Tel. 8 35 57. Auskünfte über Flugverbindungen und Reservierungen erteilt das Reisebüro Kashmir Corporation, Circular Building, Risala Rd., Tel. 2 20 10 u. 2 20 55.

Hotels (Auswahl)

1–2 Sterne

City Gate, gegenüber Central Jail, Tel. 3 16 77 (36 Zimmer)

Faran, Quaid-e-Azam, Saddar, Tel. 2 39 93 (25 Zimmer)

New Indus, Thandi Sarak, Tel. 2 52 76 (15 Zimmer)

Fataz, Thandi Sarak, Tel. 2 44 25 (25 Zimmer)

Sainjees Motel, Thandi Sarak, Tel. 2 72 76 (23 Zimmer)

Spinzer, Gari Khata, Tel. 2 53 54 (21 Zimmer)

Ohne Klassifizierung

Mehran, Thandi Sarak, Tel. 2 48 93 (7 Zimmer)

Rainbow, Station Rd., Tel. 2 51 88 (22 Zimmer)

Ritz, Cantonment, Tel. 2 35 81 (23 Zimmer)

Star Light, Gari Khata, Tel. 2 54 04 (24 Zimmer)

United, Gari Khata, Tel. 2 53 54 (21 Zimmer)

Post und Telefon

General Post Office (GPO), gegenüber Radio Pakistan in der Nähe des Forts, Tel. 2 46 51

Central Telegraph Office, Thandi Sarak, gegenüber Venus Cinema, Tel. 2 38 80

Reisebüros

East West Travels, 301 Saddar, Tel. 2 48 05

Kashmir Corporation, Risala Rd., Tel. 2 20 55

World Express, 17, Cantonment Shopping Centre, Thandi Sarak, Tel. 2 64 58

Restaurants (Auswahl)

Canton Chinese Restaurant, Gari Khata, Thandi Sarak, Tel. 2 65 80

De-Luxe Restaurant, Thandi Sarak, Tel. 2 56 88

Midway Hill, National Highway, gegenüber Central Hill, Tel. 2 72 75

Ausflüge in die Umgebung

Zum Miani Forest (10 km)

Verläßt man Hyderabad auf dem National Highway Richtung Sukkur, so gelangt man nach 10 km zum Miani Forest, einem Waldgebiet, das heute vor allem als Picknick-Ziel bekannt ist, jedoch auch historische Bedeutung hat: 1843 gewannen hier die Briten die entscheidende Schlacht gegen die Talpur-Herrscher des Sind. Danach wurde die Provinz dem englischen Kolonialreich einverleibt.

Nach Bhit Shah und Hala (60 km)

Rund 48 km nördlich von Hyderabad zweigt vom National Highway Richtung Sukkur eine asphaltierte Seitenstraße zum vielbesuchten Grab des Dichters Shah Abdul Latif (1689–1752) ab. Der von der Bevölkerung sehr verehrte fromme Dichter hatte sich 1744 an diesen abgelegenen Ort zurückgezogen und eine schmucklose Moschee erbaut. Spätere Geschlechter und vor allem die aus der Talpur-Dynastie stammenden Herrscher der Provinz Sind schmückten das Grabmal und die Moschee Shah Abdul Latifs immer weiter aus.

12 km weiter an der Hauptstraße liegt das Städtchen Hala, von alters her bekannt für die Herstellung von blau- und weißglasierten Kacheln und Keramikgegenständen. Auf dem Markt und in den kleinen, zum Teil auch staatlichen Betrieben kann man Vasen, Blumentöpfe, Schalen, Teller und andere Erzeugnisse der Töpfer- und Glasurkunst erwerben. Berühmtheit haben auch die Stoffe und Stickereien aus Hala erlangt.

Mansura, die älteste muslimische Hauptstadt (ca. 100 km)

Angesichts der Bedeutung, die dem islamischen Erbe in Pakistan derzeit zugemessen wird, ist auch Mansura, die älteste muslimische Hauptstadt auf dem indischen Subkontinent, stärker ins Rampenlicht der Öffentlichkeit gerückt. Da das Ausgrabungsgelände nicht leicht zu erreichen ist, empfiehlt es sich, die Fahrt mit Hilfe von Pakistan Tours (S. 309) zu arrangieren. Der Ausflug läßt sich mit dem Besuch von Hala kombinieren.

In Hala führt eine Abzweigung vom National Highway nach Osten in Richtung der Kreisstadt Sanghar. Auf dieser Straße erreicht man nach 25 km den Ort **Shahdadpur** und nach weiteren 8 km einen Kanal. Vor der Brücke über diesen Kanal biegt rechts ein malerischer Uferweg in südlicher Richtung ab. Wenn man den Kanal nach etwa 6 km bei der nächsten Brücke überquert, gelangt man direkt zu den Ruinen von Mansura. Falls der Kanalweg gesperrt sein sollte, benutzt man die erste Brücke und dann einen markierten Feldweg, der nach Süden zu den

Ruinen führt. Für die Bewältigung dieses Streckenabschnitts ist ein geländegängiges Fahrzeug notwendig. Shahdadpur ist von Hyderabad aus auch über Tando Allahyar (30 km) an der Straße nach Mirpur Khas und Umarkot zu erreichen. Wenn man diese Route benutzen möchte, verläßt man die Hauptstraße in Tando Allahyar und wendet sich über Tando Adam (42 km) nach Shahdadpur (19 km).

Die Ruinen von Mansura gehen auf die ersten muslimischen Eroberer zu Anfang des 8. Jh. zurück, die hier noch vor der Gründung Bagdads ihre erste Hauptstadt, die damals am Ufer des Indus lag, gründeten. Der Name der Stadt hält bis heute Anlaß und Anspruch dieser Gründung wach: Mansura bedeutet »Sieg«. Die auf einer etwa 12 m hohen Erhebung errichtete, 3 x 1,5 km große Siedlung bestand etwa 500 Jahre und war in ihrer Blütezeit ein kultureller Mittelpunkt und Zentrum islamischer Gelehrsamkeit. Zum Schutz vor Feinden war sie von einer mit massiven Wachtürmen versehenen Mauer aus gebrannten Ziegeln umgeben; bei den Gebäuden im Innern lassen sich drei Bauphasen unterscheiden. Die Ruinen, die auf den ersten Blick eine Ähnlichkeit mit Mohenjo-Daro (S. 213) aufweisen, haben im Lauf der Jahrhunderte gelitten. Nach ersten Grabungen Ende des 19. und Anfang des 20. Jh. wurden Mansura-Ziegel in großen Mengen für den Bau der Eisenbahn von Karachi nach Multan verwendet. 1966/67 nahm das Department of Archeology of Pakistan größere Grabungen vor und legte die Nordwestpassage, Hausgrundrisse, das Gewässersystem und gepflasterte Ziegelstraßen frei. Dabei förderte man auch viele Gebrauchsgegenstände, Silber- und Kupfergeld (in einem Behälter allein 4000 Münzen) sowie Schmuckstücke zutage. Man entdeckte auch die Überreste einer Moschee im Süden des Ruinenfeldes, die in ihrer Anlage der Badshahi-Moschee in Lahore und der Moschee in Thatta ähnelt. Bis heute ist noch nicht geklärt, ob das Ende der Stadt durch ein Erdbeben oder einen Krieg heraufbeschworen wurde. Die Positionen von Skeletten, die man an der Umfassungsmauer fand, deuten eher auf Kampfhandlungen hin. Ein Wiederaufbau der Stadt unterblieb, da der Indus in der Zwischenzeit seinen Lauf geändert hatte und die verkehrsgünstige Lage verlorengegangen war. Mansura geriet in Vergessenheit.

Ein Besuch Mansuras lohnt sich nur mit einem kundigen Führer. Auf Touristen ist man noch nicht eingestellt.

Umarkot (ca. 150 km)

Etwas Zeit ist erforderlich, wenn man den alten, geschichtlich bedeutenden Ort Umarkot, gut 150 km östlich von Hyderabad, besuchen will. Die Fahrt über Mirpur Khas führt immer wieder über Bewässerungskanäle hinweg, mit deren Hilfe sich die einst gefürchtete Trockenregion heute landwirtschaftlich nutzen läßt. Hauptsehenswürdigkeit in Umarkot ist die alte Festung, die in der Blütezeit des Rajputen-Reiches, einer Föderation hinduistischer Fürsten (11.–16. Jh.), erbaut wurde. Unweit vom Fort liegt der Geburtsort des berühmten Mogulkaisers Akbar (S. 47).

Kinder am Rande der Straße zu den Ruinen von Taxila

Lahore – die Residenz der Mogulherrscher

Lage und Geschichte

Lahore, die alte muslimische Kulturmetropole des fruchtbaren Punjab, ist heute eine Grenzstadt. Am Oberlauf des Flusses Ravi gelegen, ist sie ein bedeutender Verkehrsknotenpunkt, auf dem Luftweg von allen wichtigen Städten Pakistans und ebenso von der indischen Hauptstadt Delhi zu erreichen. Die große Überland-Straße, die Grand Trunk Road, verbindet sie mit Peshawar und Kalkutta. Außerdem ist Lahore Sitz der Hauptverwaltung der pakistanischen Eisenbahnen. Mit fast 4 Mill. Einwohnern ist sie die zweitgrößte Stadt des Landes.

Lahore wird erstmals im Reisebericht des Chinesen Hsüan Tsang aus dem 7. Jh. erwähnt. 1021 wurde die Stadt von Mahmud von Ghazni er-

obert, der den Punjab seinem Reich einverleibte. Lahore wurde bald zum geistigen Mittelpunkt dieses Imperiums, das Gelehrte und Dichter aus Zentralasien und Persien anzog. Der bekannteste und bedeutendste unter ihnen war Data Ganj Baksh. Seine Thesen über den Mystizismus im Islam sind der älteste Beitrag über den Sufismus in persischer Sprache.

Die bedeutenden Bauwerke und Anlagen Lahores, die an Großartigkeit und Pracht ihresgleichen suchen, stammen aus der Glanzzeit der Mogulkaiser, sie sind Zeugen einer einmaligen Hochblüte muslimischer Kultur und Kunst, die vom 16. bis 18. Jh. währte. Aus der seit 1526 herrschenden Dynastie der Barberiden sind vier große Kaiser hervorgegangen, die teilweise in Lahore residierten. Der erste überragende Herrscher war Akbar, Sohn des Humayun; er regierte von 1556 bis 1605. Ihm folgte Jehangir; der dritte war Shah Jehan, der 1658 von seinem Sohn Aurangzeb abgelöst wurde. Alle vier haben viel zum Glanz Lahores beigetragen. Akbar, Zeitgenosse der Königin Elisabeth I. von England, baute die Festung aus. Jehangir errichtete das Anarkali-Mausoleum und Jehangirs Quadrangle. Von allen hat Shah Jehan am meisten für Lahore getan. Ihm verdankt es die Shalimar-Gärten, die Mausoleen von Nur Jehan, Ali Mardan und Jehangir, die Moscheen Dai Anga und Wazir Khan, Gulabi Bagh, Chauburji sowie Shish Mahal, Naulakha, Khilwat Khana, Hamman-i-Shahi, Moti Masjid und Dewan-i-Khas im Fort. Aurangzeb schuf die Badshahi-Moschee und das Dai Anga-Mausoleum.

In der zweiten Hälfte des 18. Jh. geriet Lahore abwechselnd in die Hände der Marathen aus Nordindien, der Afghanen und der Sikhs. 1799 wurde die Stadt zur Residenz des Sikh-Führers Ranjit Singh. Sieben Jahre nach seinem Tod wurde Lahore von den Briten annektiert, 1849 bis 1947 war es Hauptstadt der britisch-indischen Provinz Punjab. Seit der Unabhängigkeit Pakistans hat sich Lahore zu einem bedeutenden Zentrum des Landes entwickelt. Die Stadtmauer aus der Mogulzeit war zwar bereits in früheren

Blick auf den Innenhof der Badshahi-Moschee, das Alamgiri-Tor des Lahore-Forts und das Ranjit Singh-Mausoleum

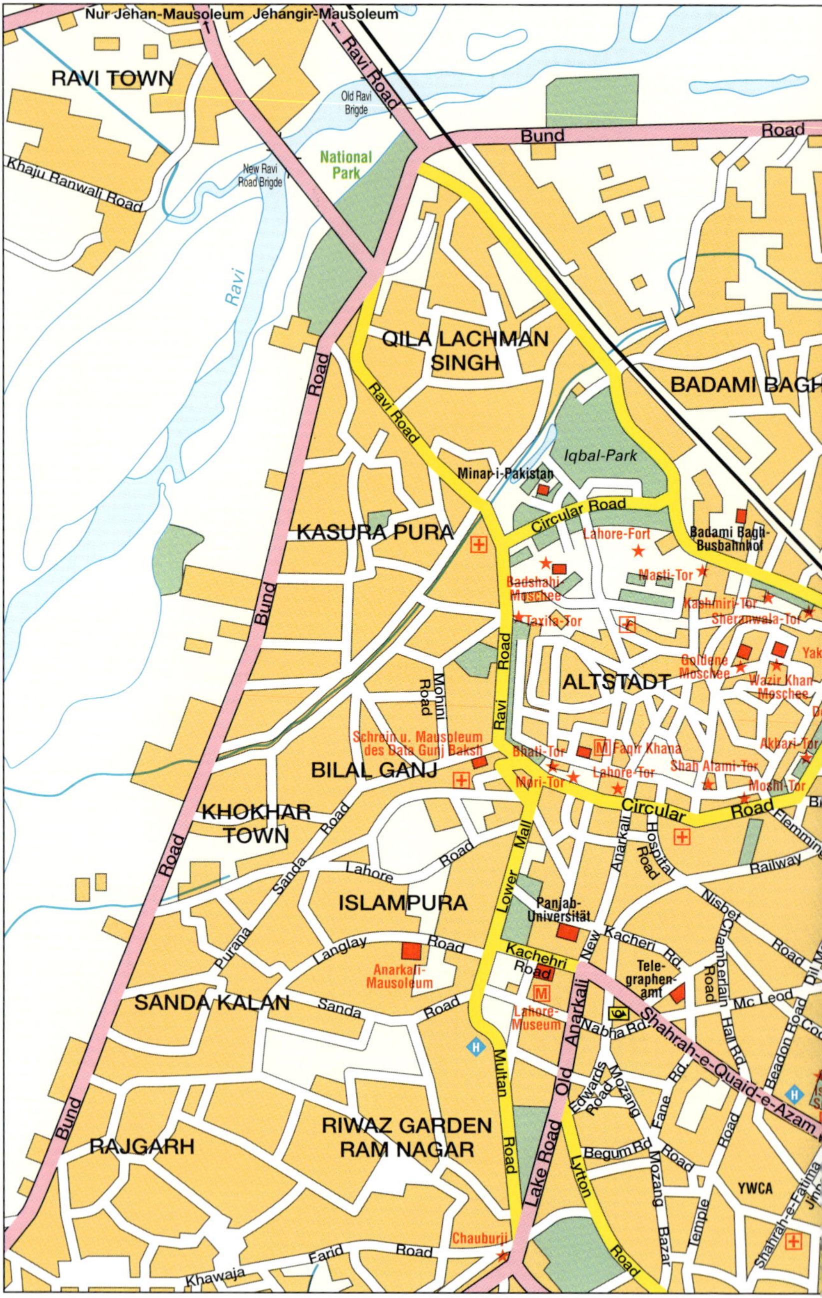
Nur-Jehan-Mausoleum
Jehangir-Mausoleum
RAVI TOWN
Ravi Road
Old Ravi Brigde
Bund Road
National Park
New Ravi Road Brigde
Khaju Ranwali Road
Ravi
QILA LACHMAN SINGH
BADAMI BAGH
Iqbal-Park
Minar-i-Pakistan
Circular Road
Lahore-Fort
Badami Bagh-Busbahnhof
KASURA PURA
Masti-Tor
Badshahi-Moschee
Kashmiri-Tor
Sheranwala-Tor
Taxila-Tor
Goldene Moschee
Wazir Khan Moschee
ALTSTADT
Mohini Road
Schrein u. Mausoleum des Data Gunj Baksh
Bhati-Tor
Faqir Khana
Akbari-Tor
BILAL GANJ
Lahore-Tor
Shah Alami-Tor
Mori-Tor
Moshi-Tor
KHOKHAR TOWN
Lower Mall
Anarkali Road
Hospital Road
Railway
Sanda Road
Lahore Road
ISLAMPURA
Panjab-Universität
Nisbet Road
Purana
Langlay Road
New Kacheri Rd.
Kachehri Road
Tele-graphen-amt
Chamberlain Road
Anarkali-Mausoleum
Lahore-Museum
Mc Leod Road
SANDA KALAN
Sanda Road
Nabha Rd
Shahrah-e-Quaid-e-Azam
Beadon Road
Multan Road
Old Anarkali
Edwards Road
Mozang
Fane Rd.
RIWAZ GARDEN RAM NAGAR
RAJGARH
Lake Road
Lytton Road
Begum Rd
Mozang Bazar
Road
Temple Road
YWCA
Shahrah-e-Fatima Jinnah
Chauburji
Farid Road
Khawaja

Stadtplan Lahore

Touristen-Information
Post
Hotel
Museum
Krankenhaus
Sehenswürdigkeit

0 500 1 000 m

Das Alamgiri-Tor mit seinen mächtigen, in Form von Lotusblüten erbauten Seitentürmen

Jahrhunderten überschritten worden, doch allein in den wenigen Jahrzehnten seit 1947 hat sich die Einwohnerzahl Lahores mehr als verdreifacht. Zahlreiche neue Wohnviertel, wie z. B. Samanabad im Süden oder der elegante Stadtteil Gulberg, sind in der Zwischenzeit entstanden. Wegen der Vielzahl von Hochschulen (Punjab-Universität) und Ausbildungsstätten rühmen die Einwohner Lahores ihre Stadt als kulturellen Mittelpunkt Pakistans.

Die wichtigsten Sehenswürdigkeiten

Im Nordwesten der Altstadt erhebt sich das **Lahore-Fort** (Detailplan S. 165), eine der bedeutendsten architektonischen Leistungen der Mogulepoche. Von Akbar über einer älteren Befestigungsanlage errichtet, wurde es von seinen Nachfolgern mehrfach erweitert und verändert, so daß sich heute an der markanten Anlage Stilmerkmale der unterschiedlichen Richtungen innerhalb der Mogulkunst unterscheiden lassen. An den zahlreichen einzelnen Gebäudeteilen, die sich um sechs Innenhöfe und einen großen Garten gruppieren, läßt sich die ganze künstlerische Vielfalt dieser glanzvollen Epoche ablesen.

Noch zu Kaiser Akbars Zeiten besaß die damals weit mehr einer Festung gleichende Anlage nur zwei Eingänge: das einfache, in seiner Originalform noch weitgehend erhaltene Masjidi- oder **Masti-Tor** (P) im Osten und ein weiteres im Westen, dessen Platz später von dem massiven, unter Aurangzeb erbauten **Alamgiri-Tor** (Q) eingenommen wurde. Dieses Tor mit seinen mächtigen Seitentürmen, die sich auf Fundamenten in Form stilisierter Lotusblüten erheben, hat sich zu einem der Wahrzeichen Lahores entwickelt. Seine massigen Mauern werden von

Lahore-Fort

A Shah-Buri-Tor
B Hathi Paer
C Shish Mahal
D Naulakha
E Khilwat Khana
F Hammam-i-Shahi
G Shah Jehans Quadrangle
H Diwan-i-Khas
I Jehangirs Quadrangle
J Museum
K Badehaus Jehangirs
L Museum
M Daulat Khana-i-Khas
N Diwan-i-Azam
O Moti Masjid
P Masti-Tor
Q Alamgiri-Tor
R Hazuri Bagh
S Mausoleum Muhammad Iqbals
T Eingang zur Badshahi-Moschee

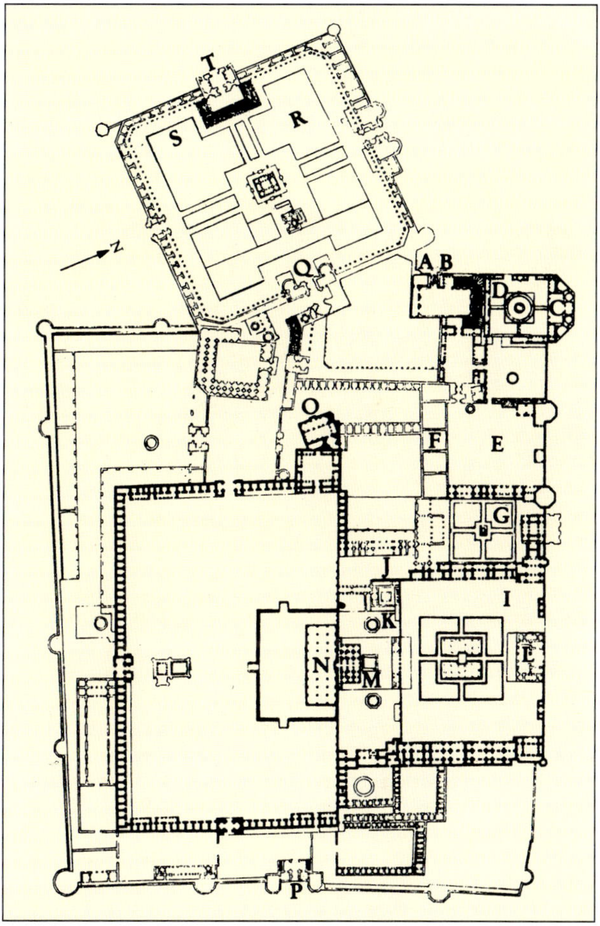

zwei zierlichen Pavillons, typischen Kennzeichen indischer Architektur, gekrönt.

Man betritt die Festung durch das Alamgiri-Tor. (Das Fort ist geöffnet im Sommer von 7–18 Uhr, im Winter 8.30–16.30; Fr 11.30–14.30 Uhr geschlossen.) Nach dem Aufstieg sieht man vor dem Diwan-i-Azam linker Hand die von Shah Jehan erbaute kleine Perlmoschee, **Moti Masjid** (O), ein vollendetes Beispiel der graziösen, beschwingten Baukunst dieser Epoche. Das 1645 errichtete Gebetshaus aus weißem schimmerndem Marmor ist die älteste von vier Moscheen gleichen Namens. Die anderen sind im heutigen Indien zu finden. Von dem **Diwan-i-Azam** (N), der »Halle der vierzig Säulen« (die letzten zehn sind eigentlich Wandpfeiler), ebenfalls ein von Shah Jehan veranlaßter Bau, hat sich die einstige Eleganz nicht erhalten. Auf dem Marmorbalkon an der Innenseite zeigte sich der Kaiser seinen Untertanen. Ein Treppengang führt

Der anmutige Pavillon »Naulakha« im Lahore-Fort, ein hervorragender Bau der Mogulzeit

hinab zu dem quadratischen Innenhof hinter der Audienzhalle, dem **Jehangirs Quadrangle** (I). Seine Südfront begrenzt das **Daulat Khana-i-Khas** (M), in dem im 16. Jh. Akbar der Große den Edlen seines Reiches Privataudienzen gewährte. In den ehemaligen Schlafräumen Jehangirs auf der anderen Seite ist heute ein **Museum** (L) untergebracht.

Der deutsche Reisende Leopold von Orlich schreibt in seinem Buch »Reise in Ostindien in Briefen an Alexander von Humboldt und Karl Ritter«, Leipzig 1845, über einen Besuch des Forts am 9. Januar 1843 und Jehangirs Quadrangle:

»Wir begaben uns in gewohnter Weise auf Elefanten dahin, ritten durch Hasury-Bagh, bogen dann links durch ein großes Doppelthor in den von der Citadelle eingeschlossenen Hofraum über eine hohe Rampe ... Eine kleine Marmortreppe führte uns zu dem Bassin und zu den Staatsgemächern, und wie im Zauber waren Bilder von Tausend und eine Nacht vor uns entfaltet. Ein viereckiges Marmorbassin mit vielen Fontainen bildete, umgeben von Blumenbeeten, den Kühlungsraum; zwei Seiten schlossen hohe Mauern mit kleinen Türmchen ein, die beiden anderen zeigten offene und gewölbte Marmorhallen, von kantigen Säulen getragen.«

Vorbei am **Badehaus Jehangirs** (K) und einem weiteren **Museum** (J) mit einer Sammlung von Waffen und Kunstwerken aus der Sikh-Zeit (18./19. Jh.) gelangt man zu dem **Shah Jehans Quadrangle** (G) genannten Innenhof, der von den Privatgemächern dieses Herrschers umgeben ist. Seine Vorliebe für Mamor zeigt sich besonders am 1645 erbauten **Diwan-i-Khas** (H), der Halle der Privataudienzen, vor der nördlichen Außenmauer.

Nach Westen schließt sich **Khilwat Khana** (E) an, der Hof der Haremsdamen, mit einem schönen Marmorpavillon und einem Brunnen. Im Süden wird dieser Hof von **Hammam-i-Shahi** (F), dem Badehaus Shah Jehans, abgeschlossen. Den krönenden Abschluß des Rundgangs bildet der **Shish Mahal** (C), der Spiegelpalast, den Shah Jehangir 1631 als Residenz der Kaiserin errichten ließ. Dieses als Höhepunkt der Mogulkunst gerühmte Bauwerk ruft wirklich Erinnerungen an die Märchenwelt von Tausendundeiner Nacht wach: Kein einziges Detail scheint vorhanden, dem nicht durch kunstvolle Verzierungen ein Mehr an Grazie und luxuriösem Glanz hinzugefügt wurde. Die Wände der zum Innenhof hin offenen Halle sind über und über mit kleinen farbigen Spiegelteilen übersät, die zu kunstvollen Mustern zusammengefügt wurden; exquisite Steinintarsien schmücken die Sockel der marmornen Doppelsäulen, die die Vorderfront tragen. Kleinere, darum aber nicht weniger prachtvolle Räume schließen sich zu beiden Seiten an die Haupthalle an. Zu den Schönheiten des Shish Mahal gehören auch die Fenster. Ihre alte Füllung aus hauchzarten durchbrochenen Marmorgittern hat sich teilweise noch erhalten.

Auf der Westseite des Shish Mahal zieht ein *Bangla* genannter Pavillon die Aufmerksamkeit auf sich. Seine Dachform mit den tief herabgezogenen Enden erinnert an die Strohbedeckung der Hütten im regenreichen Bengalen. Das anmutige Gebäude, eine der besonderen Leistungen der Mogul-Architektur, ist auch als **Naulakha** (D) (d.h. neun *Lakh* = neunmal 100 000) bekannt. Zur Erklärung dieses Namens gibt es zwei Versionen: Die einen deuten ihn als Anspielung auf den Preis, den es gekostet habe, andere leiten ihn von der Zahl der Halbedelsteine ab, mit denen es einst bedeckt gewesen sein soll. Einzigartige Stein-Einlegearbeiten lassen sich auch hier bewundern. Durch das Filigran seiner Marmorfenster schweift der Blick auf die nahe Badshahi-Moschee und den Nordwesten der Stadt.

Aus Marmor gemeißeltes Filigranfenster des Naulakha, das den Blick auf die Badshahi-Moschee und den Nordwesten der Stadt freigibt

Man verläßt das Fort über die Elefanten-Treppe, **Hathi Paer** (B), über die einst die kaiserlichen Elefanten, auf deren Rücken die Mogulherrscher thronten, hinab zum **Shah Buri-Tor** (A) schritten, vorbei aus Ausrufern, Wächtern und Bedienten. In der Nähe seines spitzgewölbten Portals soll sich das gewaltige, unter Shah Jehan erbaute Torgebäude befunden haben, dessen Lob ein Schriftband auf Persisch geradezu überschwenglich verkündet: »... So etwas hat vorher nie bestanden und wird auch später nicht mehr unter dem Himmel zu sehen sein.«

Durch das später hinzugefügte Portal aus dem Jahr 1853 erhält man Einlaß zu den abendlichen Ton-Licht-Schauen, die in der englischen Fassung

Eingangstor zur Badshahi-Moschee, links davon das einfache Mausoleum des Dichterphilosophen Muhammad Iqbal

um 19.30 Uhr beginnen und 50 Min. dauern. Sie werden täglich veranstaltet und vermitteln komprimiert und anschaulich die Geschichte dieses bemerkenswerten Bauwerks der Mogul-Periode und Glanzzeit Lahores.

Die Gartenanlage **Hazuri Bagh** (R), zwischen dem **Alamgiri-Tor** (Q) und der großen **Badshahi-Moschee** außerhalb des Forts, macht die enge Verbindung von Religion und Staat im Islam deutlich. Vor dem eleganten, reich dekorierten **Eingangsgebäude** (T) befindet sich das schlichte Mausoleum des Dichterphilosophen **Muhammad Iqbal** (S). Die dreiteilige Inschrift im Haupttor über dem Eingang dieses grandiosen Gotteshauses besagt, daß die Badshahi-Moschee 1673/74 von Kaiser Aurangzeb gebaut und vollendet wurde. Sie erhebt sich frei auf einer großen Plattform, die es erlaubt, die volle Schönheit der Gesamtanlage zu würdigen. Die von vier Minaretten eingefaßte Hauptgebetshalle mit elegant verzierter roter Sandsteinfassade wird von drei hell glänzenden Marmorkuppeln gekrönt, aus Stuck gearbeitete Blütenmotive schmücken die Wände. Der Innenhof, der 60 000 Gläubigen Platz bietet, wird von zinnenbewehrten Mauern, zierlichen Ecktürmen und Minaretten umrahmt. Nicht umsonst wird die Badshahi-Moschee als eine der mächtigsten und schönsten der Welt gerühmt! Dagegen erscheint die überladene Gedächtnisstätte **Samadhi Ranjit Singh,** 1848 an der Stelle erbaut, an welcher der Sikh-Herrscher nach seinem Tode verbrannt wurde, wie eine unglückliche Mischung aus Hindu- und Muslim-Architektur. Sie steht in krassem Gegensatz zu der großzügigen Bauweise und den klaren Linien der benachbarten Badshahi-Moschee. Im Norden der Samadhi Ranjit Singh findet man den **Gurdwara** (Tempel) **des Gurus Arjan Singh,** eines der bedeutendsten Führer der Religionsgemeinschaft der Sikhs, der im 16. Jh. lebte. Der Tempel mit der goldenen Kuppel ist noch heute ein wichtiger Wall-

Die von vier Minaretten eingefaßte Hauptgebetshalle der Badshahi-Moschee

fahrtsort dieser kämpferischen Bruderschaft, die im Punjab zwischen 1767 und 1846 ein eigenes Reich errichtet hatte.

Die ummauerte **Altstadt** Lahores südlich der Festung war zur Mogulzeit durch 13 Tore zugänglich. Von einigen sind noch Überreste vorhanden. Der Wassergraben ist mittlerweile zugeschüttet und in die Ringstraße (Circular Road) einbezogen, die außen um die Mauer herumführt. Dieser älteste Stadtteil Lahores, in dem Hunderttausende von Einwohnern auf engstem Raum leben, wurde aus dem Schutt früherer Städte erbaut und vermittelt bisweilen einen verfallenden Eindruck. Die Straßen und Gassen sind eng, und die Häuser mit ihren vorspringenden Erkern hüllen die Wege in permanentes Halbdunkel. Es stellt hohe Anforderungen an die Fahrkunst, einen Wagen durch die belebten schmalen Straßen, die Basare und das Gewühl der Menschen zu steuern. Da es außerdem viele Passagen gibt, die von Fahrzeugen, abgesehen von *Tongas* (Pferdewagen) und handgezogenen Wagen, nicht mehr passiert werden können, ist es am besten, man läßt sein Fahrzeug vor der Altstadt stehen und vertraut sich einem *Tonga*-Fahrer an oder durchstreift das Innere der Basare zu Fuß. In diesem Basarkomplex

Goldschmiede vor ihrem Geschmeide in ihrem Geschäft im Basar der Altstadt von Lahore

hat sich gleich zu gleich gesellt. Es gibt daher z. B. jeweils eigene Goldschmiede- und Silberschmiedegassen, in denen man Armbänder, Fußringe, Ketten, Ohrgehänge und andere Schmuckstücke in Hülle und Fülle ausliegen sieht. Kupfersachen, Teppiche, farbenfrohe Seiden-, Leder- und Baumwollerzeugnisse, alles findet sich hier in reicher Auswahl. Es empfiehlt sich, einen Einkaufsbummel oder eine Erkundungstour in der Altstadt in Begleitung von Ortskundigen zu unternehmen.

Im Schnittpunkt der Basarstraßen der Altstadt liegt die Sonehri- oder **Goldene Moschee.** Diese 1753 von Bokhari Khan erbaute Moschee besitzt drei vergoldete Kuppeln. Bokhari Khan war der Geliebte Mir Mannus, der Witwe des Gouverneurs von Lahore, welcher auf eine recht ungewöhnliche Weise zu Tode gekommen sein soll. Einmal, so erzählt man sich, habe er die Dame zutiefst gekränkt, worauf der Ärmste von ihr und ihren Hofdamen mit ihren Schuhen zu Tode geprügelt worden sein soll. Ein Schmuckstück Lahores ist die 1634 fertiggestellte, persisch beeinflußte **Wazir Khan-Moschee,** die ebenfalls in der Altstadt liegt. Ihr Erbauer war unter Shah Jehan Vizekönig des Punjab. Das außerordentlich reich dekorierte, aber dennoch nicht überladen wirkende Bauwerk enthält von Thatta übernommene Kachelornamentik in wunderschönen Farben, dazu feinste Mosaiken, Fresken und bunte Stuckarbeiten. Über dem Eingangsportal stehen in persi-

Wasserpfeife rauchender Händler im Altstadtbasar Lahores

scher Sprache die Worte: »Reiße dein Herz von den Gärten der Welt los und wisse, daß dieses Gebäude die wahre Wohnung des Menschen ist.« **Am Bhati-Tor,** das aus dem Gewirr der Altstadt über die Circular Road zur Lower Mall führt, befindet sich ein sehenswertes Privatmuseum, **Faqir Khana,** mit einer reichhaltigen Sammlung von Kalligraphien, Gemälden, Manuskripten und Raritäten aller Art. Eine wahre Fundgrube für den, der sich für die Kulturgeschichte des Punjab interessiert. Westlich davon stehen der **Schrein** und das **Mausoleum des Data Ganj Baksh,** des bedeutenden Dichters der islamischen Mystik. Das üppig verzierte Gebäude mit der intensivgrünen Kuppel und der angrenzenden strahlendweißen neugestalteten Moschee, mit den sie beherrschenden zwei riesigen modernen Minaretten ist noch heute ein wichtiger Wallfahrtsort für fromme Muslime aus dem gesamten Punjab.

Eingangstor der Wazir Khan-Moschee in Lahore

Die Lower Mall führt zum **Anarkali-Mausoleum** im Regierungsviertel. Dieses nicht mehr in seiner ursprünglichen Form erhaltene Bauwerk soll 1615 von Kaiser Jehangir zu Ehren von Sharfun Nisa oder Nadera Begam aus dem Harem seines Vaters, Kaiser Akbars, erbaut worden sein. Wegen ihrer Schönheit wurde diese Dame *Anarkali*, »Granatapfelblüte«, genannt. Der Überlieferung nach hatte sie eine Liebesaffäre mit dem späteren Kaiser Jehangir und wurde 1599 hingerichtet. Allerdings findet sich nirgends ein Beleg für den Wahrheitsgehalt dieser allgemein verbreiteten Geschichte, und

Derwische vor dem Schrein Data Ganji Baksh

Die durch Rudyard Kiplings Buch »Kim« bekannt gewordene Kanone »Zam Zammah« vor der alten Punjab-Universität

einige Wissenschaftler bezweifeln, daß es Anarkali überhaupt gegeben hat.

Die Lower Mall stößt auf die ehemalige Upper Mall, welche heute Shahrah-e-Quaid-e-Azam heißt, die Pracht- und Hauptstraße der Stadt. Hier im Zentrum der modernen Stadt befinden sich die alte **Punjab-Universität,** das Lahore-Museum und die berühmte **Kanone Zam-Zammah,** von der es gleich zu Anfang im ersten Kapitel von Rudyard Kiplings Buch »Kim« heißt: »Er (Kim) saß, alle städtischen Verordnungen mißachtend, rittlings auf der Kanone Zam-Zammah, die auf ihrem Backsteinsockel gegenüber dem alten Ajaib-Gher stand – dem ›Wunderhaus‹, wie das Museum von Lahore im Volksmund heißt. Wer Zam-Zammah, den feuerspeienden Drachen, in seinen Besitz bringt, beherrscht den Punjab, denn das Bronzestück ist immer die erste Beute des Eroberers.« Das **Lahore-Museum,** das älteste des Landes, sollte man auf jeden Fall besuchen. Die Gandhara-Galerie mit Reliefs und Statuen aus Taxila (S. 194), darunter die berühmte Darstellung des fastenden Buddha, ist die wichtigste der acht Abteilungen. Sehenswert sind auch die Münzsammlungen vom 6. Jh. v. Chr. bis zur Gegenwart, die Miniaturen, die Trachtenabteilung und die Islamische Galerie mit den verschiedenartigsten Zeugnissen des Kunsthandwerks.

Der bunte **Anarkali-Basar** und die Lake Road führen zum **Chauburji,** knapp 2 km südlich des Anarkali-Mausoleums an der Kreuzung der Straßen nach Multan und Bahawalpur. Dieses Bauwerk bildete den Eingang zum früheren Garten der Zebunnissa Begam, der Tochter Kaiser Aurangzebs. Sie war eine bekannte und beliebte Dichterin, deren Werke in persischer Sprache noch heute gern gelesen werden. 1,5 km südlich von Chauburji an der Multan Road ist noch das **Torgebäude von Nawankot** sehenswert. Die Außenwände im Osten, Süden und Norden sind mit ornamentalen Kachelmosaiken in Orange, Blau und Grün dekoriert. Der Mogulgarten, zu dem das Tor einst führte, existiert nicht mehr.

In der Nähe des **Lahore City-Bahnhofs** östlich der Altstadt befindet sich mit der im Jahr 1635 erbauten **Dai Anga-Moschee** ein weiteres Schmuckstück Lahores. Jenseits der Eisenbahnlinie führt die Grand Trunk Road zu den Shalimar-Gärten. Abstecher führen nördlich dieser Straße zum Torweg von **Gulabi Bagh** mit exquisiter Kalligraphie und Kacheldekoration, zum **Dai Anga-Mausoleum,** einst mit feinen Mosaikarbeiten dekoriert, und zum nahen **Sarwala Maqbara,** dem »Zypressengrabmal«, einem der späteren Bauwerke der Mogul-Architektur. Sein Name rührt von den Zypressen her, die in Mosaik zwischen Blumendekorationen an allen vier Seiten des Bauwerks eingelegt sind. Ein südlicher Abstecher von der Grand Trunk Road führt zu dem **Ali Mardan Khan-Mausoleum.** Nur noch wenige Spuren der einstigen Verzierungen sind erhalten. Die Kuppel scheint einst mit weißem Marmor und eingelegten Blumenmustern in schwarzem Marmor bedeckt gewesen zu sein.

Die 16 ha großen **Shalimar-Gärten** wurden auf Anordnung des Mogulkaisers Shah Jehan 1641/42 in genau 17 Monaten und 4 Tagen angelegt (geöffnet tägl. im Sommer 7–18 Uhr, im Winter 8.30–16.30 Uhr). Sie erstrecken sich über drei Ebenen, die von Süden nach Norden abfallen und mit einer Reihe von Garten- und Sommerhäusern ausgestattet sind. Die erste und höchste Terrasse liegt 4,5 m über der mittleren, hieß ursprünglich *Farah Bakhsh.* Die mittlere und die unterste, die Höhendifferenz zwischen ihnen beträgt 1,5 m, wurden *Faiz Bakhsh* genannt. *Farah Bakhsh* war ursprünglich ein Blumenparadies, *Faiz Bakhsh* überwiegend ein Obstgarten mit Aprikosen-, Pfirsich-, Mango-, Apfel-, Kirsch- und Apfelsinenbäumen. Auf dem gesamten indisch-pakistanischen Subkontinent gab es zur Mogulzeit nur drei dieser großzügigen und prachtvollen Zeugnisse orientalischer Landschaftsarchitektur, und zwar in Srinagar (1618/19 angelegt), Lahore (1641/42) und Delhi (1653). Davon existieren heute nur noch die beiden ersten. Eine hohe Ziegelmauer mit Kuppelbauten an den Ecken umschließt die Gesamtanlage, die früher von weiteren Gärten umgeben war. Der oben erwähnte Toreingang zum Rosengarten, **Gulabi Bagh,** ist noch erhalten. Der Garten selbst existiert nicht mehr. Die Shalimar-Gärten zeichnen sich durch kunstvoll angelegte, durch Stege voneinander getrennte Wasserbecken und Kanäle mit insgesamt 412 Fontänen sowie Lusthäuschen und Promenaden *(Khayabans)* aus. Das Wasser wird zur Südterrasse geleitet und fließt von dort über ein sorgfältig ausgearbeitetes System in alle Teile des Gartens. Man betritt ihn heute von der oberen Terrasse durch das *Aramgah,* das frühere Rast-

Das kunstvoll mit einer Kaskade, Fontänen, Pavillons und einer über Stege betretbaren Insel angelegte Wasserbecken im Mittelpunkt der Shalima-Gärten Lahores

haus Shah Jehans. Dieser Gartenteil war ehemals den kaiserlichen Damen vorbehalten. Auf der Westseite waren die Schlafgemächer *(Khwabgah)* der Kaiserin eingerichtet. An jeder Ecke der Terrasse steht ein Turm *(Burj),* überdeckt von einem achteckigen Sandsteinpavillon. Das Königsbad *(Hammam)* befindet sich an der Südostecke der Mittelterrasse, es umfaßt einen geräumigen Ankleideraum *(Rakht Khana),* ein Kaltbad *(Sard Khana)* sowie ein Warmbad *(Garm Khana).*

Das Wasser fließt über eine große Marmorkaskade unterhalb des kaiserlichen Marmorthrons in das 60 m lange Hauptbecken des mittleren Gartens, das Glanzstück der gesamten Gartenanlage. Ein Steg führt zu einer Insel in der Mitte. Am Ost- und Westrand des mit Fontänen übersäten Beckens stehen zwei Pavillons. Ursprünglich wurden die Shalimar-Gärten durch die beiden imposanten Haupttore der westlichen und östlichen Umfassungsmauer des unteren Gartens betreten, so daß sich die Wirkung auf den Betrachter ständig steigerte.

Während der Herrschaft der Sikhs in Lahore (1767–1846) wurden alle Marmordekorationen entfernt, andere Bauwerke damit verziert, dann sogar die Becken zugeschüttet und die Gärten landwirtschaftlich genutzt. Das gleiche Schicksal widerfuhr den Shalimar-Gärten in Delhi. Die letzten Herrscher des Sikh-Reiches ließen jedoch die Gartenanlagen in Lahore mit ihrer Wasserversorgung wiederherstellen.

Zwei sehenswerte Bauwerke Lahores stammen aus neuester Zeit. Der **Minar-e-Pakistan** im **Iqbal-Park** ist ein 59 m hoher Turm, der zur Erinnerung an die Entstehung Pakistans errichtet wurde. An dieser Stelle faßte die Muslim-Liga 1940 den Beschluß, auf die Gründung eines selbständigen muslimischen Staates hinzuarbeiten. Der **Islamic Summit Minar** an der Ecke Shahrah-e-Quaid-e-Azam/Montgomery Road wurde 1977 als bleibende Erinnerung an die 2. Islamische Gipfelkonferenz, die 1974 in Lahore stattfand, fertiggestellt. Ein einfacher, schlanker weißer Marmorpfeiler erhebt sich eindrucksvoll aus einem Wasserbecken 47 m in die Höhe.

Die belebte Railway Road im Zentrum Lahores

Ausflug nach Shahdara und zum Hiran Minar

Nicht weit vom Stadtzentrum entfernt, an der Straße Richtung Rawalpindi, kommt man nach Überquerung des Ravi-Flusses auf der Grand Trunk Road nach **Shahdara.** Hier befindet sich das **Jehangir-Mausoleum,** errichtet zu Ehren des Kaisers, der 1627 nach einer Regierungszeit von 22 Jahren starb (geöffnet tägl. im Sommer 7–18 Uhr, im Winter 8.30–16.30 Uhr). Das einstöckige quadratische Gebäude steht in einem großen Garten. Es ist aus rotem Sandstein mit eingelegten Dekorationen aus weißem und schwarzem Marmor errichtet. Im Verhältnis zur umbauten Fläche erscheint das Bauwerk sehr niedrig, die vier hohen, fünfstöckigen Minarette mildern aber diesen ersten Eindruck. Das kunstvoll durchbrochene Marmorgitter des Daches wurde Anfang des 19. Jh. entfernt, nach Amritsar (Indien) gebracht und dort zur Dekoration des berühmten Sikh-Tempels verwandt. Der Grabstein des Kaisers aus weißem Marmor

ist mit Blumenmustern und den 99 Lobpreisungen Allahs geschmückt. Ein weiteres schönes, aber vernachlässigtes Grabmal ist im Hof des Jehangir-Museums zu bewundern. Es gehört Asif Khan, einem Schwager des Mogulherrschers.

Das **Nur Jehan-Mausoleum,** ebenfalls in Shahdara, ist ein einfacher, auf einer Plattform errichteter einstöckiger Bau. Nur Jehan, die Frau Jehangirs, deren Name wörtlich »Licht der Welt« bedeutet, überlebte ihren Mann um 18 Jahre. Sie ließ das Grabmal schon zu ihren Lebzeiten erbauen. (Das vordere Grabmal ist das von Nur Jehan, das andere das von Lakli Begum, ihrer Tochter aus erster Ehe.)

Etwa 40 km nordwestlich von den Grabstätten Jehangirs und Nur Jehans befindet sich der achteckige, 30 m hohe, aus Backstein errichtete **Hiran Minar,** der Wild- oder Hirschturm. Der Überlieferung nach soll Kaiser Jehangir dieses Bauwerk zur Erinnerung an seine Lieblingsantilope Mansraj angeordnet haben. Man sagt, daß die Überreste des toten Tieres sich in dem kleinen Backsteinbau nördlich des Turmes befinden. Die ursprüngliche Funktion des früher von dichtem Wald umgebenen Denkmals war die eines Wachturms. Die geräumige Plattform, auf welcher Hiran Minar erbaut wurde, liegt in einem künstlichen See. Durch einen Torbogen betritt man die Brücke mit zwanzig Bögen, die zu dem Turm hinführt. Eine Wendeltreppe ermöglicht den Aufstieg zur oberen Plattform und eine weite Sicht auf die ehemaligen Jagdgründe des Mogulherrschers, die heute landwirtschaftlich genutzt werden. Die wenigen erhaltenen Innendekorationen, insbesondere Blumenarabesken, vermitteln noch einen Eindruck von der einstigen Pracht.

Lahore von A bis Z

Apotheken

Boots Pure Drug Company, 5, Mall Mansion, Shahrah-e-Quaid-e-Azam, Tel. 32 22 94-5

Chemsel, 19, McLeod Rd., Tel. 6 78 60

E. Plomer & Co., 26, Shahrah-e-Quaid-e-Azam, Tel. 35 04 46 u. 7 23 71 00

Imperial Medical Hall, Lohari Gate, Tel. 7 58 11 71

Pakistan Medicine, 3, Anarkali Basar, Tel. 5 48 86

Autovermietung

Avis, Avari Ramada Renaissance Hotel, Tel. 21 44 42 u. 6 36 53 66 Ext. 454, Fax 0 42/5 81 65

Din Tours, Falletti's Hotel, Egerton Rd., Tel. 6 36 39 46 Ext. 84

Executive Rent-a-Car, Tel. 6 36 02 10 Ext. 28

Lahore Tours, gegenüber Gymkhana, Tel. 87 24 81 u. 87 40 34

Qureshi Tours, Hotel Ambassador, Tel. 6 30 18 61, und Services International, Tel. 87 01 13

Banken

Allied Bank of Pakistan, 42, Bank Square, Shahrah-e-Quaid-e-Azam, Tel. 6 27 92 82

American Express, 85, Shahrah-e-Quaid-e-Azam, Tel. 6 27 92 32-5

Chartered Bank, Bank Square, Shahrah-e-Quaid-e-Azam, Tel. 21 26 31

Deutsche Bank (Asia), P.O. Box 1651, Escorts House, 26, Sir Aga Khan Rd., Tel. 6 36 44 40, Fax 6 36 44 24

Grindlays Bank, Bank Square, Shahrah-e-Quaid-e-Azam, Tel. 7 22 98 81

Habib Bank, Shahrah-e-Quaid-e-Azam, gegenüber dem High Court, Tel. 32 35 15

Middle East Bank, Shahrah-e-Quaid-e-Azam, Tel. 3 11 46 61

Metropolitan Bank, Associated House, Egerton Rd., Tel. 6 27 90 62-5, Fax 6 27 90 61

Muslim Commercial Bank, Bank Square, Shahrah-e-Quaid-e-Azam, Tel. 6 31 05 52 u. 6 32 03 35

National Bank of Pakistan, Model Town, Fax 85 20 67

United Bank, Alfalah Building, Tel. 6 36 79 45-6; und Dyal Singh Mansion, (beide Shahrah-e-Quaid-e-Azam)

Buchhandlungen

Ferozsons (Verlag und Buchhandlung), 60, Shahrah-e-Quaid-e-Azam, Tel. 6 36 13 09-10 (große Auswahl an englischsprachiger Literatur) in derselben Straße:

Lion Art Press, 112, Tel. 30 44 44

Mirza Book Agency, 65, Tel. 32 41 81

Vanguard Books, 45, Tel. 31 10 64

Busverkehr

Für den Government Transport Service (GTS) ist die Haltestelle am Lahore-City-Bahnhof zuständig. Ansonsten ist Badami Bagh der wichtigste Busbahnhof in Lahore. GTS-Busse fahren vom frühen Morgen bis zum späten Abend im 10-Minuten-Takt nach Faisalabad (140 km); nach Rawalpindi (258 km) und Peshawar (453 km) im 20-Minuten-Takt; nach Sarghoda (200 km) und Multan (352 km) halbstündlich; nach Sialkot (182 km) gegen 10 Uhr und 15 Uhr; der Fahrpreis beträgt 0,13 pR pro km.

Kleinere private Gesellschaften verkehren auf der Strecke nach Rawalpindi (70 pR) und Peshawar (120 pR) mit Kleinbussen, die Flying Coach, New Flying Coach und Greyhound heißen – nicht zu verwechseln mit der großen amerikanischen Gesellschaft! Diese Busse warten in Bahnhofsnähe am City und Asia Hotel, ihre Abfahrtszeiten und die Häufigkeit der Fahrten richten sich hier ganz nach der Anzahl der Passagiere.

Von dieser Haltestelle aus fahren auch die klimatisierten Busse der Blue Lines und der New Khan Road Runners. Um 21.30 Uhr startet der Bus nach Karachi, Fahrtdauer ca. 22 Std. (356 pR); nach Rawalpindi stündl. 7–24 Uhr (70 pR); nach Peshawar stündl. 7.30–20 Uhr (110 pR); nach Multan stündl. 10–17.30 Uhr (90 pR); mehrmals tägl. nach Sargodha (31 pR), Sahiwal (41 pR), Jhang (61 pR). Um 10, 12, 21 Uhr fährt ein Bus nach Bahawalpur (100 pR); 11 und 22.30 Uhr nach Dera Ghazi Khan (100 pR); 17.30 und 22.15 Uhr nach Rahimyar Khan (141 pR).

Das Inter City Transport System (Faletti's Hotel, Tel. 6 36 72 13 u. 6 80 17 62) setzt klimatisierte Busse zwischen Lahore und Rawalpindi ein; Abfahrt 9, 15, 19, 23 Uhr von Faletti's Hotel, Fahrzeit $5^1/_2$ Std. (75 pR).

Zum gleichen Preis kann man Reisebusse der Tourism Development Corporation Punjab benutzen, die um 9, 10, 12, 16, 24 Uhr vom Informationszentrum (4-A, Lawrence Rd., Tel. 31 09 52) nach Rawalpindi abfahren. Eine weitere Linie geht nach Multan um 14 und 24 Uhr, die Fahrt dauert 7 Std. und kostet 90 pR.

Eisenbahn

Lahore ist Pakistans wichtigster Bahnknotenpunkt und Sitz der Hauptverwaltung. Auskunft erhält man über Tel. 32 03 43 oder 32 54 45-46.

Reservierungen: Hauptbahnhof, Tel. 37 00 72, oder Cantonment-Bahnhof, Tel. 30 31 27

Flüge

Das PIA-Stadtbüro befindet sich in der Khalifa Shujauddin Road, ein neuer, noch kaum benutzter Name für die Eggerton Rd., gegenüber Faletti's Hotel, Tel. 30 05 52 42 u. 30 64 11.

Fluginformation: Tel. 37 73 16; Flughafen: Tel. 3 78 00 61.

Das Büro der Indian Airlines befindet sich im Ambassador Hotel, Davis Road.

Hotels (Auswahl)

4 Sterne

Avari Ramada Renaissance, 87, Shahrah-e-Quaid-e-Azam, Tel. 6 36 53 66, Fax. 6 36 53 67 (187 Zimmer)

Pearl Continental, Shahrah-e-Quaid-e-Azam, Tel. 6 36 02 10, Fax 6 36 27 60 (489 Zimmer)

3 Sterne

Ambassador, 7, Davis Rd., Tel. 6 30 18 01 u. 6 30 18 61 (60 Zimmer)

2 Sterne

Faletti's, Egerton Rd., Tel. 36 39 46, Fax 6 36 48 19

Services International, Tel. 87 02 81, Fax 5 71 23 63

1 Stern

Asia, Nähe Lahore City Station, Tel. 6 36 64 49 u. 6 36 64 50

Lahore, Kashmir Building, McLeod Rd., Tel. 7 23 59 60 (161 Zimmer)

Menora, 41, McLeod Rd., Tel. 6 36 31 23 u. 7 22 40 28 (46 Zimmer)

Motel Country Club, 195 A, Shahrah-e-Quaid-e-Azam, Tel. 31 03 46 u. 6 30 35 89

Orient, 74 McLeod Rd., Tel. 7 22 39 06 (37 Zimmer)

Ohne Klassifizierung

Chamber, Nähe Lahore City-Bahnhof, Tel. 6 36 64 73 (33 Zimmer)

Nemat Kadah, 2, Anarkali, Tel. 7 24 94 11

New, 6, Montgomery Rd., Tel. 6 36 31 23 (36 Zimmer)

Parkway, Nähe Lahore City-Bahnhof, Tel. 6 36 59 08 (64 Zimmer)

Royal City, Lahore City Station, Tel. 6 36 95 01 (28 Zimmer)

Salvation Army, 35, Jinnah Rd., Tel. 35 34 22

Shabistan, Nähe City-Bahnhof, Tel. 6 36 67 44 (33 Zimmer)

Shobra, 55, Nicholson Rd., Tel. 6 36 49 60 (28 Zimmer)

Uganda, 45, McLeod Rd., Tel. 6 36 43 93-4 (40 Zimmer)

Billighotels

Al Qasim, Tel. 7 39 32

Five Star, Tel. 7 69 50

Kamran, Tel. 21 01 45

Khanis, Tel. 7 31 01

Neelab, Tel. 21 42 55

New Mehran, Tel. 7 67 39

Paradise, Tel. 7 56 31

Rose, Tel. 21 07 55

Shangrila, Tel. 7 36 88

Sharja, Tel. 21 65 84

Shezad, Tel. 7 57 41

Sindbad, Tel. 7 50 20

Three Star, Tel. 6 11 60

Tourist Inn, Tel. 77 56 32

Zabeel Palace, Tel. 6 02 26

Information

Tourism Development Corporation, Punjab, Information Centre, 4-A, Lawrence Rd., Tel. 6 36 96 86

Tourist Information Centre, PTDC, Faletti's Hotel, Egerton Rd., Tel. 6 36 09 46

Jugendherbergen

Youth Hostel, 110-B, Firdous Market, Gulberg III, Tel. 87 82 01

YMCA – Christlicher Verein Junger Männer, 16, Shahrah-e-Quaid-e-Azam, Tel. 7 35 44 30-1

YWCA – Christlicher Verein Junger Frauen, 14, Fatima Jinnah Rd., Tel. 6 30 47 07

Kinos

Es gibt über 70 Kinos in Lahore. Überwiegend englischsprachige Filme zeigen:

Al-Falah, Shahrah-e-Quaid-e-Azam, Tel. 6 30 15 51

Al-Hamara, Nähe Lahore City-Bahnhof

Plaza, Charing Cross, Tel. 6 21 04

Kirchen

Katholische Kirchen

Catholic Cathedral of Lahore, Lawrence Rd.; St. Anthonys Church, Empress Rd.; St. Josef's Church, Lahore Cantonment

Protestantische Kirchen

St. Andrew's Church, Empress Rd.; Lahore Cathedral, Shahrah-e-Quaid-e-Azam; Naulakha Church, Empress Rd.

Krankenhäuser

General Hospital, Ferozepur Rd., Tel. 5 81 08 94

Lady Aitchinson Hospital, Hospital Rd., Tel. 7 22 74 87

Lady Willington Hospital, Ravi Rd., Tel. 7 65 90 01

Mayo Hospital, Nisbet Rd., Tel. 62 70 12 01

United Christian Hospital, Gulberg Main Boulevard, Tel. 87 03 78

Kulturzentren

American Centre, 77-E-Q, Gulberg III, Tel. 6 36 75 91

British Council, 32, Mozang Rd., Tel. 6 36 24 97-8

French Cultural Centre, 20-E-2, Gulberg III, Tel. 87 60 43

Goethe-Institut, 92-E-1, Gulberg III, Tel. 87 71 18

Museen

Allama Iqbal Memorial Museum, Allama Iqbal Rd., Tel. 6 36 70 45; geöffnet 8.30–12 und 14.30–17 Uhr, Mi geschlossen

A.R. Chugtai-Museum, 4, Garden Town Mimar Lane, Tel. 85 07 33; geöffnet 14–16 Uhr, an Feiertagen geschlossen

Faquir Khana-Museum, Nähe Bhati-Tor, Tel. 7 65 84 29, ggf. Nachfrage

Fort-Museum, Lahore-Fort, Tel. 32 28 35 40

Lahore-Museum, Shahrah-e-Quaid-e-Azam, Tel. 32 28 35 40; geöffnet 9–17 Uhr, Sa geschlossen

National Museum of Science and Technology, Grand Trunk Rd., Tel. 33 92 99; tägl. geöffnet 8.30–14.30 Uhr, Fr und an Feiertagen geschlossen

Polizei

Ausländerregistrierung (Foreigners Registration Office), off Lower Mall (Nähe District Court), Tel. 31 01 65

Post

Lahores Hauptpostamt liegt an der Shahrah-e-Quaid-e-Azam und ist geöffnet Sa–Mi 7–21 Uhr, Do 7–13 und 15–21 Uhr, Fr geschlossen. Paketannahme 9–20 Uhr, Geldüberweisungen 9–14 Uhr. Tel. 7 24 35 80, 7 35 44 81-3

Reisebüros

American Express, Rafi Rd., Tel. 6 27 92 32-5

Highland Travels (Pak), YMCA-Building, Shahrah-e-Quaid-e-Azam, Tel. 32 41 78

Indus Guides, 7-E, Gulberg II, Tel. 8 72 18 75, Fax 5 71 23 29

International Travel Services, 62-A, Wapda House, Shahrah-e-Quaid-e-Azam, Tel. 21 36 35 u. 21 49 10

Transglobal International, 14-A, Davis Rd., Tel. 30 24 27

Travel Easy, Gulberg II, Tel. 6 30 41 90, Fax 6 27 89 49

Travel Walji's, Ali Complex, 23, Empress Rd., Tel. 21 44 42 u. 6 36 78 45, Fax 6 36 61 46

Restaurants (Auswahl)

Caspian, 73 The Mall, Tel. 6 30 15 17

Hong-Kong, 85-D-1, Gulberg III, Tel. 87 04 56 (chinesisch)

Kim Mun, Shahrah-e-Quaid-e-Azam, Tel. 6 30 11 82 (chinesisch)

Majing, Gulberg III, Tel. 87 04 11 (chinesisch)

Menage, 75-D-1, Main Boulevard, Gulberg II, Tel. 87 04 11

Nanking, 129-E-1, Gulberg III, Tel. 87 08 33 (chinesisch)

Paradise, 1, Commercial Zone, Liberty Market, Tel. 87 83 34

Rubiya, 32-E, Main Boulevard, Gulberg II, Tel. 87 88 21

Salloos, WAPDA House, Tel. 6 36 71 49-37

Shanghai, 62, Main Gulberg, Tel. 87 74 18 (chinesisch)

Shezan, 7, Dayal Singh Mansion, Shahrah-e-Quaid-e-Azam, Tel. 7 24 41 06

Tabaq, 2-K, Main Boulevard, Gulberg II, Tel. 87 50 71

Tai Wah, 78-E-1, Gulberg II, Tel. 87 39 15 (chinesisch)

Tung Fong, 130-E-1, Gulberg III, Tel. 87 05 61 (chinesisch)

Telegrafenamt

Das Telegrafenamt liegt schräg gegenüber der Hauptpost in der Shahrah-e-Quaid-e-Azam, Tel. 6 07 21

Die Hauptstadt Islamabad

Lage und Geschichte

Als man 1959 beschloß, das Städtchen Islamabad, 16 km nördlich von Rawalpindi am Fuß der Margalla-Hills und anderer Ausläufer des Himalayas gelegen, zur neuen Hauptstadt Pakistans zu küren, lebten dort gerade 50000 Menschen. Das ehrgeizige Unternehmen, in der schönen nördlichen Landschaft eine neue, moderne, zeitgemäß ausgestattete Regierungszentrale aufzubauen, brachte natürlich verschiedene Anfangsschwierigkeiten mit sich; so mußte zunächst das benachbarte Rawalpindi etliche Verwaltungseinrichtungen vorübergehend aufnehmen. Auch als 1965 Islamabad endgültig zum Verwaltungszentrum erklärt wurde, hatte sich noch wenig an der Situation geändert. 1969 war die Einwohnerzahl gerade auf bescheidene 60000 Menschen angewachsen. Seitdem hat sich jedoch eine beachtliche Entwicklung vollzogen. Die großzügig angelegte Stadt, deren Regierungs- und Verwaltungsbauten von Grünflächen aufgelockert werden, hat heute etwa 350000 Einwohner. Dennoch ist die neue Hauptstadt Pakistans immer noch zu jung, um große touristische Aufmerksamkeit zu wecken – es sei denn, der Besucher interessiert sich für moderne Architektur und Stadtplanung, die nach dem Meisterentwurf von Constantine Doxiadis und dem Konzept des japanischen Landschaftsarchitekten Kimio Kondo verwirklicht wurden.

Die wichtigsten Sehenswürdigkeiten

Auch bei einem Kurzbesuch der Hauptstadt sollte man eines der imposantesten Bauwerke Islamabads nicht auslassen: Am Nordende der Shahrah-e-Islamabad bzw. 8th Avenue über die Kreuzung mit der Khayaban-e-Iqbal hinaus befindet sich in erhöhter Lage zu Füßen der Margalla-Berge in einem weitläufigen Park die **Shah Faisal Masjid,** eine Moschee, die nach ihrem Stifter, König Faisal von Saudi-Arabien, benannt wurde. Die pyramidenförmige, freitragende Gebetshalle bietet Platz für 20000 Gläubige. Ihr Inneres wird von einem riesigen Kronleuchter erhellt, der in Österreich hergestellt wurde und rund 30 t wiegt. Als König Faisal 1966 Pakistan besuchte, fand er Gefallen an dem für den Bau der Moschee vorgesehenen Platz, von dem aus man ganz Islamabad überblicken kann, und erklärte sich bereit, die Kosten des Gebetshauses zu tragen. Nach der Ermordung König Faisals wurde beschlossen, das Bauwerk nach ihm zu benennen. Die 1976 in Angriff genommenen Bauarbeiten wurden mit schweizerischer Hilfe ausgeführt und 1988 vollendet. Die vier weit sichtbaren, schlanken Minarette erreichen über 90 m Höhe, sie sind die höchsten auf dem südasiatischen Kontinent. Der Gesamtkomplex enthält außerdem noch Räumlichkeiten für ein islamisches Forschungszentrum, eine Bibliothek, ein Museum und ein Auditorium. Damit verfügt Islamabad über eine für die ganze islamische Welt bedeutende Einrichtung. Die Moschee hat dazu beigetragen, daß die pakistanische Hauptstadt viel von ihrer Sterilität verloren und Farbe gewonnen hat.

Natürliche Farbenpracht lockt im Nordosten der Stadt: Dort wurde der große **Rose and Jasmine Garden** angelegt, in dem 250 verschiedene Ro-

Stadtplan Islamabad

Die von König Faisal von Saudi-Arabien gestiftete Shah Faisal Masjid, von der aus man ganz Islamabad übersehen kann

senarten auf Bewunderer warten. Daß Islamabad künftig nicht nur die moderne Entwicklung des Landes spiegeln, sondern auch die Geschichte repräsentieren soll, spürt man beim Besuch im **Institute of Folk an Traditional Heritage,** Lok Visa, das sich der Pflege alten Brauchtums angenommen hat. Das Institut liegt im Grünen und beherbergt eine Sammlung von Musikinstrumenten, Trachten und altem Schmuck sowie eine ganze Notenbibliothek mit traditioneller Volksmusik. Um dort hinzukommen, muß man nach dem Zero Point in Richtung Rawalpindi fahren und in der Garden Avenue nach links abzweigen. Das Institut ist von dort noch 1,5 km entfernt (geöffnet 9–13 und 14–17 Uhr außer Fr und Mo). Wer sich mehr für zeitgenössische Kunst interessiert, sollte dem **Pakistan National Council of Art** einen Besuch abstatten, der zwei Kunstgalerien unterhält: die National Art Gallery, 73, Street 22, F 6/2, und in der Nähe, in der 25. Straße, die Gallerie Sadequain.

Die gesamte nähere Umgebung Islamabads ist reich an reizvollen Ausflugszielen. Zu Füßen der Margalla-Hills liegt der schöne **Shakarparian-Hügel,** dessen Grün zum Picknick einlädt und einen Rundblick über die Stadt und das nahe Rawalpindi bietet. Ebenfalls eine schöne Aussicht auf die Hauptstadt hat man vom **Daman-e-Koh,** einem Terassengarten am Nordwestrand Islamabads. Boote mieten und Erholung suchen am Gestade eines Sees kann man am Rawal Lake, der nur wenig vom Stadtzentrum entfernt an der Straße nach Murree liegt.

Islamabad von A bis Z

Bank

National Bank, Al-Markaz F-8,
Tel. 85 51 24, Fax 25 08 34

Busse

Der zentrale Busbahnhof befindet sich an der Khayaban-e-Suhrawardy, Ramna 6. Dem Busbahnhof ist ein zentraler Taxistand angeschlossen.

Camping

Einen Campingplatz für Touristen ist in der Nähe des Rose and Jasmine Garden zu finden.

Flüge

Der internationale Flughafen von Islamabad, der auch für Rawalpindi zuständig ist, liegt ziemlich genau zwischen beiden Städten. Informationen über Flüge, Tickets usw. vermittelt das Stadtbüro der nationalen Fluggesellschaft PIA, 49, Blue Area, Auskunft und Reservierung: Tel. 21 54 63, 81 50 41, 82 50 91, Fax 82 63 54.

Hotels (Auswahl)

4 Sterne

Marriott, Aga Khan Rd., Shalimar 6, Tel. 82 61 21, Fax 82 06 48, 82 21 17, 82 51 13

3 Sterne

Holiday Inn, Civic Centre, Tel. 82 73 11, Fax 82 07 33

2 Sterne

Ambassador, Aab Para, Tel. 82 40 11

Capital, Iqbal Hall Rd., Tel. 81 50 90, Fax 81 50 97

Dreamland, Islamabad Club Rd., Tel. 81 43 81, Fax 81 58 86

Lake View, Islamabad Club Rd., Tel. 82 13 86, Fax 82 23 94

Margalla, 1, Kashmir Highway, Tel. 81 33 45, Fax 21 69 82

1 Stern

Pak Tours Motel, Rawal Dam, Tel. 82 45 03

Blue Star, Sector G-8/4, Tel. 85 28 10

Capital Inn, Sector G-8 Markaz, Tel. 25 61 47

Paradise, Sector G-8/1, F.I.A. Chowk, Tel. 85 52 65

PTDC, House No. 2, Street 61 F-7/4, Fax 82 41 73

Information

Auskunft und praktische Hilfe erhält der Reisende in Islamabad durch das Büro der PTDC, House No. 2, Street 61, F-7/4, P. O. Box 1465, Islamabad 44000, Tel. 61 10 01-4, und PTDC (Motel Reservation), Block No. 4-B (Ground Floor), Markaz F-7, Bhitai Road, Jinnah Super Market, Tel. 21 82 32, 81 29 57, 81 23 84, Fax 21 82 33

Krankenhäuser

Central Government Poly Clinic, Ramna 6, Tel. 21 83 00

CDA Medical Centre, Services Capital Hospital, Sector G-6/1, Tel. 81 12 97

International Medical Centre, 7th Avenue, G-7/4, Tel. 81 67 11-15

Pakistan Institute of Medical Sciences, Sector G-8, Tel. 8 59 11-20

National Health Laboratory, Sector 4-B, Khayaban-e-Sir Syed, Tel. 41 49 06

Post und Telefon

General Post Office, Civic Centre, Ramna 6, Tel. 82 59 57

Telegraph Office, Khayaban-e-Quaid-e-Azam, Shalimar 5, Tel. 82 15 79

Reisebüros

American Express, I-E, Ali Plaza, Blue Area, Tel. 21 24 25, 82 14 80, 82 70 53, Fax 81 48 39

Omer Travels, 8, Plot 1-A, Shahid Plaza, Blue Area, Tel. 81 48 85, Fax 21 63 60

Panorama Travel & Tours, Plot 16, W-Shop-8, Safdar Mansion, Blue Area, Tel. 81 52 66, Fax 21 45 48

Walji's Travel Bureau, 10, Khayaban-e-Suhrawardy, P.O. Box 1088, Tel. 21 07 58-9, Fax 21 07 62, 21 43 31

Restaurants (Auswahl)

Avenue, Shalimar 6, Tel. 81 51 11

Golden Dragon, F-7/3, Round Market, Tel. 82 73 33

Jal Tarang, Rawal Dam, Tel. 82 12 16

Kamran, Aab Para, Ramna 6, Tel. 82 06 02

Kao Wah Chinese Restaurant, Shop 1, Shakil Chambers, Khayaban-e-Suhrawardy, Tel. 82 98 98

Margala Restaurant, Super Market, Shalimar 6/3, Tel. 82 62 09

Moon Grill, Aab Para, Ramna 6, Tel. 82 68 31

Sky Room, Islamabad International Airport, Tel. 82 48 81

Super Restaurant, Super Market, Shalimar 6, Tel. 82 74 40

Tabaq Gourmet, 16 D, West Blue Area, Tel. 82 27 44

The Great Wall, 41, Blue Area (chinesisch)

Usmania, Blue Area, Tel. 8 11 32 45

Rawalpindi

Lage und Geschichte

Als Garnisonstadt und Hauptquartier der Armee verfügt Rawalpindi, die Stadt am Ufer des Ravi, über bedeutendes Eigengewicht innerhalb des jungen pakistanischen Staates, jedoch über wenig Potential, soweit es touristische Attraktionen angeht. Erst als 1959 die Entscheidung gefällt wurde, die Bundeshauptstadt von Karachi ins 16 km von Rawalpindi entfernte Islamabad zu verlegen, gewann Rawalpindi zusätzliche Bedeutung, denn in Islamabad waren die baulichen Voraussetzungen zur Erfüllung der Hauptstadtfunktion noch nicht gegeben: Rawalpindi mußte vorübergehend eine Reihe von Zentralbehörden aufnehmen und die Besucher der neuen, frischgebackenen Hauptstadt beherbergen. Für eine Zeit von mehr als 10 Jahren fiel Rawalpindi die Rolle einer Übergangs-Regierungszentrale zu. Dies hatte zur Folge, daß seine Einwohnerzahl auf über 1 Mill. anwuchs.

Wenn Rawalpindi auch touristisch gesehen zu den weniger interessanten Großstädten Pakistans gehört, so ist es doch als Verkehrsknotenpunkt und vor allem als Ausgangsort für Ausflüge in die Hochgebirgswelt auch für den Besucher aus dem Ausland von Bedeutung. Eine ausreichende Anzahl von guten Hotels ermöglicht einen längeren Aufenthalt. Der internationale Flughafen von Islamabad/Rawalpindi spielt nicht nur im innerpakistanischen Verkehr eine bedeutende Rolle. Auch einige internationale Flüge gehen von hier aus nach London, Frankfurt, Peking und Tokio. Besonders wichtig ist Rawalpindi aber als Tor zur Bergwelt: Hier starten die unvergleichlichen Flüge in die Gebirgstäler von Gilgit (S. 270) und Skardu (S.276).

Die wichtigsten Sehenswürdigkeiten

In der Stadt selbst lohnt vor allem das **Armee-Museum** an der Iftikhar Khan Road einen Besuch, wo nicht nur alte Waffen, sondern auch Uniformen und Darstellungen bedeutender militäri-

Buntbemalter Lastwagen und Bus in Rawalpindi

Stadtplan Rawalpindi

i	Touristen-Information	★	Sehenswürdigkeit
	Post	M	Museum
+	Krankenhaus	H	Hotel

0 500 1000 m

Alltag auf einem Straßenbasar in Rawalpindi

scher Ereignisse aus der Vergangenheit gezeigt werden (geöffnet im Sommer 8–12 und 17.30–19 Uhr, im Winter 9–15 Uhr). Ein Stückchen weiter nördlich, an der Mall, stößt man auf das Zentrum des modernen Rawalpindi mit dem **Tourist Information Centre** der PTDC, zahlreichen Hotels und größeren Geschäften. Wer allerdings nach typischen Produkten Rawalpindis sucht, wird diese eher im alten Teil der Stadt, jenseits des Ravi, finden. Der **Sarafa-Basar** an der Jamia Masjid Road ist berühmt für seine kunsthandwerklichen Gegenstände aus gehämmertem Silber, Gold und Kupfer. In den anderen Basaren der Altstadt (Kashmir-, Rajah-, Moti- und Bhabra-Basar) sowie an der Straße nach Islamabad und Murree findet man handgearbeitete Möbel aus Walnuß- und Shishamholz mit schönen Einlegearbeiten, Schals und andere Kleidungsstücke aus Kaschmirwolle, handgewebte Teppiche und Lederwaren. Wenn man sich dann vom orientalischen Treiben der Altstadt erholen möchte, ist ein Besuch des **Nationalparks** im Süden der Stadt (zu erreichen über die Grand Trunk Road, die hier Shahrah-e-Sher Shah heißt) zu empfehlen. Innerhalb der 5750 ha großen Anlage, die von vielen kleinen Wegen durchzogen ist, findet man einen See, eine Aquarium, einen japanischen Garten und ein schönes Restaurant.

Rawalpindi von A bis Z

Apotheke

Al-Amin Chemist, Al-Amin Plaza, 4 The Mall, links neben dem AWT-Hochhaus

Bahn

Rawalpindi City Railway Station, Taimur Rd., Auskunft und Reservierung: Tel. 56 57 67

Chaklala Railway Station, Chaklala Railway Rd., Tel. 56 28 55

Bank

National Bank, Cantonment, Tel. 56 44 67, Fax 56 85 12

Busse

Pir Wadhai ist die zentrale Busstation Rawalpindis. Kleinbusse sind an der Tippu Road und der Murree Road hinter dem Moti Mahal-Kino zu finden. New Khan Bus Service Tel. 7 22 29. Schnelle Speedway- (Tel. 7 27 81) oder Rakaposhi-Kleinbusse (Tel. 7 41 30) fahren frühmorgens von der Haltestelle in der Nähe des Novelty-Kinos, Rajah Basar, in der Altstadt ab.

Flüge

Das Büro der nationalen Fluggesellschaft PIA befindet sich in der Mall Road, Tel. 56 80 71. Den internationalen Flughafen von Islamabad, der auch für Rawalpindi zuständig ist, erreicht man unter der Telefonnummer 59 10 71, Flugauskunft Tel. 59 15 78.

Am Flughafen stehen Mietwagen zum Festpreis von 100 pR für die Fahrt nach Islamabad oder Rawalpindi zur Verfügung.

Hotels (Auswahl)

3 Sterne

Pearl Continental, The Mall, Tel. 56 60 11, Fax 56 39 27 (200 Zimmer)

2 Sterne

Flashman's, 17/22, The Mall, Tel. 58 14 80 (67 Zimmer)

Kashmirwala Tourist Inn, The Mall, Tel. 58 31 86-9, Fax 58 15 54 (24 Zimmer)

Shalimar, off The Mall, Tel. 7 73 07 82-3, Fax 7 73 43 20 (100 Zimmer)

1 Stern

British Hotel, G.P.O. Chowk, Haider Rd., Tel. 6 73 66 (22 Zimmer)

Gatmell's Motel, Jail Rd., Tel. 82 10 85

Gulnoor, Murree Rd., Tel. 55 41 10

Marhaba, 118, Kashmir Rd., Tel. 56 51 78

Pakland International, 40, Bank Rd., Tel. 56 60 80

Rawal, Committee Chowk, Tel. 55 62 41-5

Sand Hills, Murree Rd., Tel. 55 62 51-4

United, Murree Rd., Tel. 55 62 05-9

Ohne Klassifizierung

Al-Faruq (Farooq), Committee Chowk, Tel. 55 62 00-2 (59 Zimmer)

Holiday, 232, Iftikar Rd., Tel. 56 80 68-70

Marjan, A-306, Jinnah Rd., Tel. 55 08 94 (27 Zimmer)

New Kamran, Kasmir Rd., Tel. 58 20 40 (26 Zimmer)

Park, Murree Rd., Tel. 7 05 94 u. 7 32 84 (30 Zimmer)

Billighotels

Asia, Committee Chowk, Tel. 7 08 98 (36 Zimmer)

Cantonment View, 1667, Hathi Chowk, Tel. 56 78 63 (16 Zimmer)

Century Tourist Inn, Commercial Market, Satellite Town, Tel. 84 49 70 (15 Zimmer)

Paradise Inn, Adamjee Rd., Tel. 6 85 04 (20 Zimmer)

Information

Tourist Information Centre der PTDC, Flashman's Hotel, The Mall, Tel. 58 14 80-84, Fax 56 32 94

Jugendherbergen

Divisional Boy Scout Headquarters, 25, Gulistan Colony (hinter dem Nationalpark), Tel. 21 17 81

YWCA, 65 A, Satellite Town (an der Straße nach Islamabad und Murree), Tel. 41 48 80

Krankenhäuser

District Headquarters Hospital Raja Bazar, Tel. 55 63 12-5

Holy Family Hospital, Satellite Town, Tel. 41 13 77 u. 41 37 94-7

Central Government Hospital, Murree Rd., Tel. 84 77 61-5

Cantonment Hospital, Hospital Rd., Tel. 56 26 54

Polizei

Ausländermeldebehörde (Foreigner's Registration Office), Rashid Minmhas Rd., Tel. 56 27 32

Post und Telefon

General Post Office, GPO, Kashmir Rd., Tel. 58 30 41 (24 Stunden geöffnet)

Telegrafenamt, The Mall, Tel. 56 58 62

Reisebüros

American Express, Rahim Plaza, Murree Rd., Tel. 56 60 01-5

Prince Travel, 23 D, Haider Rd., Tel. 56 81 18

Shakil Express, Haider Rd.,
Tel. 81 56 91-4

Sitara Travel Consultants, Sitara House, 232, Khadim Hussain Rd., P.O. Box 63, Tel. 5 76 47 50, Fax 58 49 58

Shangrila Tours & Travel, 143-N, Murree Rd., Tel. 7 29 48, 7 30 06

Restaurants

Blue Lagoon, The Mall, Tel. 56 53 77

Mei Kong, 32, Haider Rd., Tel. 56 65 77 (chinesisch)

Rajaji, 6, The Mall, Tel. 56 88 96

Shezan, 29 C, Kashmir Rd.,
Tel. 56 57 43

Ausflüge in die Umgebung von Islamabad und Rawalpindi

Nach Murree und in die Galis

Für Besucher, die der unangenehmen sommerlichen Hitze des Tieflandes entkommen möchten und Wert auf Komfort und eine Anreise ohne Strapazen legen, bietet sich ein Aufenthalt in dem ehrwürdigen, traditionsreichen Erholungsort **Murree** an. Dieser liegt ca. 40 km nordöstlich der Hauptstadt Islamabad und 60 km von Rawalpindi entfernt, in 2172 m Höhe inmitten einer reizvollen Berglandschaft. In den Sommermonaten ist hier von den hohen Temperaturen der Ebene nichts zu spüren, im Winter verwandelt sich die Umgebung in eine glitzernde Schneewelt. Hohe Himalaya-Kiefern überziehen die Berghänge, die zu Spaziergängen, Wanderungen oder Ausritten mit Pferden oder Ponys einladen. In dem kleinen Städtchen mit seinen teilweise bunt angestrichenen Holzhäusern stehen den Sommerurlaubern gute Hotels und Rasthäuser zur Verfügung.

Murree und die Galis

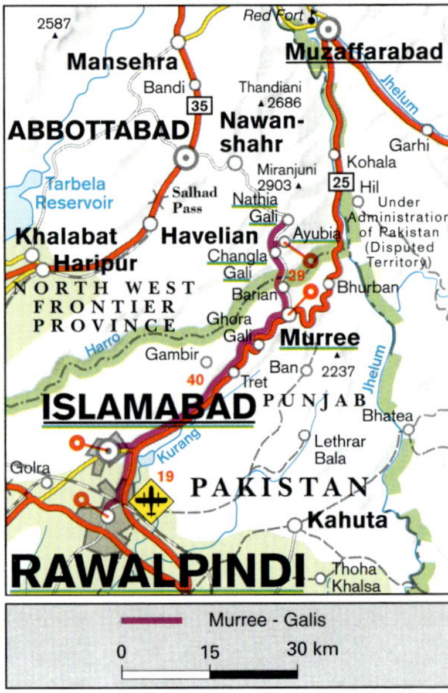

Hotels

3 Sterne

Cecil, Mountain View Rd., Tel. 22 47 u. 31 31-4

Shangrila Murree Resort, Lawrence College Rd., Tel. 20 90

2 Sterne

Blue Pines, The Mall, Tel. 22 30

Brightlands, Imtiaz Shaheed Rd., Tel. 22 70

1 Stern

Kashmir Villa, beim Postamt, Tel. 24 00

Lockwood, Mountain View Rd., Tel. 21 12

Ritz, The Mall, Tel. 23 22

Mall View, Jamshad House, Tel. 22 28 u. 31 11-4

Dil Kusha, Imtiaz Shaheed Rd., Tel. 20 05

Delite, The Mall, Tel. 22 04

Gulburg, The Mall, Tel. 23 01

Information

Tourism Development Corporation of Punjab, The Mall, Tel. 27 29

Restaurants

Fircos Restaurant, The Mall, Tel. 21 25

Sam's Restaurant, The Mall, Tel. 22 34

Von Murree aus führt eine gute, asphaltierte Straße Richtung Abbottabad über Bergkämme in die malerischen **Galis** (in die Bergtäler) Khaira Gali, Changla Gali, Bara Gali und Nathia Gali. Ihre kleinen Dörfer haben sich seit den sechziger Jahren zu Erholungsorten (mit allerdings begrenzter Ausstattung) entwickelt. Gute Unterkunftsmöglichkeiten findet man vor allem in **Nathia Gali:** Shangrila Pines, Tel. 03 51/26 09 97. Das Örtchen **Ayubia,** 29 km von Murree entfernt, besitzt einen Sessellift. Was Ayubia aber bislang noch fehlt, ist eine Zufahrtsstraße, die auch im Winter benutzbar ist. Immerhin wartet dort eine 1 000 m lange Abfahrtsstrecke, die sich insbesondere für Anfänger eignet, auf Liebhaber des Wintersports.

Zu den Funden der Gandhara-Kultur in Taxila

Ein Mietwagen, Bus oder das eigene Fahrzeug bringt den Besucher in kurzer Zeit von Islamabad oder Rawalpindi ins 40 bzw. 36 km entfernte Taxila. Bei Mietwagen empfiehlt es sich, den Preis vorher auszumachen. Da die Ausgrabungsstätte an der Straße nach Peshawar liegt, kann man sie auch auf dem Weg dorthin besichtigen (S. 194). Die Fahrt auf der Grand Trunk Road führt zunächst über den Margalla-Paß (13 km), der von einem 1868 zu Ehren des britischen Generals Nicholson errichteten Granitobelisken überragt wird. Am Straßenrand kann man noch ein altes Teilstück der historischen Straße der Kaiser sehen, die im 16. Jh. von Großmogul Akbar angelegt wurde.

Ein Stück der historischen, von Großmogul Akbar angelegten Straße von Rawalpindi nach Taxila

Knapp 2 km weiter ist rechts die Abzweigung nach Taxila und Haripur angezeigt.

Die Ruinen von Taxila mit ihren Stupas und Klöstern führen uns weit zurück in die Geschichte. Diese Stadt ist Teil einer hellenistisch-buddhistischen Zivilisation und Epoche, welche die Gandhara-Kunst (S. 43) hervorbrachte. Sie schuf die frühesten Darstellungen Buddhas, die alle späteren prägten, aus einer Verbindung des plastischen Denkens der Griechen mit dem buddhistischen Streben nach Harmonie. Die Gandhara-Kunst breitete sich in abgewandelter Form nach Osten bis Japan und China aus, wobei sich asiatische Züge allmählich stärker durchsetzten. Den Anstoß zu dieser kunstgeschichtlich bedeutendsten Begegnung zwischen Orient und Okzident und der Verschmelzung ihrer Stilelemente gab Alexander der Große, als er 327 v. Chr. in das Indusgebiet eindrang. Unter Kaiser Ashoka (272–231 v. Chr.), der sich zum Buddhismus bekehrte, wurde die indisch Gandhara genannte Tieflandregion eine Hochburg dieser Religion.

Das **Archäologische Museum** in Taxila besitzt eine einzigartige Kunstsammlung, die in übersichtlicher Weise ein Verständnis der Ruinenfelder ermöglicht. Unter den Ausstellungsstücken findet man wunderbare Köpfe von edler Ebenmäßigkeit, Steinreliefs, Schmuckgegenstände und Münzen.

Die Ausgrabungen in der Umgebung Taxilas haben die Reste von drei Städten freigelegt, die hier nacheinander entstanden. **Bhir Mound,** rechts der Straße von Islamabad nach Haripur und unmittelbar vor dem Archäologischen Museum gelegen, die älteste und am wenigsten entwickelte Siedlung, geht bis ins 6. Jh. v. Chr. zurück. Straßen und Häuser lassen noch keinerlei planmäßige Ordnung erkennen, doch beherbergten sie einst den Perserkönig Darius, den griechischen König Alexander den Großen und den weisen Maurya-Kaiser Ashoka in ihren Mauern. Das im 2. Jh. v. Chr. erbaute **Sirkap** auf der gegenüberliegenden Seite des Flusses Tamara weist dagegen eine bessere Planung auf. Man erreicht die nördlich vom Museum gelegene Ausgrabung nach knapp zwei weiteren Kilometern Fahrt auf der Straße von Islamabad. Nach der Überquerung einer Brücke führt ein befahrbarer, 500 m langer Weg rechts zum Ruinenfeld. Eine in Nordsüdrichtung verlaufende Hauptstraße, gesäumt von Geschäfts- und Wohnhäusern, sowie die Grundrisse von Tempeln und einer Akropolis lassen sich noch deutlich erkennen.

Bhir Mound, der alte, bis ins 6. Jh. zurückreichende Teil der Ausgrabungen um Taxila

Reiche Funde weisen darauf hin, daß die Stadt nacheinander von baktrischen Griechen, Skythen, Parthern und den ersten Kuschaner-Herrschern beeinflußt war, bevor sie im 1. Jh. n.Chr. von der weiter nordöstlich gelegenen befestigten Stadt **Sirsukh** abgelöst wurde. Diese nach ihrer Anlage wohl modernste Siedlung erreicht man über eine beschilderte Abzweigung von der Hauptstraße, die nach knapp 500 m zur äußeren Mauer führt. Die Ausgrabungen sind hier allerdings nocht nicht weit fortgeschritten. Um 500 n.Chr. wurde Sirsukh von den Weißen Hunnen zerstört.

Zahlreiche Klöster und Heiligtümer, die Taxila einst zu einem berühmten Anziehungspunkt für Gelehrte und Künstler machten, liegen versteckt in den Hügeln der Umgebung. So zweigt nach weiteren 2 km rechts ein Weg von der Hauptstraße ab, der fast direkt zur rund 1 km entfernten **Klosterruine Mohra Mohradu** (2. bis 5. Jh. n. Chr.) führt. Dort hat man in einer Zelle eine gut erhaltene Stupa-Nachbildung gefunden. Zurück auf der Straße führt 500 m weiter rechts ein Weg zum **Kloster Jaulian,** der am besten erhaltenen Anlage Taxilas. Das Kloster liegt auf einer kleinen Erhebung jenseits eines Flusses, den man an einer seichten Stelle überqueren muß.

Wer nicht genug Zeit oder Geduld aufbringen kann, um alle Ausgrabungen aufzusuchen, kann sich mit dem Besuch des **Dharmarajika-Stupa,** 3 km östlich vom Archäologischen

Innenhof des Klosters Julian, des neueren und besser erhaltenen Teils der Gandhara-Anlage Taxila

Museum, begnügen. Der Weg dorthin führt von der Straße an der Museums-Einfahrt nach links; nach 2 km hält man sich an einer Gabelung wiederum links. Kurz darauf endet der befahrbare Weg. Ein Pfad führt zu zwei Wasserläufen hinunter und dann zu dem Hügel mit den Ruinen des großen Stupa hinauf, der sich einst als gewaltige Halbkugel über einer 50 m messenden Basis erhob. (Man kann den Dharmarajika-Stupa auch von Sirkap aus auf einem Pfad erreichen, ohne Gewässer durchqueren zu müssen.) Eine Warnung sollte man beim Besuch des Ruinengeländes generell beherzigen: Viele Pakistanis versuchen an den Ausgrabungsstätten »originale« Statuetten, Münzen u.a. zu verkaufen. Die meisten Angebote sind allerdings Fälschungen – echte Stücke dürfte man zudem nicht ausführen.

Wer will, kann von Taxila über **Haripur** das etwa 65 km entfernte **Tarbela** (der Name bedeutet in Pashto »schwarze Insel«) erreichen. Hier, wo der Indus in die Ebene fließt, fast 100 km nordwestlich von Rawalpindi, ist ein gigantischer **Staudamm** (S. 91) gebaut worden. Für diejenigen, welche sich für technische Leistungen dieser Größenordnung interessieren, lohnt sich ein Besuch.

Haripur ist besser noch über Hasan Abdal an der Grand Trunk Road zu erreichen. Die Straße umfährt die Stadt **Wah** und läßt rechts in einiger Entfernung eine moderne Moschee mit hohen Minaretts liegen. Nach Überquerung einer Brücke ist 44 km von Islamabad entfernt auf der linken Seite die Abfahrt zu den Mogulgärten von Wah erreicht, die von diesem Punkt nur 1 km entfernt sind. Die Gärten sind heute zwar nur noch ein Abglanz ihrer einstigen Pracht, aber immer noch ein beliebtes Ausflugsziel.

Nur wenige Kilometer weiter in Richtung Nowshera und Peshawar erreicht man auf der Grand Trunk Road das fast 50 km von Rawalpindi und Islamabad entfernte **Hasan Abdal** und den rechts abseits der Straße gelegenen **Sikh-Tempel Panja Sahib Gurdwara.** Der Weg dorthin führt durch die Kleinstadt an einer hohen Mauer vorbei zu einem gewölbten Torbogen und, wenn man sich nach links wendet, zum Sikh-Heiligtum, das von einem fischreichen Teich umgeben ist. Die sehenswerte, gut erhaltene und gepflegte Anlage stammt aus dem frühen 19. Jh. Gegenüber den Stufen, die zum Wasser hinunterführen, ist ein Stein, unter dem das Wasser in den Teich fließt, mit den Formen eines Handabdrucks. Dieser wird Guru Nanak, dem Gründer der Sikh-Religion, zugeschrieben. Nach der Legende soll der muslimische Heilige Baba Wali es abgelehnt haben, ihm zu trinken zu geben, und ihm diesen Stein entgegengeschleudert haben. Guru Nanak fing den Fels jedoch auf und ließ unter ihm Wasser herausfließen. Im April kommen Sikhs hier in großer Zahl zusammen, um das

Baisakhi-Fest zu feiern. Der **Schrein des Heiligen Baba Wali** befindet sich auf der Anhöhe in der Nähe des Gurdwara, von wo man einen weiten Blick hat. Gegenüber dem Panja Sahib Gurdwara ist noch ein Fischteich, von dem ein Pfad zu einem weiteren, von einer Mauer mit vier Ecktürmen umgebenen Garten führt, in dem sich das einfache **Grabmal des Muslimheiligen Hasan Abdal** befindet, der dem Ort seinen Namen gab.

Zu den Salzminen von Khewra

(250 km mit Abstechern)

Im Rahmen einer Tagesfahrt (250 km) kann man einen Ausflug zu den Salzminen von Khewra mit zahlreichen interessanten Abstechern unternehmen (organisatorische Hilfe durch: Sultan Tourism, Tel. Lahore 87 43 24 und Kallar Kahar 03 42/35 26 17). Man verläßt Rawalpindi auf der Grand Trunk Road in Richtung Lahore. 2 km südlich der Abzweigung nach Islamabad passiert man rechts den Ort **Rewat** mit einer kleinen Festung aus dem 16. Jh. Die Außenwälle und zwei Tore der Anlage sind noch gut erhalten. Hinter dem Ort **Mandra** (36 km) zweigt rechts, in südwestlicher Richtung, eine asphaltierte Straße nach Chakwal (60 km) und Kushab (160 km) ab. Falls diese Verbindung wegen Straßenarbeiten nicht passierbar ist, kann man auch eine zweite Abzweigung benutzen, die vor Sohawa, 24 km weiter südlich, die Grand Trunk Road verläßt.

Von **Chakwal,** einem aufstrebenden Marktflecken, kann man die Salzminen von Khewra direkt über eine nach Südosten führende Straße erreichen. Reizvoller ist aber ein Umweg über **Kallar Kahar** (*Kahar* = See), der 17 km von Chakwal entfernt an der Straße nach Kushab liegt. Der auffällig runde See am Nordhang der Salzkette hat einen Umfang von 12 km. Er ist im Durchschnitt nur 1,2 m tief und leicht salzig. Der Legende nach soll ein Heiliger das ursprüngliche Süßwasser in ein salziges verwandelt haben, weil ihm Dorfmädchen weismachen wollten, daß das Wasser salzig sei, und ihn damit verärgerten. Vom Kallar Kahar führt eine Verbindung in Richtung Osten nach dem 16 km entfernten Ort Choa Saidan Shah an der Hauptstraße Khewra – Chakwal. Auf der Fahrt dorthin passiert man **Malot** mit den Resten einer Festung und eines Tempels, die südlich der Straße auf einer steilen Anhöhe liegen. Ein Stückchen weiter führt die Straße durch die 700 m hoch gelegene historische Hindustadt **Kats Raj** mit einem von zwei Bergquellen gespeisten Teich, der den Hindus als heilig gilt. Der Überlieferung nach verdankt er seine Entstehung der Trauer des Gottes Shiva über den Tod seiner Geliebten Sita. Dabei entstand aus den Tränen des einen Auges der Teich von Kats Raj, die Tränen des anderen verwandelten sich in einen kleinen See in Ajmer (Indien). Ruinen von Hindutempeln – die ältesten stammen aus dem 9 Jh. n. Chr. – liegen zu beiden Seiten der Straße.

Auch **Choa Saidan Shah,** das man 3 km hinter Kats Raj erreicht, ist eine religiös sehr bedeutende Stadt, die ihren Namen einem Heiligen und seinem Schrein verdankt. Von dort aus sind es noch 12 km bis zu den **Khewra-Salzminen,** den größten Anlagen dieser Art in Asien und den zweitgrößten der Welt. Die Salzvorkommen von Khewra wurden während der Regierungszeit des Mogulkaisers Akbar entdeckt. Die Gesamtlänge der Tunnel, die hier ins Innere des Berges getrieben wurden, mißt über 100 km. Eine elektrische Kleineisenbahn ermöglicht einen Besuch der Stollen, bei dem man einen guten Eindruck von vergangenen und modernen Formen des Salzabbaus gewinnt. Es empfiehlt sich, eine Taschenlampe mitzunehmen.

Peshawar

Lage und Geschichte

Peshawar (1,13 Mill. Einw.), von alters her ein bedeutendes Zentrum der freiheitsliebenden Pathanenstämme, heute die Hauptstadt der Nordwest-Grenzprovinz Pakistans, liegt in einer Höhe von etwa 350 m in einem fruchtbaren Tal, das vom Kabul-Fluß und kleineren Nebengewässern durchflossen wird. Die Stadt dehnt sich inmitten weiter Obstbaumplantagen sowie Zuckerrohr-, Weizen-, Mais- und Tabakfelder aus; mittlerweile haben sich auch zahlreiche Industriebetriebe im Umkreis angesiedelt, die hauptsächlich entlang der Straße nach Rawalpindi konzentriert sind. Peshawar ist ein alter Handelsplatz: Hier machten einst die Karawanen Station, die zum rund 60 km entfernten legendären Khyber-Paß und weiter nach Norden zogen oder von Nordwesten her ans Arabische Meer und in die Provinzen des indischen Subkontinents reisten. Der strategisch günstigen Lage unterhalb des Khyber-Passes und oberhalb des fruchtbaren und verkehrstechnisch wichtigen Indus-Tals verdankt die Stadt eine lebhafte und lange Geschichte: Schon 327 v. Chr. belagerten die Truppen Alexanders des Großen die gut befestigte Stadt Pushkalavati (S. 202) unweit von Peshawar. Zwischen dem 1. und dem 4. Jh. n. Chr. war die Stadt unter dem Namen *Purushapura* als Zentrum eines unabhängigen Gandhara-Königreiches bekannt. Arier, Perser, Skythen, Parther, Mongolen und Araber zogen im Laufe der Jahrhunderte über den Khyber-Paß und durch Peshawar nach dem Süden. Im 10. Jh. wurde die Region von Mahmud von Ghazni (Afghanistan) beherrscht, später gehörte sie zum Reich der Mogulkaiser, die von Delhi und Lahore aus regierten. Im 18. und

Viehmarkt am alten Handelsplatz Peshawar

19. Jh. stritten sich die Herrscher des jungen Paschtunen-Staates Afghanistan mit den Sikh-Fürsten um die Oberhoheit. Ihr Einfluß wurde wenig später von den Engländern zurückgedrängt, die Peshawar 1901 zur Provinzhauptstadt im umkämpften äußersten Nordwesten des damaligen Britisch-Indien machten. Unter den Engländern bildeten sich neue Stadtviertel mit Wohn- und Verwaltungsbauten, durchsetzt von großzügigen Gärten – das sogenannte Cantonment oder Saddar. Nach der Unabhängigkeit Pakistans entstanden weiträumige Vorortsiedlungen und das neue Universitätsgelände mit zahlreichen Forschungsstätten westlich des alten Stadtgebietes.

Die wichtigsten Sehenswürdigkeiten

Auch heute noch haftet Peshawar der Charakter einer Grenzstadt an – ein Eindruck, der sich durch die zeitweilige sowjetische Invasion im nahen Afghanistan wieder verstärkt hatte. Bis in

Zahnarztpraxis in einem der alten Gebäude von Peshawar mit ihren schön gedrechselten Balkonen

Typische, den Charakter der Altstadt Peshawars prägende enge Gasse

Die 1630 errichtete weiße Mahabat-Moschee mit ihren gedrungenen Minaretten

die 50er Jahre unseres Jahrhunderts war die Altstadt noch von einer Mauer mit 16 Stadttoren umschlossen. Heute wird sie im Nordwesten hauptsächlich von der »Hohen Festung« **Fort Balahisar** bewacht. Der massige Bau wurde ursprünglich 1526–30 von Babur, dem ersten Mogulkaiser, angelegt und während der Sikh-Herrschaft 1830 von französischen Ingenieuren modernisiert. Von dort kann man auf das bunte Gewirr der Straßen und Basare in den alten Stadtbezirken hinabblicken. (Leider ist die Festung z.Z. militärisches Sperrgebiet und daher nicht zugänglich.)

In der Altstadt selbst lassen die mehrstöckigen, gebrechlich wirkenden, zur Sicherheit vor Erdbeben aus Fachwerk und ungebrannten Ziegeln errichteten Häuser nur wenig Raum für die verwinkelten und z.T. sehr engen Straßen. Die meisten der alten Gebäude haben kunstvoll gedrechselte hölzerne Balkone, Gitterfenster und schwere geschnitzte Türen, die manchmal einen Blick in reizvolle Höfe freigeben. In den Gassen herrscht lebhafter Verkehr; es wimmelt von Fußgängern, doch sieht man fast ausschließlich Männer und nur selten in der

Stadtplan Peshawar

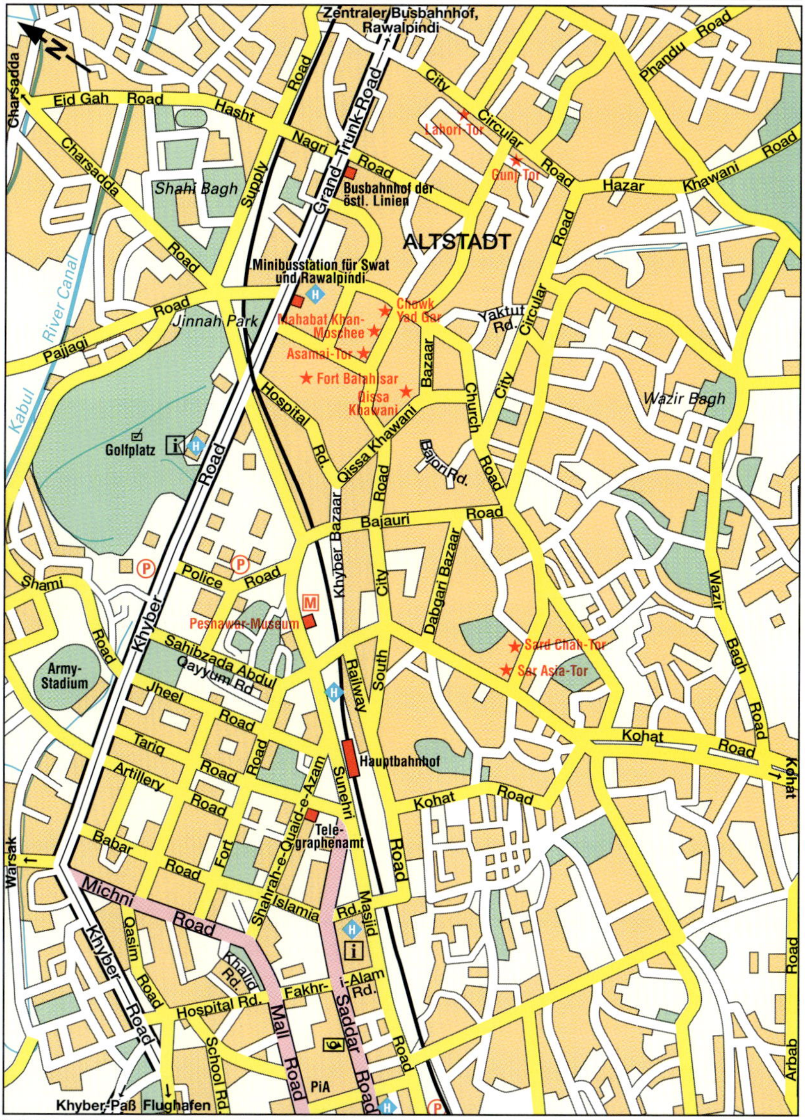

i	Touristen-Information	★	Sehenswürdigkeit
	Post	M	Museum
P	Polizei	H	Hotel

0 500 1000 m

Regel verschleierte Frauen. Der Raum zwischen den Dächern über den engen Gassen ist bisweilen so eng, daß ein Mensch von Dach zu Dach leicht die Straße überspringen könnte. Im Erdgeschoß der Häuser befinden sich offene Basarläden, in denen die Kaufleute mit gekreuzten Beinen sitzen. Händler, die gleiche Waren verkaufen, haben ihre Läden nebeneinandergereiht auf bestimmte Viertel oder Straßen konzentriert.

Mitten in der Stadt, wo einst das Kabuli-Tor stand, liegt der »Basar der Märchenerzähler«, **Qissa Khawani.** Dieser wird zwar heute nicht mehr von den Kaufleuten und Pilgern aus Samarkand, Taschkent und Yarkand besucht, ist aber der wichtigste Handelsbasar geblieben, wo man Obst, Trockenfrüchte, Nüsse, Teppiche, Ledererzeugnisse, Karakulpelze, Parfüm und tausend Dinge mehr erstehen kann. Das orientalische Treiben ist nach wie vor anziehend und sehenswert. In den Teestuben trifft sich die männliche Bevölkerung dieser sehr konservativen Stadt.

Vom Qissa Khawani-Basar gelangt man nach links in den **Basar der Kupferschmiede.** Mit seinen gehämmerten und gravierten Kannen, Tabletts, Schalen und Krügen in verschiedensten Formen und Größen ist er besonders attraktiv. Man kann den Kunsthandwerkern bei der Arbeit zusehen und nach Lust und Laune um ein Stück feilschen.

Hinter dem Basar der Kupferschmiede erreicht man einen offenen Platz, **Chowk Yad Gar,** der durch eine Art stilisierten modernen Torbogen zusätzliche Akzente erhält. Chowk Yad Gar ist von alters her *der* Platz für politische Versammlungen, Demonstrationen oder friedliches Palaver über gesellschaftlich bewegende Fragen. Links davon, in der Straße des **Sarafa-Basars,** findet man das bedeutendste Mogul-Bauwerk Peshawars, die 1630 erbaute **Mahabat Khan-Moschee.** Das weiße Gebetshaus mit seinen gedrungenen Minaretten und den sparsamen Verzierungen mit grünblauen Holzschnitzereien und Kacheln zieht inmitten der dunklen Holzhäuser schon von weitem die Aufmerksamkeit auf sich. Schlendert man die Straße noch ein wenig weiter in Richtung Fort Balahisar, so kommt man an einem Überrest der alten Stadtbefestigung vorbei, dem **Asamai-Tor.** Weitere er-

Teppichverkäufer in Peshawar

haltene Stadttore sind das **Lahori-Tor** und das **Gunj-Tor** im Westen sowie das **Sardchah-Tor** und das **Sar Asia-Tor** im Süden.

Wie in allen ehemaligen britischen Garnisonstädten hat sich auch in Peshawar eine von den Briten erbaute Neustadt (Cantonment) entwickelt, die im Südenwesten der Stadt liegt. Auf dem Weg dorthin passiert man kurz nach dem Überschreiten der Bahngleise das **Peshawar-Museum,** in dem besonders die zahlreichen Funde aus der indo-griechischen Gandhara-Periode (1.–5. Jh. n. Chr.) sehenswert sind. In der Neustadt selbst findet man zahlreiche Hotels, das **Hauptpostamt** und das **Telegrafenamt,** das **Touristen-Informationsbüro** der PTDC im **Dean's Hotel** – ein weiteres befindet sich im **Hotel Pearl Continental** – und gute Einkaufsmöglichkeiten. Besonders schön ist ein Bummel durch das großzügig angelegte Viertel mit seinen Alleen und Grünflächen im Frühling, wenn in den Gärten Narzissen, Iris und kleine Tulpen blühen und sich die nahen Berge der Umgebung mit frischem Grün überziehen. Angenehm ist ein Aufenthalt auch im Herbst und Winter, im Sommer wird es dagegen in Peshawar sehr heiß.

Peshawar von A bis Z

Apotheken

Care & Cure, Jan's Shopping Arcade, Ismalia Rd.

Medicos Drug Store, Saddar Rd.

Bahnhof

Cantonment Railway Station, Railway Rd.; Auskunft: Tel. 27 44 37, Reservation: Tel. 27 44 36

Banken

Grindlays Bank, Shahrah-e-Quaid-e-Azam, Tel. 27 51 46

Habib Bank, 49, The Mall, Tel. 27 58 23

Metropolitan Bank, 95-A, Saddar Rd., Tel. 27 09 04-6, Fax 27 56 24

National Bank, Al Markaz, Tel. 27 81 35, Fax 25 08 38

United Bank, 34, The Mall, Tel. 27 42 10, 27 66 52, 27 30 81

Busse

Je nach Richtung des Fahrtzieles sind verschiedenen Busbahnhöfe zuständig. Gegenüber dem Royal Hotel, Grand Trunk Road, fahren die Busse in östlicher Richtung ab (Attock, Hasan Abdal, Taxila, Rawalpindi). Die Haltestelle am Fort Balahisar ist Ausgangspunkt für Fahrten in den Norden (Mardan, Mingora im Swat-Tal, Dir); am Broadway House an der Grand Trunk Road starten die Busse nach Süden (Darra, Kohat, Bannu, Dera Ismail Khan) und am Seokarno Square, Ecke Khyber Bazaar/Hospital Rd., findet man Busse nach Westen, Richtung Landi Kotal, Torkham, afghanische Grenze. Die schnelleren Minibusse halten an der Grand Trunk Road gegenüber dem Jinnah Park. Der zentrale Busbahnhof befindet sich im Osten der Stadt an der Ausfallstraße nach Rawalpindi. Government Transport Service (GTS) setzt von hier am späten Abend größere klimatisierte Busse nach Lahore ein, die früh am nächsten Morgen dort eintreffen. Auskunft und Reservierungen sind über Tel. 21 71 01 und 27 26 60 möglich. Auf den Linien nach Chitral, Mardan, Rawalpindi u. a. verkehren normale Buse.

Flughafen

Peshawar Airport, Khyber Rd., Tel. 7 27 30 81

Das Büro der nationalen Fluggesellschaft Pakistan International Airlines befindet sich in der Arbab Rd., Tel. 27 30 81-9

Hotels (Auswahl)

3 Sterne

Pearl Continental, Khyber Rd., Tel. 27 63 61, Fax 27 64 65 u. 27 10 95 (150 Zimmer)

2 Sterne

Dean's, Islamia Rd., Tel. 27 97 81 (50 Zimmer)

Greens, Saddar Rd., Tel. 27 43 04, Fax 27 60 88 (48 Zimmer)

1 Stern

Amin, G.T. Rd., Tel. 21 07 79 u. 21 62 19 (120 Zimmer, davon 50 klimatisiert)

Galaxie, Khyber Bazaar, Tel. 21 21 72 (45 Zimmer)

Gulf, Cinema Rd., Tel. 21 01 98 u. 21 01 03 (46 Zimmer)

Habib, Railway Rd., Tel. 21 62 19 u. 21 07 79

Jan's, Islamia Rd., Tel. 27 69 39 (29 Zimmer)

Unterkünfte ohne Klassifizierung

Al Mansoor, Tel. 21 31 06 u. 21 70 07

Five Star, Tel. 27 69 50

Kamran, Tel. 21 01 45

Khanis, Tel. 27 57 41

New Mehran, Tel. 27 67 39

Paradise, Tel. 27 90 27

Rose, Tel. 21 07 56

Shangrila, Tel. 21 12 02

Sharja, Tel. 21 84 54

Shezad, Tel. 27 57 41

Sindbad, Tel. 27 50 20 u. 27 58 14

Three Star, Tel. 21 81 60

Zabeel Palace, Tel. 21 83 36

Information

PTDC-Informationsbüro: Dean's Hotel, Islamia Rd., Tel. 27 97 81-3

PTDC-Informationsstand im Flughafengebäude

Jugendherbergen

Jugendherberge, Jamrud Rd., Peshawar University Campus

Kirchen

Katholische Kirche, 36, The Mall, Tel. 21 71 19

St. John's Church (kath.), Sir Syed Rd., Tel. 27 65 19

Krankenhäuser

Cantonment Hospital, Sunehri Masjid Rd., Tel. 27 54 29

Lady Reading Hospital, Hospital Rd., Tel. 21 00 31

Mission Hospital, Dagbari Gate Rd., Tel. 21 23 71

Museum

Peshawar-Museum, Saddar Rd., Tel. 27 13 10

Polizei

Ausländermeldebehörde (Foreigners Registration Office), Police Rd., Tel. 27 61 09

Post und Telefon

General Post Office – Hauptpostamt (8–13 Uhr), Saddar Rd., Tel. 27 44 25

Central Telegraph Office – Telegrafenamt (rund um die Uhr), Shahrah-e-Quaid-e-Azam, Tel. 27 44 02

Reisebüros

Gandhara Travel & Tours, 1086 Saddar, Tel. 27 31 24 u. 27 82 87

United Travels, 6, Saddar Rd., Tel. 27 71 01, Fax 27 71 05

Travel Walji, Room No. 14, Doctors Plaza, 12, Saddar Rd., Tel. 27 41 30

Restaurants

Die meisten Restaurants Peshawars sind den Hotels angegliedert, wo man den Besuchern internationale und pakistanische Gerichte anbietet. Einen besonders guten Ruf für pakistanische Spezialitäten haben das Restaurant Salateen in der Cinema Rd., Tel. 21 37 70, und das Usmania Restaurant in der Khyber-Rd. Chinesisch kann man im Hong Kong Restaurant essen, 24 D, Mall Rd., Tel. 27 45 04.

Ausflüge in die Umgebung

Zum Warsak-Stausee (25 km)

Knapp 25 km nordwestlich von Peshawar wurde 1955–60 der 228 m lange Warsak-Damm errichtet, der das Wasser des Kabul-Flusses auf einer Länge von 42 km zu einem See aufstaut, der sich mittlerweile zu einem beliebten Ausflugsziel entwickelt hat. Welche Segnungen dieses technische Bauwerk für die hier lebenden Menschen mit sich gebracht hat, ergibt sich erst aus dem Vergleich mit dem vorherigen Zustand. Jahrhundertelang war das Land zu Füßen der Khyber-Berge unbewässert und nicht zu bewirtschaften. Heute ziehen sich Bewässerungskanäle durch eine Fläche von 45 000 ha, auf der die aromatischen Orangen, Zitronen, Aprikosen, Pfirsiche, Pflaumen, Granatäpfel und Birnen wachsen, für die das Peshawar-Tal berühmt ist. Außerdem versorgt der Mehrzweckdamm die Region mit 160 000 kW Elektrizität. Am bequemsten gelangt man zum Warsak-Stausee mit einem Taxi.

Nach Charsadda und zu den Ruinen des antiken Pushkalavati (26 km)

26 km nordöstlich von Peshawar, rund 5 km vom Zusammenfluß des Swat- und Kabul-Flusses entfernt, erheben sich in der Nähe der modernen Stadt **Charsadda** auffällige Anhöhen aus der Ebene wie Schiffe aus dem Meer. Unter einem dieser Hügel, **Bala Hisar** genannt, liegen die Ruinen der alten Gandhara-Hauptstadt **Pushkalavati,** die man durch drei Grabungen näher erforscht hat. 327 v. Chr. konnte Pushkalavati mit seinen starken Befestigungen den Truppen Alexanders des Großen für 30 Tage widerstehen. Nach der Einnahme durch die Makedonier wurde die Stadt Sitz einer griechischen Garnison und geriet später in Vergessenheit. Ganz in der Nähe des antiken Pushkalavati wurden in **Shaikan Dhari** die Überreste einer jüngeren griechischen Stadt aus dem 1. Jh. v. Chr. gefunden.

Zum Kloster Takht-i-Bahi (58 km)

Vor der Fahrt zu dieser imposanten Klosteranlage, die noch aus der buddhistischen Zeit erhalten ist, sollte man es nicht versäumen, das Peshawar-Museum zu besuchen und sich die Statuen und Skulpturen aus dem Kloster und das Modell der Ruinen von Takht-i-Bahi anzuschauen. Um nach Takht-i-Bahi selbst zu gelangen, verläßt man Peshawar über die gut ausgebaute Charsadda Road in Richtung Nordosten und gelangt über Faqirabad, den Kabul-Fluß entlang durch eine flache fruchtbare Landschaft nach 32 km nach Charsadda. Vor dem Ortseingang zweigt eine Umgehungsstraße nach links ab. Die Hauptstraße führt durch die Stadt. 4 km außerhalb der Stadt an der Straßengabelung führt die Straße rechts durch Zuckerrohrfelder nach Takht-i-Bahi. Man kommt an kleinen Zuckerrohrfabriken vorbei, die zur Erntezeit gute Fotomotive bieten.

Blick auf das mächtige Kloster Takht-i-Bahi aus buddhistischer Zeit

Etwa 58 km hinter Peshawar stößt die Straße, gleich nachdem man den Bahnübergang des Bahnhofs von Takht-i-Bahi hinter sich gelassen hat, auf die Straße Mardan–Dagai, in die man nach links einbiegt. Nach 2 km, unmittelbar bevor eine kurze Stichstraße nach rechts zu einer großen Zuckerfabrik abbiegt, zweigt links eine Straße ab, der man etwa 1 km folgt bis zu dem Wegweiser »Takht-i-Bahi Remains 1½ km«, der nach rechts auf einen Schotterweg führt. Am Wegende, zu Füßen einer Bergformation, erkennt man schon Ruinen, die aber noch nicht zum Kloster gehören. Hier unten bieten Führer ihre Dienste an, aber man kann den Weg hinauf zum Kloster gut alleine finden und sich dann oben von einem der Wachleute führen lassen. Sie sprechen Englisch und erwarten für ihre Dienste nach der Führung

»Hof der vielen Stupas« in Takht-i-Bahi

eine finanzielle Zuwendung. 10 pR sind durchaus angemessen, zumal der Eintrittspreis gering ausfällt.

Der Aufstieg erfolgt von Osten her. Rechterhand läßt man die Ruinen der Mönchszellen liegen und gelangt über Treppen zum *Hof der vielen Stupas,* 38 an der Zahl, der heute noch mit den Überresten unterschiedlicher Größe seinem Namen alle Ehre macht. Weiter geht es über eine kleine Treppe hinauf zum Klosterhof, im Norden gelegen, der an drei Seiten von 14 gemauerten Zellen umgeben ist. Ihm schließen sich nach Osten Küche und Eßraum an. Es lohnt sich, vom Treppenaufgang, der von der Küche weiter nach oben führt, den wunderbaren Ausblick auf das sich weithin erstreckende Tal zu genießen. Dieser Teil des Klosters ist der älteste und stammt aus der Zeit um das 1. bis 2. Jh. n. Chr. In den *Hof mit den Hauptstupas,* der südlich vom Hof der vielen Stupas liegt, gelangt man über eine weitere, 16stufige Treppe. Der Hauptstupa, von dem nur noch die Basis erhalten ist, wird an zwei Seiten von jeweils 14 und an einer Seite von 9 Nischen flankiert, Votivkammern unterschiedlichen Ausmaßes, in denen einstmals Buddhastatuen gestanden haben. Einige Kuppelüberdachungen haben die Jahrhunderte überstanden und sind noch fast ganz erhalten bzw. sind restauriert worden. Dem Klosterhof benachbart, aber nicht verbunden, liegt die Versammlungshalle der Mönche, die wie der Hauptstupa im 3. und 4. Jh. n.Chr. errichtet wurde.

Von der Südwestseite des Hofes der vielen Stupas steigt man drei Treppen hinunter zu dem im 6. Jh. erbauten *unterirdischen Gewölbe,* von dem rechts fünf niedrige Eingänge zu dunklen Kammern führen. Links öffnen sich zwei gewölbte Portale zu Räumen, die durch Spitzbogenöffnungen einen Ausgang zu einem offenen Hof haben. Zwei weitere Räume bekommen ihr Licht durch schmale Fensteröffnungen. Diese wohl teils zur Vorratshaltung, teils als Meditationsstätten dienenden Räume münden auf der Westseite ebenerdig in einen ausgedehnten Hof, an dessen Südende unter einer vergitterten Überdachung noch Skulpturenreste zu sehen sind.

An der hohen westlichen Außenmauer des Hauptstupahofes steigen 47 Stufen hinauf zu einem Bergpfad. Schon auf halber Höhe bietet sich eine wunderbare Aussicht auf die eindrucksvolle Anlage, die zu den schönsten in Pakistan zählt. Auf der Bergkuppe stehen noch Ruinen von Wohnhäusern mit je einem Zimmer im Unter- und Obergeschoß, die man durch niedrige Türöffnungen betritt. Über eine Treppe aus Steinen, die aus der Außenmauer hervorragen, gelangt man ins obere Stockwerk.

Wenn Zeit und Kondition es zulassen, können auf dem Rückweg noch die Felsinschriften des großen Kaisers Ashoka (273–236 v. Chr.) aufgesucht werden. In diesem Fall verbleibt man auf der Straße nach Mardan und fährt von dort in Richtung Swabi weiter. In **Shahbaz Garhi,** gut 12 km von Mardan entfernt, führt ein kurzer Abstecher nach rechts zu der Anhöhe mit den in Fels geschlagenen Edikten Kaiser Ashokas, die denen von Mansehra gleichen. Die Inschrift in Shahbaz Garhi ist in Pali, der kanonischen Sprache des frühen Buddhismus, abgefaßt. Sie zählt zu den umfangreichsten der insgesamt etwa 30 über sein Riesenreich verstreuten »Fels-Edikte«, in denen er nach seinen Eroberungszügen und seiner Bekehrung zum Buddhismus die Ethik, Humanität, Moral und Toleranz dieser Religion verkündete.

Darra – die Waffenschmiede der Pathanen (40 km)

Etwa 40 km südlich von Peshawar an der Straße nach Kohat liegt Darra, das Zentrum der einheimischen Waffenschmiede, welche seit dem letzten Jahrhundert die unabhängigen Stämme des umliegenden Gebiets mit Gewehren aller Art versorgen. In einfachen Werkstätten entstehen handgemachte, funktionstüchtige Nachbildungen bekannter Handfeuerwaffen, vom Revolver und der Jagdflinte bis hin zum komplizierten Gewehr. Mit Hilfe von großen, von Hand getriebenen Rädern werden Gewehrläufe gedreht, daneben andere geschliffen und poliert. In mühseliger und exakter Weise setzen die Handwerker, Künstler auf ihrem Gebiet, alle Teile zusammen. Aus Holzteilen fertigen sie Kolben. Das Endprodukt sieht der Vorlage dann zum Verwechseln ähnlich. Die Leute sind freundlich und erklären gern die einzelnen Arbeitsvorgänge. Aber Vorsicht – plötzliche Schüsse und Gewehrsalven verkaufsinteressierter Hersteller und potentieller Kunden können einen ahnungslosen Besucher in helle Aufregung versetzen!

Täglich werden rund 100 Handfeuerwaffen samt Munition hergestellt, die in 50 Läden zum Verkauf angeboten werden.

Wer diesen interessanten Ort besuchen möchte, verläßt Peshawar auf der breiten, gut ausgebauten und verkehrsreichen Kohat Road, kommt nach 23 km an Ziegeleien vorbei, passiert einen lebhaften Basar und erreicht nach 32 km das Stammesgebiet (Tribal Area), in dem Darra am Beginn des Kohat-Passes liegt.

Zum Khyber-Paß (58 km)

Wenn es die Umstände erlauben, sollte man von Peshawar aus unbedingt eine Fahrt zum legendären Khyber-Paß unternehmen. Bei diesem berühmten natürlichen Einfallstor von Zentralasien zum indischen Subkontinent an der Westgrenze Pakistans senken sich die Berge des Sulaiman-Gebirges zu einem Durchlaß, der teilweise 1500 m, an an-

Eine der einfachen Waffenwerkstätten in Darra, der Waffenschmiede der Pathanen

deren Stellen jedoch nur 16 m breit ist. Der eigentliche Paß beginnt am Jamrud-Fort, 18 km von Peshawar entfernt, und endet in Torkham an der pakistanisch-afghanischen Grenze. Von alters her wird dieser Paß auf der pakistanischen wie der afghanischen Seite von kriegerischen und selbstbewußten Pathanenstämmen bewacht. Schon der britischen Kolonialmacht gelang es nur in Ansätzen, diese Stämme, die im unwegsamen Bergland leben, unter ihre Kontrolle zu bringen. Die pakistanische Regierung hat diesen Stammesgebieten, dem sogenannten Tribal Territory, eine weitgehende Unabhängigkeit und Selbstverwaltung gelassen.

Seit Dezember 1993 veranstaltet Sitara Travel in Zusammenarbeit mit Pakistan Railways Zugfahrten mit der Dampflokomotive auf der 1925 erbauten und vor 13 Jahren stillgelegten Strecke von Peshawar zum Khyber-Paß, die zu den »großen Eisenbahnreisen der Welt« zählt. Auf der Schmalspurstrecke nach Landi Kotal, einer technischen Leistung ersten Ranges, 10 km vor der Grenze zu Afghanistan, ist die Festung Jamrud die erste Station. In drei Spitzkehren wechselt der Zug seine Richtung, um auf Höhen von etwa 1200 m steigen zu können. Die Landschaft ist von großartiger Wildheit. Enge Schluchten, steil aufragende Gebirgskämme und Wachtürme bestimmen das Bild. Die Fahrt bis zur Endstation Landi Kotal dauert etwa drei Stunden.

Interessenten an dieser und anderen Eisenbahnreisen wird empfohlen, sich an Sitara Travels zu wenden (Sitara House, 232, Khadim Hussain Road, P. O. Box 63, Rawalpindi, Tel. 92-51-56 47 50, 56 47 51, 56 62 72, Fax 92-51-58 49 58).

Weiter geht die Fahrt normalerweise nicht, und sie ist auch nicht mit öffentlichen Verkehrsmitteln möglich. Ein bewaffneter Sicherheitsbeamter, den der Political Agent zur Verfügung stellt, fährt in dem Wagen mit. Die Fahrt ist so einzurichten, daß die Rückfahrt vor Einsetzen der Dämmerung erfolgt und man vor der Dunkelheit wieder in Peshawar zurück ist. Auch Pakistanis brauchen für eine Fahrt zum Khyber-Paß eine Genehmigung.

…ße …tan- Ru…dreise

Route 1: Von Karachi nach Lahore

Karachi – Hyderabad – (Festung Ranikot) – Sehwan – (Manchhar-See) – Mohenjo-Daro – Larkana – Shikarpur – Sukkur – Rohri – (Festung Kot Diji) – Uch – Bahawalpur – Multan – Harappa – Lahore (ca. 1540 km mit Abstechern)
Karte zur Route 1 auf Seite 209

Der erste Abschnitt dieser Reise von Karachi nach Lahore führt durch die weite Ebene des Indus-Tieflands, eine der charakteristischsten Landschaften Pakistans. Zahlreiche historische Stätten, darunter das berühmte Mohenjo-Daro, zeugen von der geschichtlichen Bedeutung dieser Region, die seit Jahrtausenden zu den bevorzugten Siedlungs- und Durchgangsgebieten im vorderindischen Raum gehört. Altes Kulturland ist auch der Punjab, der den zweiten Abschnitt der Route prägt. Von alters her dicht besiedelt und landwirtschaftlich intensiv genutzt, verdienen hier zahlreiche Städte mit interessanter Vergangenheit einen ausführlichen Besuch. Wer ohne allzu große Eile die Sehenswürdigkeiten am Wege kennenlernen möchte, sollte für

Fruchtbares Kulturland mit geschickt angelegten Reisterrassen

die Strecke etwa 5–7 Tage Zeit einplanen. Als Zwischenstationen auf der Fahrt eignen sich die Orte Sehwan, Larkana, Sukkur und Multan.

Die schnellste Verbindung zwischen Karachi und Hyderabad stellt ohne Zweifel das Flugzeug her, das die Strecke zweimal wöchentlich in 35 Min. zurücklegt, die mehrfach täglich verkehrenden Züge benötigen dafür etwa 3 Stunden. Wer mit dem Auto oder den öffentlichen Bussen unterwegs ist, kann unter zwei Möglichkeiten wählen: Der gebührenpflichtige Super Highway ist mit 175 km die kürzeste und schnellste Straßenverbindung, besticht allerdings nicht gerade durch eine interessante Streckenführung; der ältere National Highway ist mit 203 km zwar länger, bietet jedoch immer wieder die Möglichkeit zu lohnenden Unterbrechungen. Dazu zählen vor allem das Gräberfeld von Chaukandi und Banbhore (S.147), der Haleji-See (S. 146) sowie die Ausgrabungen von Makli Hills und die traditionsreiche Stadt Thatta (S. 149), die bereits als Ausflüge von Karachi aus genauer dargestellt worden sind.

Von Thatta nach Hyderabad sind es noch rund 100 km, wobei die Straße im wesentlichen dem Lauf des breit dahinfließenden Indus folgt. Bereits wenige Kilometer hinter Thatta passiert man den **Kalri-See,** an dessen Ufer Vogelliebhaber zahlreiche Wasservögel beobachten können. Rund 24 km hinter Thatta liegt der **Keenjhar-See,** die größte künstliche Wasserfläche Pakistans und ein Paradies für Angler und Vogelfreunde. In der Nähe des Sees kann man in anspruchslosen Bungalows der PTDC übernachten. Kurz vor Hyderabad, bei **Kotri,** überquert man auf dem großen Indus-Staudamm, der 1954 errichtet wurde, den gewaltigen Fluß. Gleich dahinter, am östlichen Ufer, beginnt der Stadtbezirk von Hyderabad.

Wer von Hyderabad aus weitere Sehenswürdigkeiten der Provinz Sind und vor allem die Ausgrabungen von

Grabmale der Nekropole von Chaukandi

Karachi - Lahore

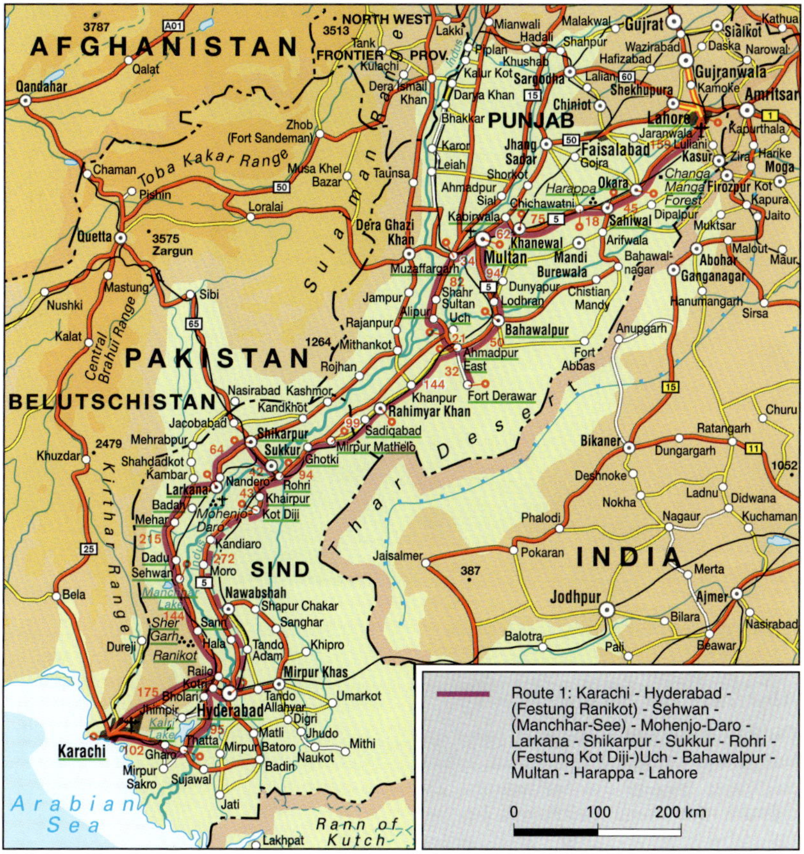

Mohenjo-Daro kennenlernen möchte, sollte die Stadt in Richtung Kotri auf dem westlichen Indus-Ufer verlassen und sich dort auf die nach Norden führende Straße begeben. Diese Route zum Ruinengelände entlang dem westlichen Ufer des Flusses ist mit rund 350 km kürzer und interessanter (allerdings auch weniger gut ausgebaut) als die Alternativstrecke östlich des Indus: Diese führt über eine gut ausgebaute Straße nach Sukkur (315 km), wo man den Fluß überquert, sich anschließend wieder nach Süden wendet und über Larkana schließlich das historische Gelände von Mohenjo-Daro erreicht.

Benutzt man die erstgenannte Straße westlich des Indus, so weist etwa 75 km hinter Hyderabad rechts ein Schild den Weg zum östlich gelegenen Dorf **Sann,** gegenüber führt links der Straße ein asphaltierter Weg nach 2 km zum Bahnhof Sann, von wo aus die

Die große Mauer der Festung Ranikot beim Dorf Sann

25 km entfernte Festung Ranikot zu erreichen ist.

Abstecher zur Festung Ranikot

Diesen Abstecher sollte man aber nur mit einem ortskundigen Fahrer unternehmen; wegen des schlechten Zustandes der Wege besonders im Anfangsabschnitt benötigt man außerdem einen geländegängigen Wagen. Die staubige Piste wird im Verlauf der Fahrt zunehmend steiniger. Im Geröll finden sich bei näherem Hinsehen pflanzliche Versteinerungen. Die etwa 30 km lange Umfassungsmauer der Festung, die sich wie die große Chinesische Mauer über Bergrücken und durch Täler hinzieht, ist schon von weitem auszumachen. Es ist eine der größten Befestigungsanlagen der Welt. Ein kleiner Fluß, **Nai Mohan** oder auch **Nai Sann** genannt, verläuft durch die Festung. Er führt am West- oder **Mohan-Tor** noch Wasser (in den trockenen Zeiten allerdings wenig) und erlaubt eine begrenzte landwirtschaftliche Nutzung der Gegend. Am Osteingang, dem **Sann-Tor,** ist der Wasserlauf jedoch meist schon wieder ausgetrocknet, obwohl sich einige Süßwasserquellen im Flußbett befinden. Während der Monsunzeit kann der Nai Sann aber zu einem reißenden Gewässer werden, dessen Auswirkungen am Osteingang, den man auf der Fahrt zunächst erreicht, sichtbar werden. Das ehemalige Tor ist heute nur noch eine weit aufgerissene Öffnung. Innerhalb der weitläufigen Umfassungsmauern Ranikots gibt es zwei weitere Festungen: **Mirikot** und **Sher Garh.** Mirikot liegt im Herzen des befestigten Tals in etwa 130 m Höhe. Es ist auf Kamelrücken in einer Stunde und zu Fuß in 2–3 Stunden zu erreichen. Das Fort Sher Garh am Mohan-Tor in 500 m

Höhe diente als Zitadelle der Festungsanlage. Von seinen Wachtürmen hat man einen weiten Blick. Weitere Zugänge gibt es im Nordosten durch das **Amri-Tor** und im Süden durch das **Shah Per-Tor.** Die große Umfassungsmauer Ranikots besteht aus Kalkstein. Sie war ursprünglich mit eckigen Wachtürmen versehen. Die Rundtürme aus Sandstein wurden später, nach dem 8. Jh., hinzugefügt. Die Geschichte Ranikots liegt aber noch vollständig im dunkeln. Einige Forscher meinen, daß die Festung von persischen Eroberern der Sassaniden-Dynastie (226–651) oder von einheimischen Herrschern früherer Zeiten zum Schutz einer wichtigen Handelsstraße erbaut worden ist. Genaues weiß man jedoch nicht. Wer auch immer die gewaltige Festung erbaut haben mag – sie hinterläßt noch heute einen starken Eindruck.

Sehwan

Um den Wallfahrtsort Sehwan zu erreichen, wendet man sich beim Bahnhof von Sann zurück auf die Hauptstraße, die man in nördlicher Richtung weiterfährt. Nach 25 km kommt man durch den **Gidarji Forest,** nach weiteren 26 km ist dann Sehwan erreicht. In dieser Stadt wird der Heilige Qalandar Lal Shahbaz verehrt, der im Jahr 1177 in Marwand (Afghanistan) unter dem Namen Syed Hazrat Usman Marwandi geboren wurde und 1274 in Sehwan starb. Man sagt ihm nach, daß er im Alter von sieben Jahren den Koran auswendig konnte und mit 24 Jahren, als er dem Qalandaria-Orden beitrat, fließend Arabisch und Persisch gesprochen habe. Der Qalandaria-Orden war im 11. Jh. gegen die wachsende Verweltlichung seiner Zeit gegründet worden. Nach ausgedehnten Reisen in die arabischen Länder kam Qalandar Lal Shahbaz 1264 nach Multan, zu jener Zeit eine bedeutende und blühende Stadt. Man lud ihn ein, sich dort niederzulassen. Ihn zog es aber nach Sehwan, wo sich rivalisierende Sekten erbittert befehdeten. Dort ließ er sich nieder, lebte ein vorbildliches, frommes Leben und ließ sich auch von den Fakiren der Stadt nicht beirren, die befürchteten, daß dieser Fromme ihre finanziellen Quellen austrocknen könnte. Seine Anhänger legten dem strenggläubigen Muslim den Ehrennamen *Shahbaz* – »roter Königsfalke« – bei.

Es ist nicht bekannt, wann und von wem **Grabmal und Schrein Qalandar Lal Shahbaz',** der unter allen Heiligen Pakistans das höchste Ansehen und die größte Verehrung genießt, erbaut wurden. Sicher ist aber, daß bereits im Jahre 1348 der arabische Weltreisende Ibn Battuta das Mausoleum besuchte. Verschiedene Herrscher des Sind haben das Gebäude ergänzt und erweitert. Die jüngste Verschönerung, das sog. **Goldene Tor,** ist ein Geschenk des früheren Schahs von Persien und, wie eine Gedenktafel ausweist, 1977 durch den damaligen Ministerpräsidenten Bhutto eingeweiht worden.

In Sehwan kann der Besucher Zeuge bewegender religiöser Rituale werden. Zur Gebetszeit abends versammeln sich die Gläubigen beim Schrein. Eine größere Gruppe unter ihnen beginnt nach dem Gebet für eine begrenzte Zeit nach immer schneller und stärker werdenden Trommelschlägen zu tanzen und gerät langsam in Ekstase. Besucher können diesem Schauspiel beiwohnen. Donnerstag ist ein besonders günstiger Termin für einen Besuch, weil dann mehr Menschen anwesend sind als an anderen Wochentagen. Sicher bemerkt man dann unter den Wächtern des Schreins auch einen 2,54 m großen Hünen (sein Name ist Alam Channa), wenn er sich nicht gerade als bestaunte Weltberühmtheit im

Von einem Ochsengespann zur Bewässerung der Felder angetriebenes Schöpfrad

Ausland, Japan o. a., befindet. Er soll der größte Mann der Welt sein.

Sehwan ist jedoch nicht nur als Wallfahrtsort von Interesse: Es ist eine ehrwürdige Stadt mit einem verfallenen Fort, dem sogenannten **Kafir Killa,** das, so glauben die Einwohner der Stadt, von Alexander dem Großen gebaut worden sein soll. Beweise für diese Annahme gibt es zwar nicht, die Bezeichnung für das Fort (*Kafir* = Ungläubiger) deutet allerdings darauf hin, daß die Festung von Nicht-Muslimen bereits vor dem ersten Auftreten islamischer Völker angelegt wurde. Das massive Backsteinmauerwerk und die Formen der Ziegel stimmen mit denen von Bauwerken überein, die noch in der Zeit der Hindu-Herrschaft errichtet wurden. Ein neues Rasthaus, nicht weit vom Schrein entfernt, bietet Übernachtungsmöglichkeiten auch für gehobene Ansprüche. Es hat zwölf Zimmer, die bevorzugt an Staatsbedienstete, aber auch an andere Besucher vermietet werden.

Manchhar-See

16 km nördlich von Sehwan zweigt links im Ort **Bubak** eine Straße zum westlich gelegenen Manchhar-See ab. Nach 7 km erreicht man zunächst den Manchhar-Kanal. Hier liegen Fischerboote, mit denen man zum See fahren kann. An beiden Ufern des Wassergrabens drehen Kamele Schöpfräder zur Bewässerung des höher gelegenen Landes. Basthütten säumen den Kanal, der sich schließlich zum schilfreichen Manchhar-See hin öffnet, einem merkwürdigen natürlichen Phänomen des Indus-Gebietes. Die Größe dieses flachen Sees, der 6 m unter dem Niveau des Indus-Flußbettes liegt, verändert sich je nach Jahreszeit und klimatischen Bedingungen ganz erheblich: Bei extremer Trockenheit bedeckt er eine Fläche von 21 km^2, im Durchschnitt erreicht er 147 km^2, und nach den Regenfällen und Überschwemmungen der Monsunperiode von Mai bis August bedeckt er ein riesiges Areal von 300 km^2. Zu diesen Zeiten seiner größten Ausdehnung ist der Manchhar-See einer der größten Süßwasserseen des indischen Subkontinents. Gleichzeitig dient er als Sicherheitsventil für den Indus, das dessen schwankende Wassermasse regulieren hilft. Bei Trockenheit läßt sich seine Fläche landwirtschaftlich nutzen. Während und nach der Regenzeit birgt das Gewässer Fische im Überfluß, die die Anwohner auf ei-

genwillige Weise fangen: Sie schlagen große und kleine Trommeln und treiben durch diese Geräusche die Fische in vorbereitete Netze. Mit dieser einfachen, aber wirksamen Methode werden beachtliche Fangresultate erzielt.

Die Fischerfamilien leben meist auf Hausbooten; aus dem Schilf, das am Rande des Sees in großer Fülle wächst, fertigen sie Matten für ihre Häuser und zum Verkauf an. Ihre schmalen und leichten Boote bauen die Fischer am Rande eines lagunenartigen Wasserarms des Sees. Man kann sie zu jeder Jahreszeit mieten.

Im Winter, wenn der Wasserspiegel sinkt, ist die Zeit der Entenjagd. Einheimische haben eine eigenartige, aber wirksame Methode, diese schmackhaften Vögel zu fangen. Sie stülpen sich einen großen Tonkrug mit zwei kleinen Löchern für die Augen über den Kopf, pirschen sich dann lautlos, entweder watend oder schwimmend, an die Entenschar heran und ergreifen eines oder gar zwei der Tiere. Gemessen an der Riesenzahl der Enten, die hier überwintern, sind es nicht viele, die auf diese Weise in den Kochtopf wandern. Neben Fisch und Entenfleisch dienen den Bewohnern die Wurzeln der Wasserlilien als Hauptnahrungsmittel, die gekocht und entsprechend gewürzt sehr schmackhaft sind.

Zurück auf der Hauptstraße, setzt man seine Reise in nördlicher Richtung fort. 35 km hinter **Bubak** passiert die Strecke die Distrikthauptstadt **Dadu** (Umgehungsstraße benutzen) und durchquert, vorbei an den Ortschaften **Khairpur Nathan Shah** und **Mehar,** die fruchtbarsten Regionen der Provinz Sind. In **Badrah** biegt man rechts ab nach Mohenjo-Daro, das man 150 km hinter Sehwan erreicht.

Mohenjo-Daro, eine der ältesten Stadtgründungen der Erde

Als der englische Archäologe R. D. Banerjee 1922 ein buddhistisches Heiligtum am Westufer des Indus untersuchte, entdeckte er dabei auch Objek-

Die Oberstadt Mohenjo-Daros mit ihrer Zitadelle im Hintergrund und der säulenumstandenen Badeanlage im Vordergrund

Blick auf die Tiefgrabungen im labyrinthisch anmutenden Wohnbereich Mohenjo-Daros

te, die Ähnlichkeiten mit Stücken aus dem 600 km entfernten Harappa aufwiesen, auf die die Fachwelt gerade ein Jahr zuvor aufmerksam geworden war. Bald war man sich einig, daß der Ursprung dieser Fundstücke in einer ausgedehnten Kultur des Chalkolithikums (Übergang von der Jungsteinzeit zur Kupfer-Bronze-Zeit) zu suchen war. Mit dieser Entdeckung begann die eigentliche Forschungsgeschichte der Harappa-Kultur, von der mittlerweile über 700 Fundorte, die zu dieser Kultur gehören könnten, lokalisiert wurden. Die besterhaltenen Überreste sind jedoch in Mohenjo-Daro zu sehen. Man datiert die Blütezeit der Harappa-Kultur in das 3./2. Jahrtausend v. Chr. Das Zentrum dieser Kultur, die zu den ältesten der Welt zählt, lag im Großraum des Indus-Tals, an der Makran-Küste im Süden Belutschistans und im oberen Ganges-Gebiet (Indien). Die Harappa-Kultur bildet die am besten dokumentierte Phase der Indus-Kultur (S. 40). Ob jedoch der Indus mit seinem häufig wechselnden Flußlauf oder aber Kriege mit den eindringenden Ariern den Untergang Mohenjo-Daros um 1500 v. Chr. verursacht haben, vermag heute noch niemand mit letzter Sicherheit zu sagen.

Der Fundort der etwa 5000 Jahre alten Stadt Mohenjo-Daro liegt auf einem Doppelhügel, der sich in nordsüdlicher Richtung aus der sonst flachen Ebene erhebt. Die Anhöhe mit der alten Zitadelle, heute besser durch das oben erwähnte jüngere buddhistische Heiligtum markiert, ist schon von weitem zu erkennen. Man betritt das Ausgrabungsgelände durch ein modernes großes Tor, das einem alten Tor Mohenjo-Daros nachgebildet wurde. Hinter dem Eingang liegen rechts das Museum, in dem man die Eintrittskarten erhält, und ein Rasthaus mit dem Informationsbüro der PTDC. Ein kleines Hotel (Shabistan Rest House) befindet sich in der Nähe des Flughafens.

Die Akropolis von Mohenjo-Daro

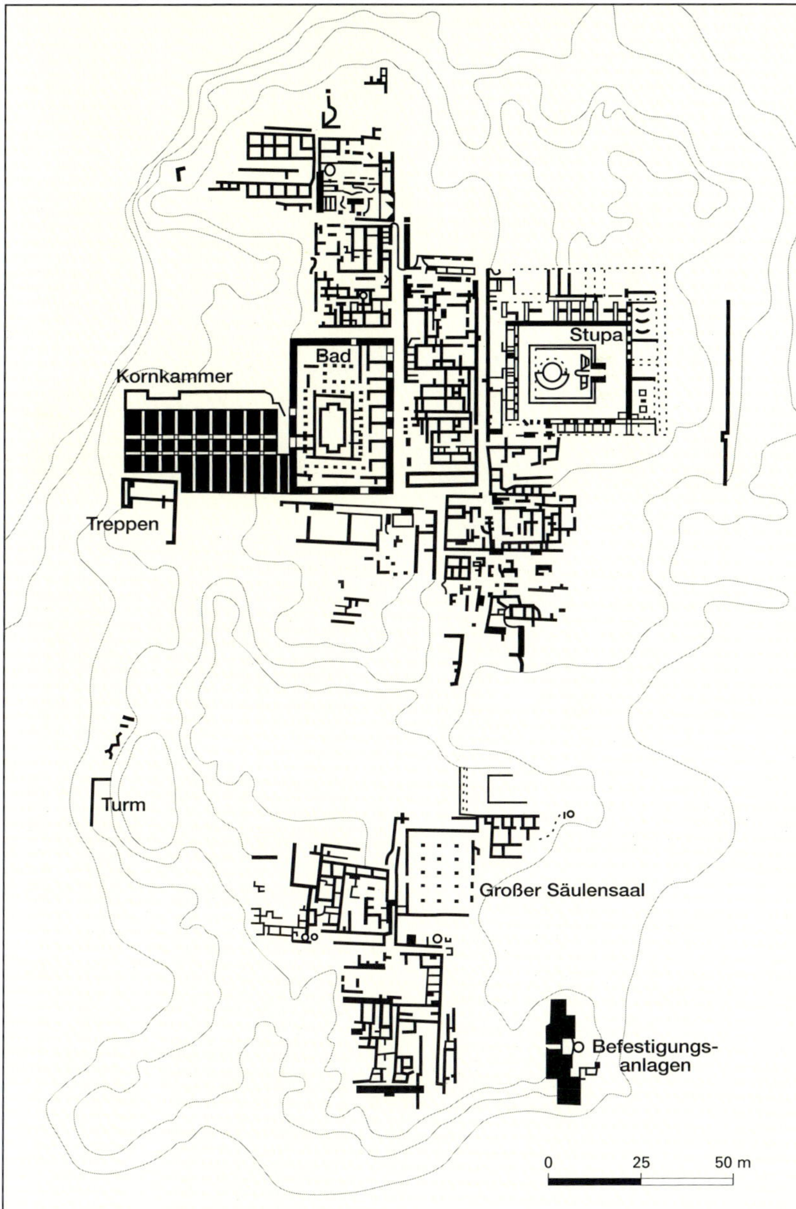

Das große Bad von Mohenjo-Daro

Die Zufahrtsstraße endet etwa 200 m weiter am nördlichen Hang der Zitadelle.

Auf den ersten Blick erscheint die Fundstätte wie ein Labyrinth aus hohen Grundmauern. Bis in Tiefen von 6 m wurden diese bisher ausgegraben; man vermutet jedoch, daß die Schichten mit Kulturablagerungen 25 m tief reichen und vorwiegend unter dem Niveau der heutigen Ebene liegen. Solche Dimensionen machen vielleicht verständlich, warum von dem 54 ha großen Areal der alten Stadt erst 20 % ausgegraben sind. Auch vom sozialen Aufbau der Harappa-Kultur ist im Gegensatz zu anderen Hochkulturen generell erst recht wenig bekannt. Weder Tempel noch Monumentalbauten wurden bisher gefunden, die eindeutige Rückschlüsse auf die gesellschaftliche Organisation der ehemaligen Bewohner erlauben würden. Auch die Schrift der Harappa-Kultur, von der man bislang genau 419 Zeichen kennt, konnte erst in Ansätzen entschlüsselt werden. Nach heutigen Kenntnissen hat das alte Mohenjo-Daro etwa 40 000 Menschen beherbergt. Die Stadtanlage bestand aus zwei Teilen: einer Oberstadt mit der Zitadelle als Mittelpunkt im Westen und einer Unterstadt mit Wohnhäusern aus gebrannten Ziegeln und zahlreichen Straßen und Gassen im Osten. Bäderanlagen und ein weitverzweigtes Abwasserkanalnetz lassen auf eine hochentwickelte Kultur schließen. Zwischen 1922 und 1931 sowie nach 1946 wurden unter der Leitung des britischen Archäologen Sir Mortimer Wheeler größere Teile des Wohnviertels freigelegt.

Von den Gebäuderesten der **Oberstadt,** die fast völlig ausgegraben wurde, ist insbesondere das große Bad bemerkenswert. Das von einem Säulengang umgebene Schwimmbecken ist 12 m lang, 7 m breit und 2,5 m tief. Die Wasserversorgung ist ein Meisterwerk früher Technik: Eine doppelte Ziegelschicht, eingebettet in Asphalt und Mörtel, sorgte für die Abdichtung. An

diese Badeanlage schließt sich eine Halle an, die von zwanzig Säulen getragen wird. Wegen der Ähnlichkeit mit Tempelanlagen aus späterer Zeit nimmt man an, daß sich hier der Sitz eines Priesterkönigs befand. Zahlreiche Figuren und Idole, auf die man im Bereich der Zitadelle stieß, unterstützen diese Vermutung. Die weiteren Gebäudereste können als frühere Kornkammer gedeutet werden, zumindest legen ähnliche Funde in Harappa diese Vermutung nahe.

Die zum Fluß hin gelegene **Unterstadt** wird durch eine 10 m breite Straße unterteilt, die mit nur 7 Grad östlicher Abweichung schnurgerade über fast 1200 m von Nord nach Süd durch den Wohnbereich verläuft. (Weitere Nord-Süd-Achsen innerhalb

Abflußkanal in einer zwischen den hohen Mauern Mohenjo-Daros hindurchführenden Straße

des Gesamtplans werden vermutet, sind jedoch noch nicht nachgewiesen.) Die von Osten nach Westen verlaufenden Straßen sind etwa 4–5 m breit.

Auffallend an den Zeugnissen der Harappa-Kultur sind die Gleichförmigkeit der Stadtanlage und die Rationalisierung der Bauelemente. Alle bisher gefundenen Siedlungen weisen gleichartige Grundrisse auf – die Zitadelle im Westen und das Wohngebiet mit mindestens drei Siedlungskernen im Osten. Auf eine gezielte Planung weisen aber auch das Prinzip der Reihung und der Bau gleicher Haustypen hin. Die Backsteine, die zur Errichtung verschiedener Bauten benutzt wurden, besitzen einheitliche Größen und Formen in den Proportionen 1:2:4. Sie gelten als erster Nachweis eines optimal rationellen Bauelements, welches in allen Richtungen beliebig zusammengesetzt werden kann und noch heute benutzt wird. Die Häuser, die aus diesen Backsteinen errichtet wurden, sind zwischen 100 und 200 m^2 groß. Da es aber auch größere Hauseinheiten gibt (bis 500 m^2), die verstreut innerhalb der Siedlung liegen, kann man bisher keine Differenzierung nach sozialen Gruppen innerhalb des Wohngebiets vornehmen. Die Häuser bestehen in der Regel aus einem zentralen Raum, dem Innenhof, der über einen mehrfach abknickenden Gang, der die direkte Sicht nach innen verwehrt, von der Straße aus betreten wird. Von diesem Zentralraum aus sind alle anderen Räume, die selten miteinander verbunden sind, zugänglich. Im allgemeinen wurden gebrannte Ziegel für die Außenmauern und sonnengetrocknete Backsteine für die Innenwände verwendet. Die Häuser haben Brunnen und Baderäume. Das Abwassersystem funktionierte ausgezeichnet und ist in seiner Anlage einzigartig. Die Abflußkanäle wurden durch Ziegelsteine abgedeckt, die einige Zentimeter unterhalb der Straßenoberfläche eingelegt waren. Diese Abdeckung konnte leicht beseitigt werden für den Fall, daß die Kanäle gereinigt, inspiziert oder repariert werden mußten. Die Abwässer aus den verschiedenen Häusern durften nicht direkt in das Kanalsystem geleitet werden, sondern wurden zunächst in eine Senkgrube geführt. Obwohl die Räume der Häuser meist ungepflastert blieben, war der Bereich, in dem Wasser benutzt wurde, mit Ziegeln gepflastert. Solche Brunnenräume oder »Waschküchen« hatten jeweils Anschluß an Kanäle oder außenliegende Staubehälter (große Tonkrüge, Sickerschächte usw.). Die Pflasterung dieser Bereiche mag aus rituellen Gründen (Wasser als Lebensspender), aus technischen (lehmhaltiger, feinkörniger Boden) oder hygienischen Überlegungen (Grundwasserverschmutzung bei dichter Bebauung) durchgeführt worden sein.

Im **Museum** kann man Siegel mit Tierdarstellungen und Schriftzeichen anschauen. Diese quadratischen Miniaturkunstwerke aus Speckstein wurden vermutlich als Warenzeichen benutzt. Sie verraten einen außerordentlichen Sinn für Harmonie. Besonders große Rätsel gibt den Forschern die Gestalt eines »gehörnten Gottes« auf, dessen Darstellung sich auf mehreren Siegeln findet. Er sitzt mit untergeschlagenen Beinen, der Kopf ist mit langen, geschwungenen Büffelhörnern geschmückt, zwischen denen ein Federbusch aufragt. Diese Figur ist von Tieren umgeben, in denen man ein Nashorn, einen Büffel, einen Tiger und einen Elefanten erkennt. Da diese Götterfigur manchmal auch mit drei Köpfen dargestellt wird, sehen einige Archäologen darin eine Vorform des indischen Gottes Shiva verkörpert, der ebenfalls mit drei Köpfen dargestellt wird.

Auch Bronze- und Steinskulpturen wurden in Mohenjo-Daro gefunden. Im Nationalmuseum in Karachi, im Museum von Lahore und natürlich im Museum von Mohenjo-Daro selbst befinden sich einige bemerkenswerte Stücke, wie die markante, Ernst und Gelassenheit ausstrahlende Steinbüste eines Priesterkönigs, die Bronzefigur eines tanzenden Mädchens und andere Statuetten. Manche von ihnen geben Aufschluß über die damalige Kleidung der Menschen: Die arbeitende Bevölkerung trug offenbar einen Lendenschurz; prächtige Gewänder waren den Angehörigen der Oberschicht vorbehalten, wobei die vornehme Herkunft der Männer auch an ihren Bärten zu erkennen ist. Die Frauen trugen diffizile Haartrachten, kurze Röcke und Schmuck. Die Oberkörper blieben unverhüllt.

Interessant sind auch die Erzeugnisse der Töpferkunst mit stilisierten Figuren, Darstellungen von Menschen, Tieren und Pflanzen sowie geometrischen Figuren. Am eindrucksvollsten offenbart sich der Sinn für Schönheit unter den ehemaligen Bewohnern Mohenjo-

Ein in Mohenjo-Daro gefundenes Stempelsiegel aus Steatit mit dem Motiv eines Panzernashorns

Zwei goldene Anhänger in Stierform aus der Harappa-Zeit

Weibliche Terrakottafigur der Harappa-Kultur (rd. 3000 v. Chr.)

Daros jedoch in den Schmuckstücken. Männer und Frauen trugen, wie die Figuren und Büsten aus jener Zeit zeigen, Geschmeide aus Gold, Silber, Bronze und Halbedelsteinen; Kopfschmuck, Gürtel, Arm- und Fußreifen, Ohr- und Nasenringe sind erstaunlich fein gearbeitet. Bemerkenswert ist auch die große Vielfalt an Kinderspielzeug. Im Museum sind u.a. hohle Lehmkugeln mit Kieselsteinen, die als Rassel dienten, Terrakotta-Tiere mit beweglichen Köpfen, kleine Marmorfiguren, Vögel und Büffelkarren aus Stein sowie Gesellschaftsspiele ausgestellt.

Mohenjo-Daro gehört zu den archäologisch bedeutendsten Orten der Erde, deren Rettung sich die UNESCO als eine ihrer Aufgaben gesetzt hat; auch die Bundesrepublik Deutschland hat hier bereits einen ansehnlichen Beitrag geleistet. 1972 wurde ein Plan entworfen, der die Folgen der Erosion und Schäden durch den nahen Indus auffangen soll. Die Bedrohung Mohenjo-Daros geht vor allem vom steigenden Wasserspiegel und der damit verbundenen Versalzung des Bodens aus, die bereits 2 Mill. ha Land am Indus-Südufer betroffen hat. Wenn nichts getan wird, besteht die Gefahr, daß die Ausgrabungen in den nächsten Dekaden schweren Schaden nehmen, verfallen und schließlich verschwinden. Bereits kurz nach der Freilegung der Ruinen wurden Salzverkrustungen am Mauerwerk beobachtet und ein Ansteigen des Grundwassers festgestellt. Nach dem Bau des Sukkur-Dammes, etwa 125 km nördlich von Mohenjo-Daro, verschlechterte das ausgedehnte Bewässerungssystem die Lage noch. Eine erfolgreiche und dauerhafte Konservierung der Gebäudereste, die 5000 Jahre erhalten geblieben sind, kann erst erreicht werden, wenn der Grundwasserspiegel gesenkt wird. Ein Kanal, der um die Ausgrabungsstätte angelegt wird, dient diesem Zweck. Der Indus, dessen Wasserstand zur Regenzeit 3 m über dem Niveau der Ausgrabungen liegt, ist mit seinem wechselnden Flußverlauf und seinen Überflutungen nach Meinung einiger Archäologen nicht nur für die Zerstörungen des antiken Mohenjo-Daro verantwortlich – er bildet auch heute noch eine große Gefahr.

Von Mohenjo-Daro nach Rohri

Von Mohenjo-Daro führt eine gute Asphaltstraße durch intensiv bewässerte Reisfelder in die 21 km entfernte Stadt **Larkana,** den »Garten Sinds« und die Heimatstadt des früheren Ministerpräsidenten Zulfikar Ali Bhutto. Bis **Shikarpur** an der Hauptverbindungsstraße Sukkur–Quetta sind es noch weitere 64 km. Diese 1617 gegründete Stadt, die von künstlich bewässerten, fruchtbaren Ländereien umgeben ist, war einst das bedeutendste Zentrum dieser Region. Nach 1883 wurde sie als

Ein für die Harappa-Kultur typisches vasenförmiges Gefäß mit schwarzem Pflanzendekor

Hauptstadt des Distrikts vom 42 km entfernten **Sukkur** abgelöst, das sich zu einer bedeutenden Industriestadt entwickelte. Sukkur besteht aus einem alten und neuen Teil, wobei die Trennungslinie von den Eisenbahngleisen der Strecke Rohri–Quetta–Chanam markiert wird. Im alten Sukkur befinden sich das 1758 erbaute Mausoleum von Hazrat Khairuddin und der vom Mogul-Gouverneur erbaute Masum-Turm, der sich wie der schiefe Turm von Pisa zur Seite neigt. Das wichtigste und eindrucksvollste moderne Bauwerk ist der 1932 vollendete **Sukkur-Damm** aus gelbem Sandstein und Stahl, über den die Karachi-Quetta-Straße führt. Sieben Kanäle zweigen von diesem Stauwerk ab, welches das größte Bewässerungssystem der Welt speist, darunter den Reis- und den Dadu-Kanal vom rechten sowie den Rohri-Kanal vom linken Ufer. Der letztgenannte ist breiter als der Suez- und der Panamakanal. Die angeschlossenen Kanäle bewässern 2 Mill. ha

Die gewaltige, auf 3000 v. Chr. datierte Festung Kot Diji bei der Ortschaft Khairpur

Land. Das Inter Pak Inn am Sukkur-Damm (63 Zimmer, Lab-e-Mehran, Tel. 8 30 51) bietet gute Unterkunft. Annehmbar sind das Mehran Hotel in Sukkur (Station Rd., Tel. 8 37 92), das Jelani Hotel (10 Zimmer, Barrage Rd., Tel. 8 52 49), Al Habib (Barrage Rd., Tel. 8 43 59) und Forum Inn (Workshop Rd., Tel. 8 30 11).

Bei der Weiterfahrt von Sukkur nach Rohri, das bereits auf dem östlichen Indus-Ufer liegt, sieht man von ferne die **Festung Bhakkar** (»Morgengrauen«), die sich auf einer Felseninsel im Fluß erhebt. Von **Rohri** aus, einer bereits 1297 gegründeten Stadt, die in der Gegenwart vor allem wegen ihres Zementwerks und der hier angesiedelten Textilindustrie wirtschaftliche Bedeutung erlangte, sollte man einen Abstecher zur etwa 43 km weiter südlich gelegenen Festung Kot Diji unternehmen.

Die zur Abwehr von Kriegselefanten in die Eingangstore von Kot Diji eingelassenen Nägel

Festung Kot Diji

Die Straße nach Kot Diji (Richtung Hyderabad) führt zunächst über **Khairpur** (23 km), die frühere Hauptstadt eines eigenen kleinen Reiches gleichen Namens, das erst 1955 voll in den pakistanischen Staat integriert wurde. Heute ist die Stadt vor allem als Bildungszentrum (Sind-Universität) von Bedeutung. Etwa 20 km weiter südlich liegt Kot Diji mit seinem Ausgrabungsgelände und der grandiosen, sehr gut erhaltenen Talpur-Festung aus dem 18. Jh.

Die 1955 begonnenen Ausgrabungen bei Kot Diji (westlich der Hauptstraße) legten in elf Bauschichten die

Eine der mächtigen, 15 m hohen Bastionen der Festung Kot Diji

Überreste einer noch älteren Kultur als die von Mohenjo-Daro frei: Ihre Entstehungszeit wird etwa in den Zeitraum von 3000 bis 2300 v. Chr. datiert. Kot Diji ist damit die älteste befestigte Siedlung auf dem südasiatischen Kontinent! Die Festung der Talpur-Emire, östlich der Straße, erhebt sich markant und uneinnehmbar wirkend auf einem Felsausläufer über der kahlen Landschaft. Am eindrucksvollsten sind die Reste des durch Bastionen verstärkten Verteidigungswalles, der die etwa 167 x 116 m große Zitadelle umschließt. Die umlaufenden, weitgehend intakten Mauern sind bei einer Höhe von 15 m und 2,75 m Dicke auch heute noch in der Lage, jedem Besucher Achtung einzuflößen. Von dem ersten der insgesamt drei Tore windet sich die Auffahrt bergwärts zum 120 m weiter gelegenen zweiten Tor, hinter dem man nach weiteren 60 m zum dritten Durchlaß gelangt. Alle drei Eingänge sind mit kräftigen, 15 cm langen Eisenspitzen bewehrt, die es Kriegselefanten unmöglich machten, die massiven Tore einzudrücken.

Von Rohri nach Multan

Zurück in Rohri, führt die Weiterfahrt in Richtung Multan zunächst über **Ghotki** (58 km) mit einer aus Ziegeln erbauten gewaltigen Moschee, die zu den größten der Provinz Sind zählt, dann nach **Mirpur Mathelo** (26 km) mit den Ruinen einer alten Festung und **Ubauro** (31 km), das 887 unter arabischer Herrschaft gegründet wurde. Wenige Kilometer hinter Ubauro verläßt man die Provinz Sind und gelangt in den Landesteil Punjab.

Sadiqabad ist der erste größere Ort in dieser Provinz; das Städtchen ist nach Sadiq Muhammad Khan, einem ehemaligen Emir von Bahawalpur (S. 225), benannt. 137 km weiter zweigt links in nördlicher Richtung eine asphaltierte Straße in die alte, historisch bedeutsame Stadt **Uch** ab, die nur wenig abseits der großen Hauptstraße liegt. Der Ort beherrschte ursprünglich den Zusammenfluß von Sutlej und

Chenab, die gemeinsam den Punjnad-Fluß bilden. Besonders im 12. und 13. Jh. war Uch ein strategisch, wirtschaftlich und kulturell bedeutsamer Mittelpunkt und ein Zentrum islamischer Gelehrsamkeit mit einer Hochschule und zahlreichen Moscheen und Mausoleen. Einige dieser Bauten sind heute noch in mehr oder minder gutem Zustand zu sehen. Besonders bemerkenswert ist das Grabmal von Sheik Saiduddin Ghasruni, der Ende des 10. Jh. nach Uch kam. Es ist das älteste Grabmal der Stadt. Am besten erhalten ist der achtseitige, über und über mit blau-weißen Kacheln geschmückte Schrein der Muslim-Heiligen Bibi Jarindi aus dem Jahre 1494. Seine markante Kuppel erhebt sich über einem Kranz von Nischen und Trompen, die den achteckigen Grundriß in ein Sechzehneck verwandeln. Diese Gewölbetechnik, die aus dem vorderasiatischen Raum stammt und über die iranische Baukunst in Pakistan bekannt wurde, ist ein typisches Kennzeichen aller frühislamischen Kuppelbauten. Der Niedergang Uchs, das seine Blütezeit im 13. Jh. erlebte, wurde durch die Flußbettverlagerung des Punjnad ausgelöst.

Von Uch aus hat man zwei Möglichkeiten, das nächstgrößere Ziel, die Stadt Multan, anzusteuern: Man kann

Das mit blau-weißen Kacheln geschmückte Mausoleum des Heiligen Bibi Jarindi in der Stadt Uch

Fort Derawar in der Cholestan-Wüste

hinter Uch den Punjnad überqueren und erreicht über die Ortschaft **Alipur,** die bekannt ist für ihre Mangofrüchte, Granatäpfel und Datteln, die 82 km entfernte Stadt **Muzaffargarh.** Hier wechselt man auf das östliche Ufer des Chenab und gelangt nach 34 km nach Multan. Die zweite, empfehlenswerte Route nach Multan verläuft von Uch über Bahawalpur. Dazu wendet man sich von Uch zurück auf die Hauptstraße, die nach 21 km **Ahmadpur East,** bekannt für papierdünne Keramik, und **Dera Nawab Sahib** passiert. Beide Städte unterstehen einer gemeinsamen Verwaltung; Dera Nawab Sahib ist heute als Eisenbahnknotenpunkt von Bedeutung, früher glänzte es als Residenzstadt der Herrscher von Bahawalpur. Wer mag, kann von hier aus einen Ausflug zum 32 km südlich gelegenen **Fort Derawar** unternehmen, wo die Herrscher von Bahawalpur für Generationen lebten; sie haben dort auch ihre Grabstätten.

50 km weiter an der Hauptstraße liegt die Stadt **Bahawalpur**, die 1748 von Nawab Bahawal Khan gegründet wurde. Fast 200 Jahre lang war Baha-

Mausoleum der Maharadschas von Bahawalpur

walpur Hauptstadt eines eigenen Staates, der 1947 für die Zugehörigkeit zu Pakistan optierte und erst damit seine Selbständigkeit verlor. Das alte Zentrum ist immer noch eindrucksvoll von einer knapp 5 km langen Stadtmauer mit sechs Toren – dem Shikarpuri-, Bohar-, Multani-, Bikaneri-, Ahmadpuri- und Derawari-Tor – umgeben.

Bahawalpur ist Sitz der Islamia-Universität und verfügt über eine Reihe von höheren Lehranstalten, eine Akademie für Medizin und traditionelle Heilkunde sowie über eine Akademie für Forstwissenschaft. Die Zentralbi-

Die Perlenmoschee im Fort Derawar

Die Zentralbibliothek von Bahawalpur

bliothek der Stadt ist im Besitz einer bedeutenden Buch- und Handschriftensammlung. Berühmtheit haben auch die hauchzarten Keramikerzeugnisse Bahawalpurs erlangt, die aus schwarzem Ton hergestellt werden.

Hotels in Bahawalpur

2 Sterne
Ehrun, The Mall, Circular Rd., Tel. 42 91 u. 47 30 (32 Zimmer)

1 Stern
Humera, Multan Rd., Tel. 59 59 (19 Zimmer)

Ohne Klassifizierung
Abasin, Circular Rd., Tel. 25 91 (18 Zimmer)
Al-Hamra, Beroon Fareed Gate, Tel. 33 48 (12 Zimmer)
Al-Hilal, Circular Rd., Tel. 24 37 (15 Zimmer)
Shabrose, General Bus Stand, Tel. 40 96 (15 Zimmer)

Information

Tourism Development Corporation Punjab, 11–12, Stadium Market, Stadium Rd., Tel. 66 96

Über den Sutlej-Fluß hinweg und vorbei an dem Städtchen **Lodhran** (18 km) erreicht man 94 km hinter Bahawalpur die Stadt Multan.

Multan

Die berühmte, geschichtsträchtige und wegen ihrer hohen Temperaturen im Sommer auch berüchtigte Stadt Multan zählt rund 700 000 Einwohner und

Das von den Großmoguln um 1330 v. Chr. in Multan errichtete Mausoleum Rukn-i-Alam

ist ein Schnittpunkt für den Straßen- und Eisenbahnverkehr zwischen Karachi, Lahore, Rawalpindi/Islamabad und Peshawar. Man kann die Stadt von Karachi aus auch mit dem Flugzeug erreichen.

Multan liegt unweit des Flusses Chenab, der sich bereits 50 km weiter nördlich durch den Zufluß des Ravi verbreitert hat. Ursprünglich lagen Stadt und Zitadelle auf zwei Inseln im Ravi-Fluß, doch irgendwann im Laufe der Jahrhunderte grub sich der Ravi, der noch im 14. Jh. nahe der Stadt mündete, ein anderes Bett. Historiker bezeugen, daß Alexander der Große die Festung umschiffte, die zur Zeit der Invasion des Makedonierkönigs 50000 Verteidiger beherbergte. Nach Angaben des antiken Geographen Strabo (63–20 v. Chr.) und Flavius Arrianus, der im 2. Jh. n. Chr. die Geschichte Alexanders des Großen schrieb, wurde der Makedonierkönig bei der Einnahme der Hauptstadt der damaligen Malli-Fürsten schwer verletzt. Aus Erbitterung darüber richteten die Makedonier ein fürchterliches Massaker unter den Bewohnern der Stadt an.

Multan, das »Kaspapuros« des Herodot, das »Kasyapapura« der Hindu-Mythologie und »Kaspeira« des Ptolomäus, wird 641 n. Chr. in dem Reisebericht des Chinesen Hsüan Tsang unter dem Namen »Mulasthanapura« erwähnt; es hatte zu jener Zeit einen Umfang von etwa 8 km und war, wie der Name besagt, der Ort mit dem Schrein oder »Tempel der Sonne«. Schon wenig später geriet die Stadt unter arabische Herrschaft. Ein Expeditionskorps unter General Muhallabad drang 664 nach Multan vor. Abdul Qasim, der erste bekannte arabische Geograph, der über den Osten geschrieben hat, rühmte im 9. Jh. n. Chr.

Die Eid Gah Masjid in Multan

Multan als »Haus des Goldes« wegen der unermeßlichen Schätze dieser Stadt.

Ali Masud von Bagdad, der 915 das Indus-Tal besuchte, schilderte 942 in seinem Buch »Die Wiesen des Goldes« Multan als eine der stärksten Bastionen des Islam, die von 120 000 Städten und Dörfern umgeben sei. Istakhri von Persepolis und Haukal von Bagdad beschrieben es im 10. Jh. als eine große befestigte Stadt, deren Hindu-Tempel im Elfenbein- und Kupferbasar mit dem goldenen Götterbild von Pilgern aus allen Teilen Indiens besucht wurde. Das verlorengegangene Tempelbild soll eine menschliche Gestalt, Augen aus Juwelen und eine Goldkrone besessen haben. Spenden und Opfergaben der Gläubigen brachten der Stadt großen Reichtum. Der Gelehrte Abu Rehan al-Biruni unterrichtet uns darüber, daß Ende des 10. Jh. schiitische Herrscher nicht mehr die Toleranz ihrer sunnitischen Vorgänger gegenüber den Hindus zeigten. Ihr Heiligtum wurde in eine Moschee umgewandelt. 1005 wurde der alte Zustand von sunnitischen Herrschern wiederhergestellt. Zur Zeit des Großmoguls Akbar (1542–1605) war Multan Hauptstadt einer der größten Provinzen seines Riesenreiches und Sitz einer der insgesamt zehn Münzprägestätten.

Wenn man von den Grabmälern von Makli Hills bei Thatta (S. 148) absieht, so ist nur noch in Multan ein bemerkenswerter islamischer Bau aus der Zeit vor der Herrschaft der Großmoguln erhalten geblieben: das 1320–34 errichtete Mausoleum Shah Rukn-uddins, gemeinhin als **Rukn-i-Alam,** »Pfeiler der Welt«, bekannt. Das massive, schlichte, achteckige Backstein-Bauwerk mit weiß und blau glasierten Ziegeln, für die Multan bekannt ist, zeigt iranische und zentralasiatische Einflüsse, die durch Bevorzugung von Vieleck- und Kreisformen deutlich werden – Elemente, die in den großartigen Bauten der Mogulzeit späterer Jahrhunderte wieder auftauchen. Das Grabmal in Multan kennzeichnet einen Höhepunkt der indo-islamischen Kunst und ist das glanzvollste Monument der vormogulischen Sultanatsperiode von 1206 bis 1526. Es gilt als eines der schönsten Bauwerke, das jemals zu Ehren eines Toten errichtet wurde. An den Außenwänden findet man einen tiefen Verputz, der bei alten Lehmbauten angewandt wurde. Dieses besondere Merkmal der sogenannten Tughlaq-Monumente (benannt nach der damals herrschenden Dynastie) ist an diesem Grabmal besonders deutlich sichtbar.

Das Grabmal für den bekannten Heiligen **Baha-ud-din Zakaria** (»Schmuckstück des Glaubens«), des Begründers der einst bedeutenden Suhrawardia-Sekte, auch als Baha-u-Haq oder Bahawal Haq bekannt, wurde im 13. Jh. erbaut. Über einer quadratischen Basis erhebt sich ein halb so hoher achteckiger Aufsatz, der von einer Kuppel gekrönt wird. Darin befinden sich die Gräber Baha-ud-dins, seines Sohnes Sadr-ud-din und aus späterer Zeit Nawab Muzaffar Khans, eines Gouverneurs, der 1818 starb. Von der früheren Pracht des Grabmals ist nur wenig erhalten. Einige Kacheln befinden sich noch am ursprünglichen Platz.

Etwa 1 km weiter östlich auf der Uferböschung des alten Ravi-Flußbettes steht das rechteckige, 19 m hohe Grabmal von **Shams-i-Tabriz**, eines Sufi-Heiligen und -Märtyrers, der 1247 ermordet wurde. Das 1780 restaurierte Bauwerk ist von einer Veranda mit sieben Öffnungen auf jeder Seite umgeben und von einer Kuppel mit himmelblauen Kacheln gekrönt.

Multan ist von alters her bekannt für die Herstellung von besonders weicher Rohseide und Seide mit schattierendem Muster. Im Kunstgewerbe spielt die Keramik eine große Rolle.

Hotels (Auswahl)

2 Sterne

Hushiana Hotel, Chowk Kutchery, Tel. 4 35 20 (34 Zimmer)

Mangol Hotel, L.M.Q. Rd., Dera Adda, Tel. 3 01 64 (40 Zimmer)

Sindbad, Bahawalpur Rd., Tel. 7 22 94 (40 Zimmer)

1 Stern

Friends, Dera Adda Chowk, Tel. 7 30 66 (10 Zimmer)

Mavra, Hasan Parwana Rd., Tel. 7 61 22 (14 Zimmer)

Prince, Nishtar Rd., Tel. 7 41 46 (13 Zimmer)

Shabroze, Hasan Parwana Rd., Tel. 7 42 24 (34 Zimmer)

Shezan Residence, Chowk Kutchery, Tel. 3 02 53 (39 Zimmer)

Silver Sand, 514, Railway Rd., Tel. 3 30 61 (24 Zimmer)

Taj, Chowk Nawan Shahar, Tel. 7 35 49

Information

Tourism Development Corporation Punjab, 517-A, Railway Rd., Tel. 4 42 38

Reisebüros

Supreme Travels, 12, Halim Square, Kutchery Rd., Tel. 7 69 88

Taq Enterprises Cargo Service, Chowk Dera Adda, Tel. 3 16 87

Restaurants

Lasani Charga House, Halim Square, Kutchery, L.M.Q. Rd.

Rang-La, Kutchery Rd.

Shanghai, L.M.Q. Rd. (chinesisch)

Die verkehrsreiche Straße von Multan nach Lahore berührt zunächst den Marktflecken **Kabirwala** (50 km), es folgen der kleine Eisenbahnknotenpunkt **Khanewal** (12 km) sowie die Orte **Mian Channun** (43 km) und **Chichawatni** (32 km). Nach weiteren 21 km, 148 km hinter Multan, zeigt links ein Schild die Abzweigung nach Harappa an.

Die Ruinenstadt Harappa

Man überquert die Eisenbahnschienen und folgt der Straße, die nach 5 km direkt zum Rasthaus, zum Museum und zu den Ruinen führt. Wenn man mit der Eisenbahn reist, empfiehlt es sich, in der 20 km entfernten Kreisstadt Sahiwal auszusteigen und von dort einen Mietwagen zu nehmen.

Die Ruinenstadt und Ausgrabungsstätte Harappa war einst blühende Handelsstadt, die ihre Glanzzeit um 2300 v. Chr. erlebte. Nach ihr wird die Indus-Zivilisation auch Harappa-Kultur genannt. Die Stadt ist neben Mohenjo-Daro (S. 213) ein weiteres Beispiel der ältesten bekannten Stadtgründungen der Welt, sie hat die gleiche bauliche Struktur wir ihre Schwesterstadt am Unterlauf des Indus. Das **Museum** am Ort enthält interessante und wertvolle Funde. Das Modell eines zweirädrigen Ochsenkarrens ist wahrscheinlich die älteste Nachbildung eines Fahrzeuges auf der ganzen Welt und belegt außerdem, daß die Einwohner Harappas die technischen Vorteile des Rades anzuwenden verstanden.

Der Erhaltungszustand Harappas ist wesentlich schlechter als der Mohenjo-Daros. Die Ruinenstätte ist daher weniger eindrucksvoll. Der nicht fachlich vorgebildete Besucher wird vermutlich auch heute noch, nach über 60 Jahren reger archäologischer Forschung, die Darstellung des britischen Reisenden Sir Alexander Burnes aus dem Jahre 1834 bestätigen: »Die Überreste sind ausgedehnt, und der Ort, der von Backsteinen erbaut war, hat ungefähr drei Meilen im Umfang. Dort sieht man eine zerstörte Zitadelle an der Uferseite der Stadt; sonst ist Harappa ein vollständiges Chaos, ohne ein ganzes Gebäude.« Den schlechten Erhaltungszustand verdankt Harappa den Bewohnern der Umgebung, die aus dem vorhandenen Baumaterial eine neue Siedlung unter dem alten Namen errichteten, aber auch britischen Ingenieuren, die Ende des letzten Jahrhunderts die noch erhaltenen Bauwerke abtragen ließen, um die Ziegel als Fundament für die nahe Eisenbahnlinie zu nutzen.

Das **Kornhaus** nördlich der **Zitadelle** ist das bekannteste Gebäude des Ausgrabungsgeländes. Es hat siebzehn Dreschböden im Erdgeschoß, die jeweils aus einer großen Plattform aus Ziegelsteinen mit einem Loch in der Mitte bestehen, wo Weizen, Gerste und eine Art Roggen zermahlen wurden. Südlich davon fand man auffällig kleine Wohnhäuser, die vermutlich den Arbeitern des Kornspeichers als Unterkunft dienten. Die festgefügte Zivilisation wurde wahrscheinlich von den eindringenden Ariern im 15. Jh. v. Chr. zerstört. So klingt es jedenfalls im »Rigweda« und in anderen Epen an.

Die Fahrt auf der Hauptstraße nach Lahore führt nach 18 km zunächst zur 1865 gegründeten Kreisstadt **Sahiwal,** die vorübergehend *Montgomery* hieß und hundert Jahre nach der Gründung wieder in Sahiwal umbenannt wurde. **Okara,** 45 km von Sahiwal entfernt, ist ein wichtiger Marktort für Getreide. 74 km weiter zweigt eine Straße nach rechts zum 10 km von der Hauptstraße entfernten **Changa Manga Forest** ab, der 1890 angelegt wurde. Hauptattraktion des Waldgebietes mit Wildpark ist eine Fahrt mit der Miniatur-Dampfeisenbahn, die eine Strecke von 50 km zurücklegt. Von der Abzweigung zum Changa Manga Forest sind es noch 85 km bis Lahore, S. 160.

Route 2: Von Lahore über Rawalpindi nach Peshawar

(447 bzw. 667 km)

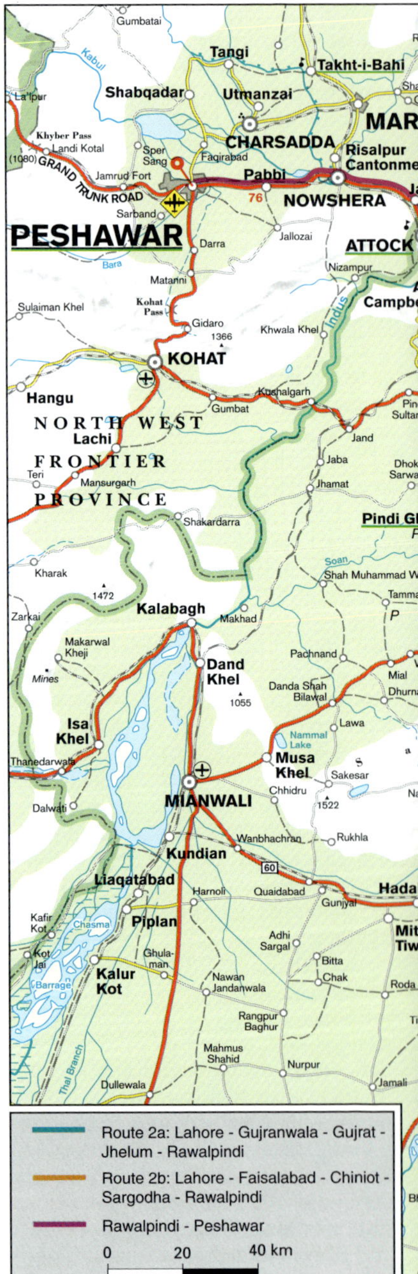

Für den ersten Teil der Reise, die Strecke von Lahore nach Rawalpindi, bieten sich zwei Alternativen an: Wer es eilig hat und die bequemste Verkehrsverbindung sucht, benutzt die Grand Trunk Road, die die schnellste und kürzeste Verbindung darstellt. Die zweite Möglichkeit führt von Lahore aus zunächst nach Westen in die moderne Textilstadt Faisalabad, wendet sich dann stärker nach Nordwesten und durchquert anschließend die spärlich besiedelten Höhen der Salzkette.

Route 2a: Von Lahore nach Rawalpindi auf der Grand Trunk Road

Lahore – Gujranwala – Gujrat – Jhelum – Rawalpindi (280 km)

Von Lahore aus führt die traditionsreiche Grand Trunk Road (G. T. Road) in nordwestlicher Richtung nach Rawalpindi und weiter bis Peshawar und

Lahore - Peshawar

nach Afghanistan. Nach 67 km Fahrt durch fruchtbares Gebiet erreicht man zunächst die schnell wachsende Großstadt **Gujranwala,** wo der bedeutende Sikh-Herrscher Ranjit Singh 1780 geboren wurde. Die Innenstadt mit ihren engen Gassen, die oft unvermutet vor Haustüren enden, läßt den Sikh-Einfluß in der Architektur noch spüren. Unterkunft findet man hier im Gujranwala Hotel, Gondalanwala, Tel. 84679. Das 16 km von Gujranwala entfernte, ebenfalls an der Grand Trunk Road liegende Städtchen **Ghakkar** ist wegen seiner süßen Melonen und der Herstellung von *Durries* bekannt. *Durries* sind bunte Planen, aus denen große Zelte für Veranstaltungen, Hochzeiten und andere Anlässe gefertigt werden. Nach weiteren 16 km erreicht man **Wazirabad,** einen wichtigen Eisenbahnknotenpunkt. Die Stadt wurde während der Regierungszeit Shah Jehans von Wazir Khan gegründet, der ihr auch seinen Namen gab. Anfang des 19. Jh. war Wazirabad das Hauptquartier des italienischen Generals Avatabile, der die Stadt in Form eines Parallelogramms neu aufbaute. Solche europäischen »Gastarbeiter« waren damals gar nicht so selten: Nach der Niederlage Napoleons bei Waterloo suchten zahlreiche Generäle ihr Glück in Südostasien, die vor allem die Festungsarchitektur stark beeinflußten.

Von Wazirabad aus kann man einen Abstecher in die 43 km entfernte Kreisstadt **Sialkot** unternehmen und dort der Geburtsstätte des Dichterphilosophen Muhammad Iqbal einen Besuch abstatten. In Sialkot werden Sportartikel, medizinische Ausrüstungen und Musikinstrumente hergestellt und in alle Welt exportiert. Als Unterkunft kommt hier in erster Linie das Hotel Meryton, Wazirabad, Tel. 65689 (25 Zimmer), in Frage und erst in zweiter Al-Shahzad, Naveed Centre, Kutchery Rd., Tel. 87342 (30 Zimmer).

Wenn man von diesem Abstecher auf die Grand Trunk Road zurückgekehrt ist, kreuzt man 6 km hinter Wazirabad den Fluß Chenab und erreicht 116 km hinter Lahore das von Kaiser Akbar gegründete **Gujrat** mit den Ruinen einer alten Festung im Zentrum. Die Stadt ist bekannt für ihre Töpferwaren.

Hotels in Gujrat

Grace, G. T. Rd., Tel. 44 44 (22 Zimmer)

Melody Inn, Railway Rd., Tel. 37 51 (6 Zimmer)

Nasheman, Railway Rd., Tel. 32 30 (20 Zimmer)

Über **Lala Musa** (32 km) und **Kharian** (16 km) gelangt man dann in die knapp 168 km von Lahore entfernte Stadt **Jhelum** am Ufer des gleichnamigen Flusses. Eine moderne Straßenbrücke und die alte Eisenbahn- und Autobrücke aus dem Jahr 1894, welche einen schönen Ausblick auf die Siedlung am Fluß bietet, führen hier über das Gewässer. Nach weiteren 16 km erreicht man **Dina** (Eisenbahnstation), wo eine gute Straße zum 17 km entfernten sehenswerten Mangla-Damm nach Nordosten abzweigt. Übernachtung ist möglich im Faisal Hotel, G. T. Rd., Tel. 3088 (5 Zimmer).

Abstecher zur Festung Rohtas und zum Tilla-Berg

In entgegengesetzter Richtung, also nach Südwesten auf die Höhen der Salzkette zu, führt von Dina ein zunächst asphaltierter Weg über die Eisenbahnlinie hinweg zu einer Furt im Kahan-Fluß und zum Osttor der 1542 von Afghanenherrscher Sher Shah Suri erbauten imposanten Rohtas-Festung. Sie ist von einer über 3 km langen und 9 m dicken Mauer umgeben und mit

Die vom Afghanenmogul erbaute Festung Rohtas nahe Rawalpindi

68 Türmen und 12 Toren versehen. Zur Zeit ihrer Erbauung lag Rohtas noch an der Grand Trunk Road, der traditionsreichen Straße zwischen Delhi und dem Khyber-Paß, die später über Dina geführt wurde. Heute ist das letzte Stück Weg zur Festung mit einem normalen Personenwagen schwer zu bewältigen, da die Zu- und Abfahrt zur Furt stark ausgefahren ist und der Fluß auch zur Trockenzeit Wasser führt. Wenn man nur einen Besuch der Festung plant, ist es daher praktischer, den Wagen am nördlichen Flußufer stehenzulassen und durch das flache Gewässer auf die andere Seite zu waten. Man betritt das Innere der Festung dann durch das Khawas Khan-Tor. (Mit einem robusten Fahrzeug kann man durch den Fluß bis zum Osttor und durch die äußere Festungsanlage bis zum Sohal-Tor auf der westlichen Seite fahren und dort den Wagen parken. Im oberen Teil dieses Tores ist ein Rasthaus eingerichtet.) Im Innern der Festung sollte man den Palast Man Singhs und den sogenannten Hinrichtungs-turm besuchen.

14 km westlich des Sohal-Tores befindet sich auf dem **Tilla-Berg,** mit 1000 m die höchste Erhebung der Salzkette, ein Kloster. Es ist auf einem Pfad, der mit Jeeps befahrbar ist, zu erreichen. Die heute sichtbaren Gebäude lassen nicht auf das ehrwürdige Alter dieser religiösen Institution schließen, die zu den ältesten im Norden Pakistans zählt. Die hinduistischen Yogis von Tilla, die durch geistige und körperliche Übungen (Yoga) zu größerer Vollkommenheit zu gelangen suchten, waren einst berühmt-berüchtigt, weil sie es als »heilige Männer« mitunter an Enthaltsamkeit und Frömmigkeit fehlen ließen und weltlichen Freuden wenig abweisend gegenüberstanden.

Zurück auf der Grand Trunk Road bei **Dina,** fährt man über **Gujar Khan** weiter Richtung Rawalpindi (S. 184), das nur noch 93 km entfernt auf den Höhen des Potwar-Plateaus liegt. Etwa 8 km vor der Stadt zweigt rechts eine breite Straße ab, die in 19 km nach **Islamabad** (S. 184) führt.

Route 2b: Von Lahore nach Rawalpindi über Faisalabad, Chiniot und Sargodha

(491 km) Karte Seite 232/233

Diese Alternativstrecke zur Route 2a beginnt in **Shahdara,** der Lahore am Ufer des Ravi gegenüberliegenden Stadt. Dort zweigt in westlicher Richtung eine gute Straße zur Textilstadt Faisalabad ab, dem früheren Lyllapur (137 km). Diese Strecke führt zunächst über die Kreisstadt **Shekhupura** (39 km) und wendet sich dann nach Südwesten, wobei sie die Städtchen **Shah Kot** (94 km) und **Khurrianwala** (115 km) berührt. Die Landschaft rechts und links der Straße wird durch den Lower Chenab Canal und andere Kanäle bewässert; fruchtbares Weizenland wechselt ab mit Feldern, auf denen hochwertige Baumwolle angebaut wird. Diese Baumwolle ist die Basis für die sprunghafte Entwicklung der Textilstadt **Faisalabad,** die heute eine der drei Millionenstädte Pakistans (nach Karachi und Lahore) ist. Touristisch hat die Stadt wenig zu bieten, für die industrielle Entwicklung des Landes ist sie jedoch von großer Bedeutung. Die Landwirtschaftliche Universität Faisalabads genießt international einen guten Ruf. Wer es besonders eilig hat, in dieses Zentrum der pakistanischen Textilproduktion zu gelangen, kann Faisalabad von Karachi oder Multan aus auch mit dem Flugzeug erreichen.

Hotels

Drei Sterne

Faisalabad Serena, Club Rd.,
Tel. 04 11/3 20 23 (148 Zimmer)

Zwei Sterne

Rex, Satiana Rd., Tel. 4 52 99
(52 Zimmer)

Ein Stern

Ripple, 18-A, People's Colony,
Tel. 4 19 09 (12 Zimmer)

Rays, Allama Iqbal Rd., Tel. 2 40 06
(23 Zimmer)

Billighotels

Al Khayyam, Chowk Clock Tower,
Tel. 3 04 57 (17 Zimmer)

Midway, Kutchery Bazaar, Tel. 2 45 95
(15 Zimmer)

Supper, Bhawana Bazaar, Tel. 22 72 06
(20 Zimmer)

Three Star, Chiniot Bazaar, Tel. 2 86 67
(17 Zimmer)

Restaurants

Kabana, 2-A, People's Colony, Tel. 4 51 00

King Wah, 137-C, People's Colony,
Tel. 4 03 73 (chinesisch)

New Nam Wah, 133-C, People's Colony,
Tel. 4 02 06 (chinesisch)

Oasis, 1052, Satiana Rd., Tel. 4 59 22

Von Faisalabad führt eine Nebenstraße in die 90 km entfernte Kreisstadt Sargodha. (Die entsprechende Bahnlinie zweigt in Chak Jhumra, 19 km von Faisalabad entfernt, ab.) Straße und Bahn berühren unterwegs die alte Stadt **Chiniot** (35 km) am Ostufer des Chenab. Die Häuser dieses Städtchens sind alle kunstvoll aus Ziegeln erbaut, sie lassen noch die hoch ausgebildeten handwerklichen Fähigkeiten erkennen, für die Maurer und Bauhandwerker aus Chiniot von alters her berühmt sind. In der Vergangenheit haben sie ihre Fähigkeiten beim Bau vieler Mausoleen und Heiligtümer unter Beweis gestellt und z.B. auch an der Wazir-Khan-Moschee in Lahore (S. 160) mitgewirkt.

Weit jünger als das alte Chiniot ist die Kreisstadt **Sargodha** jenseits des Chenab: Sie wurde erst 1903 gegründet. Ihren Namen verdankt die Stadt übrigens einem Bettelmönch namens *Godha,* der hier einst an den Ufern

Eine der weithin sichtbar über dem Indus vom Mogulherrscher Akbar erbauten Festungen

eines Weihers *(sar)* lebte. Sargodha verfügt über zwei bescheidene Hotels.

Bei der Weiterfahrt Richtung Rawalpindi (272 km) ändert sich das landschaftliche Bild: Nachdem man etwa 40 km hinter Sargodha zwischen **Shahpur** und **Khushab** den Fluß Jhelum überquert hat, nähert man sich den Ausläufern der Salt Range, der Salzkette, mit etwa 700 m hohen Bergen, die aber immer wieder von höheren Gipfeln überragt werden. Die Ortschaften werden zunehmend seltener, bis man über **Pail** (92 km), **Talagang** (139 km), **Pindi Gheb** (174 km) und **Fatehjang** (225 km) schließlich **Rawalpindi** erreicht (S. 184).

Von Rawalpindi nach Peshawar
(154 km)

Um von Rawalpindi nach Peshawar zu gelangen, benutzt der Auto- oder Busreisende wieder die Grand Trunk Road, die zunächst über **Taxila** (S. 189) und **Hasan Abdal** (S. 192) in nordwestlicher Richtung verläuft. In früheren Zeiten, als Pakistan noch Teil des Mogulreiches war, wurde diese traditionsreiche Straße alle 20 km von Rasthäusern, den sogenannten *Serais* gesäumt, von denen einige noch heute existieren. Zu den am besten erhaltenen zählt Begam-ki-Serai am östlichen Indus-Ufer an der Abzweigung nach **Attock**. Die Grand Trunk Road läßt diese Abzweigung links liegen und überquert wenig später den Indus. Noch auf dem östlichen Ufer liegt links der Straße, ein wenig südlich des Zusammenflusses von Indus und Kabul, eine imposante **Festung,** die Mogulherrscher Akbar 1581–86 erbauen ließ. Sie erhebt sich weithin sichtbar in drei Stufen über der Indus-Schlucht. Die aus Felsstein erbaute Festungsmauer hat einen Umfang von etwa 1,8 km. (Die Festung ist militärisches Sperrgebiet. Eine Besichtigung ist daher z. Z. nicht möglich.) Unterkunft bietet hier das Indus View Hotel, Grand Trunk Road, Attock Khurd. Kurz hinter der Abzweigung nach Attock biegt ein Weg ab, der zum Grabmal des kriegerischen Pathanendichters Khushal Khan-Khattack in den Bergen führt. Das elegante Gebäude aus buntem Marmor bildet eine kleine Oase des Friedens am vegetationslosen Berghang.

Wenn man die Brücke über den Indus hinter sich gelassen hat, die sowohl vom Straßenverkehr als auch von der Eisenbahn benutzt wird, sind es noch etwa 50 km bis nach Peshawar (S. 194), der Hauptstadt der Nordwest-Grenzprovinz.

Route 3: Von Peshawar nach Quetta

Bevor man sich anschickt, Belutschistan, die flächenmäßig größte Provinz Pakistans, zu erkunden, sollte man bedenken, daß sich eine solche Reise durch die karge Landschaft mit spärlicher Besiedlung als ein anstrengendes Unternehmen erweisen kann. Dazu tragen vor allem auch die großen Entfernungen bei: Quetta, die Provinzhauptstadt Belutschistans, ist von Peshawar zwar nur 600 km Luftlinie entfernt, mit dem Auto können daraus auf der längsten Route aber 1640 km werden. Von Karachi trennen die Stadt noch einmal 890 km. Ist man mit dem Auto unterwegs, läßt sich die große Pakistan-Rundreise mit der Erkundung Belutschistans abschließen. Vom Norden kommend, kann man zwischen drei unterschiedlichen Fahrtrouten wählen. Die von den Kilometern her gesehen längste Strecke nach Quetta ist am besten ausgebaut und wird deshalb zuerst vorgestellt. Die beiden kürzeren sind dagegen teilweise sehr schwierig zu befahren. Da Belutschistan verkehrsmäßig wenig erschlossen und auch auf touristische Bedürfnisse noch wenig eingerichtet ist, sind bei der zweiten und dritten Routenbeschreibung Orte mit Tankstellen oder einem Rasthaus für die Übernachtung eigens erwähnt. Bei der bequemeren und verkehrsreichen Route 3a sind entsprechende Einrichtungen nur bei den wichtigeren Orten genannt.

Rundreise 3a: Von Peshawar über Dera Ghazi Khan, Shikarpur und Sibi nach Quetta

Peshawar – Kohat – Bannu – Dera Ismail Khan – Dera Ghazi Kahn – Shikarpur – Jacobabad – Sibi – Quetta (ca. 1 230 km)

Diese lange und bequeme Route führt von Peshawar über Kohat und Bannu zunächst nach Dera Ismail Khan am westlichen Indus-Ufer. Dem Flußlauf folgend, geht es weiter nach Dera Ghazi Khan, Kashmor und Shikarpur. Dort wendet sich die Straße nach Nordwesten und verläuft über Jacobabad und Sibi nach Quetta.

Kohat, die erste Station, liegt 63 km südlich von Peshawar in 530 m Höhe am Fluß Toi. Die befestigte Stadt mit einem alten Fort außerhalb der Stadtmauern ist umgeben von Hainen und Gärten, die von vielen Quellen bewäs-

Peshawar - Quetta

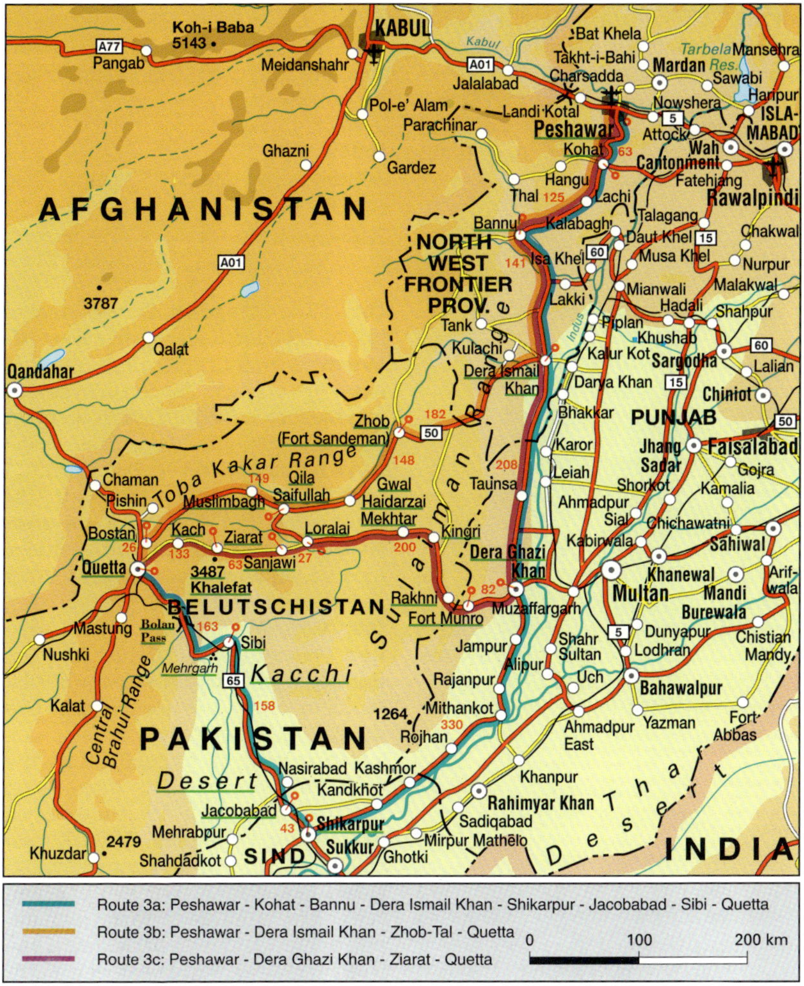

sert werden. Im Green Hotel (Hangu Rd., Tel. 2220) kann man übernachten. Das 125 km weiter südwestlich gelegene **Bannu** (Rasthaus und Tankstelle) hat ebenfalls eine Stadtmauer, die mit fünf Toren (Lakki-, Kasaban-, Parade-, Hintal- und Phuri-Tor) ausgebaut wurde. Die Stadt am Kurram-Fluß liegt inmitten fruchtbarer Ländereien und Wälder.

Dera Ismail Khan, 141 km weiter südlich am Indus gelegen, ist der bedeutendste Ort im südlichen Teil der Nordwest-Grenzprovinz. Die Stadt ist ein wichtiger Handelsplatz für Getreide, Ölsaaten, Melonen, Datteln und Trockenfrüchte. Darüber hinaus hat sie als Sitz der Gomal-Universität überregionale Bedeutung. Dera Ismail Khan wurde im 15. Jh. von Malik Sohrab gegründet und nach seinem Sohn Ismail Khan benannt. 1823 wurde sie durch eine Überschwemmung des Indus schwer beschädigt.

Hotels

Al-Habib, Topan Wala Rd., Tel. 31 06 (29 Zimmer)

Cafe Gulbahar, Circular Rd., Tel. 35 10 (9 Zimmer)

Dubai Airline, Circular Rd., Tel. 37 78 (17 Zimmer)

Jan's Hotel, North Circular Rd., Tel. 39 25

Midway, Indus River Bank, Tel. 29 00 u. 31 00 (8 Zimmer, ordentlich)

New Shobra, Purani Choungi, Saddar, Tel. 27 05 (40 Zimmer)

Von Dera Ismail Khan aus verläuft die Straße in südlicher Richtung zwischen den Bergketten des Sulaiman-Gebirges und dem Indus-Ufer nach **Dera Ghazi Khan** (208 km), einer 1480 gegründeten, wirtschaftlich bedeutenden Kreisstadt.

Hotels

Al-Habib, Fareedi Bazaar, Tel. 30 03 (30 Zimmer)

Pakland, Fareedi Bazaar, Tel. 30 22 (10 Zimmer)

Victory, Azmat Rd., Tel. 38 96 (7 Zimmer)

Sehenswert ist hier das Mausoleum des Gründers Ghazi Khan. Von Dera Ghazi Khan sind es rund 330 km bis **Shikarpur.** Die Anfang des 17. Jh. gegründete Stadt ist bekannt für ihre unternehmungslustigen Handelsleute. Die Shikarpuris waren bis in die vierziger Jahre unseres Jahrhunderts überall in Zentralasien, hauptsächlich aber in der chinesischen Provinz Sinkiang zu finden. Der lebhafte Basar in Shikarpur ist wegen der Hitze im Sommer überdacht. Die nächste Stadt an dieser Straße, **Jacobabad,** mißt im Mai und Juni die höchsten Temperaturen des Subkontinents.

Hotels

Al-Habib, Nishat Cinema (15 Zimmer)

Mehran, Tower, Tel. 2 37 52 (12 Zimmer)

Palace, Adam Khan Panhor Rd. (19 Zimmer)

Die 158 km lange Straße von Jacobabad bis Sibi durch die steinige **Kacchi-Wüste** ist zwar in gutem Zustand, aber eintönig. Da sich die Straßenverhältnisse jedoch dauernd ändern, können Schäden hier und da auftreten, die nicht immer gleich behoben werden.

Die 1880 gegründete Ortschaft **Sibi** (Tankstelle und Rasthaus) am Fluß Nari besitzt einige Industriebetriebe und ist landesweit bekannt für ihren Pferdemarkt im Februar, ein Volksfest mit verschiedenen Veranstaltungen und interessanten, farbenfreudigen Darbietungen. Etwa 30 km hinter Sibi, vor dem fast 100 km langen, sehr eindrucksvollen Bolan-Paß, ist eine Abzweigung nach **Mehrgarh** ausgeschildert. Für archäologisch interessierte Besucher lohnt sich der Abstecher zu der 10 km entfernten Ausgrabungsstätte, wo eine Gruppe von französischen Wissenschaftlern Teile einer erstaunlich fortgeschrittenen neolithischen Siedlung aus dem Zeitraum von 6000 bis 3000 v. Chr. entdeckte. Die frühen Bewohner Mehrgahrs zählen wahrscheinlich zu den ersten in der Geschichte der Menschheit, welche Tiere domestiziert haben.

Hinter der Abzweigung kommt man auf der Hauptstraße zu der engen Schlucht des **Bolan-Passes,** der sich durch hoch aufragende Kalksteingebirgsketten windet. Der 96 km lange

Der Bolan-Paß, lange Zeit die einzige Verbindung zwischen dem Indus-Tal und der Provinzhauptstadt Belutschistans, Quetta

Paß (ca. 2000 m) stellte jahrhundertelang die einzige Verbindung zwischen dem Indus-Tal und der 1676 m hoch gelegenen Provinzhauptstadt Belutschistans, Quetta, her, die man nach Überquerung des Passes und weiteren knapp 50 km erreicht.

Route 3b: Von Peshawar über Dera Ismail Khan und durch das Zhob-Tal nach Quetta (834 km)

Karte Seite 239

Die mit 834 km kürzeste Strecke von Peshawar nach Quetta gleicht zunächst bis Dera Ismail Khan der oben beschriebenen Rundreise 3a, wendet sich dann aber nach Südwesten und führt über die Bergkämme des Sulaiman-Gebirges, dessen Bergketten den östlichen Abschluß des Iranischen Hochlands bilden, in das Tal des Flusses Zhob. Da bei der Fahrt durch das Gebirge Stammesterritorien berührt werden, ist für diese Route eine besondere Erlaubnis des Tourismus-Ministeriums in Islamabad (S. 305) erforderlich. 182 km hinter Dera Ismail Khan (511 km hinter Peshawar) erreicht man **Zhob** (Tankstelle und Rasthaus), die Hauptstadt des gleichnamigen Distrikts, die früher unter dem Namen *Fort Sandeman* bekannt war. Bei der Weiterfahrt durch das abgeschiedene, nur spärlich besiedelte Zhob-Tal trifft man noch häufig auf Kamelkarawanen. Sie stellen in der nur durch wenige Straßen erschlossenen Provinz Belutschistan noch immer ein häufig benutztes Transportmittel dar. Im Winter wird es in dieser Region empfindlich kalt. In dem Dörfchen **Gwal Haidarzai,** 87 km hinter Zhob, gibt es ein Rasthaus, in **Qila Saifullah** (148 km) eine Tankstelle. Bis zu 3000 m hohe karge Berge säumen den Weg in das Städtchen **Muslimbagh** (212 km), wo man wieder ein Rasthaus und eine Tankstelle findet. In **Bostan,** 297 km hinter Zhob, vereinigt sich die Straße mit der Fernverkehrsverbindung zur afghanischen Grenze. Nach weiteren 26 km ist schließlich Quetta erreicht.

Route 3c: Von Peshawar über Dera Ghazi Khan und Ziarat nach Quetta (ca. 1000 km)

Karte Seite 239

Die dritte Alternative, bei der rund 1000 km zurückzulegen sind, ist bis Dera Ghazi Khan, 537 km hinter Peshawar, mit Route 3a identisch. Dort zweigt eine im allgemeinen recht gut ausgebaute, befestigte Straße nach Westen zur 282 km entfernten Stadt **Loralai** ab. Der Anfang dieser Strecke führt zunächst durch eine flache, trockene, wüstenartige Landschaft. Nach 82 km erreicht man die Ortschaft **Fort Munro** und überschreitet die Grenze zwischen den Provinzen Punj-

Wacholderwälder bei Ziearat

jab und Belutschistan. Bei der Weiterfahrt geht es in Zickzackkurven durch die Ausläufer des Sulaiman-Gebirges auf ein Plateau hinauf, das sich nach Osten, zum Kernland Belutschistans hin, allmählich wieder absenkt. Dabei passiert man die Orte **Rakhni** (Rasthaus), **Kingri** (Rasthaus) und **Mekhtar** (Rasthaus), 203 km von Dera Ghazi Khan entfernt. Die Landschaft zu beiden Seiten der Straße ist überwiegend trocken, steinig und merkwürdig trostlos, nur hin und wieder sieht man etwas Grünes. Kleine, versteckte Siedlungen ducken sich in den Windschatten der Berge, gelegentlich sieht man auch Nomadenzelte. Wie vor Jahrhunderten herrschen hier noch Stammesfürsten über die Bewohner. Häufig wirbeln böige Winde Staub auf. Sie können sehr unangenehm werden und die Sichtweite so weit vermindern, daß ein Weiterfahren vorübergehend nicht möglich ist. Freundlicher und etwas lebendiger wird es erst wieder bei der Ortschaft **Loralai**. Ein kleiner Flußlauf erlaubt hier den Anbau von Mandeln und Granatäpfeln, die als besonders wohlschmeckend bekannt sind. Das fast vollständig aus Lehmhäusern erbaute Städtchen verfügt über ein Rasthaus und eine Tankstelle.

In Loralai verläßt man die Hauptstraße und benutzt die mit zahllosen Schlaglöchern »gesegnete« Schotterstraße über **Sanjawi** (Rasthaus und Tankstelle), wo eine Nebenstraße zum 63 km entfernten Höhenkurort **Ziarat** abzweigt. Der Weg führt zunächst durch hügeliges Land ins Chutair-Tal, 13 km vor Ziarat, und windet sich dann durch windzerzauste Wacholderwälder in vielen Kehren hinauf nach **Ziarat**. (Der letzte Streckenabschnitt ist wieder asphaltiert.) In diesem 2 450 m hohen Kurort inmitten uralter Wacholderbaumbestände betreibt die PTDC ein Motel für Touristen (Tel. 24-3 56), in dem man sehr angenehm auch für längere Zeit verweilen kann. Da diese Unterkünfte vor allem im Sommer schnell ausgebucht sind, sollte man sich rechtzeitig über eine PTDC-Vertretung anmelden oder sich direkt an das PTDC-Büro in Ziarat wenden. Weitere fünf kleine Hotels machen einen geruhsamen Aufenthalt möglich. Ziarats Renommee als Kurort läßt sich auch daran ablesen, daß hier der »Vater Pakistans«, Muhammad Ali Jinnah (S. 54), seine letzten Tage verbrachte. Sein zierliches, schönes Holzhaus aus der Kolonialzeit kann man noch heute im Ort bewundern.

Von Ziarat aus oder auf dem Weg nach Quetta (133 km) kann man viele schöne Ausflüge und Abstecher unternehmen. 6 km vom Ortskern entfernt, über einen für Jeeps geeigneten Weg leicht erreichbar, liegt der sogenannte **Prospect Point,** ein 2713 m hoher Aussichtspunkt, der dem Besucher das langgestreckte Ziarat-Tal zu Füßen legt und den Blick auf den **Khalefat** (3487 m), den höchsten Berg der Umgebung, freigibt. Etwa 4 km weiter am selben Weg findet man das **Grabmal** eines hochverehrten muslimischen Lokalheiligen, **Kharwari Baba.** Von der Straße nach Quetta biegt rechts kurz hinter Ziarat ein Weg zum **Sandeman Tangi,** einem wildromantischen Wasserfall, ab; links der Straße, etwa 8 km hinter dem Kurort, liegt der kleinere **Fern Tangi-Wasserfall.** Die Straße Richtung Quetta schlängelt sich weiter durch das enge Tal, an bizarren Felsen vorbei, nach **Kach,** 53 km hinter Ziarat. Je mehr man sich dann Quetta nähert, desto mehr erweitert sich das Tal.

Quetta

Quetta – der Name ist von *Kot,* d. h. Festung, abgeleitet – war vor noch nicht allzu langer Zeit nur ein kleiner Ort im Herrschaftsbereich des Khans von Kalat, der weiter im Süden residierte. Heute ist Quetta mit rund 500000 Einwohnern die Hauptstadt Belutschistans und mit Abstand das wichtigste Zentrum, in dessen Umgebung rund die Hälfte aller Bewohner dieser Provinz leben. Es verdankt seine Bedeutung seiner strategischen Lage als Eisenbahn- und Straßenverkehrsknotenpunkt, außerdem ist es eine wichtige Garnisonsstadt. Im Vergleich zum hektischen Leben anderer Städte strahlt Quetta wohltuende Ruhe aus. Es ist eine strikt islamische Stadt, in der

Die Hälfte aller Belutschis wohnen in Quetta, hier eine kleine Auswahl

man vergeblich nach Nachtleben sucht. Eine hervorragende Unterkunft bietet jedoch das **Serena Hotel.** 1935 wurde Quetta von einem verheerenden Erdbeben heimgesucht. Über 50000 Menschen kamen dabei um, zahlreiche Gebäude wurden zerstört. Sicherlich hat diese Naturkatastrophe dazu beigetragen, daß die Stadt kaum regelrechte Sehenswürdigkeiten vorweisen kann. In der jüngsten Vergangenheit hat sich Quetta jedoch beachtlich entwickelt. Es beherbergt die Universität von Belutschistan, das zentrale Amt für Bodenforschung (Geological Survey of Pakistan) und eine Militärakademie. Hauptschlagader und Einkaufszentrum Quettas ist die **Jinnah Road.** An ihr liegen das Büro der Pakistan International Airlines, das **Touristen-Informationsbüro** der PTDC und das **Chiltan Government Handicrafts Centre,** ein regierungseigenes Kunstgewerbegeschäft. Eine Orientierung in diesem Laden vor dem Besuch des alten **Kandahari-Basars** an der Straße Shahrah-e-Iqbal und des **Liaqat-Basars** am Shahrah-e-Liaqat ist ratsam. Pelzkappen, -jacken, -westen und -mäntel sind dort preiswert zu haben, die Verarbeitung wird jedoch nicht immer allen Wünschen gerecht. Leder- und buntgemusterte Spiegelstickereien sind eine Spezialität der Provinz. Berühmt sind auch die hier hergestellten Teppiche. Interessenten finden eine reichhaltige Auswahl im Carpet Centre, Alamdar Rd., Tel. 71137. Auf keinen Fall sollte man einen Besuch des **Archäologischen Museums von Belutschistan** in der Nähe der Kansi Road versäumen. Das Staff College Museum, Staff College Road, besitzt eine umfangreiche Sammlung alter Kanonen.

Eingang und Wohngebäude des im Landesstil erbauten eigenwilligen Serena-Hotels

Eine der noch mittelalterlich anmutenden Straßen Quettas – wären da keine elektrischen Leitungen

Quetta von A bis Z

Apotheken

Karachi Medical Store, Tel. 6 50 07

Khawja Medical Store, Tel. 6 26 36

Quetta Medical Store, Tel. 6 58 18, alle in der Jinnah Rd.

Khyber Medical Store, Masjid Rd., Tel. 7 55 04

Bahnhof

Railway Station, Tel. 82 15 00, Auskunft Tel. 6 10 06

Banken

Grindlays Bank, Jinnah Rd., Tel. 7 44 71

Habib Bank, Jinnah Rd., Tel. 82 18 48

National Bank of Pakistan, Court Rd., Tel. 82 54 84, Fax 6 10 86

Busverkehr

Busse fahren morgens früh vom Busbahnhof an der Sariab Road etwa stündlich in Richtung iranische Grenze. Klimatisierte Busse der privaten Gesellschaften Chiltan und Qadri verkehren regelmäßig zwischen Quetta und Karachi. Abfahrten am frühen Morgen und Abend. Fahrtdauer 22 Std., Fahrpreis 200 pR. – Ausländer mit eigenem Fahrzeug benötigen für diese Strecke eine Genehmigung. Für die Reise nach und von Quetta empfiehlt sich jedoch die Bahn oder, besser noch, der Flug mit der PIA.

Flüge

Büro der Pakistan International Airlines, Jinnah Rd., Tel. 82 08 61; Reservierung, Information: Tel. 82 08 64

Hotels

3 Sterne

Serena, Shahrah-e-Zarghoon, P.O. Box 109, Tel. 0 81-82 00 71-9, Fax 82 00 70 (142 Zimmer, landestypische Architektur und Innenausstattung)

1/2 Sterne

Bloom Star, Steward Rd., Tel. 7 40 94 (60 Zimmer)

Glacier, Prince Rd., Tel. 7 51 30

Gul's Inn, Ali Bhoy Rd., Tel. 82 19 26-7 (30 Zimmer)

Lourdes, Staff College Rd., Tel. 6 14 88 u. 6 63 52 (31 Zimmer)

Marina, Masjid Rd., Tel. 7 51 09 (24 Zimmer)

Park, Jinnah Rd., Tel. 7 53 56 (31 Zimmer)

Qasre-Gul, Suraj Gang Bazaar, Tel. 82 06 38 u. 82 51 92

Shees, Jinnah Rd., Tel. 61 29 39 (28 Zimmer)

Zulfiqar, Prince Rd., Tel. 82 27 30 (36 Zimmer)

Ohne Klassifikation

Chiltan, Jinnah Rd., Tel. 7 56 35 (20 Zimmer)

City Baluchistan, Prince Rd., Tel. 7 06 47 (17 Zimmer)

Faran, Shahrah-e-Liaqat, Tel. 7 35 14

Imdad, Jinnah Rd., Tel. 7 20 06 (76 Zimmer)

Nile, Jinnah Rd., Tel. 7 07 36

Tourist, Jinnah Rd., Tel. 7 38 05 (14 Zimmer)

Information

Tourist Information Centre, Azad Muslim Hotel, Jinnah Rd., Tel. 7 95 19

Krankenhäuser

Christian Hospital, Mission Rd., Tel. 7 50 02

Civil Hospital, Jinnah Rd., Tel. 6 20 17 u. 6 33 34

Lady Defferin Hospital, McConghey Rd., Tel. 82 14 88

Museen

Archäologisches Museum von Belutschistan, Kansi Rd., Tel. 7 36 95

Staff College Museum, Staff College Rd., Tel. 56 47 50

Polizei

City Police Station, Shahrah-e-Liaqat, Tel. 6 12 50

Post

Hauptpostamt und Telegrafenamt, Shahrah-e-Zarghoon, Tel. 6 40 31

Reisebüros

Ainee Travel, Al-Shams Hotel, Jinnah Rd., Tel. 82 06 47 u. 82 06 55

Al-Falah Travel, Circular Rd., Tel. 6 19 06 u. 6 37 70

Quetta Travel, Jinnah Rd., Tel. 6 54 91

Restaurants

Allahwala, Jinnah Rd., Tel. 7 38 03

Bolan, Queens Rd., Tel. 7 40 56

Cafe China, Staff College Rd., Tel. 7 47 28

Cafe Baldia, Shahrah-e-Iqbal, Tel. 7 15 86

Farah, Jinnah Rd., Tel. 7 59 89

Lal Kabab, Prince Rd., Tel. 7 03 68

Qasr-e-Gul, Suraj Gang Bazaar, Tel. 82 06 38 u. 82 51 92

Rex, Jinnah Rd., Tel. 7 72 10

Sabaan, Querry Rd., Tel. 7 51 09

Tabaq, Regal Plaza, Circular Rd., Tel. 7 51 96

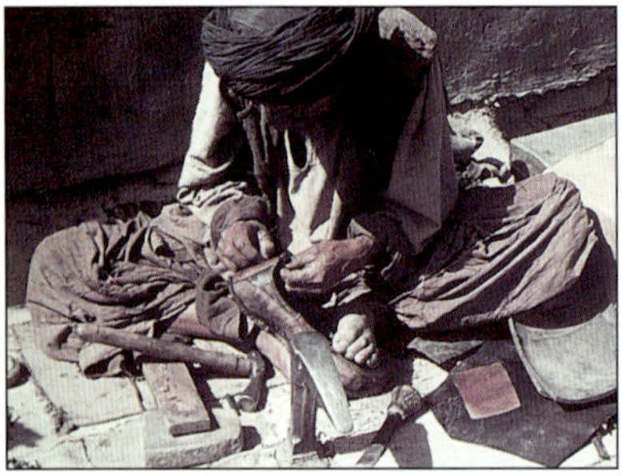

Schuhmacher im Basar Quettas

Ein beliebtes Ausflugsziel von Quetta ist der von kahlen Bergen umgebene Hanna-See

Ausflüge zum Hanna-See und ins Urak-Tal

Etwa 10 km nordöstlich von Quetta liegt der **Hanna-See,** der mit seinem klaren, tiefblauen Wasser, in dem sich die kahlen sandig-braunen Hügel des Ufers spiegeln, ein beliebtes Ausflugsziel darstellt. Etwa 11 km weiter auf derselben Straße gelangt man ins **Urak-Tal** (Transportmöglichkeiten vermittelt das PTDC-Büro in Quetta), das mit seiner grünen Fülle von Pfirsich-, Pflaumen-, Aprikosen- und Apfelbäumen sowie wildwachsenden Rosen einen wohltuenden Kontrast zu den steilen Berghängen in der näheren Umgebung Quettas bildet.

Route 4: Von Quetta nach Karachi

Quetta – Mastung – Kalat – Surab – Khuzdar – Bela – Uthal – Karachi (717 km)

Anstatt von Quetta nach Karachi über die Städte Sibi, Jacobabad und Shikarpur zu fahren wie in Rundreise 3a in umgekehrter Richtung beschrieben (bis Karachi insgesamt 867 km), kann man auch die weiter westlich verlaufende Strecke über Khuzdar wählen, die durch abwechslungsreiche Hochtäler führt und in einer Tagesfahrt zu bewältigen ist. Auf dieser Strecke verkehren auch robuste Linienbusse, die zwölf Stunden für die Fahrt brauchen. Die asphaltierte Straße ist auf weiten Strecken neu und allgemein in gutem Zustand. In den oben genannten Orten können Autofahrer Diesel- und Normalbenzin nachfüllen. Der Abschnitt Khuzdar – Bela ist mit 228 km die längste Teilstrecke ohne Tankstelle.

Mastung, 50 km südlich von Quetta, ist ein kleiner, 1648 m hoch gelegener Ort mit einem Rasthaus und den Ruinen eines alten Lehmforts. In seiner Nähe finden sich Schwefelquellen. Wein- und Obstgärten umgeben den Ort; die hier geernteten Trauben werden besonders geschätzt. 94 km weiter südlich liegt die alte Festungsstadt **Kalat** (Rasthaus) in 2054 m Höhe auf einem Ausläufer der Shah-i-Mardan-Berge. Sie wird von einer Zitadelle des einst mächtigen Herrschers von Kalat überragt. Der Khan von Kalat schloß sich zwar bereits 1948 Pakistan an, sein Herrschaftsbereich wurde aber erst 1955 endgültig dem damaligen Westpakistan einverleibt. 1935 wurde die Stadt durch ein Erdbeben schwer in Mitleidenschaft gezogen.

Khuzdar (Rasthaus), 307 km südlich von Quetta und 163 km von Kalat entfernt, hat dem älteren Kalat den Rang abgelaufen und ist heute nach Quetta die wichtigste städtische Siedlung Belutschistans. Seine Häuser liegen am Ende eines langen Tals in 1220 m Höhe und sind von Obstplantagen umgeben. Für die nötige Feuchtigkeit zur Bewässerung sorgt der Kolachi-Fluß. Die Straße nach Karachi führt mitten durch die Stadt.

Bela, 182 km nordwestlich von Karachi am Fluß Purali gelegen, ist bekannt für Ölsaaten und Wolle. Muhammad Ibn Harun, einer der berühmtesten Generäle des arabischen Eroberers Muhammad Ibn al-Qasim, der 712 den Islam nach Belutschistan brachte, liegt hier begraben.

In **Uthal** (Rasthaus), 61 km von Bela und 121 km von Karachi entfernt, wirkt sich schon die Nähe der Weltstadt Karachi aus. Die Industrialisierung nimmt zu. Zwischen Uthal und Karachi zweigt eine Straße zur **Sonmiani Bay** ab. Hier befindet sich die zweitgrößte Schiffsabwrackstelle der Welt – eine noch größere findet man nur auf Taiwan. Hier werden ausge-

Quetta - Karachi

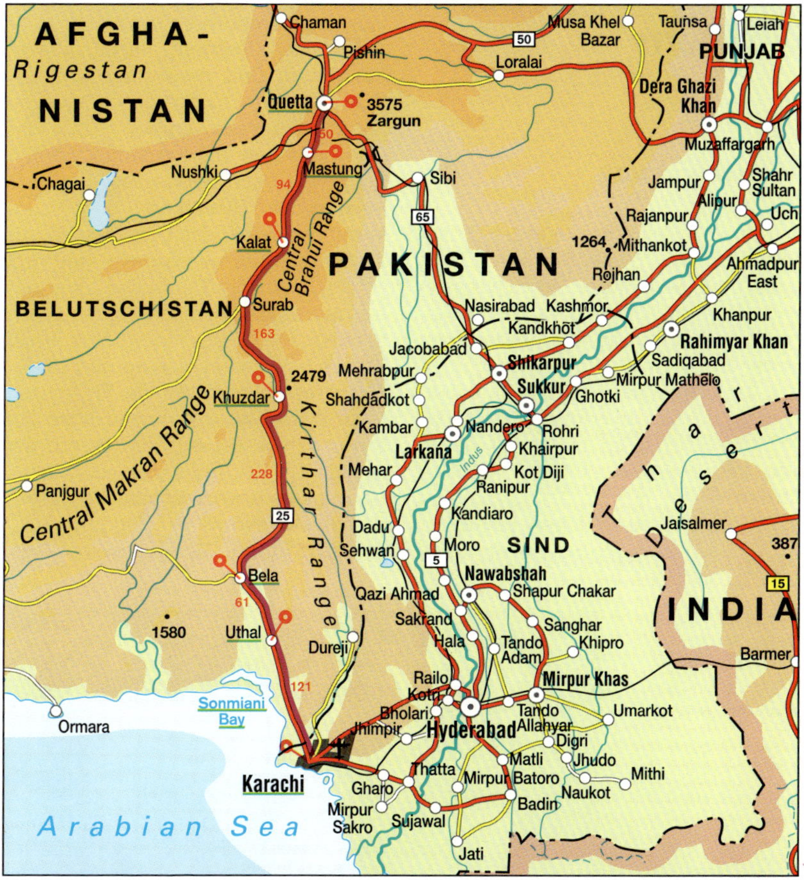

Route 4: Quetta - Mastung - Kalat - Surab - Khuzdar - Bela - Uthal - Karachi

0 100 200 km

diente Schiffe aus aller Herren Länder mit einfachen Geräten auseinandergenommen.

Am nahen Hab-Fluß ist die Grenze zwischen den beiden Provinzen Sind und Belutschistan erreicht. Knapp 20 km weiter liegt schließlich **Karachi** (S. 128), Ausgangs- und Endpunkt der großen Pakistan-Rundreise.

Routen ins Hochgebirge des Nordens

Vorbemerkung

Mit zu den beeindruckendsten Erlebnissen eines Pakistan-Aufenthalts gehört ein Besuch der Hochgebirgsregion des Landes, den man von Rawalpindi oder Peshawar aus unternehmen kann. Rawalpindi liegt etwas günstiger, wenn man das Kaghan-Tal, Gilgit, Hunza oder Skardu erforschen will, das Tal von Chitral erreicht man besser von Peshawar aus (S. 194). Von den Entfernungen her ist das Kaghan-Tal am leichtesten zu erreichen, bequemer ist aber seit wenigen Jahren die Reise nach Gilgit und Skardu, die man täglich – entsprechendes Wetter vorausgesetzt – von Rawalpindi aus mit dem Flugzeug durchführen kann.

Pakistans Bergwelt, nördlich von Rawalpindi und nordöstlich von Peshawar, bietet einzigartige Anziehungspunkte: Im Pamir-Knoten (S. 23), im pakistanischen Teil Kaschmirs, treffen die gewaltigsten Gebirgszüge der Welt – Himalaya, Hindukusch und Karakorum – aufeinander. Diese Region mit ihren gigantischen Gipfeln und tief eingeschnittenen Tälern war lange Zeit nur mühsam auf steilen Pfaden zu erreichen. Die Abgeschlossenheit dieser Region hat bewirkt, daß die dort lebenden Menschen kulturelle Eigenarten noch stärker als im übrigen Land bewahrt haben. Bei den Bewohnern der einzelnen Täler findet man verschiedene Dialekte und Sprachen; die unterschiedliche ethnische Herkunft spiegelt sich in der tiefverwurzelten Auf-

Kinder des Nordens, denen ihre kulturelle Identität noch stärker als im Süden vermittelt wird

splitterung in lange Zeit eigenständige Fürstentümer oder der Zugehörigkeit zu unterschiedlichen religiösen Richtungen wider.

Nur wenige hohe Pässe, die ein Überqueren der Bergkämme gestatten, stellen während der kurzen Sommermonate eine Verbindung zwischen den isoliert liegenden Tälern her. Von Mitte Juli bis September ist z.B. der Babusar-Paß geöffnet, der das Kaghan-Tal mit dem benachbarten Gilgit verbindet. Über diesen Paß in 4511 m Höhe verlief jahrhundertelang die Route der Seidenkarawanen. Kaum weniger eindrucksvoll ist der Shandur-Paß (3620 m) zwischen Chitral und Gilgit oder der Lowarai-Paß (3118 m) zwischen Peshawar und Chitral. Seit 1978 erlaubt der Karakorum Highway (S. 125) eine bessere Erschließung dieser abgeschiedenen Welt, die von zahllosen 7000–8000 m hohen Gipfeln beherrscht wird.

Gebirgsroute 1: Von Rawalpindi ins Kaghan-Tal

Rawalpindi – Havelian – Abbottabad – Mansehra – Balakot – Kaghan – Naran – Babusar-Paß (ca. 360 km) Karte Seite 253

Man verläßt Rawalpindi (S. 184) auf der Grand Trunk Road Richtung Peshawar. Etwa 10 km hinter **Taxila** (S. 189) biegt bei **Hasan Abdal** (S. 192) rechts die Anschlußstraße nach **Havelian** ab. In dieser Stadt, 54 km nördlich von Rawalpindi gelegen, nimmt der Karakorum Highway seinen Ausgangspunkt, den man für den ersten Teil der Strecke ins Kaghan-Tal benutzt. Dicht hinter Havelian überquert die Straße den Dor-Fluß, steigt über den niedrigen **Salhad-Paß** und erreicht **Abbottabad** (rd. 71 km), die Hauptstadt des gleichnamigen Distrikts mit einer Reihe annehmbarer Hotels.

Hotels

Abbott Gardens, Tel. 0 59 21-53 26 u. 63 19

Greens, Mansehra Rd., Tel. 44 08 (17 Zimmer)

Ramlila, Tel. 54 31 u. 55 85

Sarban, The Mall, Tel. 48 76 (30 Zimmer)

Das von schroffen Bergen ringsherum eingeschlossene Tal des Kunhar-Flusses

Simla Hills, Sherwan Rd., Tel. 57 51 (24 Zimmer)

Springfield, The Mall, Tel. 48 34 (26 Zimmer)

26 km weiter nördlich, in **Mansehra,** gabelt sich die Straße: Links wendet sich die Karakorum-Hochstraße in nordwestlicher Richtung nach Besham Qala, rechts biegt die alte Straße nach **Balakot,** dem eigentlichen Tor zum Kaghan-Tal, ab. Am Stadtrand von Mansehra sind als archäologische Überbleibsel die Felsinschriften des legendären Kaisers Ashoka, der im 3. Jh. v. Chr. dem Buddhismus zur Verbreitung half, sehenswert.

Hotels

An der Kashmir Road liegen drei einfache Hotels:

Junnaid, Tel. 28 10 (4 Zimmer)

Lalazar (7 Zimmer)

Moon (8 Zimmer und Restaurant)

Das kleine Städtchen **Balakot,** rund 74 km von Abbottabad entfernt, verfügt über ein PTDC-Motel und mit dem Park Hotel an der Kaghan Road über eine Unterkunft der gehobenen Klasse. Hinzu kommen die Billighotels Koh-i-Noor, Bangash und Seerab sowie eine Jugendherberge in der Nähe des PTDC-Motels. **Shogran,** 34 km nördlich von Balakot, liegt abseits von der Hauptstraße, die in Serpentinen steil ansteigt und am schroffen Fels entlang dem Lauf des Kunhar-Flusses folgt. Ein Nebenweg führt hinauf in ein 2362 m hoch gelegenes Schafweidegebiet mit grünen Hängen und Waldstücken. Von den beiden Rasthütten aus gibt es einen herrlichen Rundblick. (Übernachtungsmöglichkeit im Parkhotel, Tel. 05 98-27 05.) Dem Ort **Kaghan,** den man nach einer Fahrt von weiteren 27 km erreicht, verdankt das 155 km lange Tal zwischen Balakot und Babusar-Paß seinen Namen. Von hier ab muß man für die Weiterfahrt in den oberen Teil des Tals in einen gemieteten Jeep umsteigen – unwillkürlich stellt sich das Gefühl ein, nun wirklich den letzten Außenposten der Zivilisation erreicht zu haben. Die Jeepstraße folgt weiter dem reißenden, eisigen Kunhar-Fluß. Rechts und links sieht man kleine Siedlungen, die förmlich an den Berghängen kleben. **Naran** am Kunhar-Fluß mit einem PTDC-Motel, das man nach weiteren 24 km erreicht, ist der Ausgangspunkt für eine Exkursion zum 10 km entfernten **Saiful Muluk-See,** der in einer Höhe von etwa 3200 m liegt (Rasthaus der PTDC). Für passionierte Angler ist der See ein Paradies. Doch auch Ungeübte können sich hier leicht an diesem Sport versuchen. Anglerkarten sind bei den Fischereibehörden in Kaghan oder Naran zu haben, die Angelruten kann man leihen.

Für die 10 km zum See, aber auch für andere Ausflüge, kann man ein

Rawalpindi - Kaghan-Tal

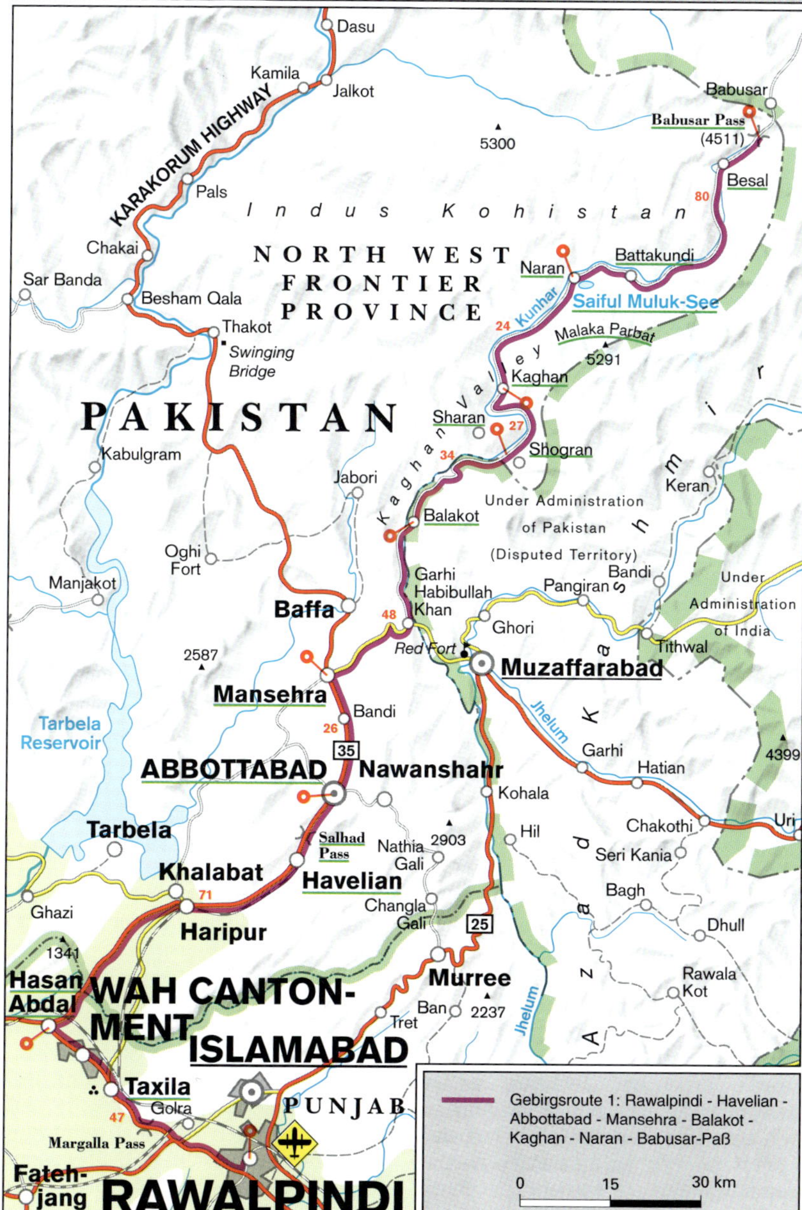

Blick auf die grandiose Berglandschaft um den Saiful Muluk-See

Der majestätische Achttausender Nanga Parbat

Kaghan-Pony mieten. Dieses Reittier ist ein Meister in der Bewältigung steiniger und schlüpfriger Pfade und hat keine Aversion gegen ungeübte Reiter. Natürlich kann man auch eine Fußwanderung unternehmen. Der Weg nach oben führt in seinem ersten Drittel über einen Gletscher. Der See ist von unzugänglichen Bergen umgeben und gibt den Blick frei auf den 5291 m hohen **Malaka Parbat.** Das tiefblaue Gewässer, in dem sich Berge und Gletscher spiegeln, ist nach einem Prinzen Saiful Muluk benannt, der sich in eine Fee verliebte – berichtet die Legende.

Über die Siedlungen Battakundi (Rasthaus der PTDC), Burawai, Besal und Gittidas gelangt man an das Ende des Tals, das nun plötzlich von hohen Bergen verschlossen wird. Der 4511 m hohe **Babusar-Paß,** der das Tal nach Norden begrenzt, wird nur von einem schmalen Pfad überquert. Nicht länger als drei Monate, von Mitte Juli bis September, ist er für

Jeeps passierbar, den Rest des Jahres verhindern Schnee und Eis jedes Überschreiten. Von der Höhe aus ergeben sich bei klarem Wetter unvergleichliche Ausblicke über das gesamte Kaghan-Tal, und mit etwas Glück kann man von hier aus sogar den majestätischen **Nanga Parbat** sehen. Ein Besuch des Kaghan-Tales ist besonders während der Sommermonate von Mai bis etwa Mitte Oktober zu empfehlen, wenn die frischen, grünen Wiesen im Tal mit den schneebedeckten Bergen kontrastieren. In jedem Fall ist dafür eine entsprechende Ausrüstung mit kräftigen Schuhen und warmer Kleidung notwendig, denn selbst während der »warmen« Jahreszeit kann die Temperatur hier auf 3 °C absinken. Rechtzeitiges Reservieren der Rasthäuser über die PTDC ist empfehlenswert; in Abbottabad, Balakot, Naran, Sharan und Battakundi besteht außerdem die Möglichkeit, äußerst preisgünstig in Jugendherbergen zu übernachten.

Gebirgsroute 2: Von Rawalpindi auf dem Karakorum Highway zum Batura-Gletscher und über den Khunjerab-Paß nach China

Rawalpindi – Havelian – Abbottabad – Mansehra – Dasu – Chilas – Gilgit – Karimabad – Pasu – Batura-Gletscher – Sust – Dih – Khunjerab-Paß (rd. 880 km)

Havelian, 101 km nördlich von Rawalpindi gelegen, ist der Ausgangspunkt einer Fahrt auf dem Karakorum Highway. (Die Anfahrt und der erste Streckenabschnitt sind auf S. 251 beschrieben.) Der Beginn des Karakorum Highways von Havelian über Abbottabad bis Mansehra folgt einem alten Fahrweg, der im 19. Jh. gebaut wurde. In **Mansehra** biegt rechts die alte Straße nach Balakot im Kaghan-Tal (S. 525) ab. Der Karakorum Highway verläuft nordwestlich nach **Thakot** und über den Indus hinweg nach **Besham Qala,** wo man über eine Schotterstraße, die den Shangla-Paß überquert, ins Swat-Tal (S. 283) gelangen kann. Besham Qala hat ein schönes PTDC-Motel, das am Indus liegt.

Dem Flußlauf des Indus folgend, eröffnet die Straße gelegentlich Ausblicke auf schneebedeckte Berge und reizvolle Seitentäler: **Chowa Dara** und **Kayal** liegen auf dem rechten, **Pals** liegt auf dem linken Indus-Ufer. Das Rasthaus von Kayal ist empfehlenswert. Bei **Kamila** wechselt die Straße auf die rechte, d. h. östliche Flußseite. In **Dasu,** dem jungen Zentrum des Distrikts Kohistan, ca. 242 km vom Ausgangspunkt des Highways in Havelian entfernt, gibt es wieder ein Rasthaus. Die Landschaft zu beiden Seiten der Straße ist nicht besonders aufregend. Das ändert sich jedoch nach einer Verengung des Tals, das sich vor dem Indus-Knick in den weiten Kessel von **Sazin** (Rasthaus) öffnet. Die Karakorum-Hochstraße folgt im weiteren Verlauf der Schlucht, die sich der Fluß für seinen west-östlichen Durchbruch gegraben hat. Sie läßt die Ortschaft Chilas am Berghang rechts liegen, zu der man über einen Weg gelangen kann, der bei der Polizeistation abzweigt. **Chilas** (ca. 366 km) ist mit etwa 3 000 Einwohnern eine der größeren Siedlungen dieser Region und war lange Zeit als Endpunkt der alten Straße über den Babusar-Paß nach Kaghan bekannt. Sie stellte früher die einzige Verbindung dar (von Juli bis September geöffnet) und ist nur mit Jeeps befahrbar. Das Shangrila Midway House in Chilas, Tel. 235 und 275 (29 Zimmer), eignet sich gut für eine Übernachtung auf halber Strecke.

Von hier kann man auf einem Pfad zum Indus hinunterwandern und Steine mit alten Felszeichnungen und -inschriften studieren. Beim Bau der Trasse entdeckten die Arbeiter hier und an anderen Stellen überraschend viele Felsbilder aus dem 5.–7. Jh. n. Chr. Sie wurden von pakistanischen und deutschen Wissenschaftlern untersucht

Rawalpindi - Khunjerab-Paß

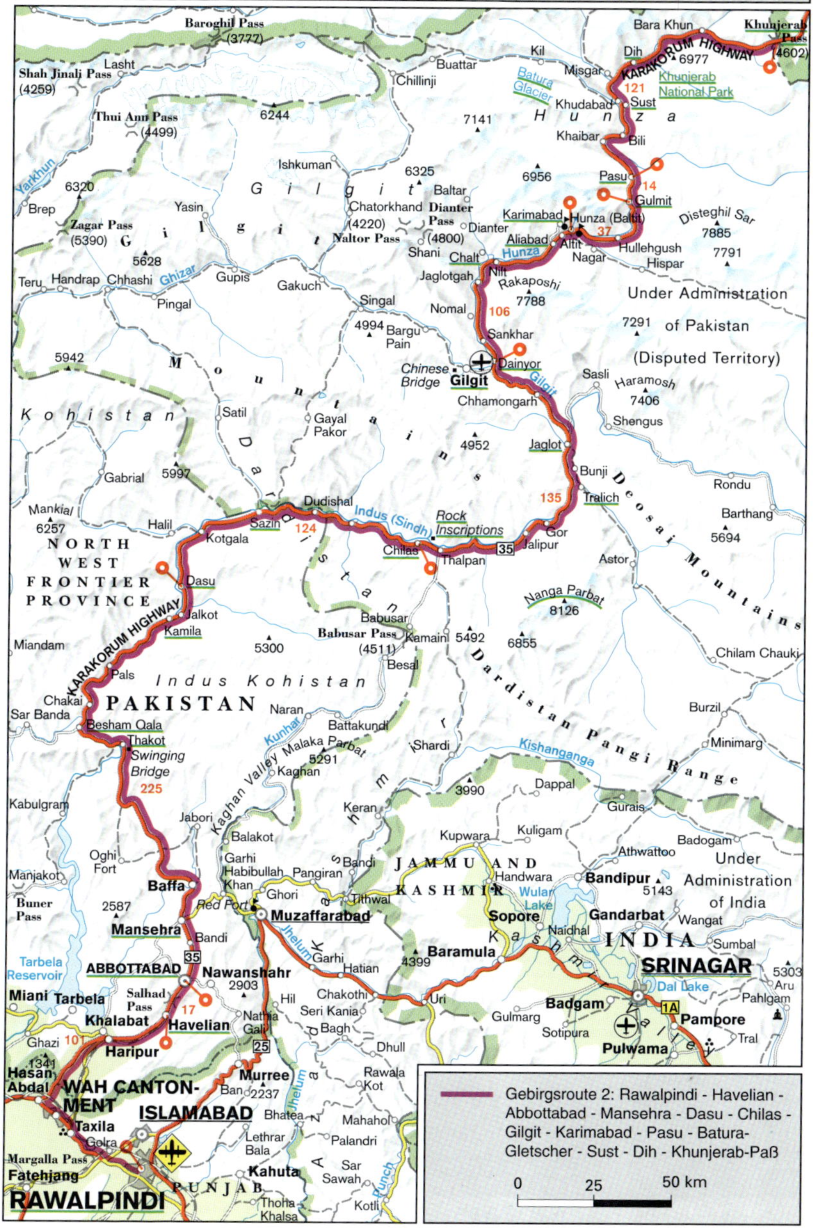

Felsritzungen entlang der alten Seidenstraße, hier aus dem 5.–7. Jh. bei Chilas

und dokumentiert. Diese entlang der alten Seidenstraße in die Felsen geritzten Inschriften, symbolischen Darstellungen, Abbilder von Buddhas, Stupas, Reitern, Karawanen, Steinböcken u. a. zeugen von der einstigen Bedeutung dieser wichtigen und schwierigen Handels- und Pilgerroute, die im Mittelalter in Vergessenheit geriet. Araber, Chinesen, Griechen, Juden, Inder, Kushaner, Parther, Sassaniden und andere Völkergruppen hinterließen ihre Spuren. Insgesamt 20 000 Darstellungen und 3 000 Inschriften in 23 verschiede-

Die Straße zwischen Chilas und Tralich, eine beeindruckende kahle Felslandschaft

Das Karakorum-Gebirge bei Gilgit

nen Schreibweisen wurden von den Forschern aufgenommen. Die Arbeit ist noch nicht abgeschlossen. Die bedeutendste und am leichtesten erreichbare Fundstätte ist die von Chilas, und diese ist vom Untergang bedroht, wenn schon in wenigen Jahren ein Damm in der Indus-Schlucht zur Bildung eines riesigen Stausees führen wird. Hinter dem Damm sollen Schwemmstoffe des Indus aufgefangen werden, die das Tarbela-Projekt (S. 91) belasten. Eine Überflutung der Felsbilder wird die bedauerliche Folge sein.

Vom Karakorum Highway eröffnen sich viele atemberaubende Ausblicke

Blick auf den 7788 m hohen Rakaposhi

Die sich hier am Karakorum Highway ausbreitende Hochebene strahlt eine alle zivilisatorische Unrast glättende Ruhe aus

Von Chilas bis Tralich, wo die Hochstraße den Indus kreuzt, fährt man durch eine eintönige, trostlose Felsenlandschaft. In **Tralich** wird man durch einen atemberaubenden Ausblick auf den 8126 m hohen **Nanga Parbat** entschädigt. Die Fahrt geht in nördlicher Richtung weiter. Zwischen **Janglot** und Gilgit zweigt rechts hinter der Einmündung des Gilgit-Flusses in den Indus eine neue, rund 170 km lange Straße nach Skardu (S. 276) ab. Der Karakorum Highway verläuft dagegen weiter in Richtung Norden und passiert die Abzweigung (ca. 501 km) nach **Gilgit** (S. 270), einem Handelsplatz, der durch den Bau der Straße einen wirtschaftlichen Aufschwung erlebte. Die Stadt selbst liegt nicht direkt am Weg, sondern ist auf einer Verbindungsstraße zu erreichen. Etwas weiter im Dörfchen **Dainyor** befinden sich auf einem Felsen an der Sendestation Inschriften aus dem 5. Jh. n. Chr. mit der Geschichte der tibetanischen Könige Gilgits. Die Hochstraße steigt über Geröllebenen oberhalb des Tales an und führt danach durch enge Schluchten. Auf der anderen Seite des Tales erkennt man noch deutlich den Verlauf der alten Straße, die gefährlich an den Felswänden klebt. Auf einer Hochebene zwischen engen Tälern, die auf die Hunza-Schlucht stoßen, liegt Chalt mit seiner alten Festung. Hin und wieder öffnen sich Ausblicke auf den 7 788 m hohen majestätischen Rakaposhi, den südlichsten Eckpfeiler der Karakorum-Kette, besonders beeindruckend bei Thole, gut 80 km nach Gilgit. Bald darauf taucht das vom Rakaposhi und anderen Schneegipfeln umrahmte Hunza-Tal auf.

Der Weg führt weiter über den reißenden Gilgit-Fluß und folgt anschließend dem Hunza-Tal, benannt nach dem gleichnamigen Fluß, Richtung Karimabad. Bevor man die

Abzweigung nach Karimabad (ca. 607 km), der alten Hauptstadt des Hunza-Tals, erreicht, muß man über zwei Brücken den Fluß, der sich tief in die Berge eingeschnitten hat, überqueren. Von der ersten Brücke aus kann man auf den Felsen des Ufers wieder alte Zeichnungen und Inschriften entdecken, deren Bedeutung von den Mitarbeitern des Südasien-Institutes zu Heidelberg entziffert wurde.

Die Karakorum-Hochstraße durchquert **Aliabad,** das Verwaltungszentrum Hunzas. Übernachten kann man im Rakaposhi Inn (Tel, 4 50 22, 26 Zimmer) am Ortseingang auf der linken Seite oder im kleineren, auf der rechten Seite liegenden Dumani Hotel (Tel. 4 50 02, 8 Zimmer), wobei Dumani der lokale Name für Rakaposhi ist. Eine herrliche Aussicht auf dessen schneebedeckten Gipfel bietet sich vom Zeltplatz, den der PTDC mit bis zu 30 Zelten im Sommer auf dem Grundstück gleich neben dem Dumani Hotel unterhält und wo man preiswert wohnen kann. Von Aliabad führt eine schmale, asphaltierte Verbindungsstraße bergauf und dann und mit schönen Ausblicken am Berghang entlang bis nach **Karimabad**.

Die Hochstraße hinter Aliabad gehört bis zum Batura-Gletscher zum landschaftlich schönsten und eindrucksvollsten Teil der Fahrt. Sie verläuft unterhalb von Karimabad durch **Ganesh** und überquert dann den Hunza-Fluß. Unmittelbar nach der

Die bizarren Felsen der spitz aufragenden Pasu-Kathedralen bei Gulmit

Brücke stößt man auf das »Gästebuch der Seidenstraße«, die »heiligen« Felsen mit eingemeißelten Inschriften, die bis zum Beginn der Zeitrechnung zurückgehen, und Zeichnungen, die unverkennbar zentralasiatische Merkmale aufweisen. Abbildungen von Stupas der buddhistischen Ära weisen diesen Platz als heilige Stätte aus, wo Krieger, Händler und Pilger nach gefahrvollem Treck durch unwegsames, feindseliges Gebiet Opfer darbrachten. Die Straße folgt dem Lauf des Hunza-Flusses und dem Khunjerab-Fluß in seinem letzten, imposantesten Stück. **Gulmit,** der nächste größere Ort, 37 km oder 1 Std. Fahrt von Hunza entfernt, eignet sich gut für Übernachtungen (Gulmit Marco Polo Inn, Tel. 05 72-4 61 07).

Hotels

Silk Route Lodge, Tel. 4 62 19, zwischen der Hochstraße und dem Fluß mit Blick auf den Gipfel des Quroon, der wegen seiner Form auch Pasu, Kathedrale, genannt wird, ist die erste Wahl.

Der auf den Kamm des Karakorums hinaufführende Highway

Vor Sust, auf dem Weg zum Khunjerab-Paß an der Grenze zu China

Marco Polo Inn, Tel. 4 62 08, das früher führende Hotel, über einen eng gewundenen, holprigen Weg erreichbar, liegt in gleicher Preislage und ist damit zu teuer.

Ohne Stern

Hunza Alpine Hotel, Tel. 4 62 07, an der Hochstraße am Ortseingang auf der rechten Seite

Village Hotel, Tel. 4 62 13 (8 Zimmer)

Tourist Cottage, Tel. 4 62 20 (2 Zimmer)

Nach Gulmit steigt die Hochstraße, bevor sie den Batura-Gletscher erreicht, stetig an, bis sie den Kamm einer Bergformation erreicht, von dem sich ein weiter, voller Blick auf die bizarren Felsen der hoch aufragenden Pasu-Kathedrale werfen läßt. Pasu selbst, 14 km von Gulmit entfernt und von dort in 20 Minuten zu erreichen, ist nur ein kleines Dorf in allerdings 2 443 m Höhe. Eine Eigentümlichkeit dieser Gegend ist der Wind. Er setzt erst nach Sonnenuntergang ein und wird im Verlauf der Nacht immer stärker, wobei seltsam heulende Geräusche entstehen. Er erreicht eine solche Kraft, daß man nicht mehr aufrecht stehen kann. Am frühen Morgen, vor Sonnenaufgang, wird es dann wieder ruhig. Nach Pasu passiert die Straße die Ausläufer des Batura-Gletschers; ab und zu zeigen sich die weißen Spitzen der Karakorum-Gipfel, Batura I (7 785 m) und Shispare (7 619 m).

Die letzte Siedlung an der Hochstraße auf pakistanischer Seite vor der noch 86 km entfernten Grenze ist **Sust.** Hier findet die Grenzabfertigung mit Paß- und Zollkontrolle statt. In der Saison (15. April bis 31. Oktober) fahren Busse der Pakistan Tours Limited (PTL) und Northern Area Transport Corporation (NATCO) um 9 Uhr von Sust über den Khunjerab-Paß über die Grenze bis nach Pirali, das in der Uigurischen Autonomen Republik Xinjiang liegt. Nur Ausländer, die zuvor ein Visum bei der Botschaft der VR China besorgt haben, dürfen die Grenze überqueren. Im Winter ist der Paß für Reisende nicht mehr passierbar, Privatwagen dürfen zwar zum Paß hinauffahren, nicht aber über die Grenze. Wer

Gewaltige Felsenschlucht im Khunjerab National Park

übrigens ein Fahrrad mitnehmen möchte, kann das nur dann, wenn beim Visumantrag das Rad vorgeführt wurde. Wer nur zum Paß möchte, ohne die Grenze zu überschreiten, muß seine Papiere abgeben und bei der Rückkehr wieder abholen. Reisende, die versäumt haben, sich ein Visum in den Reisepaß eintragen zu lassen, können dies noch bei der chinesischen Botschaft in Islamabad (nur dort!) nachholen und den Antrag mit einem

Landschaftlich lyrische Unterbrechung auf der Fahrt durch die engen rauhen Schluchten des Khunjerab National Parks

Der Grenzstein auf dem 4600 m hohen Khunjerab-Paß an der pakistanisch-chinesischen Grenze

Empfehlungsschreiben der Botschaft des Heimatlandes einreichen. Unter Umständen ist der Besitz von 1000 US-$ in bar oder Reiseschecks nachzuweisen.

Hotels

1 Stern

Khunjerab Hotel, Tel. 4 61 00 (55 Zimmer), bei weitem die beste Unterkunft

Tourist Lodge (12 Zimmer), an der Kontrollbarriere, ist einfacher, liegt aber in der gleichen Preislage

Einfachere Unterkünfte

New Mountain Hotel (10 Zimmer)

China Hotel (10 Zimmer)

Shaheen Hotel (7 Zimmer)

In Sust besteht die letzte Möglichkeit, sich noch mit Verpflegung, Kleidung und Trinkwasser einzudecken. Nach der Barriere gibt es außer einer Tankstelle bis nach Pirali keine Läden mehr. Nach etwa 45 Min. Fahrt trifft man auf eine weitere Straßensperre. Hier in Dih beginnt der **Khunjerab National Park.** (Durchreisende tragen sich in ein Buch ein.) Die Hochstraße schlängelt sich nun durch enge Schluchten, führt an Berghängen entlang und unter Felsvorsprüngen durch, passiert fantastische mächtige Felsformationen, die wie riesige Festungsmauern aufragen. Schließlich windet sie sich in Haarnadelkurven auf die 4 600 m hohe Paßebene hinauf, wo ein Obelisk die Grenze markiert, die man nach 2stündiger Fahrt von Sust aus erreicht. Es ist ratsam, den Rückweg beizeiten anzutreten, denn die Dunkelheit setzt früh, vor 5 Uhr nachmittags, ein (779 km).

Die Grenzformalitäten auf chinesischer Seite werden in Pirali, 35 km nach dem Grenzübergang, erledigt. Die nächste Unterkunftsmöglichkeit besteht erst in dem 84 km entfernten Tashkurgan und danach 280 km weiter in Kashgar. Pakistan Tours Limited bietet von Mai bis Oktober von Rawalpindi aus 8–24tägige Reisen nach China an.

Gebirgsroute 3: Von Rawalpindi nach Gilgit, Hunza und Skardu

Gilgit (618 km) Karte 268/269

Wenn man nicht mit dem Wagen von Rawalpindi über den Karakorum Highway (S. 256) in das abgelegene Tal des Gilgit fahren möchte, der von Westen kommend dem Indus zufließt, bietet das Flugzeug die schnellste und bequemste Reisemöglichkeit. Da die Flüge häufig ausgebucht sind, ist es gut zu wissen, daß jeweils zwei Plätze für die PTDC reserviert sind. Holen Sie sich daher ein Schreiben von dort oder bei Pakistan Tours im Flashman's Hotel in Rawalpindi, das zum PTDC gehört, ab. Die tägliche Maschine vom Flughafen Rawalpindi/Islamabad startet allerdings nur, wenn die Wettervoraussetzungen für den Flug und eine sichere Landung gegeben sind. Daher kann es auch vorkommen, daß ein Flugzeug sich verspätet oder ein Flug ganz ausfallen muß. Wer einen Besuch Gilgits plant, sollte sich deshalb von ausgetüftelten Zeitplänen frei machen – sie wären in dieser urtümlichen Region

Straßenszene an einer Busstation zwischen Rawalpindi und Gilgit

Rawalpindi - Hochgebirge des Nordens

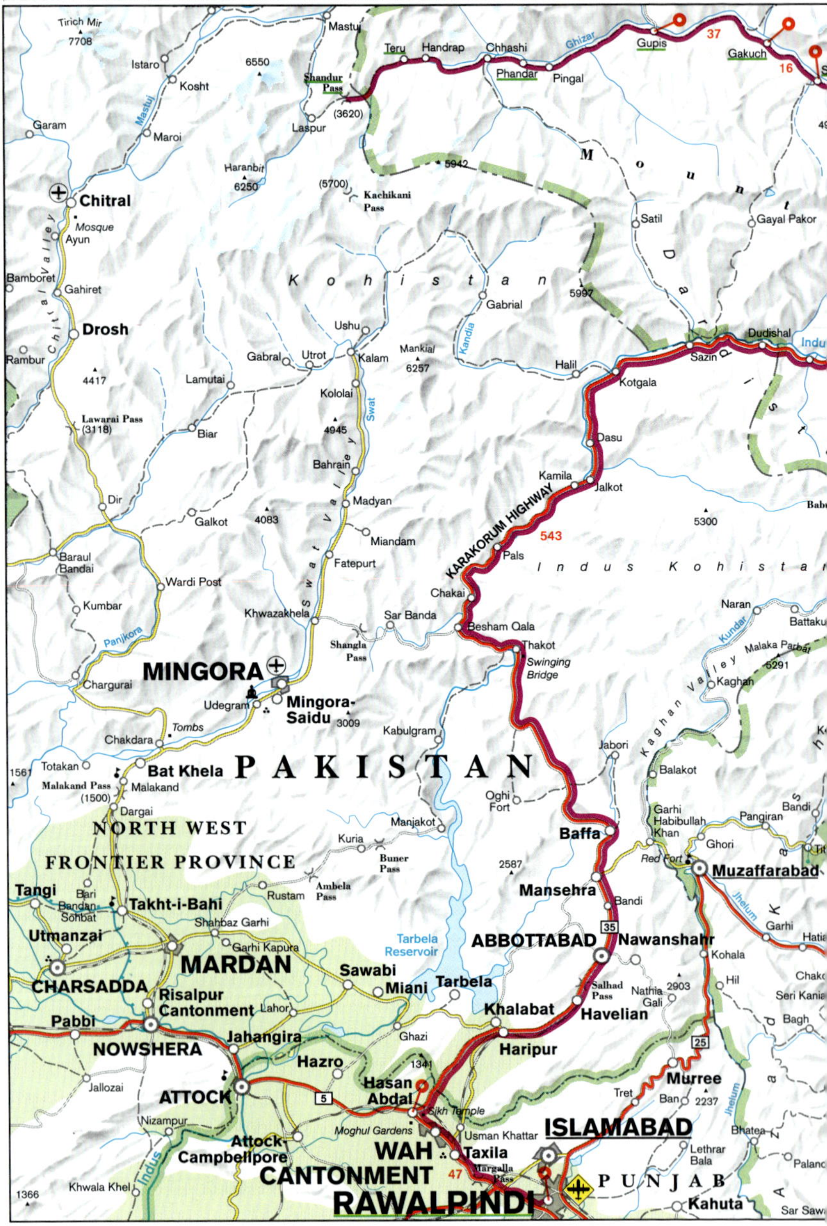

Gebirgsroute 3: Rawalpindi - Hochgebirge
0
20
40 km
Gilgit
Hunza (Baltit)
Karimabad
Aliabad
Altit
Gulmit
Baltar
Dianter
Chalt
Nagar
Hullehgush
Hispar
Nilt
Jaglotgah
Nomal
Sankhar
Dainyor
Rakaposhi Range
Under Administration of Pakistan (Disputed Territory)
Under Administration of China
Baltistan
Sasli
Shengus
Chhamongarh
Janglot
Bunji
Gor
Jalipur
Thalpan
Astor
Rondu
Barthang
Kachura Lake
Skardu
Satpura Lake
Shigar
Tampa
Namika
Askole
Khusomik
Kande
Khaplu Valley
Khaplu
Parkutta
Deosai
Deosai Mountains
Chilam Chauki
Plains of Deosai
Khartaksho
Papaldo
Marol
Nanga Parbat 8126
Dardistan Pangi Range
Kishanganga
Burzil
Minimarg
Gultari
Dalunang
Gurais
Dappal
Cease Fire Line
Kargil
Dras
Goma
Kupwara
Kuligam
Badogam
Athwattoo
Handwara
Bandipur
Wular Lake
Sopore
Gandarbat
Wangat
Matayin
Sanka
JAMMU AND KASHMIR
Naidhal
Baramula
Sumbal
Baltal
SRINAGAR
Dal Lake
Aru
Suru
Under Administration of India
Uri
Gulmarg
Badgam
Sotipura
Pampore
Pahlgam
Tral
Pulwama
INDIA
Kashmir Valley
Jhelum
Vidai
Martand
Monu
Bijbehara
Anantnag
Shupiyan
Kulgam
Munda
Punch
Mendhar
Pir Panjal Range
Shaskumba
Disteghil Sar 7885
Haramosh 7406
Masherbrum 7821
Payu 6754
Rakaposhi 7788

Basarstraße im 1454 m hoch gelegenen Handelsstädtchen Gilgit

sowieso fehl am Platze. Der atemberaubende Flug nach Gilgit, der etwa eine Stunde dauert, ist bereits ein Erlebnis besonderer Art: Man kann den sogenannten Pamir-Knoten erkennen (der Pilot macht seine Passagiere darauf aufmerksam) und fliegt in etwa 5 000 m Höhe am 8 126 m hohen Nanga Parbat vorbei, der meist von Wolken verhüllt ist. Wenn diese Wolkenbänke aber einmal aufklaren, ist der Nanga Parbat, der mehr Bergsteiger ins Verderben gestürzt hat als irgendein anderer Berg, in seiner vollen majestätischen Größe erkennbar.

Täglich verkehrt auch ein Bus der Northern Area Transport Corporation (NATCO) von Rawalpindi nach Gilgit, der in den frühen Morgenstunden vom Busbahnhof Pir Wadhai (Rawalpindi) abfährt. Die Fahrt dauert 18 Stunden, wenn nicht ein Erdrutsch oder andere unvorhergesehene Ereignisse die Reise verzögern. Zusätzlich fahren außerdem zu festgesetzten Zeiten Kleinbusse, die je nach Bedarf eingesetzt werden. Sie sind schneller als die großen Busse.

Der Ort **Gilgit,** auf 1454 m Höhe am Eingang des gleichnamigen Flußtals gelegen, hat sich nach dem Bau der Karakorum-Hochstraße von einem verschlafenen Handelsplatz zu einem Städtchen mit etwa 40 000 Einwohnern entwickelt. Besonders interessant sind die Basare des Ortes, die gute Einkaufsmöglichkeiten, z. B. für chinesische Seide, handgewebte Wollstoffe, Stickereien und Silberarbeiten, bieten. Wer will, kann dort auch die charakteristische Kopfbedeckung der *Gilgitis,* wie die Bewohner des Tals genannt werden, erstehen: Eine flache Kappe, die statt Krempe mit einem auffälligen Wulst aus Stoff versehen ist; sie wird von allen Männern getragen. Frauen treten selten in Erscheinung. Besonders bei den Kindern mit ihrer hellen Haut, blauen Augen und braunen Haaren fällt auf, daß sich die Bewohner dieses Tals ethnisch von den übrigen Bewohnern Pakistans unterscheiden. Die *Gilgitis* zählen zusammen mit den *Hunzakuts,* den Bewohnern des Hunza-

Gilgiti mit seiner typischen flachen Kappe, im Hintergrund der Nanga Parbat

Tals, zu den besten Bergsteigern der Welt.

Hotels

3 Sterne

Gilgit Serena Lodge, Jutial, im Cantonment außerhalb der Stadt in herrlicher Lage, führendes Hotel, Tel. 05 72-23 30 u. 23 31, Fax 25 25 (43 Zimmer)

Shangrila Silk Road Hotel, Tel. 25 89

2 Sterne

Hunza Tourist House, Babar Rd. in Flughafennähe, Tel. 23 38 (16 Zimmer)

PTDC Chinar Inn, Babar Rd., Tel. 25 62 (44 Zimmer)

1 Stern

Park Hotel, Shahrah-e-Quaid-e-Azam Tel. 23 79 (53 Zimmer), mitten in der Stadt, größtes, aber nicht bestes Hotel

Für geringere Ansprüche und schmaleren Geldbeutel bieten sich eine Reihe von kleinen Hotels an:

Alfalah, Link Rd., Tel. 34 47 (14 Zimmer), Kleinbusse nach Rawalpindi

Chinese Lodge, Chinar Bagh Rd., (5 Zimmer)

Hunza Inn, Babar Rd., Tel. 28 14 (20 Zimmer)

J. S. R., Shahrah-e-Quaid-e-Azam, Tel. 23 06, PIA-Büro, vergleichsweise zu teuer

New Kashgar Inn, Cinema Bazaar, sehr billig, wenig empfehlenswert

North Inn, Shahrah-e-Quaid-e-Azam, Tel. 28 87

Riverside Tourist Lodge, Chinar Bagh (5 Zimmer), Camping

Vershigoom, Sharah-e-Quaid-e-Azam, Tel. 29 91, unter Standard

Reiseveranstalter

Travel Walji's, Airport Rd. (Shahrah-e-Quaid-e-Azam), Tel. 38 48 für Trekking und Jeep-Fahrten

Leihwagen

Rent-a-Car Counter, Serena Hotel, Tel. 39 61

Von Gilgit führen eindrucksvolle Wanderwege häufiger über solche Hängebrücken; Nichts für Schwindlige

Mehrtägige Trekkingtouren, die in Gilgit ihren Ausgangspunkt haben, sind auf S. 296 beschrieben.

Eindrucksvolle Wanderwege führen von dem Städtchen in die nähere Umgebung. Etwa 10 km von Gilgit entfernt ist eine schöne **Buddha-Statue,** die aus dem Felsen herausgehauen wurde, zu besichtigen. Etwa 40 km westlich der Stadt öffnet sich das malerische Seitental von Punjal, in dem man verschiedene Orchideenarten finden kann. In **Singal** (ca. 56 km) und **Gakuch** (ca. 16 km) kommen vor allem Angler auf ihre Kosten, die hier auf einen reichen Forellenfang rechnen können. Flußaufwärts, über **Gupis,** kommt das malerische **Phandar** (ca. 45 km), in dem sich die Berge der Umgebung in einem fischreichen See spiegeln. **Teru** ist die letzte Station im Gilgit-Tal, bevor die Straße den 3 620 m hohen **Shandur-Paß** erklimmt, der das Tal mit Chitral verbindet. In Teru, aber auch in Singal, Gakuch, Gupis, Phandar, Yasin oder dem etwas abseits gelegenen Ishkoman stehen kleine, bescheidene Bungalows der NAWO, die man über die Hauptstelle in Gilgit als Unterkünfte reservieren lassen kann. In den meisten dieser Unterkünfte muß für Verpflegung und Bettzeug selbst gesorgt werden.

Wenn man das Gilgit-Tal im Frühling besucht, bieten sich besonders gute Gelegenheiten, einige der folkloristischen Besonderheiten der Bewohner kennenzulernen. So gilt z. B. Polo, König der Spiele und Spiel der Könige, in Gilgit als Volkssport. Im April und Mai finden auf dem Poloplatz in Gilgit zwischen dem Raja-Basar und dem Gilgit-Fluß (aber nicht nur dort) Turniere statt, die viele begeisterte Zuschauer anziehen. Die Spielregeln in Gilgit wei-

Polo, König der Spiele und Spiel der Könige, in Gilgit ein Volkssport

chen von den allgemein gültigen insofern ab, als nur sechs Personen auf jeder der beiden Seiten spielen und im Falle einer Verletzung – zu der es bei der sehr schnellen und harten Spielweise leicht kommen kann – und des Ausfalls eines Spielers auch die Gegenmannschaft auf einen Reiter verzichten muß. Die ausdauernden Gilgit-Ponys müssen die Spieldauer von einer Stunde – eine kurze Pause gibt es zur Halbzeit – ganz durchhalten. Die Mannschaft, welche zuerst neun Tore schießt, hat gewonnen. Das Spiel kann daher durchaus bereits nach wenigen Minuten entschieden sein. Besonders viel Enthusiasmus wecken die Polo-Turniere am 31. März, dem *Nauroze*-Fest. Dieser Tag, der auch mit Volkstänzen begangen wird, markiert das endgültige Verschwinden des Winters und feiert den Frühlingsbeginn.

Hunza

Die Entfernung von Gilgit ins weiter nordöstlich gelegene Hunza-Tal beträgt 106 km.

Hunzas Wahrzeichen, das alte, im tibetanischen Stil erbaute weiße **Schloß von Baltit** aus dem 16. Jh. war jahrhundertelang die Residenz des Herrschers, des Mir von Hunza. Vom Balkon und vom Dach kann man einen herrlichen Blick auf den Rakaposhi genießen (Eintritt 10 pR). Das Fort ist mit Hilfe der Aga Khan Stiftung restauriert worden.

Während der Fahrt auf der Hochstraße im Hunza-Tal fallen in den Felsstein geritzte oder mit Steinen weithin sichtbar an Berghängen ausgelegte Willkommensgrüße auf, die an den Besuch Karim Aga Khans im Jahre 1980 erinnern. Er ist der gegenwärtige geistige Führer der Ismaeliten, zu denen sich die überwiegende Zahl der Hunzakuts zählt. Erst der letzte selbständige Fürst residierte in dem ein wenig niedriger gelegenen **Karimabad,** das nach Karim Aga Khan benannt ist. Eindrucksvoll ist auch das ältere **Fort Altit,** das auf einem 300 m hohen Felsen steht, doch es befindet sich in schlechtem Zustand und steht vor dem Verfall. Sehenswert ist hier der 500 Jahre alte Wachturm, eine Konstruktion aus Holz und Stein; von seiner Spitze schaut ein gehörnter hölzerner Steinbock auf die Besucher herab. Von Karimabad aus kann man eine 3 km lange Jeep-Piste benutzen, um beide Bauwerke zu besichtigen. Der Sohn des Mir vertritt heute die Interessen der Talbewohner im Rat der Nordprovin-

Das alte, im tibetanischen Stil erbaute Schloß des Mirs von Hunza in Baltit

Die auf einem 300 m hohen Felsen über Karimabad gelegene Burg Altit

zen. Außerdem ist er für die Rechtsprechung zuständig. Als Vertreter des Aga Khan ist er immer noch das Oberhaupt seines Volkes, obwohl das kleine Fürstentum 1974 durch die staatliche Eingliederung seine Eigenständigkeit verlor.

Die heiteren Bewohner Hunzas, die *Hunzakuts*, verkörpern in ihren weiten Wollmänteln das Urbild des Jägers und Bergsteigers. Im Gegensatz zu den *Gilgit*-Frauen arbeiten die Frauen Hunzas nicht nur im Haus, sondern auch auf den Feldern und Weiden. Sie sind zäh wie ihre Männer und können über lange Strecken schwere Lasten, Feuerholz oder Viehfutter, tragen. Ihre Abneigung, bestaunt oder gar fotografiert zu werden, sollte man allerdings respektieren – auch wenn sie mit ihren weiten Hosen, losen Kitteln, herrlich bestickten Kappen und ihrer hellen und gesunden Gesichtsfarbe zu den langen Zöpfen überaus malerisch aussehen.

Unten im Tal hat sich der Hunza-Fluß tief in die Berge eingeschnitten. Die Felswände unter den Schneefeldern sind von der Sonnenglut versengt und braun gebrannt. Wo aber ein Hunza-Bauer in Talausweitungen und an weniger steilen Hängen übereinandergestaffelte Terrassen bewässern kann,

Im oberen Hunza-Tal reifende Aprikosen

Bei Karimabad im Freien trocknende Aprikosen, ein geradezu legendär gesundes Nahrungsmittel

steht das saftige Grün des Getreides in wohltuendem Kontrast zu der ausgedörrten Wildnis ringsum. Durch die Wasserzufuhr, die mit einfachen und durchdachten Mitteln gesichert ist, gedeihen im Tal Aprikosen-, Apfel- und Walnußbäume. Im Dorf sind die Häuser eng aneinandergerückt, meist niedrige kubische, fensterlose Hütten aus Stein und Lehm mit flachen Dächern. Rankende Weinreben sind noch hie und da zu finden, werden aber zusehends seltener. Über den Siedlungen an den Berghängen äsen Steinböcke mit imposanten Hörnern. Die saftigen vollreifen gelben Aprikosen werden zur Erntezeit auf den flachen Dächern zum Trocknen ausgelegt. Das Dörrobst ist eine wichtige Nahrungs- und Vitaminquelle während der langen, harten Winterzeit. Neben Weizen und Gerste spielt die Aprikose als Grundnahrungsmittel eine wichtige Rolle. Nicht nur das Fruchtfleisch wird aufbereitet, die Kerne dienen zur Ölgewinnung, und die Kernschalen werden im Herd verbrannt. Dem Wasser in Gilgit und Hunza und den Aprikosen wird es zugeschrieben, daß viele Leute hier ein hohes, fast biblisches Alter erreichen. Als »Tal der Hundertjährigen« ist Hunza auch im fernen Europa bekannt geworden.

Die denkbar schlichten, fast armseligen Behausungen des Hunza-Tals werden auf dem schlechtesten Grund errichtet, denn alles fruchtbare Land wird für den Ackerbau benötigt. Besonders deutlich wird die Sorge um den Boden bei der Ernte: Die Bauern verwenden keine Hilfsmittel, das Getreide wird ausgerupft; man achtet genau darauf, daß der wertvolle Humus auf dem Acker bleibt.

Hotels

Besucher des Hunza-Tales finden inzwischen gute Unterkünfte in Karimabad:

Hilltop Hotel, Tel. 10 (21 Zimmer)

Hunza Baltit Inn (20 Zimmer), Reservierungen: Serena Sales and Reservations, Kassem Court, Block 5, P.O. Box 38 77, Clifton, Karachi 75600, Tel. 0 21-5 87 37 89-91, Fax 5 87 38 12

Mountain View Hotel (16 Zimmer)

Rakaposhi View Hotel, Tel. 12 (17 Zimmer)

Tourist Park Hotel, Tel. 45 (9 Zimmer)

Außerdem können DAK-Bungalows der Northern Areas Works Organization (NAWO) in Karimabad, Nomal, Chalt und Pasu gemietet werden. Die rechtzeitige Reservierung muß bei der Zentralstelle in Gilgit besorgt werden.

Es gibt nur wenige Orte, deren Bergkulisse eindrucksvoller ist als die Gilgits mit den Schneegipfeln des 7 406 m hohen Haramosh und Hunzas mit dem 7 788 m hohen Rakaposhi. Wenn es zu diesen Tälern auf dem »Dach der Welt« noch eine Steigerung gibt, dann ist es Skardu.

Skardu (Baltistan)

Skardu, der Hauptort Baltistans, liegt in 2 400 m Höhe. Zu Recht ist die Region **Baltistan** auch als *Tibet-i-Khurd*, Klein-Tibet, bekannt: Nirdgendwo sonst auf der Welt gibt es auf so engem Raum eine derartig große Ansammlung von Bergen, die zu den höchsten der Erde zählen, unter ihnen der zweithöchste Berg der Erde, der 8 611 m hohe **K-2** an der Grenze zur VR China.

Die 168 km lange Straße von Gilgit nach Skardu zweigt bei **Janglot,** 39 km südöstlich von Gilgit, von der Karakorum-Hochstraße ab, führt über den Gilgit-Fluß und durch die unwirtliche, vegetationslose dunkle Felsenschlucht des Indus, die längste der Erde. Die Sonne scheint hier meistens nur drei Stunden am Tag. 22 Brücken mußten gebaut werden, um die Schlucht passierbar zu machen. Erst 25 km vor Skardu weitet sie sich in ein von fast 6 000 m hohen Felsbergen umgebenes

Das schöne Skardu oder Tibet-i-Khurd, Klein-Tibet, wie es auch genannt wird

Becken von 30 km Länge und 12 km Breite aus.

Bis 1947 bildete der Weg nach Kargil im heute indischen Teil Kaschmirs die einzige Verbindung Skardus zur Außenwelt. Nach der Teilung Indiens war Skardu zunächst völlig vom übrigen Pakistan abgeschnitten. Lediglich ein gefährlicher Weg am Steilhang hoch über dem Indus verband es mit Gilgit. 1948 legten Pioniere, die mit Fallschirmen absprangen, eine Landebahn für Flugzeuge an. Dann begann man, die schmale Straße zu bauen, die nur von Wagen mit Allradantrieb befahren werden konnte. Lastjeeps hielten die Versorgung der Region aufrecht. Die Straße wurde 1972 verbreitert und ein wenig sicherer. 1975 begannen die Arbeiten an einer weiteren Verbreiterung, deren Spur jetzt 3,5 m mißt und damit auch einen (langsamen und vorsichtigen) Busverkehr erlaubt. Als am 1. September 1980 der erste Bus Skardu erreichte, war dies ein denkwürdiger Tag für die Erschließung Baltistans. Man kann seitdem von Gilgit aus die Strecke nach Skardu und zurück mit Bussen der staatlichen NATCO (Tel. 5 34) oder der privaten Masherbrum Tours (Tel. 6 16 und 6 34) zurücklegen. Die Fahrt (70 pR) beginnt

Das weite Tal von Skardu

am frühen Morgen, dauert gut 6 Stunden und ist ein wahrer Nervenkitzel: Auf der einen Seite steil aufragende Felshänge und auf der anderen ebenso steil in die enge Indus-Schlucht abstürzende Steilwände, Steinschlag und Straßenschäden mit inbegriffen. Doch sind die Fahrer der Situation gewachsen. Trotzdem atmet man auf, wenn Kachura erreicht ist und sich das weite Tal von Skardu, in dessen Mitte der Flughafen liegt, öffnet. Der Fluß schlängelt sich durch die weite Ebene. Es ist kaum vorstellbar, daß er für die Monate von Juni bis September dieses ausgedehnte, teilweise ausgetrocknete Bett mit Wasser füllt.

Noch vor dem Tal zweigt eine Straße ab, über die man nach 1 km zum unteren **Kachura-See** gelangt. Zwei Drittel seines Ufers werden von dem Shangrila Tourist Resort eingenommen, einer Hotelanlage mit den bei weitem besten Unterkünften, die in und um Skardu zu haben sind. Man kann hier oder in der Zweigstelle der PTDC im K-2 Hotel (Tel. 946) sowie auf eigene

Zur Fahrt von Gilgit nach Skardu an den steil abstürzenden Felswänden der engen Schluchten entlang gehören starke Nerven

Der untere Kachura-See mit dem Shangrila Resort

Faust im Basar Fahrzeuge mit Allradantrieb, Fahrer und Helfer mieten.

Bequem und zeitsparend ist die Flugverbindung von Rawalpindi/Islamabad nach Skardu. Es gibt, gutes Wetter vorausgesetzt, täglich einen Flug. Dieser folgt zunächst der Route nach Gilgit, eröffnet einen Blick auf die ewigen Eisburgen der Kailas-Kette, die »vier Schwestern« Haramosh (7 406 m), Tifrosh, Dobani und Rakaposhi (7 788 m) oberhalb von Gilgit und wendet sich dann nach rechts, um der tiefen Schlucht des jadegrünen Indus zu folgen. Es gibt immer wieder neue, unerwartete Blicke auf Bergriesen, und manchmal entsteht der Eindruck, als müßten die Flügelspitzen des Flugzeugs die steilen Felswände berühren. Da der örtliche Flughafen groß genug ist, können hier auch größere Maschinen landen. Einmal in der Woche besteht eine Direktverbindung zwischen Skardu und Gilgit.

Seitdem Baltistan wieder für Bergsteiger, Trekking-Enthusiasten und

Der inmitten hoher Bergkämme unberührt gelegene obere Kachura-See

Touristen offen ist, haben von Skardu aus zahlreiche Bergsteiger-Expeditionen aus den USA, Deutschland, der Schweiz, Großbritannien, Frankreich, den Niederlanden, Spanien, Italien,

Textilladen im Basar von Skardu

Polen und Japan dieses Gebiet aufgesucht. (Zwei Trekkingtouren, die von Skardu ausgehen, werden auf S. 299 f. beschrieben.)

Mit einer japanischen Gruppe bestieg Ashraf Aman aus Hunza 1977 als erster Pakistani den K-2. 1979 gelang es Reinhold Messner aus Südtirol, den Gipfel ohne Sauerstoffgerät zu erreichen. Ein Jahr zuvor war ihm dieser Versuch schon auf dem Nanga Parbat gelungen.

Doch nicht nur für passionierte Gipfelstürmer lohnt sich ein Besuch des Skardu-Tals: Man kann z. B. Ausflüge mit dem Jeep zum **Kachura-See** und ins **Shigar-Tal,** gut 30 km nördlich von Skardu, unternehmen. Dorthin gelangt man über eine beim Shangrila Tourist Resort steil ansteigende Piste, die in Kachura endet. Das letzte Wegstück ist nur mit Allradantrieb zu bewältigen. Die Häuser des Ortes liegen zwischen Felsbrocken und -mauern. Ein Fußmarsch von 15 bis 20 Min. führt dann zu dem höheren, unberührten und größeren oberen Kachura-See.

Vom Flughafen aus, der zwischen dem Shangrila Resort (14 km) und dem Ort Skardu (12 km) liegt, erreicht man Skardu, wenn man sich direkt am Flughafen nach links wendet und zunächst das Dorf Gamba passiert. Auf einem schroffen Felsen über Skardu sind die Überreste eines Forts zu erkennen. Eine zweibahnige staubige Straße durchquert den Basar von Skardu und umfährt dabei ein Mahnmal, das an die Befreiung Baltistans 1948 erinnert. Am Ende des Ortes läßt sich über eine Piste der beschwerliche Aufgang zu den Ruinen des **Kharpocho-Forts** und den königlichen Gräbern erreichen. Wer sich dieser Mühe unterzieht, wird mit einer weiten Aussicht über die Stadt, die sie umgebende Bergkulisse und das Indus-Tal belohnt. Weiter außerhalb ist dann links die Auffahrt zum schön gelegenen PTDC-K-2-Motel.

Von Skardu am nächsten und gut zu erreichen ist auch der **Satpura-See,** knapp 10 km südöstlich. Bevor die Straße anzusteigen beginnt, zweigt ein holpriger, 1,5 km langer Weg zu einem **Felsrelief Buddhas** ab. Um dahin zu

Ein bei Skardu vor Jahrhunderten in den Fels gemeißeltes Relief Buddhas

gelangen, überquert man am Ende der Piste einen Flußlauf, über den eine eigenwillig konstruierte Brücke führt. An dem kristallklaren und fischreichen Satpura-See unterhält der PTDC eine Hütte mit 6 Zimmern, wie oft bei den Unterkünften dieser Organisation in wunderschöner Lage. Die Gebirgsstraße begleitet den langgestreckten See einige Kilometer weit und führt dann weiter nach **Deosai**, **Astore** und schließlich **Gilgit** (ca. 175 km).

Der kristallklare, von kahlen Bergen umsäumte Satpura-See südöstlich von Skardu

Aber nach dem Ausbau der Straße am Indus entlang hat diese unbefestigte Piste ihre Funktion als Verbindung zwischen Skardu und Gilgit verloren.

Das **Khaplu-Tal**, ca. 100 km östlich von Skardu, ist berühmt wegen seiner Äpfel. Sie genießen den Ruf, die besten Pakistans zu sein. Die Seen mit kristallklarem Wasser, in dem sich Berge und Gletscher widerspiegeln, bieten ausgezeichnete Angelmöglichkeiten. Das Shigar-Tal gleicht einem einzigen Obstgarten und eröffnet in seinem oberen Teil den Weg zu hohen und höchsten Karakorum-Gipfeln.

Hotels

3 Sterne

Shangrila Tourist Resort, Kachura 2, 3, 5, Tel. 05 75-9 70 (50 Zimmer); dieses Hotel bietet auch Ganztagsausflüge und Package-Touren an

2 Sterne

PTDC K-2 Motel, Tel. 9 46 (24 Zimmer)

1 Stern

Pioneer Hotel, am Flughafen

Im inneren Bereich Skardus bieten einfache Hotels preiswerte Unterkunft:

Hunza Inn, Tel. 5 70

Karakorum Inn, Tel. 4 49

Sadpara Inn mit dem PIA-Büro, Tel. 4 91

Reiseveranstalter

Shangrila Tourist Information Centre (s. Shangrila Tourist Resort)

Travel Walji's, Tel. 5 44

Gebirgsroute 4: Von Peshawar ins Swat-Tal

Peshawar – Charsadda – Malakand – Saidu Sharif (158 km)
Karte Seite 285

Um das Swat-Tal, benannt nach dem gleichnamigen Fluß, zu besuchen, folgt man von **Peshawar** (S. 202) aus der Straße über **Charsadda** und **Mardan** nach **Dargai,** dem nördlichsten Punkt der pakistanischen Eisenbahn. Weiter geht es über den **Malakand-Paß** zur Ortschaft **Malakand,** die ein mächtiges Fort besitzt. Hinter dem Paß beginnt das **Swat-Tal,** eines der größten und am meisten begünstigten Siedlungsgebiete in der gesamten Bergregion. Die Entfernung von Peshawar nach **Saidu Sharif,** dem Hauptort des Swat, beträgt 151 km, von Islamabad sind es 254 km. Das Straßennetz im Swat ist sehr gut ausgebaut.

Klimatisch liegt das Swat in einem Grenzgebiet. Vom Dezember bis April bringen Zyklone, die vom iranischen Hochland herüberziehen, im Juli und August nordwestliche Monsun-Ausläu-

Zwischen den Einwohnern Saidu Sharifs meint man, sich in einer orientalischen Märchenwelt zu befinden

fer Regenfälle. In den Monaten Mai und Juni bzw. September bis November ist es trocken, das Wetter beständig. Ab September ist der Himmel wolkenlos. Die schneebedeckten und vergletscherten Höhen der nördlichen Gebirge sind klar sichtbar und scheinbar zum Greifen nahe.

Das Swat-Tal verfügt über breite Talböden, welche die Besiedlung begünstigen. Nachdem bereits im 4. Jh. v. Chr. die Truppen Alexanders des Großen durch das Tal gezogen waren, erlebte das Swat als Teil des Gandhara-Reiches vom 5. bis 7. Jh. n. Chr. eine

Ein Junge im Swat-Tal mit seinen breiten fruchtbaren Talböden

Peshawar - Swat-Tal

Im Swat-Tal gefundener Schmuck aus der Zeit der Gandhara-Kultur

große Blütezeit, die auch von den chinesischen Reisenden Fa-Hien (um 400), Sung Yün (um 520) und Hsüan Tsang (630) bezeugt wird. Spuren aus dieser Zeit sind noch heute inmitten grüner Felder zu finden. In dem Museum von Saidu Sharif unweit vom Swat-Hotel befindet sich eine reichhaltige Sammlung von Kunstwerken der Gandhara-Kultur, darunter buddhistische Statuen, Münzen und Schmuck aus der Umgebung. Diese Objekte wurden einst im nahen Tempel von **Butkara,** das im Außenbezirk von Saidu Sharif liegt, und in **Udegram,** 9 km westlich von Saidu Sharif, ausgegraben. Um Butkara zu erreichen, biegt man links vom Museum in eine asphaltierte Nebenstraße ein, zu Fuß geht man dann über die Bewässerungsdämme in den Feldern zu der Ruinenstätte. Einen Hinweis gibt es nicht. Auf einer Tafel in der Anlage wird die Geschichte von Butkara, das 520 n. Chr. von Sung Yün als Kloster Ta-lo erwähnt wird, dargestellt. Es lag am östlichen Rande der alten Hauptstadt Uddiyana, dem heutigen Mingora. Der große Stupa wurde vom 3. Jh. v. Chr. bis zum 10. Jh. n. Chr. fünfmal überbaut. Die Ruine des großen Stupa mit Rundgang ist von vielen kleinen um-

Der Ruinenkomplex von Butkara im Swat-Tal aus der Blütezeit des Gandhara-Reiches mit dem bekannten Steinlöwen

Gandhara-Sarkophag in der Ruinenstätte von Butkara

geben, von denen jeweils nur die Basis erhalten ist. Der bekannte Steinlöwe fällt recht klein aus. Ein Wachmann, der auch aufpassen muß, daß Foto- und Filmapparat unbenutzt bleiben, wird auf eine kleine Soldaten-Skulptur hinweisen, die in eine Stupabasis eingesetzt ist, und auf eine Figurengruppe im Rundgang. Eine schmale Scheibe, Rest einer Verglasung, kennzeichnet die Stelle an der runden Basis des Hauptstupa, wo links neben einem kopflosen stehenden Buddha zehn Jünger in drei Reihen dargestellt sind. Die vier oberen sind noch in gutem Zustand. Auf der Rückseite ist der Rest des Hauptstupa freigelegt und läßt anschaulich die verschiedenen Schichten erkennen. An der Mauer lehnt einer der Steinschirme, die den Stupa einst krönten.

Im 16. Jh. fielen Pathanen in das Swat ein, unterwarfen die alteingesessene Bevölkerung der Darden und verdrängten sie in die umliegenden Gebirgstäler von Kohistan. Diese Leute werden daher auch als *Kohistanis* (Gebirgler) bezeichnet. Das Dardische, ihre Sprache, ist indischen Ursprungs und grundverschieden von dem Pashto der Pathanen. Es ist heute noch in Gilgit, Chitral und Kohistan verbreitet, weshalb man diese Gebiete auch als Dardistan bezeichnet. Die mit dem Einfall der Pathanen oder bereits einige Jahrhunderte davor islamisierten Kohistanis haben eine künstlerische Tradition in der Holzarchitektur bewahrt, die auf die Zeit Gandharas zurückreicht. Ihre Moscheen und Bauernhäuer mit stabilen Stützen aus Zedernbalken und Schnitzornamenten sind denen der Pathanen überlegen. Haus und Hof im flachen Talgebiet des Swat sind von hohen Mauern umgeben. Das Dach des kastenförmigen Wohngebäudes ragt über die Vorderfront und wird von Pfosten gestützt. Das Swat-Tal konnte lange Zeit einen hohen Grad an Unabhängigkeit bewahren. Erst 1969, nach dem Tod des letzten Pathanen-Herrschers der Region, wurde es stärker in die pakistanische Verwaltung integriert.

Unweit von Saidu (3–4 km), liegt **Mingora,** das Handelszentrum des Swat-Tals. Die Hauptstraße von Mingora verläuft Richtung Norden am Fels-

Der gut erhaltene Shingerdar-Stupa aus der Gandhara-Ära

In einer großartigen Bergszenerie endet die Fahrt im Swat-Tal

hang entlang. Eine Stichstraße von **Manglaur** führt rechts zum 30 km entfernten Skiort **Malam Jabbar.** Von **Khwazakhela,** einem Ort gut 30 km nördlich von Mingora, sind über den Shangla-Paß **Besham** am Indus und **Karakorum Highway** zu erreichen. Dort bietet ein PTDC-Motel in schöner Lage Reisenden nach Gilgit Übernachtungsmöglichkeiten. Nördlich von Fatehpurt und vor Madyan biegt die Straße nach **Miandam** ab, einem Erholungsort in etwa 2000 m Höhe mit einem PTDC-Motel für Sommer- und Winterurlaub.

Das eigentliche Tal beginnt bei **Madyan,** 65 km nördlich von Saidu Sharif. Der Ort liegt 1550 m hoch inmitten bewaldeter Berge. Der nächste Ort hinter Madyan an der Straße, die dem Swat-Fluß folgt, ist **Bahrain.** Auf der Weiterfahrt Richtung Kalam (Golfplatz) geht es an hohen Bergen vorbei – der Mankial z. B. erreicht 6 300 m Höhe –, der Ort **Kololai** in der Nähe am Berghang liegt immer noch in 1800 m Höhe. In **Kalam** endet die Fahrtstrecke in einer großartigen Bergszenerie. Das PTDC-Motel (Tel. Kalam 14) hat eine besonders schöne Aussicht. Es ist aber im Winter von November bis April geschlossen. Exkursionen per Jeep können aber noch in das **Ushu**- und **Gabral-Tal** unternommen werden, die in ihrer Unberührtheit jeden Besucher faszinieren. **Utrot,** am gleichnamigen Fluß, bietet Übernachtungsmöglichkeiten in zwei PTDC-Rasthäusern, und auch Gabral, weiter nördlich, verfügt über eine solche Unterkunft.

In Saidu Sharif, Mingora, Madyan gibt es annehmbare Unterkünfte. Rasthäuser werden an allen wichtigeren Plätzen von der PTDC unterhalten. Das PTDC-Büro im Swat Serena Hotel in Saidu Sharif vermietet diese Häuser.

Hotels

3 Sterne

Madyan, Madyan, Tel. 2, 34, 45 99 (28 Zimmer)

Swat Serena, Saidu Sharif, Tel. 05 36/46 04, 64 00 (43 Zimmer)

Marghazar White Palace, Tel. 26 09 97

2 Sterne

Marghazar Palace, Saidu Sharif Rd., Marghazar, Tel. 57 14 (26 Zimmer)

Mountain View, Madyan, Tel. 7 (24 Zimmer)

Pameer, Mingora, Tel. 49 26 (55 Zimmer)

1 Stern

Abasin, Mingora, Tel. 21 22 (27 Zimmer)

Deluxe, Bahrain, Tel. 15 (26 Zimmer)

Ellum, Makhan Bagh, Saidu Sharif Rd., Mingora, Tel. 20 (28 Zimmer)

Falakseer, Kalam, Tel. 10 (16 Zimmer)

Gulistan, Madyan Rd., Mingora, Tel. 24 73 (12 Zimmer)

Holiday, Makhan Bagh, Saidu Sharif Rd., Mingora, Tel. 44 43 (17 Zimmer)

Miandam, Miandam, Tel. 10 (9 Zimmer)

Park, Saidu Sharif Rd., Mingora, Tel. 46 08 (35 Zimmer)

PTDC-Motel, Miandam, Tel. 10 (10 Zimmer)

PTDC-Hotel, Kalam, Tel. 14 (18 Zimmer)

Udyana, Mingora, Tel. 50 76 (300 Zimmer)

Gebirgsroute 5: Von Peshawar nach Chitral

Das ehemalige Fürstentum Chitral im äußersten Nordwesten Pakistans ist von Peshawar am bequemsten auf dem Luftweg zu erreichen. Es gibt drei Verbindungen täglich, doch können wetterbedingte Ausfälle eintreten. Die beste Reisezeit ist von April bis Juni und im September. Der 365 km lange Landweg über **Malakand** (S. 283) und **Dir** mit seinem waldreichen Umland mit Mittelgebirgscharakter und dem 3118 m hohen **Lowarai-Paß** ist von November bis Mai nicht passierbar.

Der Ort **Chitral** wird von dem etwa 40 km entfernten 7708 m hohen **Tirich Mir** dominiert, der die Siedlung um mehr als 6000 m überragt. Nach lokaler Legende schützt sich der Berg gegen unerwünschte Eindringlinge durch einen äußeren Verteidigungsring von Riesenfröschen, *Boguzai* ge-

Holzschnitzer in der noch ganz von Männern beherrschten Ortschaft Chitral

Peshawar - Chitral

Mauer und Holzbalkon der alten Festung von Chitral

Ein auf Stelzen den steilen Felsen hinaufgebautes Kalash-Dorf im Birir-Tal

nannt, und einen inneren von Feen in der Gestalt schöner Mädchen, die Schalen mit Milch oder Blut anbieten. Diejenigen, welche das letztere wählen, kehren nie zurück.

Busse des Government Transport Service verkehren von Peshawar bis Dir und von dort bis Chitral. Eine Übernachtung ist in diesem Fall erforderlich. Es bietet sich das New Khyber Hotel, Timgara (Tel. 713) an. Privatbusse befahren diese Strecke in 10 Std. ohne Zwischenaufenthalte, aber mit Teepausen. Bis auf ein gut 70 km langes Stück zwischen Dir und Ashret ist die Straße asphaltiert.

Als erstes ist in Chitral die polizeiliche Anmeldung vorzunehmen. Viel hat die kleine Stadt zu beiden Seiten einer langen Basarstraße allerdings nicht zu bieten. Männer beherrschen das Bild, unter ihnen viele Afghanen. In einigen Läden werden Halbedelsteine angeboten, die übrigen sind mit Waren für die Bevölkerung bestückt sowie mit Nahrungsmitteln und Kleidung. Im Südteil des Ortes liegt eines der bekanntesten Polofelder Pakistans. Es lohnt sich zu fragen, ob während der Zeit des Aufenthalts Spiele stattfinden. Die Mauern der alten, in zentralasiatischer Bauweise errichteten Festung von Chitral, der am Fluß gelegenen Residenz der ehemaligen Herrscher *(Mir)* von Chitral, sind gut erhalten und wegen ihrer Holz- und Steinkonstruktion einen Besuch wert. Die inneren Gebäude sind leider dem Verfall preisgegeben. Verläßt man Chitral in Richtung Norden, setzt sich die Basarstraße als Flughafenstraße fort und wendet sich dann in Shogor nach Westen zu dem 44 km entfernten **Garam-Chasma-Tal** mit seinen Obstgärten und der heißen Quelle.

Von Chitral lassen sich Ausflüge zu den *Kalash* in den Tälern von **Bamboret** (40 km), **Rambur** (51 km) und **Birir** (45 km) machen. Die Hinfahrt zu einem dieser Täler nimmt gut 2 Std. in Anspruch. Eine Jeep-Straße führt von Chitral Richtung Süden am rechten Ufer des Chitral-Flusses entlang nach **Ayun;** In den Sommermonaten müssen dort Ausländer 50 pR und Pakistanis 10 pR Wegezoll entrichten. Nach rechts steigt eine Jeep-Straße in engen Kurven an steilen Hängen den Paß hinauf, der das Tal von Bamboret abschließt. Unten im Tal treffen sich in Durash zwei Flüsse, der Name besagt es. Links führt der Weg über eine Brücke nach **Bamboret,** der größten *Kalash*-Siedlung, und rechts nach **Rambur,** 38 bzw. 33 km von Chitral.

An den Berghängen liegen jeweils kleine Siedlungen entlang den Flußufern, wie Guru, Mandrit, Aspar, Auguru, Gasguru, Gri und Bihar im Birir-Tal, Anish, Sargugul, Bruhn, Batrik, Kandisar, Krakar, Shekande, Brumbutul im Bamboret-Tal und Parakal, Mahande, Kalashgram, Maldesh, Grum, Balankuru und Kunisht im Rambur-Tal.

Von Ayun gibt es auch eine direkte Verbindung nach **Birir,** dem dritten und kleinsten Dorf der Kalash. Es ist auf einem anderen Wege leichter zu erreichen. Dazu begibt man sich auf die asphaltierte Straße am linken Flußufer entlang nach Süden, die die Verbindung zwischen Chitral und Chakdara und weiter nach Peshawar herstellt. Bei Kilometer 209 führt ein Weg hinab

Kalash-Frauen in ihren noch heute getragenen landesüblichen Trachten und mit Kaurimuscheln verzierten Kopfbedeckungen

zu einer Brücke über den Chitral-Fluß, der sich als Jeep-Straße nach Bamboret fortsetzt. Genau 199,28 km von Chitral entfernt biegt sie scharf nach rechts ab, überquert an einer engen Stelle den Fluß über eine schmale Hängebrücke, setzt sich an der Felswand fort und führt zum **Tal von Birir** mit der Kalash-Siedlung. Auch diese Fahrt hat ihre schwierigen Passagen und stellt hohe Anforderungen an das Geschick des Fahrers, im Vergleich zu anderen Jeep-Straßen ist sie jedoch harmlos. Von der Kommerzialisierung ist Birir, in Stufen an einem Hang hochgebaut, noch am wenigsten betroffen. Fotografen tun aber gut daran, sich mit genügend 5-Rupien-Noten zu versorgen, denn das Ablichten der Kalash-Frauen, das bereitwillig gestattet wird, hat seinen Preis.

In den schwer zugänglichen Bergtälern haben sich die Kalash als Bauern und Viehzüchter ihre altertümlichen und vorislamischen Sitten bewahrt. Die hellhäutigen Kalash mit ihren braunen oder blauen Augen sollen Nachkommen der griechischen Soldaten Alexanders des Großen sein.

Die Muslime gaben diesem Gebiet den Namen Kafiristan. *Kafir Kalash* bedeutet »Schwarzgewandete«, *Kafire* sind im Arabischen aber auch »Ungläubige«. Der größte Teil der Kafir-Bevölkerungsgruppe, der im benachbarten Afghanistan lebt, wurde Ende des 19. Jh. gewaltsam zum Islam bekehrt, anschließend wurde das Land in *Nuristan*, »Land des Lichts« (d. h. Land des Islam), umbenannt. Die in Pakistan lebenden Kafire, es sind nur wenige tausend, werden auch »Zauberer der Berge« genannt. Sie haben keine geschriebene Sprache.

Während die Männer die in Pakistan übliche Kleidung tragen, fallen die Frauen durch ihre eigenartige Tracht auf. *Purdah*, die Abschirmung der Frau, ist bei den Kalash unbekannt. Schon die kleinen Mädchen tragen ein dunkles, grobes, selbstgewebtes und -genähtes kuttenähnliches Gewand, das bis zu den Knöcheln reicht. Um die Taille ist ein breiter Gürtel aus ungebleichter Wolle gebunden. Grobstichige Stickerei säumt die Ärmelkanten und den Ausschnitt. Um den Hals tragen die Frauen mehrere Reihen von Kugelketten in überwiegend roter und weißer Farbe aus Korallen und Glasperlen und Schmuck aus Metall, Münzen u. a. Besonders auffallend ist die Kopfbedeckung. Alle Mädchen und Frauen tragen seltsam geformte, schwere, von Quasten gekrönte lange Hauben, die sogenannten *Kubas*, die mit vielen Reihen von Kaurimuscheln verziert sind. Der Schmuck läßt vermuten, daß diese Bergebewohner in sehr früher Zeit eng mit dem Meer vertraut waren, das die heutigen Kalash nie gesehen haben. Die Kaurimuscheln wurden früher auch als Zahlungsmittel verwendet.

Holzstatuen, Zeugnisse der alten Kalash-Kultur, sind nur noch in ganz unzugänglichen Siedlungsgebieten und sonst in führenden Museen in aller Welt zu finden. Die grobgeschnitzten Großplastiken zeigen Nachbildungen von Personen zu Fuß oder zu Pferde, je nach dem sozialen Status des Verstorbenen. Die Augen werden mit eingelegten Muscheln oder Steinen markiert. Die Kalash tanzen gern zu der monotonen Musik von Trommeln und Flöten. Die Tänze, die Touristen gegen ein geringes Entgelt dargeboten werden, sind jedoch nur ein Abglanz der berühmten rituellen Rundtänze, die Nächte hindurch dauern. Diese Einnahmen bessern das kärgliche Einkommen aus der Landwirtschaft auf.

Sehenswert sind auch die Anlagen, welche die Kalash zur Bewässerung ihrer Felder geschaffen haben, kunstvolle Aquädukte aus Holzrinnen, mit denen Wasser über tiefe Schluchten geführt wird. Die Häuser der Kalash sind dem Klima – lange strenge Winter mit hohem Schneefall – gut angepaßt. Es sind doppelstöckige Holzbauten, mit Schnitzwerk verziert. Zwischen den Querbalken liegen oft Felssteine. Zum Obergeschoß führt ein Holzstamm mit Einkerbungen, die Urform der Leiter. Das Erdgeschoß ist dem Vieh vorbehalten und dient außerdem zur Brennholzlagerung.

Die Kalash konnten nie hohe Ansprüche an das Leben stellen. Eine Mahlzeit aus Maisfladen mit (je nach der Jahreszeit) Walnüssen, frischen oder getrockneten Aprikosen, Trauben oder Käse als Zugabe muß auch heute noch häufig ausreichen. Immer noch wachsen Reben an den Bäumen hoch, die traditionelle Kelterung geht aber in dem Maße, in dem die Anpassung an die strikt islamischen Nachbarn zunimmt, zurück. Eier, Geflügel oder Fisch werden nicht gegessen, Hammel- oder Rindfleisch nur zu besonderen Anlässen – dann aber in großen Mengen.

Interessant ist auch die soziale Ordnung bei den Kalash: Jedes Dorf hat ein Oberhaupt. Es kann aber nicht eigenmächtig handeln, sondern nur im Einvernehmen mit dem Dorfrat. Die Frauen der Kalash genießen Achtung und in vielen Dingen Gleichberechtigung. Obwohl sie die meiste Arbeit verrichten, werden sie aber dennoch als unreine Wesen betrachtet, die den Freilufttempel und den Viehstall nicht betreten dürfen. Andererseits dürfen Männer nicht in das Gebäude, in dem sich Frauen während ihrer monatlichen Periode und der Geburt der Kinder aufhalten müssen. Im Gegensatz zu anderen Muslimen haben die Kalash auch einen Priester, den *Bethan*, der zwischen Gott und den Menschen vermittelt. Er muß sich zu dieser Aufgabe berufen fühlen und darf keine Frau haben.

Im Verlaufe des Jahres feiern die Kalash drei Feste. Auf den Frühlingsanfang fällt das *Chilumjuish-Fest*. Wenn sich die ersten Blumen öffnen, werden Besuche und Gegenbesuche gemacht. Das *Pore-Fest* fällt in den Oktober. An diesem Tag kehrt ein wegen seiner Vorzüge ausgewählter Angehöriger des Dorfes, *Budelak* genannt, nach längerer Abwesenheit aus den Bergen zurück und wird gebührend empfangen. In der ersten Nacht darf er mit den Frauen zusammen sein. Für die Frau ist es keine Schande, eher eine Ehre, in dieser Nacht von ihm geschwängert zu werden. Das einwöchige *Chitirmass-Fest* beginnt am 21. Dezember. Bei dieser Festlichkeit werden Opfertiere geschlachtet, und Männer und Frauen ziehen in einem Fackelzug vom Berg und vom Tal aufeinander zu. Danach beginnt der Festtanz.

Hinsichtlich der Ehe haben die Kalash eine liberale Einstellung. Ein gehörnter Ehemann kann von dem Ehebrecher die Zahlung einer bestimmten Summe verlangen, die vom Dorfrat festgelegt wird. Die Frau geht straffrei aus. Kinderehen sind weit verbreitet.

Mit Jeeps können die entlegeneren Täler, z. B. Mastuj, Lasht Khot, Zundrangram und Garam Chasma, erreicht werden. Dazu muß in Chitral eine Erlaubnis (Permit) besorgt werden. Mehrtägige Trekkingtouren von Chitral aus sind auf S. 300 f. vorgestellt. Hindukush Trails im Mountain Inn organisieren solche Wanderungen.

Hotels in Chitral

Mountain Inn, Tel. 5 81 u. 7 81 (32 Zimmer), führend am Platz

PTDC-Motel (auch Auskunft), Tel. 6 83 (12 Zimmer), empfehlenswert

Pamir Riverside Inn, 6 Zimmer in drei Bungalows, reizvolle Lage am Fluß; eine asphaltierte Straße rechts an der Festungsmauer vorbei führt hinunter; nur in der Saison geöffnet

Tirich Mir, Jamia Masjid Rd., altes Hotel in schöner Lage, für den schmalen Geldbeutel

Tourist Lodge, Masjid Rd. (16 Zimmer), neu

Dreamland, Tel. 6 15 (16 Zimmer)

Für das Government Rest House auf der anderen Flußseite oberhalb der Straße nach Peshawar ist eine Genehmigung des Deputy Commissioners notwendig.

Weitere Government Resthouses befinden sich in Ayun, Biri, Bamboret, Brep, Drosh, Gahiret, Garam Chasma, Harchin, Madaklasht, Reshun und Sorlaspur. Für diese Rasthäuser ist eine rechtzeitige Anmeldung bei der Behörde in Chitral unbedingt erforderlich. Dort erhält man auch nähere Auskunft über die Ausstattung, z. B. ob Verpflegung, Bettzeug u. a. mitgebracht werden müssen.

Trekkingtouren im Hindukusch und im Karakorum

Vorbemerkung

Als Bergwanderungen oder Trekkingtouren, zu denen Pakistans grandiose Hochgebirgslandschaften einladen, gelten Wanderungen, die Höhenlagen von 6000 m nicht überschreiten. Was darüber liegt, gilt als Bergsteigen und erfordert eine spezielle Genehmigung (S. 296). Besucher, die Trekkingtouren unternehmen möchten, sollten aber darauf achten, daß grenznahe Gegenden der Hochgebirgsregion zur sogenannten »Restricted Zone« erklärt wurden. Zu den Gebieten mit eingeschränktem Besuchsrecht (Restricted Zones) zählen Chitral (S. 290), Gilgit (S. 270) und Skardu (S. 276). Um in diesen Bezirken wandern zu können, muß man eine spezielle Erlaubnis (Permit) beantragen (S. 306). Organisierte Touren, für die hier sechs Routen vorgestellt werden, bieten die regierungseigene Pakistan Tours Ltd., Flashman's Hotel, The Mall, Rawalpindi, an sowie verschiedene lizenzierte Agenturen in Islamabad und Rawalpindi (S. 182, 186). Die Touren beginnen in Skardu, Gilgit oder Chitral, führen in Höhen von 1707 bis 4876 m und dauern von einer Woche bis zu einem Monat. Die Monate Juni, Juli und August sind die günstigste Zeit wegen der guten Fernsicht und angenehmen Temperaturen. Die nahezu vollständige Unberührtheit, die sich Pakistans Hochgebirgslandschaften noch weit stärker bewahrt haben als z. B. das benachbarte Ladakh, verstärken den unbeschreiblichen Reiz solcher Touren. Die Regierung hat 55 Wanderungen genehmigt, von denen 35 in der offenen Zone liegen.

Trekkingtour 1: Von Gilgit ins Naltar-Tal

Die erste und *leichtere* Tour mit dennoch nicht zu unterschätzenden Anstrengungen führt in Höhen von 3048 bis 4267 m. Sie beginnt in **Gilgit** mit einer Jeep-Fahrt den **Hunza-Fluß** entlang bis **Nomal** und wendet sich dann nach Norden, hinauf nach **Naltar,** einem dicht bewaldeten Gebiet, in dem Steinböcke, Schraubenziegen und Schneeleoparden leben. Zu Fuß geht es weiter zum **Naltar-See.** Hinter **Shani** beginnt der Aufstieg zum 4220 m hohen **Naltar-Paß**. Über **Koribort** geht es nach **Pakhor,** dem nördlichsten Punkt der Wanderung. Von hier aus erfolgt die Rückfahrt über **Gakuch** nach Gilgit per Jeep. Diese Wanderung dauert bei günstigen Witterungsbedingungen sechs Tage, wobei der Flug von Islamabad nach Gilgit und zurück eingeschlossen ist. Es wird eine Strecke von 80 km zurückgelegt.

Region Hunza und Gilgit

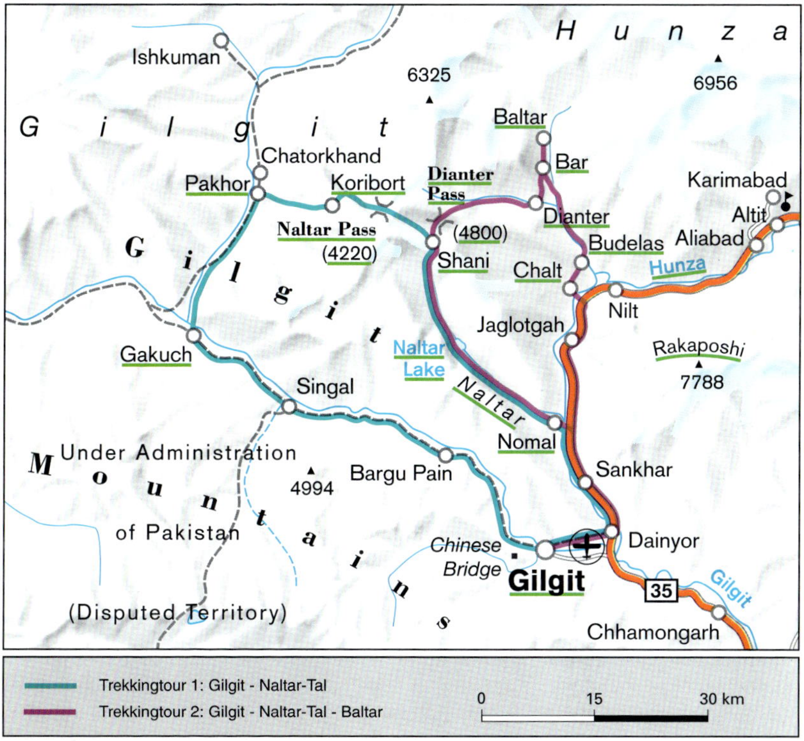

Trekkingtour 2: Von Gilgit durch das Naltar-Tal nach Baltar

Die zweite Wanderung in gleicher Höhenlage ist als *leicht bis mittelschwer* einzustufen. Sie dauert zehn Tage. Die Strecke beträgt 129 km und ist bis **Shani** identisch mit der ersten Tour. Von Shani geht es jedoch nach Osten über den 4800 m hohen **Dianter-Paß** zum **Dorf Dianter.** In dem gleichnamigen Tal, dem fruchtbarsten im Gilgit-Gebiet, gedeiht in geschützten Lagen schmackhaftes Obst in Hülle und Fülle. Die Fortsetzung der Wanderung nach **Bar** und **Baltar,** dem Endpunkt der Route, führt in eine unberührte Region, in der Gletscher und Wälder das Auge beherrschen. Auf dem Rückweg über Bar nach **Budelas** eröffnen sich wunderbare Ausblicke auf den 7788 m hohen Rakaposhi. Von Budelas fährt man wieder mit dem Jeep über **Chalt** und **Nomal** nach Gilgit zurück.

Trekkingtour 3: Von Skardu zum Kondus-Gletscher

Die dritte Wanderung ist als *schwer* zu bezeichnen. Sie nimmt ihren Ausgang in **Skardu** (S. 281) und stellt hohe Anforderungen an die Kondition der Teilnehmer. Die Strecke verläuft in Höhenlagen von 2 590 bis 4 267 m, ihre Länge beträgt 241 km. Für diese Wanderung sind 17–18 Tage vorgesehen, den atemberaubenden Flug Islamabad–Skardu in 6 400 m Höhe unterhalb der Gipfel des Nanga Parbat, Haramosh und Rakaposhi eingeschlossen.

Die Teilnehmer fahren zunächst auf der Straße von Skardu am Südufer des Indus entlang und überqueren den Fluß südlich der Einmündung des Shyok-Flusses über eine Hängebrücke. Eine Jeep-Piste führt nach dem für seine ausgezeichneten Äpfel bekannten **Khaplu.** Noch vor der Einmündung des Huhse-Flusses überspannt eine Hängebrücke den Shyok. Über die nachfolgende Piste erreicht man **Machlu**. Von dort aus verläuft ein

Blick vom Naltar-Tal auf den sich hier öffnenden 7 788 m hohen Rakaposki

Region Skardu

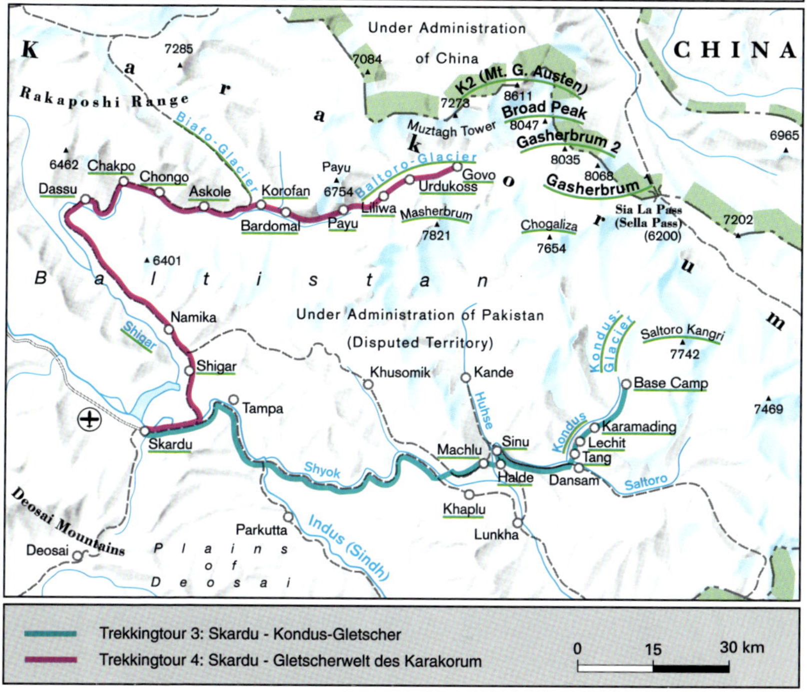

Pfad über **Halde, Sinu, Tang, Lechit** und **Karamading** den Kondus-Fluß hinauf. Hoch über den einsamen Sommerweideplätzen der Bergstämme Baltistans wird am Fuß des **Kondus-Gletschers** das höchste Lager errichtet – in absolut unberührter Natur, überragt von 7000m hohen Gipfeln. Dann geht es auf dem gleichen Weg wieder zurück.

Trekkingtour 4: Von Skardu in die Gletscherwelt des Karakorum

Die vierte, eindrucksvollste, mit einer Strecke von 402km und einer Dauer von 30 Tagen längste Wanderung ist als *schwierig* einzustufen. Man fährt zunächst per Jeep von **Skardu** das **Shigar-Tal** hinauf nach **Dassu.** Hier beginnt der Fußmarsch über **Chakpo, Chongo** und **Askole,** der am **Biafo-Gletscher** vorbeiführt. Über **Korofan, Bardomal** und **Payu** zu Füßen des **Baltoro-Gletschers** geht es weiter in eine einzigartige Gebirgs- und

Eiswelt. Bei **Liliwa** und **Urdukoss** am Südrand des Gletschers führt der Weg über diese Eisfläche hinauf nach **Govo**, wo sich wunderbare Ausblicke auf den 7 273 m hohen Muztagh Tower im Norden und den 7 821 m hohen Masherbrum im Süden eröffnen. Man befindet sich hier mitten in der am stärksten vereisten Region der Erde außerhalb der Polargebiete. Im Umkreis von 20 km erhebt sich die dichteste und imposanteste Konzentration von höchsten Bergen der Erde: Im Norden der **K-2** (8 611 m) und im Osten nacheinander **Gasherbrum IV** (7 925 m), **Gasherbrum III** (7 952 m), **Gasherbrum II** (8 035 m), **Broad Peak** (8 047 m) und **Hidden-Peak-Gasherbrum I** (8 068 m). Im Südwesten schließen sich **Saltoro Kangri** (7 742 m), dann im Süden **Chogoliza** (7 654 m) und noch etwas entfernter im Südwesten der **Masherbrum** (7 821 m) an. Vom Lager am Fuß des Chogoliza erfolgt der Rückweg auf der gleichen Route wie der Aufstieg.

Trekkingtour 5: Von Chitral durch das Thorko-Tal und über den Shah Jinali-Paß

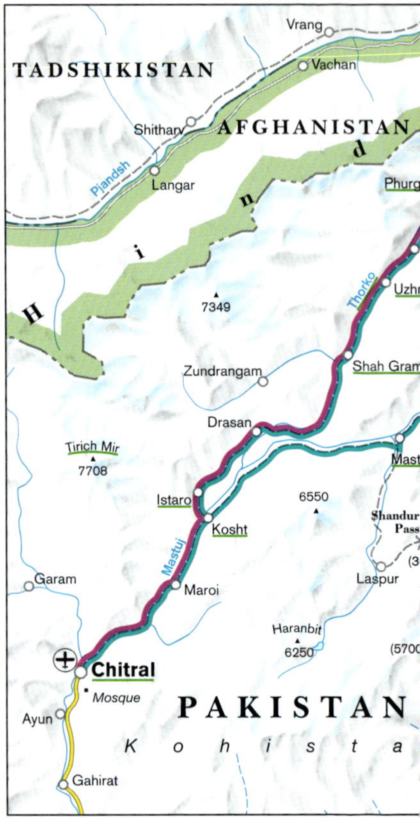

Diese Trekkingtour beginnt und endet in Chitral (S. 290) und nimmt bei einer Strecke von 160 km in einer Höhenlage von 1 707 bis 4 267 m 15–18 Tage in Anspruch. Die stellenweise ausgesprochen *schwierige* Route stellt gehobene Ansprüche an Kondition sowie an Ausdauer.

Von **Chitral** fährt man mit dem Jeep über **Kosht** nach **Istaro** und beginnt von dort mit dem Fußmarsch das **Thorko-Tal** hinauf nach **Shah Gram** und **Uzhnu** mit Ausblicken auf den 7 708 m hohen **Tirich Mir,** den höchsten Gipfel im Hindukusch. Über **Phurgram, Shah Jinali,** den

Region Chitral

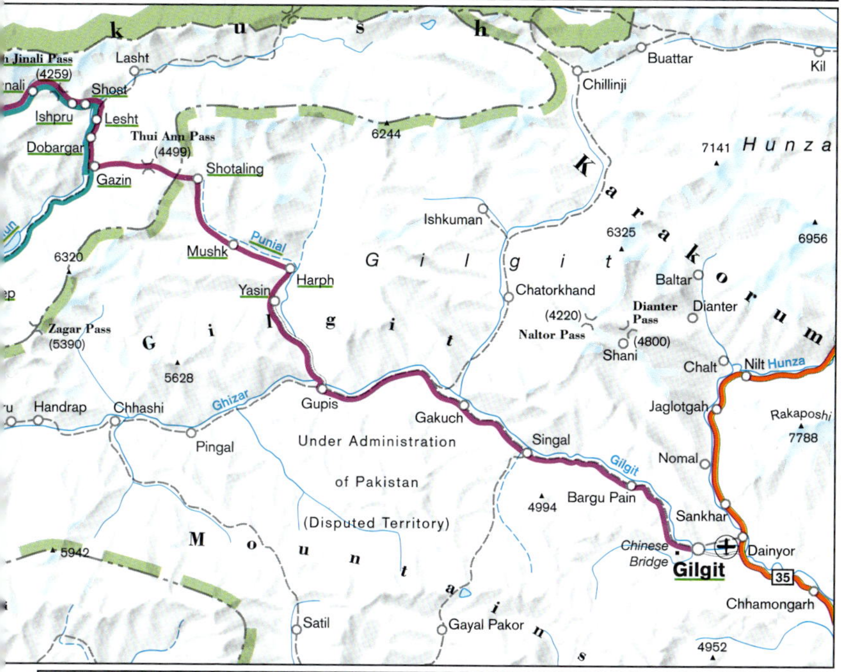

Trekkingtour 5: Chitral - Thorko-Tal - Shah Jinali-Paß
Trekkingtour 6: Chitral - Gilgit
0 15 30 km

4 259 m hohen **Shah Jinali-Paß, Ishpru** und **Shosht** wandert man über die Bergrücken ins Tal des **Yarkhun-Flusses** hinab. Dem Flußbett folgend, kommt man über **Lesht, Dobargar, Gazin** und **Brep** nach **Mastuj.** Von Mastuj legt man den letzten Teil über **Kosht** nach Chitral wieder mit dem Jeep zurück.

Trekkingtour 6: Von Chitral nach Gilgit

Die zweite Wanderung von Chitral aus, die 23 bis 27 Tage dauert und 241 km lang ist, führt ins benachbarte Gilgit-Tal (S. 272). Man überwindet Steigungen in einer Höhenlage von 2 438 bis 4 499 m. Die Wanderung ist insgesamt als *schwierig* einzustufen. Bis **Gazin** ist die Route identisch mit Trekkingtour 5, dann zweigt sie ab in Richtung Gilgit über den 4 499 m hohen **Thui-Ann-Paß.** Über **Shotaling,**

Mushk, Harph, Yasin und durch das **Punjal-Tal** geht es hinab nach **Gilgit**. Das letzte Stück von Yasin wird in einem Jeep zurückgelegt. (Die Tour kann auch in umgekehrter Richtung unternommen werden.)

Der mächtige Rakaposhi aus der Nähe betrachtet

Pakistan von A bis Z

Auto

Mitnahme des eigenen Pkw
Autofahrer, die mit dem eigenen Wagen nach Pakistan einreisen möchten, benötigen ein Carnet de Passages. Die zollfreie Einfuhr eines Autos ist nur bei einem Aufenthalt von bis zu drei Monaten gestattet, wobei in begründeten Fällen eine Verlängerung möglich ist. Kfz-Steuer wird bei einem Aufenthalt von bis zu einem Monat nicht erhoben. Für die Einreise sind der internationale Führerschein und eine internationale Zulassung erforderlich, außerdem muß an dem Fahrzeug das Nationalitätskennzeichen des Herkunftslandes angebracht sein. In Pakistan besteht Haftpflichtversicherungszwang. Nach der Ankunft muß der Autofahrer daher sofort eine entsprechende Versicherung in Peshawar, Lahore oder Quetta (je nach Ort des Grenzübertritts) abschließen. Wird das Auto nicht vom Eigentümer selbst genutzt, muß der Fahrer im Besitz einer entsprechenden Vollmacht sein. Weitere Auskünfte und Grenzdokumente erhält man bei den großen deutschen Automobilclubs, wie z.B. dem Automobilclub von Deutschland (AvD), dem Allgemeinen Deutschen Automobilclub (ADAC) und dem Deutschen Touring-Automobilclub. In Pakistan kann man sich an zwei international anerkannte Vereinigungen wenden: The Karachi Automobile Association, Standard Insurance House, I.I. Chundrigar Rd., Karachi 0026, Tel. 2 31 73; Automobile Association of Pakistan, 8, Shah Jamal, 14b, P.O. Box 76, Lahore, Tel. 41 48 54.

Autovermietung
In allen größeren Hotels bieten Autovermietungen ihre Dienste an. Für einen viersitzigen Personenwagen mit Fahrer zahlt man je nach Wagentyp und -größe 30–70 pR pro Stunde, 350–700 pR für neun bis 12 Stunden, 600–1400 pR für 24 Stunden, die Nachtzulage für den Fahrer eingeschlossen. Für eine längere Überlandfahrt kann eine zusätzliche Gebühr in Rechnung gestellt werden. Für einen Kleinbus mit bis zu 12 Plätzen betragen die Gebühren 80–100 pR pro Stunde, 700–900 pR für 12 Stunden, etwa 1200 pR für 24 Stunden, etwa 6 pR zahlt man pro Kilometer für Fahrten außerhalb der Stadtgrenze. Diese Richtsätze können sich natürlich nach oben und unten verändern. Vor allem bei größeren Ausflügen lassen sich Ermäßigungen aushandeln. Mietwagen für Selbstfahrer sind im allgemeinen unüblich, es sei denn, daß man das Fahrzeug für einen längeren Zeitraum beanspruchen möchte.
Für Fahrten in den gebirgigen Norden Pakistans ist wegen der schwierigen Straßenverhältnisse ein Geländewagen erforderlich. Die Niederlassungen der PTDC (S. 309) sind bei der Vermittlung von Jeeps u. ä. behilflich.

Verkehrsregeln und Straßenverhältnisse
In Pakistan herrscht Linksverkehr. Dies erfordert vom Autofahrer eine gewisse Umstellung, doch im allgemeinen gewöhnt man sich schnell daran. Die Verkehrsregeln entsprechen den international gängigen Vorschriften mit einer Ausnahme: Nach britischem Vorbild hat Kreisverkehr Vorfahrt, ansonsten gilt rechts vor links. Wegen des erhöhten Unfallrisikos sollte man besonders auf Gebirgsstraßen von Nachtfahrten Abstand nehmen, aber auch sonst ist Autofahren in der Dunkelheit in Pakistan generell nicht zu empfehlen – schließlich sind die Verhältnisse tagsüber häufig schon chaotisch genug. Gegenüber der Sturheit mancher pakistanischer Lastwagenfahrer, die auf den schmalen Landstraßen strikt und schnell auf ihrer Spur dahinbrausen und andere Verkehrsteilnehmer vom asphaltierten Mittelstreifen abdrängen, hilft nur Gelassenheit. Nachgiebigkeit ist hier sicheres als stures Sich-behaupten-Wollen. Als Ausländer sollte man auf jeden Fall die ausgeschilderten Höchstgeschwindigkeiten beachten.
In den Städten und an den wichtigsten Überlandstraßen gibt es eine ausreichende Zahl von Tankstellen. Einige Tankstellen in Großstädten führen Normalbenzin, Super und das sogenannte Hi-Octane, das unserem Superbenzin entspricht. Es empfiehlt sich, ein Gemisch von Hi-Octane und Super zu fahren. Auf dem Lande gibt es nur Normal- und Superbenzin. Die Tankstellen liegen in den entlegeneren Gebieten und abseits der großen Straßen weit auseinander. Man sollte deshalb jede Gelegenheit, Superbenzin zu tanken, unbedingt nutzen. Dieseltankstellen sind wegen des Lastwagenverkehrs häufiger anzutreffen.

Banken

In Pakistan sind neben nationalen Geldinstituten auch führende ausländische Bankhäuser vertreten, die sich überwiegend in Karachi angesiedelt haben. Die Deutsche Bank (Asia) unterhält Zweigstellen in Karachi, I.I. Chundrigar Rd., und in Lahore, Escorts House, Sir Aga Khan Rd. Alle Banken sind für den Kundenverkehrs samstags bis mittwochs von 9 bis 13 Uhr und donnerstags von 9 bis 11 Uhr geöffnet, freitags sind sie geschlossen.
Dollarschecks kann man bei allen Banken problemlos einwechseln, bei Schecks in anderen Währungen können sich außerhalb der Großstädte jedoch Schwierigkeiten ergeben, auch beim Rückumtausch.

Bergsteigen

Bergsteiger, die Touren in Höhen von mehr als 6 000 m vorbereiten, müssen einen Antrag bei der Touristik-Abteilung des Ministeriums für Kultur, Sport und Tourismus (Ministry of Culture, Sports & Tourism, Government of Pakistan, College Rd., F 7/2 Sector, Islamabad) einreichen. Da in diesem Formular alle Mitglieder einer Expedition oder Bergsteiger-Gruppe namentlich aufgeführt werden müssen, ist es ratsam, für eventuelle Ausfälle eine Reserve-Liste anzufertigen. Unabhängig von der Größe der Gruppe wird ein Beitrag von 200 US-$ für den Umweltschutz erhoben. Darüber hinaus ist ein rückzahlbarer Betrag von 1 000 US-$ bei einer autorisierten Bank zu hinterlegen für den Fall, daß von den Bergsteigern gegen die Umwelt verstoßen wird. Für die Anwerbung und Entlohnung der Träger, die in Höhen bis 6 000 m maximal 20 kg, bis zu 7 000 m 17 kg, bis zu 8 000 m 14 kg und darüber 12 kg tragen dürfen, und für die Kosten der Tragetiere gelten feste Sätze. Die Bearbeitung von Anträgen für Bergexpeditionen in beschränkt zugängige Gebieten nimmt bis zu zwei Wochen in Anspruch. Zur Zeit gelten folgende Gebühren für Gruppen bis zu fünf Teilnehmern:

Berghöhe in m	Gebühr in US-$	pro zusätzl. Mitglied
6 000 – 7 000	1 200	150
7 001 – 7 500	2 000	200
7 501 – 8 000	3 000	300
8 001 – 8 500	7 500	700
K-2 (8611)	9 000	1 000

Bei einem gemeinschaftlichen Unternehmen mit pakistanischen Bergsteigern, deren Anteil über 50 %, in Ausnahmefällen bei mindestens 30 % liegt, mit einem ausländischen Expeditionsleiter und pakistanischen Stellvertreter, ermäßigen sich die Gebühren um die Hälfte. Ein einzelner ausländischer Bergsteiger kann gebührenfrei an einer pakistanischen Expedition teilnehmen.
An der Expedition muß von pakistanischer Seite mindestens ein Bergführer oder Verbindungsmann teilnehmen. Sämtliche Unkosten für einen (oder mehrere) Begleiter hat die Gruppe zu tragen. Bergführer bzw. Verbindungsmänner können für den Fall, daß sie von der Gruppe nicht verpflegt werden oder nicht verpflegt werden möchten, die Dienste eines Träger-Kochs beanspruchen. Ihnen und den Trägern darf kein Schweinefleisch angeboten werden. Die Verbindungsleute stehen der Gruppe mit Rat und Tat zur Seite, dienen als Dolmetscher, sorgen für Disziplin und Ordnung unter den Trägern und sind für die Einhaltung der Route verantwortlich. Um Verständigungsschwierigkeiten auszuschließen, muß mindestens ein Mitglied der Gruppe die englische Sprache beherrschen.
Für die medizinische Versorgung aller Teilnehmer, auch der Träger, ist die Bergsteigergruppe verantwortlich. Es besteht die Verpflichtung, eine Versicherung über 200 000 pR für den Verbindungsmann und über 50 000 pR pro Träger, im Hochgebirge 100 000 pR, bei einer pakistanischen Gesellschaft abzuschließen. Die Tourismus-Abteilung in Islamabad ist auf Anforderung zur Vermittlung bereit.
Die Ausrüstung kann vorübergehend zollfrei eingeführt werden, wenn der Leiter der Gruppe die Versicherung abgibt, daß diese im Lande nicht veräußert, sondern wieder ausgeführt wird. Auch Verbrauchsgüter und Medizin dürfen nicht in Pakistan verkauft werden, es sei denn, man hat die vorherige Genehmigung der Regierung eingeholt, daß die Ausrüstung nach Abschluß des Aufenthalts in Pakistan als Spende zurückgelassen werden darf.
Nach Erhalt der Genehmigung ist es ratsam, sofort Pakistan International Airlines über die Anzahl der Teilnehmer, Größe und Gesamtgewicht des Gepäcks und die vorgesehenen Flüge zu unterrichten und Buchungen vorzunehmen. Da die Flüge in die nördlichen Berggebiete und zurück stark vom Wetter abhängig sind, muß die Gruppe auch finanziell

auf eine Wartezeit von einigen Tagen oder gar zwei bis drei Wochen vorbereitet sein. Der Geldumtausch darf nur bei Banken und autorisierten Geldwechslern, z. B. in den Hotels, gegen eine offizielle Bescheinigung erfolgen.
Fotografieren während der Flüge nach Chitral, Gilgit oder Skardu ist nur gestattet, wenn der Kapitän der Maschine die Erlaubnis erteilt. Hinsichtlich des Filmens und Fotografierens während des Bergsteigens sind die Verbindungsleute zu Rate zu ziehen. Je eine Kopie der aufgenommenen wissenschaftlich-kulturellen oder kommerziellen Filme sollte man der Regierung in Pakistan kostenlos zur Verfügung stellen.

Bergwandern

Bergwanderungen können bis zu einer Höhe von 6000 m unternommen werden. Für Wanderungen in den offenen Zonen (Open Zones) sind Genehmigungen nicht erforderlich, wohl aber für Touren in den Bezirken mit eingeschränktem Besuchsrecht (Restricted Zones), Chitral, Gilgit und Skardu. Die Erlaubnis kann mit Hilfe eines Reisebüros, bei der PTDC oder beim zuständigen Verwaltungsbeamten (Deputy Commissioner) in den einzelnen Bezirken innerhalb von 24 Stunden eingeholt werden. Wandergruppen können zollfrei Lebensmittel in Islamabad einkaufen und sich somit erhebliche Fracht- und Zollkosten sparen (siehe S. 305).
Für die Planung und Vorbereitung von Trekkingtouren empfiehlt sich die Lektüre von Hugh Swift und Revor Braham (s. Bibliographie S. 324).

Camping

In Pakistan gibt es bislang nur zwei Plätze, die für Camping vorgesehen und eingerichtet sind. In Islamabad liegt, umgeben vom Sportkomplex und dem Rose and Jasmine Garden unterhalb des Shakarparian-Hügels, an der Murree Road ein schöner Campingplatz, auf dem man gegen eine Gebühr von 6 pR pro Person sein Zelt aufschlagen kann. In Peshawar besteht in der Nähe des Dean's Hotel an der Islamia Road eine Campingmöglichkeit. Es empfiehlt sich, in den kleineren Städten den Campingwagen in Gärten von Hotels, Rasthäusern oder DAK-Bungalows unterzustellen bzw. dort das Zelt aufzubauen. Die Erlaubnis wird im allgemeinen ohne Umstände erteilt. Man sollte jedoch nicht einfach am Wegrand oder in der Einöde halten und kampieren.

Devisen

Noten und Münzen in der Landeswährung dürfen bei der Ein- und Ausreise jeweils bis zum Betrag von 20 pR mitgeführt werden, jedoch nur in Stückelungen bis zu 10 pR. Ausländische Banknoten, Reiseschecks usw. können bei der Einreise unbeschränkt mitgeführt werden; Deklaration erforderlich. Die Ausfuhr darf nicht höher als die deklarierte Einfuhr sein (s. auch Währung).

Einreise- und Aufenthaltsbestimmungen

Auch Touristen aus der Bundesrepublik Deutschland, aus Österreich und der Schweiz benötigen für einen Aufenthalt in Pakistan ein Visum, das man bei den Auslandsvertretungen Pakistans beantragen muß. Es ist in der Regel drei Monate ab Ausstellungsdatum gültig; Gebühr 40 DM. Ein von der Bank bestätigter Überweisungsbeleg ist mit den Antragsformularen und zwei Paßbildern einzureichen. Der Reisepaß muß noch eine Gültigkeit von mindestens sechs Monaten haben. Verlängerungen sind in der Regel auf Antrag möglich. Geschäftsleute und andere Personen, die häufig reisen, können ein Multiple Visum, gültig für sechs Reisen innerhalb eines Jahres, beantragen. Ausländische Besucher, die nach Pakistan einreisen, von dort aus in ein anderes Land weiterfahren, aber wieder über Pakistan ausreisen möchten, benötigen ein Re-Entry-Visum, das von der zuständigen diplomatischen Vertretung erteilt wird. Bei beabsichtigter Arbeitsaufnahme muß dem Visumantrag eine Genehmigung des Zentralarbeitsamtes von Pakistan beigefügt werden. Sie kann entweder selbst oder durch den Arbeitgeber in Pakistan beantragt werden. Entsprechende Formulare sind bei den pakistanischen Botschaften erhältlich.
Alle Ausländer, deren Aufenthalt in Pakistan 30 Tage überschreitet, müssen sich vor Ablauf dieser Frist beim Ausländeramt (Immigration Head Office bzw. District Registration Office) zur Erteilung einer Aufenthaltsgenehmigung melden. Auch Anschriftenänderungen müssen diesen Ämtern mitgeteilt werden. Das Anmeldeformular muß vor der Rückreise dem zuständigen Amt wieder abgegeben und

die Rückgabebestätigung bei der Abreise dem Paßbeamten vorgelegt werden. Für die Ausreise nach einem längeren Aufenthalt ist außerdem noch eine Steuerunbedenklichkeits-Bescheinigung erforderlich, die von allen Ausländern über 18 Jahre, die sich länger als 91 Tage innerhalb eines Jahres im Land aufgehalten haben, verlangt wird. Ausgenommen davon sind nur Inhaber von Diplomatenpässen und von Laissez-Passez-Ausweisen.
Die Ämter zur Erteilung einer Aufenthaltsgenehmigung sind in Karachi (Central Police Office/Foreigners Registration Office, I.I. Chundrigar Rd., Tel. 23 37 37), Lahore (Office of the Senior Superintendent of Police/Foreigners Registration Office, off Lower Mall, Nähe District Court, Tel. 32 42 12), Peshawar (Foreigners Registration Office, Police Rd., Tel. 7 51 49) und in Rawalpindi (Foreigners Registration Office, Rashid Minhas Rd., Tel. 6 27 32).

Fastenmonat

Der Ramadan (Ramazan), der islamische Fastenmonat, verschiebt sich von Jahr zu Jahr um jeweils elf Tage, d. h., er fängt in den Folgejahren jeweils um diesen Zeitraum früher an. 1995 dauerte ervom 12. Februar bis 11. März. Er ist eine harte Prüfung. Die Fastenzeit beginnt und endet, wenn der Ramadan-Mond gesichtet wird. Gläubige Muslime, in Pakistan die weit überwiegende Mehrheit der Bevölkerung, beachten strikt die vorgeschriebenen Regeln. Zwischen Sonnenaufgang und -untergang darf weder gegessen noch getrunken oder geraucht werden. Die Arbeitszeit wird verkürzt und den Bedürfnissen der Fastenden angepaßt. Am frühen Nachmittag schließen die Büros und Werkstätten, damit die Angestellten noch rechtzeitig zum Sonnenuntergang zu Hause sein können, wo ein reichliches Mahl auf sie wartet. In diesen Stunden ist der Verkehr auf den Straßen chaotisch. Unmittelbar nach Sonnenuntergang stirbt das Leben in den Straßen völlig ab und erwacht erst spät am Abend wieder.

Feiertage *(offizielle)*

23. März	Pakistan-Tag
1. Mai	Tag der Arbeit
14. August	Tag der Unabhängigkeit
6. September	Verteidigungstag
11. September	Todestag von Muhammad Ali Jinnah (Quaid-i-Azam)
9. November	Geburtstag von Muhammad Iqbal
25. Dezember	Geburtstag von Muhammad Ali Jinnah (Quaid-i-Azam)

Hinzu kommen noch religiöse Feiertage, die je nach dem Stand des Mondes wechseln. Seit 1977 ist der Freitag als wöchentlicher Ruhetag an die Stelle des Sonntags getreten.

Fotografieren

Farbnegativfilme sind überall zu haben und kaum teurer, eher billiger als in Europa; auch ihre Entwicklung und Abzüge sind preiswert. Aber unsachgemäße Lagerung, besonders in kleineren, klimatisch ungünstigen Orten, mag die Qualität beeinträchtigen. Die international gängigen Umkehrfilme sind in Fotogeschäften der größeren Städte erhältlich, das Entwickeln und Rahmen der Dias ist möglich. Magnetbänder für die Videokamera sind dagegen nur in Spezialgeschäften erhältlich, man bringt daher am besten einen ausreichenden Vorrat mit.
Es ist strikt verboten, auf Flugplätzen und aus Verkehrsflugzeugen zu fotografieren. Aufnahmen von militärischen Einrichtungen und bewachten Brücken (besonders häufig in Nordpakistan!) sind ebenfalls nicht gestattet. Als Ausländer sollte man nicht vergessen, daß es in Pakistan – wie in jedem islamischen Land – gefährlich sein kann, Frauen, die meist tief verschleiert sind, zu fotografieren. Bei Aufnahmen von Männern und Kindern gebietet es die Höflichkeit, zuvor das Einverständnis der betreffenden Personen einzuholen, was meist bereitwillig gewährt wird. Auch in den meisten Moscheen ist Fotografieren gestattet.

Geschäftszeiten

Läden und Geschäfte in Pakistan haben samstags bis donnerstags 10–19 Uhr geöffnet, teilweise wird eine Mittagspause 13–15 Uhr eingehalten. An Freitagen sind fast alle Läden geschlossen, nur einige Supermärkte haben an diesem Tag geöffnet und schließen dafür am Sonntag. Friseure haben montags ihren freien Tag. Auf den Lebensmittelmärkten herrscht meist schon vor 9 Uhr Betrieb, ab 7 Uhr kann man dort einkaufen. Bäckereien haben bereits ab 6 Uhr geöffnet und ver-

sorgen auch am Freitagvormittag noch ihre Kunden.
Banken sind samstags bis mittwochs 9–13 Uhr, donnerstags 9–11 Uhr geöffnet. In den Büros gelten meist Arbeitszeiten 9–13 und 14–17.30 Uhr, bei Behörden 7.30– 14 Uhr. Es ist jedoch nicht damit zu rechnen, daß alle Beamten und Angestellten bereits am frühen Morgen ihren Arbeitsplatz erreicht und mit ihrer Tätigkeit begonnen haben. Zeiten für den Publikumsverkehr sind bei gewissen Behörden festgelegt und zu beachten.

Gesundheitliche Vorsorge

Auf keinen Fall sollte man ungeschältes Obst, rohes Gemüse und Speiseeis essen! Trinkwasser und Milch, aber auch das Wasser zum Zähneputzen sollten abgekocht werden. Auf jeden Fall ist es ratsam, Wasserentkeimungstabletten bei sich zu haben. Zum Schutz gegen Hautpilz ist eine tägliche Dusche oder ein Bad zu empfehlen. Den durch das heiße Klima bedingten Wasser- und Salzverlust kann man durch die entsprechende Getränkezufuhr und etwas stärkeres Salzen der Speisen ausgleichen. In der Reiseapotheke sollten Mittel gegen Durchfall, Hitzebläschen, Insektenstiche und Kreislaufschwäche nicht fehlen.
In Pakistan ist ein Malariaschutz ganzjährig für alle Gebiete unter 2000 m Höhe zu empfehlen. Schutzimpfungen gegen Gelbfieber und Cholera sind nur dann nötig, wenn die Anreise über ein Infektionsgebiet erfolgt. In jedem Fall sinnvoll als vorbeugende Maßnahme ist eine Impfung gegen Hepatitis, die maximal drei Monate wirkt.

Gottesdienste

Gottesdienste christlicher Konfessionen werden nur in Großstädten wie Karachi oder Lahore abgehalten, vgl. S. 140 und S. 178.

Hotels

Pakistan ist kein ausgesprochenes Touristenland, entsprechend ist auch ein gehobenes Hotelwesen noch in der Entwicklung begriffen. Am besten ist das Hotelangebot mittlerweile in Karachi, wo die Auswahl vom Fünf-Sterne-Etablissement bis zu einfachen Unterkünften für Rucksacktouristen reicht. Die Preise für ein Doppelzimmer in einem Vier- oder Fünf-Sterne-Hotel liegen über 2000 pR, im Drei-Sterne-Hotel zahlt man etwa 1000–2000 pR, im Zwei-Sterne-Hotel 500–1000 pR. Für ein Doppelzimmer in einfachen Hotels muß man 100–250 pR rechnen. Die Preise der großen Hotels in anderen Städten liegen zum Teil erheblich unter denen Karachis. In größeren und teuren Hotels werden zusätzlich zum Zimmerpreis noch eine Steuer von 15% und weitere Abgaben erhoben.
Vier historische, berühmte und schon oft in der englischen Literatur erwähnte Hotels stehen zum Verkauf bzw. zur Verpachtung: Flashman's (The Mall, Rawalpindi), Faletti's (Egerton Rd., Lahore) und Dean's (Islamia College Rd., Peshawar).
In abgelegenen Gebieten, in denen es nur wenige Hotels gibt, kann man in den sogenannten DAK-Bungalows Unterkunft finden. Diese DAK-Bungalows waren ursprünglich Rasthäuser der Post und sind in allen Landesteilen zu finden. Mittlerweile sind diese Häuser in den Besitz des staatlichen Public Works Department übergegangen, bei dem man auch die Erlaubnis für Aufenthalte einholen muß. Niederlassungen des Public Works Department finden sich in allen größeren Orten. Da die DAK-Bungalows immer seltener von offiziellem Personal in Anspruch genommen werden, sind einige dieser Häuser in schlechtem Zustand, dafür sind jedoch die Preise fast schon lächerlich billig: Für die Übernachtung zahlt man in der Regel nicht mehr als 10 pR. Vor allem im Norden Pakistans gibt es auch einige Motels und Bungalows, die von der staatlichen Touristenorganisation PTDC betrieben werden, die darüber auch nähere Auskünfte erteilt und Reservierungen vornimmt. Wer nicht nur die großen touristischen Zentren Pakistans besuchen möchte, tut gut daran, sich am Vorbild der Pakistanis zu orientieren, die man selten ohne ihre Bettrolle (Schlafsack, Bettwäsche) eine Reise antreten sieht. DIeser Hinweis gilt auch für längere Bahnfahrten und ist besonders wichtig bei Touren in den gebirgigen Norden des Landes.

Information

Pakistan unterhält kein Fremdenverkehrsbüro im deutschsprachigen Raum; die entsprechenden Aufgaben übernimmt jedoch das Büro der Pakistan International Airlines (PIA), Am Hauptbahnhof 6, 60329 Frankfurt/M., Tel. 0 69/27 39 01-0. Prospekte und Informationen über Reisemöglichkeiten, Ver-

anstalter usw. sind dort erhältlich. Anfragen kann man aber auch an das Hauptbüro der Pakistan Tourism Development Corporation (PTDC), House No. 2, St. 61, F-7/4, Islamabad, 44000, P.O. Box 1465, Tel. 81 10 01, Fax 921-51/824178, richten. Zweigstellen dieser Organisation finden sich in mehreren großen Städten und sind dort im jeweiligen A–Z (Stichwort Auskunft) aufgeführt. In den Gebirgstälern des Nordens gibt es PTDC-Auskunftsstellen in Balakot (Kaghan-Tal, PTDC-Motel, Tel. 8), Chitral (PTDC-Motel, Tel. 683), Gilgit (Chinar Inn, Tel 2562), Skardu (K-2 Motel, Tel. 104) und Swat (Swat Serena Hotel, Saidu Sharif, Tel. 4215).
Praktische Hilfen, wie Tourenangebote und Busverbindungen, bietet Pakistan Tours, eine Unterorganisation der PTDC, sowohl Einzelreisenden als auch Touristengruppen an; Informationen in den jeweiligen PTDC-Büros.

Jugendherbergen

Pakistans Jugendherbergen befinden sich überwiegend im Norden des Landes. Sie sind sehr gut ausgestattet und in Ferienzeiten oft überfüllt. In den meisten Jugendherbergen besteht Kochmöglichkeit, angegliederte Restaurants sind dagegen selten.
Ein Nachteil für Jugendherbergsbenutzer ist, daß sich die Häuser in den größeren Städten meist weit außerhalb des Ortskerns befinden und mit Ausnahme von Peshawar verkehrsmäßig schlecht zu erreichen sind. Alle Herbergen werden tagsüber von 9 bis 17 Uhr geschlossen. Die unten angegebenen Adressen bezeichnen lediglich die bekanntesten Jugendherbergen. Für detaillierte Auskunft wende man sich an das pakistanische Jugendherbergswerk, Pakistan Youth Hostels Association, 110-B-3, Gulberg III, Lahore, Tel. 881501.
Abbottabad: Nähe Burn Hall Senior High School, 5 km außerhalb der Stadt auf dem Weg nach Balakot
Balakot (Kaghan-Tal): im Dorf am Eingang zum Tal
Battakundi (Kaghan-Tal): im Dorf
Bhurban: an der Straße von Murree nach Rawat, Busstop Mangal Kasi
Karachi: Boy Scout Headquarters, Amin House Nr. 2, Tamizuddin Khan Road
Khanaspur: 25 km von Murree an der Straße nach Nathiagali
Lahore: 110-B-3, Gulberg III, nahe Firdous Market
Naran (Kaghan-Tal): vor dem Dorf rechts an der Hauptstraße
Peshawar: Jamrud Road, Peshawar University Campus
Rawalpindi: Divisional Boy Scouts Headquarters, 25 Gulistan Colony
Sharan (Kaghan-Tal): im Dorf
Taxila: am Taxila-Museum

Der Christliche Verein Junger Männer (CVJM, engl. YMCA) unterhält verschiedene Erholungszentren in Pakistan, Herbergen aber nur in Karachi (Aiwan-e-Saddar Rd., Tel. 516927) und Lahore (16, Shahrah-e-Quaid-e-Azam, Tel. 54433). Die Unterkunft in Karachi kostet 50–100 pR pro Nacht (Ein- oder Zweibettzimmer), in Lahore 50 pR. Übernachtungen in diesen Häusern sind zwar Mitgliedern dieser weltweiten Organisation vorbehalten, eine vorübergehende Mitgliedschaft kann jedoch für 50 pR pro Kalendermonat erworben werden, 300 pR für ein Jahr und 150 pR für jedes weitere Jahr. YWCA-Unterkünfte für Frauen finden sich in Karachi (M. A. Jinnah Rd., Tel. 71662), in Lahore (14, Fatima Jinnah Rd.) und in Rawalpindi (65 A, Satellite Town). Wenn alle Stricke reißen, kann man in Lahore auch in der Herberge der Heilsarmee (35, Fatima Jinnah Rd.) übernachten.

Kartenmaterial

Der Survey of Pakistan hat zwei nützliche Karten im Maßstab 1:2000000 herausgegeben: Pakistan General Information und Road Map of Pakistan. Auf der letztgenannten sind Tankstellen und Rasthäuser markiert und Entfernungen angegeben.
Eine weitere Pakistan-Karte im Maßstab 1:2000000, die auf Veröffentlichungen des Survey of Pakistan basiert, gibt die geographischen Verhältnisse des Landes und die Straßenverbindungen in übersichtlicher Form wieder. Diese drei Karten kann man in Buchhandlungen, in Hotels oder – falls dort nicht erhältlich – bei der Hauptagentur Aero Stores, Napier Rd., Karachi kaufen. Außerdem gibt die Pakistan Tourism Development Corporation (PTDC) unentgeltlich eine Karte mit Provinzaufteilung und Verkehrsverbindungen an Touristen ab. In den Büros der Touristenzentrale erhalten Besucher auch Faltblätter mit Stadtplänen der wichtigsten touristischen Zentren.
Eine gute Karte Pakistans im Maßstab 1:1500000 ist im Nelles-Verlag, München, erschienen, in Buchhandlungen erhältlich.

Kleidung

Empfehlenswert ist es, im Sommer tagsüber leichte, gut waschbare Kleidung und abends leichte Wollsachen zu tragen. Im Bergland benötigt man am Abend warme Wollsachen. Im Winter ist an der Küste Übergangskleidung angebracht, während im Norden (ab Lahore) Winterkleidung nötig ist. Bei Reisen während der Regenmonate (Juni bis August) sollten Regenschirm und Regenmantel im Gepäck nicht fehlen. Wichig ist auch eine gute Sonnenbrille.
Ausländische Besucherinnen sollten darauf achten, daß ihre Kleidung kein Aufsehen erregt. Empfehlenswert sind langärmelige Blusen, lange Röcke oder Hosen. Eine Kopfbedeckung wird gern gesehen; beim Besuch heiliger Stätten und von Moscheen ist sie Vorschrift. Von Geschäftsbesuchern wird erwartet, daß sie Hemd und Krawatte und dazu ein Jackett tragen. Diese Regel wird nur etwas in der heißen Zeit gelockert. Bei offiziellen oder privaten Einladungen sollte man darauf achten, welche Bekleidung für Herren empfohlen wird. Pakistanische Geschäftsleute tragen noch überwiegend europäische Kleidung. Dagegen sieht man in einigen staatlichen Einrichtungen, daß die Beschäftigten Landestracht tragen, was zu ihrer Pflicht gehört.

Maße und Gewichte

Seit einigen Jahren gelten auch in Pakistan offiziell die metrischen Maße und Gewichte. So wird Benzin nicht mehr in Gallonen, sondern in Litern verkauft, Entfernungen werden meist schon in km angegeben (oftmals zusätzlich in Meilen), Temperaturen nun statt in Fahrenheit in Celsius gemessen. Allerdings sind der Bevölkerung die alten nichtmetrischen Einheiten noch vertrauter, und auch in pakistanischen Publikationen finden sich oft noch die alten, von den Briten übernommenen Bezeichnungen. Immer noch in Gebrauch sind auch die traditionellen pakistanischen Maße und Gewichte. Hier sollen daher die wichtigsten britischen und nationalen Maßeinheiten aufgeführt werden:

britische Maßeinheiten

1 inch	=	2,54 cm
1 foot	=	30,48 cm
1 yard	=	91,44 cm
1 mile	=	1609,34 m
1 square inch	=	6,45 cm^2
1 square foot	=	0,093 m^2
1 square yard	=	0,84 m^2
1 square mile	=	2,59 km^2
1 acre	=	0,40 ha
1 pint	=	0,568 l
1 quart	=	1,136 l
1 gallon	=	4,546 l
1 ounce (oz)	=	28,35 g
1 pound (lb)	=	453,59 g
1 stone	=	6,35 kg
1 ton	=	1016,05 kg

pakistanische Maßeinheiten

1 tola	=	11,66 g
1 chattak (5 tola)	=	58,31 g
1 pao (4 chattak)	=	233,25 g
1 seer (4 pao)	=	933,03 g
1 maund (40 seer)	=	37,28 kg

Post

Alle Postämter in Pakistan sind täglich außer Freitag und an Feiertagen von 9 bis 13 Uhr und nachmittags (mit reduziertem Einsatz) von 14 bis 15 Uhr geöffnet. Frankierte Luftpostbriefe kann man in Postämtern unter Aufsicht abstempeln lassen; man hat dann größere Sicherheit hinsichtlich der Beförderung und Zustellung.
Vor dem Idul-Fitri-Fest am Ende des Fastenmonats Ramadan ist es üblich, daß der zuständige Postbote allen Bewohnern seines Bezirks ein Spendenbuch vorlegt und um Eintragung und Gratifikation bittet. Es empfiehlt sich, dieser Bitte nachzukommen und etwa 25 pR zu spenden, da dann die Postzustellung reibungslos klappt und Rechnungen für Telefon und Stromverbrauch rechtzeitig eintreffen. (Man sollte allerdings darauf achten, daß die richtige Person bedacht wird, da sich sonst die Zahl der »zuständigen Briefträger« wundersam vermehren kann.) Mit dem gleichen Anliegen sprechen auch Abgesandte des Fernsprechamtes und der Elektrizitätsversorgung vor.

Reisebüros

In Pakistan gibt es etwa 2000 Reisebüros, und ihre Zahl nimmt weiter zu. Rund 165 davon sind in der »Travel Agents Association of Pakistan« organisiert, die dem Verband der Industrie- und Handelskammern Pakistans angegliedert ist. Anschrift: 205-6, Central Hotel Building, Merewether Rd., Karachi. Von diesen 165 Reisebüros sind wiederum 136 IATA-

Repräsentanten. Der größte inländische Reiseveranstalter ist Walji's Travel mit Niederlassungen in zahlreichen Städten. Die Tätigkeit der meisten anderen Reiseagenturen beschränkt sich auf den Verkauf von Flugpassagen, insbesondere an pakistanische Gastarbeiter.

Für die Planung und Durchführung von Ausflügen und Reisen ist Eigeninitiative erforderlich. Auf Bergtouren, Abenteuer- und Rundreisen haben sich folgende Reiseveranstalter spezialisiert:

Rakaposhi Tours, 12–C, 31st Commercial St., Phase V, Defence Housing Authority, Karachi 75500, Tel. 92-21/5 86 48 48, 5 86 49 49, Fax 58 70; Repräsentanz in Deutschland: Travel Marketing Factory, Rotkreuzstr. 13, 97080 Würzburg, Tel. 09 31/5 74 72, Fax 5 74 73 u. 5 74 32

Sitara Travel Consultants, Adventure Department, Sitara House, 232 Khadim Hussain Rd., P.O. Box 63, Rawalpindi, Tel. 0 51/56 47 50, 56 47 51, 56 62 72, Fax 58 49 58

Walji's Adventure, 10, Khayaban-e-Suhrawardy, P.O. Box 1088, Islamabad, Tel. 0 51/21 43 45, 21 44 09, 82 09 08, Fax 21 07 62; 13, Services Mess, Merewether Rd., Karachi, Tel. 51 66 98

Ali Complex, 23, Empress Rd., Lahore, Tel. 6 36 78 45

14, Doctors Plaza, Saddar Rd., Tel. 05 21/ 27 41 30

Airport Rd., Gilgit, Tel. 05 72/26 65

Prince Market, College Rd., Skardu, Tel. 05 75/34 68

Repräsentanz in Deutschland: Astrid Grosser, Trawell GmbH, Kastanienstr. 22, 61470 Kronberg, Postfach 21 29, Tel. 0 61 73/69 26-7, Fax 6 61 63

Praktische Hilfestellungen bei Planung und Durchführung von Reisen und Exkursionen bietet auch Pakistan Tours, eine Unterorganisation der PTDC, deren Programm ebenfalls fertig ausgearbeitete Touren für Gruppen und Einzelreisende umfaßt. Die Niederlassungen dieser Organisation vermitteln auch Autos und Geländefahrzeuge mit Fahrer. Auskunft erteilen die PTDC-Büros (Adressen s. S. 309).

Reisezeit

Es gibt keine allgemeingültigen Empfehlungen für die beste Reisezeit in Pakistan. Wer vor allem die historischen Stätten zwischen Karachi und Lahore besuchen möchte, sollte die Winterzeit von November bis März nutzen. Im Januar beispielsweise steigen die Temperaturen in Karachi nur auf angenehme 24 °C, in Lahore liegen sie bei 20 °C, in Peshawar bei 17,2 °C. Wer allerdings an Pakistans Küste auch baden will, sollte seine Reise schon etwas früher antreten. Im September oder Oktober, wenn in Karachi Durchschnittstemperaturen von 27 bis 28 °C gemessen werden, ist das Meer verlockender. In der heißen Zeit von April bis Juni/Juli ist ein Aufenthalt in den Hügelgebieten und Gebirgsregionen im Norden des Landes empfehlenswert. Dort bleibt es angenehm kühl, während in den übrigen Landesteilen das Thermometer bis auf 45 bis 50 °C klettern kann. Nach der im Juli einsetzenden Monsunzeit bietet sich dann wieder der September für eine Reise in den Norden an. Während dieses Monats hat man die besten Fernsicht auf die Bergkämme, die Temperaturen liegen im Monatsmittel bei 19 °C (Saidu Sharif) und 23 °C (Gilgit).

Besondere Bedingungen gelten für Reisen in die Provinz Belutschistan. Dort herrschen das ganze Jahr über extreme Unterschiede zwischen den Tages- und Nachttemperaturen. In Quetta z. B. kann das Thermometer zwischen Oktober und April nachts Minustemperaturen aufweisen, während tagsüber Werte von 23 bis 33 °C erreicht werden. Im Sommer sind Tagestemperaturen von über 35 °C keine Seltenheit.

Souvenirs

In den alten Basaren und in den Andenkengeschäften der neuen Ladenkomplexe gibt es eine Fülle von neuen und alten kunsthandwerklichen Erzeugnissen. Neben modernen Messinggefäßen und -figuren kann man mit etwas Glück in verstaubten Ecken noch alte, reich verzierte Kupferwaren finden. In Karachi kommen Glocken, Lampen, Navigationsgeräte, Uhren und andere Teile von alten abgewrackten Schiffen hinzu. Manche Läden haben sich auf Marmor- und die einzigartigen Onyxerzeugnisse Pakistans spezialisiert. Die Schalen, Vasen, Aschenbecher, Lampenständer, Schachspiele und -figuren, Trinkgefäße usw. aus schön poliertem Stein haben nur den einen Nachteil, daß sie für das Fluggepäck recht schwer sind. Leicht sind dagegen Erzeugnisse aus Papiermaché, lackierte Schalen und Kästchen in verschiedenen Formen und Farben sowie bunte Lampen aus Kamelleder.

Aus Leder werden Taschen in vielen Formen, Koffer, Jacken und Mäntel, Gürtel, verzierte

Pantoffeln und Schnabelschuhe angeboten. Reich ist die Auswahl an Baumwollstoffen und -gewändern für Frauen, wobei die besseren Qualitäten mit feinen Flachstich- und Spiegelstickereien meist in dunklen, roten Tönen gehalten sind. Männer können sich an den landesüblichen buntbestickten Kappen erfreuen, über die normalerweise der Turban gewickelt wird.

In den Silberbasaren stößt man noch auf alten Silberschmuck, darunter reichverzierte und z. T. recht schwere Arm- und Fußreifen, Halsketten sowie Ohr-, Nasen-, Finger- und Zehenringe. Auch kleine Behälter aus Silber werden in großer Formenvielfalt angeboten. Die Goldschmiedekunst ist hoch entwickelt. Der Tagespreis für 22karätiges Gold ist jeweils im Laden angeschlagen. Der Preis für die Schmuckstücke richtet sich zunächst nach dem Gewicht. Ein Aufschlag wird dann für die Herstellung erhoben. (Diese Regel gilt auch für Silberwaren.)

Beliebte Souvenirs sind auch die Produkte der Holzschnitzerei, wie z. B. Tabletts, Schalen, Kellen, Löffel sowie Kästen und Kleinmöbel mit Messing-, Knochen- oder Elfenbeineinlagen. Tische, Stühle, Truhen und Schränke kann man sich nach eigenem Geschmack und mit der gewünschten Verzierung anfertigen lassen. Die Beistelltische und Lehnstühle mit Leder- oder Holzsitzflächen sind so angefertigt, daß sie leicht zerlegt und transportiert werden können. Bekannt und in vielen Haushalten zu finden sind auch buntlackierte und gemusterte Möbelstücke, niedrige Sitzgelegenheiten und Bettstellen.

Töpferarbeiten und bemalte Keramik gehören zur traditionellen Volkskunst und sind als Reiseandenken sehr beliebt. Hübsche Kacheln mit überwiegend blau-weißen, aber auch gelb-grünen Pflanzen- und Blütenmotiven sind lohnende Objekte. Traditionelle Muster finden sich auch auf Krügen, Schüsseln, Vasen, Tellern und auf Tierfiguren.

Die pakistanischen Teppiche wurden bereits im Kapitel »Volkskunst« (S. 105) behandelt.

Speisen und Getränke

Natürlich kann man in allen großen Hotels und Restaurants europäische Gerichte bestellen, die wahrscheinlich immer zur Zufriedenheit des Gastes zubereitet werden. Ein Aufenthalt in Pakistan wäre aber unvollständig, wenn dabei nicht auch die Küche des Landes zu ihrem Recht käme.

An der Spitze der Beliebtheit unter den Fleischgerichten stehen die verschiedenen Arten von *Kababs*, gewürzte Hammelfleischstücke, die am Spieß über Holzkohlenfeuer gegrillt werden. Fleischspieße aus Hackfleisch nennt man *Seekh Kabab*. Während Lamm- und Hammelfleisch in vielerlei Variationen zubereitet werden, ist Schweinefleisch aus religiösen Gründen kaum zu haben; in Restaurants findet man es allenfalls in Form eines Wildschweinbratens. Andere Wildgerichte werden dagegen öfter angeboten.

Die fleischlosen Tage, Dienstag und Mittwoch, an denen man weder auf dem Markt noch in Speiselokalen Fleischprodukte erhält, bieten sich an, um einmal das schmackhafte Nationalgericht *Chicken Tikka* zu probieren – Huhn, das immer wieder mit verschiedenen Gewürzen eingerieben und auf Tanduri-Art im Erdofen gegrillt wird. Als Beigabe zu dem zarten, delikaten Endprodukt reicht frisches Fladenbrot vollständig aus.

Fisch ist an der Küste reichlich und zu jeder Jahreszeit erhältlich. Frische Krebse kann man z. B. bei einer Bander-Bootsfahrt im Hafen von Karachi (S. 136) selbst fangen und an Ort und Stelle zubereiten lassen. Auch Delikatessen wie Langusten sind während der entsprechenden Jahreszeit preiswert zu bekommen.

Ein wichtiges Grundnahrungsmittel in Pakistan ist Weizen. Aus grob gemahlenem Mehl, *Atta*, werden verschiedene Arten von Fladenbrot *(Roti)* gebacken. Am häufigsten wird zu den Mahlzeiten *Chapati*, ein flaches, pfannkuchenartiges, wohlschmeckendes und gesundes Fladenbrot gegessen. In etwas dickerer Form wird es *Naan* genannt. Mit dem Namen *Paratha* bezeichnet man Fladenbrot, das mit ausgelassener Butter angereichert ist. Diese Variation ist allerdings sehr schwer verdaulich und nicht für schwache Mägen bestimmt.

Fast genauso wichtig wie Weizen ist Reis. Er wird entweder einfach gekocht oder als *Pulao* gereicht. Bei letzterem werden dem angebratenen und evtl. mit Safran gelbgefärbten Reis Hammelfleischstücke, Erbsen oder anderes Gemüse, Kardamom, Pfefferkörner, Nelken und Zimtstangen untergemischt. Zur Garnierung werden über dem Ganzen Rosinen, geröstete Zwiebeln, Pistazienkerne und Mandeln sowie Scheiben von hartgekochten Eiern verteilt. Dazu wird erfrischender *Dahi*, Joghurt, serviert. Gemüse und Hammelfleisch sind oft scharf gewürzt.

Neben schmackhaften tropischen Gemüsesorten erhält man in Restaurants manchmal auch europäische Gemüse oder Kartoffeln. Auf den Genuß von frischem Salat, den man in jedem Speiselokal zu den Mahlzeiten angeboten bekommt, sollte man im allgemeinen vorsichtshalber verzichten. Auch wenn er noch so verlockend mit Gurken und Radieschen garniert ist, sollte man bedenken, daß die hygienischen Vorstellungen vor allem in kleinen Restaurants beträchtlich von europäischen abweichen. Ebenso ratsam ist es, alles Obst vor dem Genuß gründlich zu waschen, am besten in einer Kaliumpermanganatlösung. Wer Früchte mag, findet in Pakistan eine reiche Auswahl: Äpfel, Birnen und zuweilen auch Kirschen, Erdbeeren oder Pflaumen sind zu bestimmten Jahreszeiten ebenso erhältlich wie frische Mangos, Papayas, Bananen, Apfelsinen, Grapefruits, Zitronen und Granatäpfel.
Die Pakistanis sind Liebhaber aller Arten von Süßigkeiten, die *Halwas* genannt werden. Für europäische Gaumen wird bei diesen allerdings häufig zu viel des Guten getan. Ein wenig Zitronensaft mildert jedoch den Eindruck des allzu Süßen und macht die Leckereien außerdem bekömmlicher.
Umstellungsschwierigkeiten könnten die pakistanischen Tischsitten mit sich bringen: Es ist weithin üblich, auf Besteck zu verzichten und mit der rechten Hand zu essen. Dabei darf nur das erste Fingerglied mit den Speisen in Berührung kommen. Geschickt werden aus Reis, Soße und Fleisch kleine Bällchen geformt und dann zum Mund geführt. Natürlich werden die Hände vor und nach den Mahlzeiten gründlich gesäubert. Auch wenn dem Besucher dies zunächst ungewöhnlich und befremdlich erscheinen mag, sollte man bedenken, daß die Benutzung der eigenen Finger vielleicht hygienischer ist als ein Besteck, das nicht einwandfrei gespült werden kann. In großen Hotels und Restaurants kann man solche Einwände natürlich getrost vergessen, wichtig sind sie dagegen auf dem flachen Lande.
Der eigenen Gesundheit zuliebe sollte man auch darauf verzichten, nicht abgekochtes oder ungefiltertes Wasser zu trinken. Das Glas Wasser, das in Restaurants unaufgefordert zu allen Mahlzeiten serviert wird, sollte man also besser stehenlassen und statt dessen in Flaschen abgefüllte Getränke (Mineralwasser, Fruchtsaft) bestellen. Selbst bei dem Genuß von Eis ist Vorsicht geboten, da zu seiner Herstellung nicht einwandfreies Wasser benutzt worden sein könnte. Bei Speiseeis bekannter Hersteller darf man diese Gefahr allerdings ausschließen. Eiswürfel zum Kühlen der Getränke sollte man auf keinen Fall von den großen Eisblöcken nehmen, die zum Kühlen von Flaschen verkauft werden. Bei aller angebrachten Vorsicht ist jedoch darauf zu achten, daß genügend Flüssigkeit und Salz aufgenommen werden, um den durch Transpiration verursachten Verlust auszugleichen. Ein genügender Vorrat an abgekochtem Wasser, Soda oder kaltem ungesüßtem Tee im Kühlschrank oder bei Ausflügen in einer Plastikflasche hilft viele Probleme zu vermeiden. Auch heißer Tee eignet sich vorzüglich zum Löschen des Durstes. Er wird in Pakistan häufig nach britischer Art mit Zucker und Milch getrunken und in Geschäften oder bei Verhandlungen u.a. angeboten. Frische Milch, die vor dem Genuß auf jeden Fall abgekocht werden muß, ist knapp und daher teuer. Liebhaber alkoholischer Getränke müssen in Pakistan ihre Gewohnheiten umstellen. Seit dem Prohibitionserlaß von 1977 besteht nicht nur ein generelles Alkoholverbot für pakistanische Muslime, auch für Ausländer sind die Möglichkeiten eingeschränkt worden. Ein kühles Bier oder ein Glas Wein zum Essen wird man weder in Hotelrestaurants noch in anderen Lokalen erhalten, in einigen Hotels mit Lizenz dürfen aber alkoholische Getränke (zu absolut überhöhten Preisen) auf dem Zimmer serviert werden. Selbst ausgedehnte Sitzungen an der Bar bleiben in Pakistan mangels hochprozentiger Durststiller also gänzlich ungefährlich für die Leber.

Sport

Die einfachste Möglichkeit, sportlich aktiv zu werden, bieten die großen Hotels, von denen einige über Swimming-Pools, Sauna, Tennisplätze u.a. verfügen. Abgesehen vom Bergsteigen (S. 305), Bergwandern (S. 306) und allen möglichen Variationen von Trekkingtouren im Norden, kommen vor allem Golfspieler in Pakistan auf ihre Kosten. Pakistan Tours organisiert z.B. eine 13tägige Golftour mit Aufenthalten in Rawalpindi, Peshawar, Lahore und Karachi. Ausflüge in die nähere Umgebung der jeweiligen Orte sind dabei eingeplant. Das Büro bietet auch zweiwöchige Squash-Kurse im eigenen Sportzentrum in Karachi an. Von dort werden Ausflüge nach Mohenjo-Daro, Chaukandi, Banbhore und Thatta unternommen. Eine zwölftägige

Rundreise mit Gelegenheit, in Karachi, Peshawar, Islamabad und Lahore Squash zu spielen, steht auf dem Programm der Luftverkehrsgesellschaft PIA. An Sportangler wenden sich Angebote, die für 14 Tage zu den klaren Gebirgsflüssen und Seen von Chitral, Gilgit, Kaghan oder Swat führen. Die Gewässer dieser nördlichen Gebirgstäler sind vor allem für ihre reichen Forellenbestände berühmt.

Sprache

Offizielle Staatssprache Pakistans ist das vom Persischen beeinflußte Urdu, das mit arabischen Schriftzeichen geschrieben wird. In der Provinz Sind ist seit 1972 auch Sindhi als Amtssprache anerkannt, die wichtigsten anderen Umgangssprachen sind Punjabi (Punjab), Pashto (Nordwest-Grenzprovinz) und Belutschi (Belutschistan). In Wirtschaft und Handel ist immer noch Englisch weit verbreitet, das von vielen Pakistanis gesprochen wird.

Stromspannung

Die Stromspannung in Pakistan beträgt 210–230 V, 50 Hz. Da beträchtliche Schwankungen auftreten können, ist zum Schutz wertvoller Elektrogeräte der Einbau eines Spannungsreglers empfehlenswert. Ab und zu können auch Stromausfälle auftreten, die vor allem in der heißen Zeit (Klimaanlage) sehr unangenehm sein können. Bei den noch teilweise verbreiteten englischen Rundsteckern kann man sich mit Zwischensteckern behelfen.

Taxis

Die sehr preiswerten kleinen schwarz-gelben Suzuki- und Daewoo-Taxis und die z.T. noch älteren japanischen oder im Norden gar noch uralten, liebevoll gepflegten englischen Morris Minor-Wagen sind nur zu den Hauptverkehrszeiten Mangelware. Die Gebühr beträgt etwa 8 bis 10 pR pro km. Ein Extratrinkgeld wird im allgemeinen aber nicht erwartet. Wenn der Taxameter nicht funktioniert und mit einem Tuch überdeckt ist, muß man den Fahrpreis vor der Fahrt aushandeln. Vor den Hotels findet man manchmal auch Privattaxis, die meist etwas besser ausgestattet sind als die normalen, dafür aber auch höhere Preise verlangen.

Billiger als ein Taxi sind die kleinen dreirädrigen Motorrikschas, die allerdings sehr laut sind. Sie kosten nur 1,20 pR pro km, ein Taxameter zeigt die Gebühr an. Die Fahrer dieser Motorrikschas sind dafür berühmt-berüchtigt, daß sie sich häufig sehr gewagt durch den dichtesten Verkehr schlängeln. Viele Taxifahrer verstehen Englisch, die Mehrzahl allerdings nicht. Bei ersten Besuchen in unbekannten Gegenden läßt man sich deshalb am besten eine Wegskizze geben. Sie ist in der Regel auf der Rückseite der Einladung abgedruckt. Zuschläge für Fahrten in der Nacht oder an Feiertagen sind nicht üblich. Taxistände und die Möglichkeit, telefonisch ein Taxi zu bestellen, gibt es nicht. In den Provinzstädten und auf dem Lande übernehmen zweirädrige Pferdedroschken *(Tongas)* die Aufgaben des individuellen Nahverkehrs.

Telefon

Telefonhäuschen, wie sie bei uns gebräuchlich sind, gibt es in Pakistan kaum. Öffentliche Fernsprecher findet man nur in einigen großen Postämtern bzw. Telegrafenämtern. Fernsprechkunden können ihre Gespräche über die Nummer 109 anmelden und Auskünfte über die Nummer 103 erhalten. Über die Vorwahl sind folgende Orte direkt zu erreichen:

Abottabad	0 59 21
Bahawalpur	06 21
Chitral	05 33
Dadu	02 29
Faisalabad	04 11
Gilgit	05 72
Hala	02 28
Hyderabad	02 21
Islamabad	0 51
Jacobabad	07 21
Karachi	0 21
Khairpur	07 92
Khuzdar	0 87
Kohat	05 22
Lahore	0 42
Larkana	07 41
Mingora	05 36
Multan	0 61
Murree	05 73
Muzaffarabad	0 58
Peshawar	05 21
Quetta	0 81
Rawalpindi	0 51
Sialkot	04 32
Skardu	05 75

Sukkur	0 71
Takht-i-Bahi	05 31 92
Taxila	05 96
Thatta	0 29

Rawalpindi und Islamabad haben dieselbe Vorwahl.
Telefonisch und mit Telefax ist Pakistan direkt über die Vorwahl 00 92 und die jeweils für den angewählten Ort gültige Vorwahl ohne die Null zu erreichen.
Die Schweiz, die Bundesrepublik Deutschland oder Österreich sind mit direkter Durchwahl zu erreichen. Telefonkunden, die auf eine Vermittlung angewiesen sind, sollten sich mit Geduld wappnen: Das Gelingen hängt von vielerlei Zufällen ab, d.h. die Verbindung kann unter Umständen sehr schnell zustande kommen, häufiger dauert es allerdings Stunden, und manchmal gelingt es überhaupt nicht.
Für Ausländer, die länger im Land leben, erweist es sich als langwierig und kostspielig, einen Fernsprecher installieren zu lassen. Auch Telefonbücher sind häufig nicht auf dem aktuellen Stand.

Temperaturen

Die Angabe der Temperaturen erfolgt häufig nach der Fahrenheit-Skala, der Gefrierpunkt liegt dann bei 32 Grad und der Siedepunkt bei 212 Grad. Zum Umrechnen in Celsius multipliziert man mit 0,555 und zieht 18 ab. Zur Umwandlung von Celsius in Fahrenheit multipliziert man mit 1,8 und addiert 32.

Trekking (s. Bergwandern)

Trinkgelder

Für Dienstleistungen auf dem Flughafen, in Hotels, Restaurants, auf Märkten und in Friseurläden werden Trinkgelder erwartet. Es empfiehlt sich daher, immer genügend Kleingeld bei sich zu haben. Gepäckträger erwarten 5 pR und mehr, je nach Größe des Gepäckstücks. Ansonsten gelten 10% des Rechnungsbetrags als Richtwert, der aber unterschritten werden kann. Die Dienste eines Trägers auf dem Markt, der sich zugleich als Führer und Berater versteht, werden nach dem Rundgang mit 10 pR entgolten. Die selbsternannten und lästigen Führer in den Basaren brauchen dagegen nicht bezahlt werden, sie erhalten ihren Anteil von den Läden, denen sie Kunden zuführen.

Währung

Die Währungseinheit Pakistans ist die Rupie (pR), die in 100 Paisa (Ps) unterteilt ist. Es gibt Münzen zu 1, 2, 5, 10, 25 und 50 Paisa sowie Banknoten zu 1, 5, 10, 50, 100, 500 und 1000 Rupien. Der Umrechnungskurs für 1 DM liegt zur Zeit bei etwa 17 pR (Stand Januar 1994). 100 pR entsprechen 5,90 DM.
Früher wurde die Rupie in 16 Annas unterteilt. Man hört auch heute noch bisweilen, daß etwas 8 Annas kostet, womit dann eine halbe Rupie (= 50 Paisa) gemeint ist. Münzen im Wert von 1 pR, die man gelegentlich noch findet, haben als Zahlungsmittel keine Gültigkeit mehr, besitzen aber Sammlerwert.

Zeitdifferenz

MEZ + 4 Stunden, d.h., wenn es in Frankfurt 12 Uhr mittags ist, ist es in Pakistan bereits 16 Uhr.

Zeitrechnung

Der mohammedanische Kalender beginnt mit dem Jahr 622 n. Chr. Ausgangspunkt seiner Zählung ist die *Hedschra*, die Flucht Mohammeds von Mekka nach Medina. Diese Zeitrechnung, die vor allem auf religiösem Gebiet eine Rolle spielt, basiert auf dem Mondjahr, das in 12 Monate mit abwechselnd 29 oder 30 Tagen eingeteilt wird. Ansonsten richtet sich Pakistan nach dem international üblichen Gregorianischen Kalender.

Zeitungen und Zeitschriften

Englischsprachige Tageszeitungen erscheinen in Karachi (»Dawn« und »Morning News«), Lahore (»Pakistan Times«) und Islamabad (»Muslim«). Sie werden im Abonnement bestellt und am frühen Morgen ausgeliefert. Mittags werden von Zeitungsjungen an belebten Straßenkreuzungen in der Stadt die Boulevardblätter »The Leader«, »Star«, »Daily News« angeboten. Kioske gibt es nicht. An Wochenenden, d.h. am Donnerstag, erscheinen diese Blätter mit Beilagen. Abgesehen vom Wochenende, ist der Umfang der Zeitungen nicht groß.
Neue, nur zwei bis drei Tage alte internationale Zeitungen in englischer Sprache sind in Buch- und Zeitschriftenläden der Städte und in den Hotels zu haben.

Zollbestimmungen

Besucher, die sich länger als 24 Stunden und maximal sechs Monate in Pakistan aufhalten, dürfen folgende Artikel zollfrei mitbringen: 200 Zigaretten oder 50 Zigarren oder 225 g Tabak; $^{1}/_{8}$ l Parfüm; Nahrungsmittel, Süßigkeiten und *nichtalkoholische* Getränke im Wert von 100 pR (das Verbot, Alkohol einzuführen, wird vom pakistanischen Zoll äußerst streng überwacht); Schmuck im Wert von 1000 pR; Geschenkartikel oder Andenken im Wert von höchstens 500 pR; außerdem Kleidung, Kosmetika, Arzneimittel und andere Gegenstände des täglichen Bedarfs, wozu auch ein Tonbandgerät, ein Kofferradio, ein Fotoapparat mit 5 Filmen, eine Filmkamera mit 2 Filmen, die Camping-Ausrüstung sowie Spiel- und Sportgeräte zählen. Apparate, Instrumente und Gegenstände, die der Reisende für seinen Beruf benötigt, können ebenfalls zollfrei eingeführt werden, vorausgesetzt, daß der Gesamtwert 1000 pR nicht übersteigt.

Die Ein- und Ausfuhr von Rauschgift ist streng verboten. Man sollte deshalb vorsichtshalber auf keinen Fall vor der Abreise von Unbekannten Post oder Päckchen zur Weiterleitung annehmen. Nicht eingeführt werden dürfen Waffen, Munition und pornographische Literatur. Pakistanische Zollbeamte sind in der Regel höflich und zuvorkommend und bei ausländischen Besuchern großzügig. Wenn neben dem Handgepäck noch weiteres Gepäck (Umzugsgut) erwartet wird, ist es unbedingt ratsam, noch bei der Einreise auf einem Formblatt (Form A) Angaben über die später eintreffenden Gegenstände zu machen und dieses dann vom Zoll gegenzeichnen zu lassen. Das Fehlen dieses Papiers führt zu großen Schwierigkeiten. Wenn ein Kraftfahrzeug nachträglich eingeführt wird, ist auch dieses aufzuführen.

Wichtige Anschriften für deutschsprachige Besucher

Diplomatische und konsularische Vertretungen

Vertretungen Pakistans in der Bundesrepublik Deutschland

Botschaft der Islamischen Republik Pakistan, Rheinallee 24, 53173 Bonn; Kanzlei und Konsulat: Tel. 02 28/35 20 04-9, Fax 35 62 25; Handelsabteilung: Tel. 02 28/36 33 66, Fax 36 33 66

Generalkonsulat: Wilhelmstraße 55, 10177 Berlin, Tel. 0 30/2 29 22 76

Honorargeneralkonsulate:
Königsallee 30, 40212 Düsseldorf, Tel. 02 11/32 92 65

Kennedyallee 93, 60596 Fankfurt a.M., Tel. 0 69/631 43 91

Warburgstraße 50, 20354 Hamburg, Tel. 0 40/44 11 13 15

Rückertstraße 1, 80336 München, Tel. 0 89/53 48 80

Honorarkonsulat: Präsident-Kennedy-Platz 1, 28203 Bremen, Tel. 04 21/3 67 82 33

Vertretungen Pakistans in Österreich und der Schweiz
Botschaft der Islamischen Republik Pakistan (mit Konsularabteilung), Hofzeile 13, A 1190 Wien, Tel. 02 22/31 73 81
Honorargeneralkonsulat: Schneedeurggasse 74, A 6020 Innsbruck, Tel. 05 12/89 41 42

Botschaft der Islamischen Republik Pakistan (mit Konsularabteilung), Bernastraße 47, CH 3005 Bern, Tel. 0 31/44 29 92

Vertretungen Deutschlands in Pakistan

Botschaft: Ramna 5, Diplomatic Enclave, P. O. Box 1027, Islamabad, Tel. 21 24 12, Fax 21 29 11 (So–Do 8.30–11.30 Uhr)

Generalkonsulat: F 95, Khayaban-e-Roomi, Block 7, Clifton, Tel. 5 87 37 82, Fax 5 87 40 09 (So–Do 8–11 Uhr)
Honorarkonsulat: 60, Main Gulberg, P.O. Box 3151, Gulberg Post Office, Lahore, Tel. 57 10 76, Fax 5 76 06 95 (So–Do 9–17 Uhr)

Vertretung Österreichs in Pakistan

Botschaft: 13, 1st Street, Shalimar 6/3, P. O. Box 1018, Islamabad, Tel. 82 01 37 u. 82 54 13 (Mo–Do 8.30–11.30 Uhr)

Honorarkonsulat: 49-B/2, Gulberg III, Lahore, Tel. 87 10 68 u. 32 47 82 (Sa–Do 9–13 Uhr)
Handelsabteilung: 43–I/N, Block 6, Razi Rd., PECHS, Karachi 75400, Tel. 43 91 11 u. 43 91 12 (Mo–Do 8.30–11.30 Uhr)

Vertretung der Schweiz in Pakistan

Botschaft: House 25, Street 19, Shalimar F-6/2, P. O. Box 1073, Islamabad, Tel. 82 11 51 u. 82 11 52 (So–Mi 8–16 Uhr; Do 8–13.30 Uhr)

Generalkonsulat: 98, Clifton, Karachi 6, Tel. 53 20 38 u. 53 31 42 (So u. Mi 7.45–14.15 Uhr; Mo, Di, Do 7.45–16 Uhr)

Informationsstellen

BfAI-Außenstelle Berlin, Unter den Linden 44–60, 10117 Berlin; Postfach 65 02 68, 13302 Berlin; Tel. 0 30/3 99 85-1 04 u. 2 39 26-1 04, Fax 3 99 85-5 67 u. 2 39 26-5 67

Bundesstelle für Außenhandelsinfomation, Agrippastr. 87–93, 50676 Köln; Postfach 10 05 22, 50445 Köln; Tel. 02 21/20 57-0, Fax 20 57-2 12, 2 62, 2 75

Department of Archeology and Museums, Government of Pakistan, 5-B, Pakistan Secretariate, Karachi

Hilton Büro Center, Raum 377b, Landstraße/Hauptstraße 2, A 1030 Wien, Tel. 1/71 44 10 10, Fax 7 14 41 01 14

National Bank of Pakistan, Filiale Frankfurt, Schwindstraße, Postfach 10 16 43,

60016 Frankfurt a.M., Tel. 0 69/97 57 12-0, Fax. 74 81 51

Maximilianplatz 12a, 80333 München, Tel. 0 89/29 22 29, Fax 29 99 61

Pakistan International Airlines (PIA):

Am Hauptbahnhof 6, 60329 Frankfurt a.M., Tel. 0 69/27 39 01 23-26, Fax 25 27 03

Rankestraße 8, 10789 Berlin, Tel. 0 30/88 54 00-1, Fax 8 85 48 02

Graf-Adolf-Straße 21, 40212 Düsseldorf, Tel. 02 11/37 03 61-62, Fax 38 24 77

Neuer Wall 26, 20354 Hamburg, Tel. 0 40/36 40 69, Fax 37 34 56

Statistisches Bundesamt, Wittelsbacher Straße 10, 65189 Wiesbaden, Tel. 06 11/7 63 21-0, Fax 72 40 00

Deutsche Schulen und Kulturinstitute

Goethe-Institut, 256 Sarwar Shaheed Rd., Karachi 74200, Tel. 5 68 48 11, und 92-E-1, Gulberg III, P.O. Box 3055, Lahore 54662, Tel. 87 71 13

Deutsche Schule, Special Plot No. 1, PECHS, P.O. Box 3111, Karachi 75400, Tel. 43 49 96

Deutschsprachige Ärzte

Dr. med. dent. M. Altamash (Zahnarzt), St-2 B, Clifton, Block 3, Karachi, Tel. 53 48 40 u. 53 49 80

Dr. Arshad Kamal Khan (Chirurg), Hilal-e-Ahmer, Sind Medical Center, Clifton, Karachi, Tel. 53 54 97 u. 53 56 63, priv. 53 58 54

Dr. Yousuf Khatri (prakt. Arzt), 1-D, Block A, Sindhi Muslim Housing Society, Karachi, Tel. 43 52 35, priv. 53 42 49 u. 57 67 35

Dr. Tahira Nuru (Gynäkologin), Aga Khan Hospital and Medical University, Stadium Rd., Karachi, Tel. 42 00 51 u. 42 10 51, ext. 27 07 u. 24 64

Dr. A. H. Saaed (Allergiespezialist), Mideast Medical Center, Clifton, Karachi, Tel. 53 38 34

Dr. Assad Sadick (Internist), Sind Medical Center, Tel. 53 55 39, priv. 53 17 63

Industrie- und Handelskammern

Chambers of Commerce:

2nd Floor, N.B.P. Building, Jail Rd., Faisalabad, Tel. 61 60 47

526, Baitul Inayat, Quaid-e-Azam Rd., Hyderabad, Tel. 2 74 38

11, Race Course Rd., Lahore, Tel. 6 51 07

Chamber House, 108, Adamjee Rd., Rawalpindi, Tel. 6 75 98

Chamber of Commerce and Industry, Aiwan-e-Tijarat Rd., Karachi, Tel. 22 60 91, 2 41 24 14, 2 41 60 91

Federation of Pakistan Chambers of Commerce and Industry, St.-28, Shahrah-e-Firdousi, Main Clifton, Karachi, Tel. 53 21 79

Islamic Chamber of Commerce, Industry and Commodity Exchange (ICCICE), National Bank of Pakistan Building, Kehkashan, Clifton Rd., Karachi, Tel. 53 06 46

Overseas Investors Chamber of Commerce and Industry, Chamber of Commerce Building, Talpur Rd., Karachi, Tel. 22 25 57

Kleine Sprachkunde in Urdu

Grammatik und Aussprache

Urdu, die Staatssprache Pakistans, ist eine islamisch geprägte neuindische Sprache. Sie ist stark mit persischen, arabischen und türkischen Wörtern durchsetzt und wird in arabischen Buchstaben von rechts nach links geschrieben. Abweichend vom Deutschen ist die Wortstellung im allgemeinen Subjekt – Objekt – Verb (z.B. ein Junge ißt eine Mangofrucht: *Larka am khata hai*; wörtlich: Junge Mangofrucht ißt). Die Substantive im Urdu sind männlich oder weiblich, es gibt jedoch keinen Artikel, der das Geschlecht anzeigt. Der Genitiv wird mit der nachgestellten Präposition *ka* (von) bzw. *ki* oder *ke* (Plural) gebildet, der Dativ entsprechend mit *ko* (zu). Männliche Pluralformen enden auf *e* (z.B. *kamra* – das Zimmer, *kamre* – die Zimmer), weibliche Substantive erhalten im Plural die angehängte Endung *an* bzw. *en* (z.B. *kursi* – der Stuhl, *kursian* – die Stühle; *aorat* – die Frau, *aoraten* – die Frauen). Präpositionen stehen immer hinter dem Substantiv.

Die Begriffe und Redewendungen in diesem Sprachführer folgen soweit als möglich den Aussprachegewohnheiten deutscher Leser. Dennoch konnten hier nicht alle lautlichen Besonderheiten des Urdu erfaßt werden, stimmhaftes und stimmloses *s* mußten z. B. unberücksichtigt bleiben. Die wichtigsten Ausspracheregeln sind:

ch	wie ch in Dach
bh/dh/gh	werden aspiriert gesprochen
kh/ph/th	mit hörbarem h
ai/ao/au	Diphthonge werden getrennt gesprochen
e/o	klingen lang und geschlossen
an/en/in/on/un	werden in Endstellung nasaliert (ng)
j	wie in Jacke
dsch	stimmhaft wie in Dschungel
á	Akzente markieren meist betonte, lange Vokale

Allgemeines

Herr (Anrede)	sáhib/dschenáb
Frau (Anrede)	mem-sáhib(a)/bégam sáhib
Mann	admi
Frau	aorat
Ehemann	schohar
Ehefrau	bibi/bégam
Kind (mask.)/Junge	batscha/larka
Kind (fem.)/Mädchen	larki
junger Mann	nau-dschawán
junges Mädchen	larki
Freund	dost
Freundin (einer Frau)	sahéli
ja, gewiß	schí-han/ sarúr
nein	dschi-nehín
ich bin	män hun

ich habe	mere pás ... hä
wir sind	ham hän
wir haben	hamara pas ...hä
Deutschland	Germany
Österreich	Austria
Schweiz	Switzerland
Deutsche(r)	German
Österreicher(in)	Austrian
Schweizer(in)	Swiss

Höflichkeitsformen

Guten Morgen!/Guten Tag!/ Guten Abend!	Selám alékum!/Selám dschi! (allg. Grußformel) Antwort: Walekum selám!
Gute Nacht!	Schäb bechär!
Bis morgen!	Kal milénge!
Auf Wiedersehen!	Choda háfis!
bitte	mehirbáni-karke
danke	schúkrija/mehirbáni
in Ordnung, gut	thik hä/attschá
Mein Name ist ...	Mera nam ... hä
Wie heißen Sie?	Apka nam kja hä?
Mit wem spreche ich?	Ap kaun hän?
Es freut mich, Ihre Bekanntschaft zu machen	Män ap se milkar, bahót chuschi hui/ Apko dék-kar, bahót chuschi hui
Darf ich eintreten?	Män andar á-sakta hun? Män a schaun?
Bitte kommen Sie herein!	Andar aije!
Warten Sie einen Moment!	Sáro thäro!
Wie geht es Ihnen?	(Apka) Kja hal hä?
Wie geht es Ihrer Familie?	Ghar par, sab cheríjat hä?
Danke, sehr gut	Chodá ka chukr, bahót attschá
Geben Sie mir bitte...	... mudschhe de-do
Ich möchte, ich wünsche ...	Mudschko ... tschahije/ ...-ko le-áo
Sie sind sehr liebenswürdig!	Apki mehirbáni hä!/Apki inajat hä!
Vielen Dank!	Schukrija dschi!/Apka maschkúr hun!
Gern geschehen/das macht nichts	Koi bát nehín
Entschuldigung!/es tut mir leid	Máf kidschije!/Mudschhe afsós hä

Verständigung

Sprechen Sie deutsch?	Kja Ap German bolte hän?
Sprechen Sie englisch?	Kja Ap Anglesi bolte hän?
Ich spreche nicht Urdu	Män Urdu nehín bol sakta/Mudschhe Urdu nehín ati
Ich verstehe Sie nicht	Män tumhari bat nehín samádschta
Bitte sprechen Sie langsamer!	Ahista bólije!/Itni dschaldi mat bolo!
Schreiben Sie das bitte auf!	Likh didschije!
Ich möchte mit einem Dolmetscher sprechen	Jehan koi German bólnewala admi hä
Bitte übersetzen Sie diesen Brief!	Is tschítthi ka tardschama kídschije!
Was steht da geschrieben?	Upar, kja likha hä?
Darf ich ein Foto machen?	Kja män taswír le sakta hun?

Zahlen

1	ek	18	athára
2	do	19	unís
3	tin	20	bis
4	tschar	25	patschís
5	pandsch	30	tis
6	tschä	4ß	tschalís
7	sat	50	patschás
8	ath	60	sath
9	nau	70	sattar
10	das	75	patscháttar
11	gjára	80	assi
12	bára	90	nawwe
13	tera	100	sau
14	tscháudra	1 000	ek-hasár
15	pandra	100 000	ek-lakh
16	sola	10 Mill.	ek-krore
17	sátra	1 $^1/_2$	derh

Wochentage, Jahreszeiten

Montag	pir/somwar	Sonntag	itwár
Dienstag	mangal	Frühling	bahár
Mittwoch	budh	Sommer	mausam-i-garma
Donnerstag	dschumerát	Herbst	chizán
Freitag	dschúma	Winter	mausam-i-sárma
Samstag	háfta/sanítschar	Jahr	sál

Zeitangaben

Wie spät ist es?	Ab kja wakt hä?/Kítne badsche hä?
3 Uhr 15 (Viertel nach drei)	sawa tin
3 Uhr 45 (Viertel vor vier)	paune tschar
5 Uhr 30 (halb sechs)	sárhe pandsch
Wie lange wird das dauern?	Usko kítni der lagégi/Usko kítni din lagénge?
Sie brauchen ca. 2 Stunden	Koi do ghánte lagte hän

Adjektive und Adverbien

gut	attschá/pakka	früh	sawére
schön	chubsurat	spät	der (se)
bequem, gut	arám se	rechts	dáen hath
schlecht	charáb/bura	links	báen hath
billig	sasta	geradeaus	sidhe
teuer	mänga bahót	kaputt	charáb
scharf (Essen)	masála	müde	thaka
süß	mítha	krank	bimár
roh, ungekocht	kattscha	leicht	asán/asáni se
groß	bara	schwer	bhari
klein	tschota	schwierig	muschkil
lang	lamba	viel	bahót/káfi
kurz	tschota	wenig	kam

mehr	aor	voll	bhara-hua
hoch	untscha	leer	chali
niedrig	nítscha	stark	masbút
oben	upar	schwach	kamsór
unten	nitsche	vorn	age
alt	purána/burha	hinten	pitsche
neu	nea	hart	sacht
schnell	tes/dschaldi (se)	weich	narm
langsam	áhista	hell	halka
sauber	saf	dunkel	kala
schmutzig	mäla/ganda	etwas	kutsch
frisch	táza	sehr	bahót
gefährlich	chatarnák		

Verkehr

Flugzeug	hawái-dschahas
Eisenbahn	rel-gari
Bahnhof	railway station
Auto	gari/motor car
Taxi	täxi/tonga (Droschke)
Wie weit ist es von hier nach ...?	... jahan se kitni dur hä?
Wieviel kostet es von ... bis ...?	... se ... ka, kirája kitna lagta hä?

Im Restaurant

Restaurant	hótel/taam-gah	Tasse	pijala
Frühstück	náschta	Glas	gelas
Mittagessen	do-pahár ka khana	Flasche	botal
		Löffel	tschamtscha
Abendessen	scham ka khana	Gabel	kanta
Essen	khana	Messer	tschuri
Getränke	scharbát	Zucker	tschini
Kellner	mulásim	Salz	namak
Kaffee	kähwa/coffee	Pfeffer	kála-mirtsch
Tee	tschai	Reis	pulao
Ei	anda	Salat	salad
Käse	panír	Fleisch	goscht
Brot	tschapáti/roti	Fisch	matschli
Butter	makhan	Hähnchen	murga
Saft	juice	Rechnung	bill
Teller	plet	Trinkgeld	bakschísch

Unterkunft

Hotel	hótel	Seife	sábun
Zimmer	kamra/dschaga	Schlüssel	tschabi
Bett	palang/tscharpai	Kissen	takja/gaddi
Bad	gusal-chána	Bettzeug	bistar
Dusche	shower	Steppdecke	kambal/rasai
Toilette	toilet/godám	Bettuch	tschadar
Handtuch	taulia	Koffer	suitcase

Was kostet das?	Je kitne pä-se hän?/kitna kirája?
Das erscheint mir etwas teuer	Attschá, kutsch mähanga lagta hä
Haben die Zimmer Klimaanlage?	Kamrón men air-conditioner lage hän?
Bringen Sie das Frühstück!	Náschta lao!

Bringen Sie etwas kochendes Wasser!	Thora-sa garam pani lao!
Bitte lassen Sie meine Sachen waschen!	Mere kapre, dhulwá-den!
Bitte wecken Sie mich um 6 Uhr!	Suba tsché-badsche mudschhe utháden!

Für Notfälle

wo?	kahán? kidhar?
Wo finde ich einen Arzt?	Attschá daktar kahán miléga?
Wo ist die Apotheke?	Dawai-chana kahán milti hä?
Krankenhaus	haspatál
Mir geht es nicht gut	Meri tabíat attschí nahí hä
Ich habe Fieber	Mudschhe harárat hä
Ich habe Kopfschmerzen (Zahnschmerzen)	Sar men (mere dant men) dard hä
Ich leide an Verstopfung (Durchfall)	Mudschhe kabs (ishál) hä
Wo ist eine Tankstelle?	Kahán nasdík koi petrolpamp hä?
Benzin	petrol
Motor	motor
Werkstatt	motor-chána
Polizei(wache)	bulís (thana)
Hauptstraße	motor ki sarak
Busstation	lari ka steschn/busstation
Eingang	andar dschaneka rasta
Ausgang	báhar dschaneka rasta
Botschaft	sefárat-chana
wann?	kis wakt? kab?
Wann fährt der nächste Bus nach ...?	... ka dúsra bas kis wakt tschalta hä?
Vorsicht!	ihtijat! chuschjár!
Wie komme ich am schnellsten zum /zur...?	... ko sidha rasta kaunsa hä?
Kann ich Ihnen helfen?	Mä Apki madád karú?

Religiöse Begriffe

Moschee	masdschid	Heilige (fem.)	bibi
Gebetshalle	namás-gah	re. Würdenträger	pir sahib
Gott	Allah/chodá	Vorbeter	imám
Prophet	pegambar/nabi	Glaube	imán
Engel	farischtä/malik	heilig	mubárak
Heiliger	weli/pir	(Hindu-)Tempel	mandar

Geographische Bezeichnungen/Wetter

Norden	schumál	Hafen	bandar (-gah)
Süden	dschenúb	Stadt	schähár
Osten	máshrik	Dorf	gáon
Westen	mágrib	Haus	ghar
Berg	pahár	Wetter	máusam
Fluß	darjá	Himmel	asmán
Meer	samándar	Wolken	bádal
Wasser	pani	Regen	barisch
See	taláb	Sonne	suradsch
Tal	wadi	Sonnenschein	dhup
Ebene	mädán	Hitze	garmí
Land	mulk	Schatten	sája
Land (Boden)	zamín	Kälte	sardi
Feld	khet	heiß	garam
Stein	pátthar	kalt	thanda
Staub	mitti	Wind	hawá

Bibliographie

Die Literatur über Pakistan ist besonders vielfältig, so daß hier nur eine Auswahl vorgestellt werden kann. Neben Buchveröffentlichungen seien noch einige Zeitschriften genannt, die über das aktuelle wirtschaftliche und politische Geschehen im Land informieren: Die wichtigsten sind »Pakistan Economist« (Karachi), »Pakistan Horizon« (Karachi) und »The Pakistan Development Review« (Islamabad). Wer sich für Pakistans Kunstschätze interessiert, findet erste Informationen in Broschüren, von der Pakistan Tourism Development Corporation (PTDC S. 309) herausgegeben. Außerdem veröffentlicht das Department of Archeology and Museums (S. 317) Broschüren in englischer Sprache, die Aufsätze über Kunst, Architektur und archäologische Fundstätten enthalten. Man bekommt diese Hefte außer beim Department selbst bei folgenden Stellen: Nationalmuseum Karachi, Museum Lahore und in den archäologischen Museen von Banbhore, Mohenjo-Daro, Umarkot, Harappa, Taxila, Saidu Sharif (Swat) und Thatta. In Fortsetzung ihrer seit 1976 vierteljährlich erschienenen Illustrierten hat PTDC die Veröffentlichung »Focus on Pakistan – An Anthology«, Islamabad 1990, herausgegeben, die Hintergründe, Berichte und Reportagen zu touristischen Anziehungspunkten bietet.

Ahamad, Jamul-ud-Din: Speeches and Writings of Mr. Jinnah. Lahore 1964

Ahmad, Aziz: Islamic Modernism in India and Pakistan 1857–1964. Oxford 1967

Ahmad, Aziz, und Grunebaum, G.E. von: Muslim Self-Statement in India and Pakistan, 1857–1970. Wiesbaden 1970

Ahmad, K.S.: A Geography of Pakistan. Karachi-Lahore, 2. Aufl. 1969 (Oxford University Press)

Ahmad, Mushaq: Government and Politics in Pakistan. Lahore 1970

Ahmat, Uta: Bibliographie des deutschen Pakistan-Schrifttums. Schriftenreihe des Deutsch-Pakistanischen Forums 1. Hamburg 1975

Ahrens, Heinz, und Zingel, Wolfgang P.: Interdependenzen zwischen gesamtwirtschaftlichem Wachstum und regionaler Verteilung in Pakistan. Wiesbaden 1978

Amin, Mohammed/Willets, Duncan/Tetley, Brian: The Roof of the World (Bildband), Camerapix. Nairobi 1989

APA Insight Guides: Pakistan. Singapur 1990

Bechtold, Fritz: Deutsche am Nanga Parbat. München 1935

Biddulph, John: Tribes of the Hindoo Koosh. Calcutta 1880. Reprint Graz 1971

Blume, Helmut: Die Versalzung und Versumpfung der pakistanischen Indusebene. Zur Problematik künstlicher Bewässerung in Trockengebieten. In: G. Sandner, Kulturraumprobleme aus Ostmitteleuropa und Asien. Kiel 1964

Braham, Revor: Himalayan Odyssey. London 1974

Burke, S. M.: Pakistan's Foreign Policy. London 1973

Buschmann, Karl Heinz (Hg.): Thatta. Preservation and Documentation of Architecture. Karachi 1983

Camerapix: Spectrum Guide of Pakistan (Bildband). Nairobi 1989

Collins, Larry, und Lapierre, Dominique: Um Mitternacht die Freiheit. Indiens dramatischer Weg in die Unabhängigkeit. Reinbek 1978 (Rowohlt Tb. 7179)

Dettmann, K.: Islamabad (Pakistan). Plan und Wirklichkeit. In: Die Erde, 105. Jg., 1974, S. 224–245

Dil, Anwar S. (Hg.): Perspecives of Pakistan. Lahore 1965

Eger, Gudrun: Familienplanung in Pakistan. Forschung zur Familienplanung und die Entwicklung des Familienplanungsprogramms in Pakistan 1952–1971. Saarbrücken 1973

Fautz, Bruno: Sozialstruktur und Bodennutzung in der Kulturlandschaft des Swat (NW-Himalaya). Gießen 1963

Fischer, Klaus/Jansen, Michael/Pieper, Jan: Architektur des indischen Subkontinents. Darmstadt 1987

Franz/Heinrich/Gerhard: Von Gandhara bis Pagan. Kultbauten des Buddhismus und Hinduismus in Süd- und Zentralasien. Graz 1979

Frey, Hans: Der indisch-pakistanische Konflikt und seine wirtschaftlichen und sozialen Kosten für Pakistan in den Jahren 1958–1968. Wiesbaden 1978

Hallade, Madeleine: Indien – Gandhara, Begegnung zwischen Orient und Okzident. Herrsching 1975

Hamid, Abdul: Five Lectures on Mohammad Ali Jinnah, the Foundations of Pakistani Nationalism and the Partition of India in 1947 (mit Kurzfassung in deutscher Sprache). Schriftenreihe des Deutsch-Pakistanischen Forums, Band 2. Hamburg 1976

Hamid, S. Shahid: Karakuram Hunza. Karachi 1979

Hecker, Hellmuth: Das Staatsangehörigkeitsrecht von Indien, Pakistan, Nepal. Frankfurt 1965

Herrligkoffer, Karl M.: Deutsche am Broad Peak. München 1955

Herrligkoffer, Karl M.: Der letzte Schritt zum Gipfel. München 1958

Ingholt, H.: Gandharan Art in Pakistan. New York 1957

Iqbal, Javid: Der Islam schuf Pakistan. In: Die Herausforderung des Islam. Hg. von Rolf Italiaander. Göttingen 1965

Iqbal, Muhammad: Botschaft des Ostens. Ausgewählte Werke. Hg. und aus dem Persischen, Urdu und Englischen übersetzt von Annemarie Schimmel. Tübingen–Basel 1977

Italiaander, Rolf (Hg.): In der Palmweinschenke. Pakistan in Erzählungen seiner besten zeitgenössischen Autoren. Tübingen–Basel 1966

Jansen, Michael: Die Indus-Zivilisation. Köln 1986

Jettmar, Karl/Jones, Schuyler/Klimburg, Max: Die Religionen des Hindukusch. Stuttgart 1975

Jettmar, Karl: Sozialer Wandel am Karakorum Highway. In: Indo-Asia, 19. Jg., 1977, Heft 1

Jettmar, Karl: Rockcarvings and Inscriptions in the Northern Areas of Pakistan. Islamabad 1982

Khan, Kushi M.: Pakistan. In: Nohlen, D., und Nuscheler, E. (Hg.): Handbuch der Dritten Welt. 4. Band, 2. Halbband. Hamburg 1978

Kühl, Eva: Tausendundein Tag in Pakistan. Kiel 1990

Latif, Syed Muhammed: The Early History of Multan. Lahore 1965

Liberty Books: Pakistan through Pictures. Karachi 1989

Mahmood, Safdar: A Political Study of Pakistan. Lahore 1972

Malik, Hafiz (Hg.): Iqbal. Poet-Philosopher of Pakistan. New York–London 1971

Marshall, Sir John: A Guide to Taxila. Cambridge 1960

Messner, Reinhold: Alleingang Nanga Parbat. München 1980 (Knaur Tb. 3638)

Messner, Reinhold: K 2, Berg der Berge. München 1980

Müller-Stellrecht, Irmtraud (Hg.): Materialien zur Ethnographie von Dardistan. Aus den nachgelassenen Aufzeichnungen von D.L.R. Lorimer. Teil I: Hunza; Teil II: Gilgit; Teil III: Chitral und Yasin. Graz 1979/80

Newman, Karl J.: Pakistan – zwischen Islam und parlamentarischer Demokratie. In: Buchholz, Axel, und Geiling, Martin (Hg.): Im Namen Allahs. Berlin 1980 (Ullstein Tb. 34509)

Pakistan Tourism Development Corporation: Focus on Pakistan – An Anthology. Islamabad 1990

Pfeffer, Karl-Heinz: Pakistan – Modell eines Entwicklungslandes (Schriften des Deutschen Orient-Instituts). Opladen 1967

Pilleri, Giorgio: Die Geheimnisse der blinden Delphine. Bern–Stuttgart 1975

Raza, M. Hanif: Mountains of Pakistan (Bildband). Islamabad 1990

Robertson, George S.: The Kafirs of Hindukush. Erstausgabe 1896 – Neudruck Karachi 1974

Rosiny, Tonny: Pakistan. Drei Hochkulturen am Indus: Harappa – Gandhara – Die Moguln. Köln 1991

Sayeed, Khalid B.: Pakistan. The Formative Phase. London–New York–Karachi 1968

Schaefer, Hermann: Hunza. Ein Volk ohne Krankheit. Düsseldorf–Köln 1978

Schimmel, Annemarie: Berge, Wüsten, Heiligtümer – Meine Reisen in Pakistan und Indien. München 1994

Schmidt, Günter: Vermarktungssysteme für landwirtschaftliche Produkte in Pakistan. Eine empirische Untersuchung ihrer Leistungsfähigkeit im Punjab. Saarbrücken 1976

Scholz, Fred: Belutschistan (Pakistan). Eine sozialgeographische Studie des Wandels in einem Nomadenland seit Beginn der Kolonialzeit. Göttinger Geographische Schriften, Heft 63, 1974

Schröder, Anton H.: Das ländliche Genossenschaftswesen in Pakistan. Leverkusen 1971

Shaw, Isobel: Pakistan – An Illustrated Guide. Hong Kong 1988

Shaw, Isobel: Pakistan, Handbook. Hong Kong 1989

Sheik-Dilthey, Helmtraud: Märchen aus dem Pandschab. Düsseldorf–Köln 1976

Singer, André: Wächter des pakistanischen Hochlands – Die Pathan. Amsterdam 1982

Snoy, Peter: Bagrot. Eine dardische Landschaft im Karakorum. Graz 1975

Spate, O.H.K.: India and Pakistan. A General and Regional Geography. London–New York, 2. Aufl. 1960

Stephens, Ian: The Pakistanis. Londin 1968 (Oxford University Press)

Stewart, R.R.: Flora of West Pakistan. Karachi 1972

Swift, Hugh: Trekking in Pakistan and India. London 1990

Uhrenbacher, Werner J.: Pakistan. Studie zur Entwicklungshilfe. Horn (Österreich) 1972

Urff, Winfried von/Ahrens, Heinz/Lutz, Peter u.a.: Die wirtschaftliche Situation Pakistans nach der Sezession Bangladeschs. Wiesbaden 1974

Vergessene Städte am Indus. Frühe Kulturen in Pakistan vom 8. bis 2. Jahrtausend. Katalog zur Ausstellung. Mainu 1987

Vogelsang, Dieter W.: Die importsubstituierende Industrialisierung als Entwicklungsstrategie. Eine Untersuchung am Beispiel Pakistans. Stuttgart 1974

Wekkes, Richard V.: Pakistan. Birth and Growth of a Muslim Nation. New York 1964/67

Wheeler, Sir Mortimer: Alt-Indien und Pakistan. Köln 1959

Wheeler, Sir Mortimer: My Archeological Mission to India and Pakistan. London 1976

Wilhelmy, Herbert: Karachi. Pakistans Tor zur Welt. In: Die Erde, 99. Jg., 1968, Heft 1

Wilhelmy, Herbert: Verschollene Städte im Industal. In: Geographische Zeitschrift, 1968, Heft 4

Williams, L.F. Rushbrook: A Handbook for Travellers in India, Pakistan, Nepal, Bangladesh and Sri Lanka. London 1975

Zakaria, Rafiq: The Trial of Benazir. An insight into the status of woman in Islam. Bombay 1989

Fotonachweis

Bildagentur Schuster, Oberursel: Titelbild, Titelei, S. 18 oben und unten, 19 oben, 20/21, 22 oben, 33, 37, 48, 49, 160, 169, 174, 195 unten, 196, 199, 207, 208, 224, 225, 226 oben und unten, 227 oben, 262, 274, 275 oben

Horst Liebelt, Bad Vilbel: Schmutztitel, Impressumsseite, S. 14, 16 oben und unten, 24 unten, 29, 30, 32, 35 oben und unten, 39, 43, 44, 45, 46 oben, 67, 78, 80 oben, 85, 86, 94, 101, 108, 112, 115, 119, 123, 125, 126/127, 133 unten, 158, 191, 250, 255, 258 oben und unten, 259 oben und unten, 260, 261, 263, 264, 265 oben und unten, 266, 267, 270, 271, 272 oben, 275 unten, 278 oben links und rechts, 279 unten, 284 oben und unten, 286 unten, 287, 288, 289, 303

Ullstein Bilderdienst, Berlin: S. 57, 58, 61

Alle übrigen Fotos stammen vom Autor

Register

Übersichtskarte mit Blattschnitt

Zeichenerklärung

- Autobahn
- Durchgangsstraße
- Hauptstraße
- Fahrweg
- Piste, Karrenweg
- Fernverkehrsbahn
- Staatsgrenze
- Provinzgrenze

Maßstab 1 : 1500000

0 10 20 30 km

- Nationalpark Naturpark Naturschutzgebiet
- Besonders schöner Ausblick
- **SUKKUR** Sehenswerter Ort
- Kinjhar Lake Sehenswertes Objekt
- Tempel, buddhistisch
- Schloß, Burg
- Schloß-, Burgruine
- antike Stätte
- Verkehrs-flughafen
- Flugplatz
- Wasserfall
- Höhle

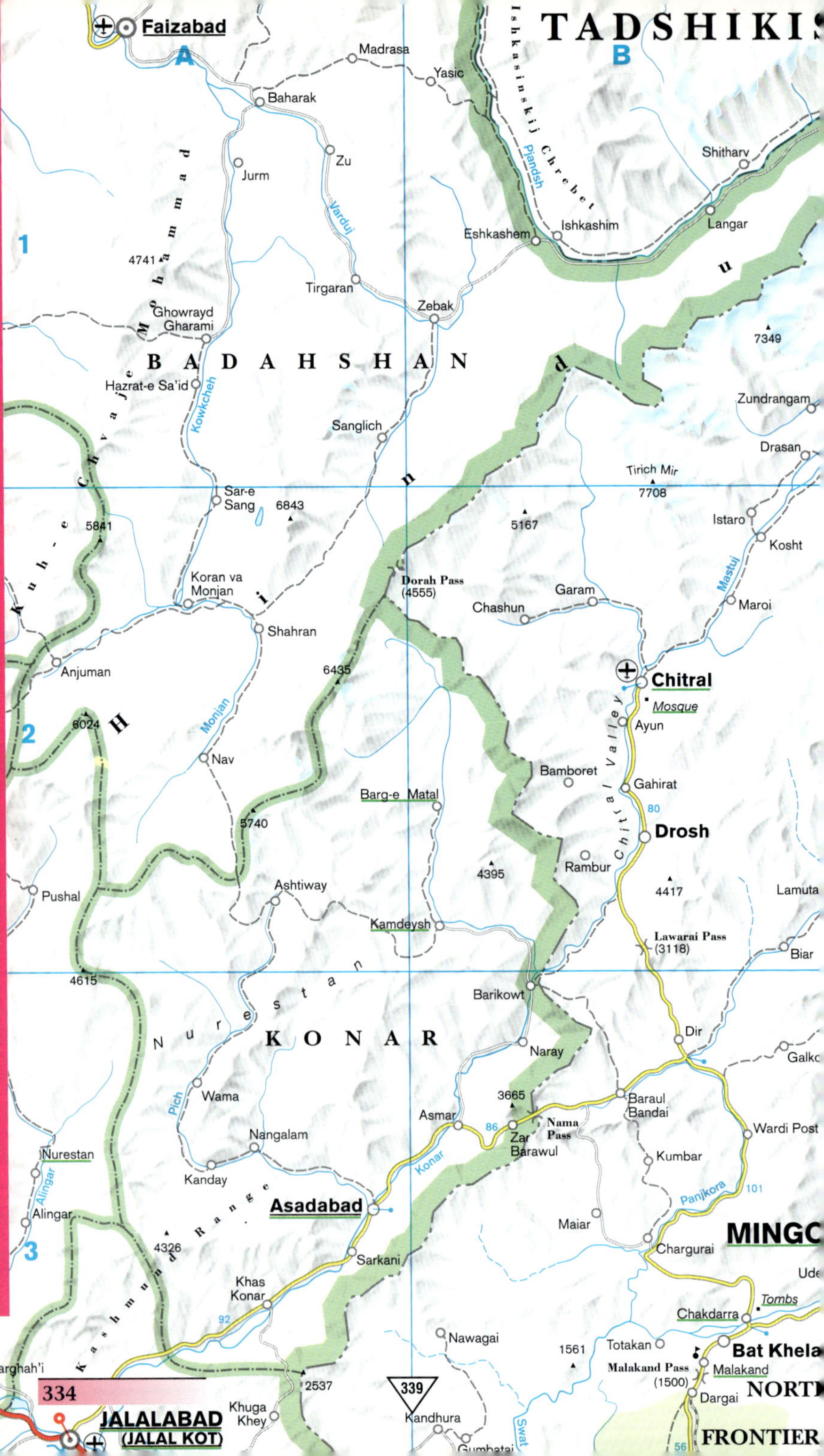

Faizabad
A
B
TADSHIKIS
1
2
3
Madrasa
Yasic
Baharak
Zu
Jurm
Varduj
Ishkasinskij Chrebet
Pjandsh
Shitharv
Langar
Ishkashim
Eshkashem
Tirgaran
Zebak
4741
Mohammad
Ghowrayd Gharami
BADAHSHAN
Hazrat-e Sa'id
Kowkcheh
Sanglich
7349
Zundrangam
Drasan
Tirich Mir 7708
Sar-e Sang
6843
5167
Istaro
Kosht
5841
Kuh-e Chvaje
Hindu
Dorah Pass (4555)
Garam
Chashun
Mastuj
Maroi
Koran va Monjan
Shahran
Anjuman
6435
Chitral
Mosque
Ayun
6024
Monjan
Nav
Bamboret
Chitral Valley
Gahirat
80
Barg-e Matal
Drosh
5740
Rambur
4395
4417
Lamuta
Pushal
Ashtiway
Kamdeysh
Lawarai Pass (3118)
Biar
4615
Nurestan
Barikowt
KONAR
Dir
Naray
Galko
3665
Baraul Bandai
Wama
Pich
Asmar
86
Zar Barawul
Nama Pass
Wardi Post
Nangalam
Kumbar
Nurestan
Konar
Kanday
Alingar
Alingar
Asadabad
Panjkora
101
Maiar
MINGO
Chargurai
4326
Kashmund Range
Sarkani
Ude
Khas Konar
Tombs
Chakdarra
92
Nawagai
1561
Totakan
Bat Khela
Malakand Pass (1500)
Malakand
Qarghah'i
2537
NORTH
Dargai
JALALABAD (JALAL KOT)
Khuga Khey
Kandhura
Swat
Gumbatai
56
FRONTIER

339

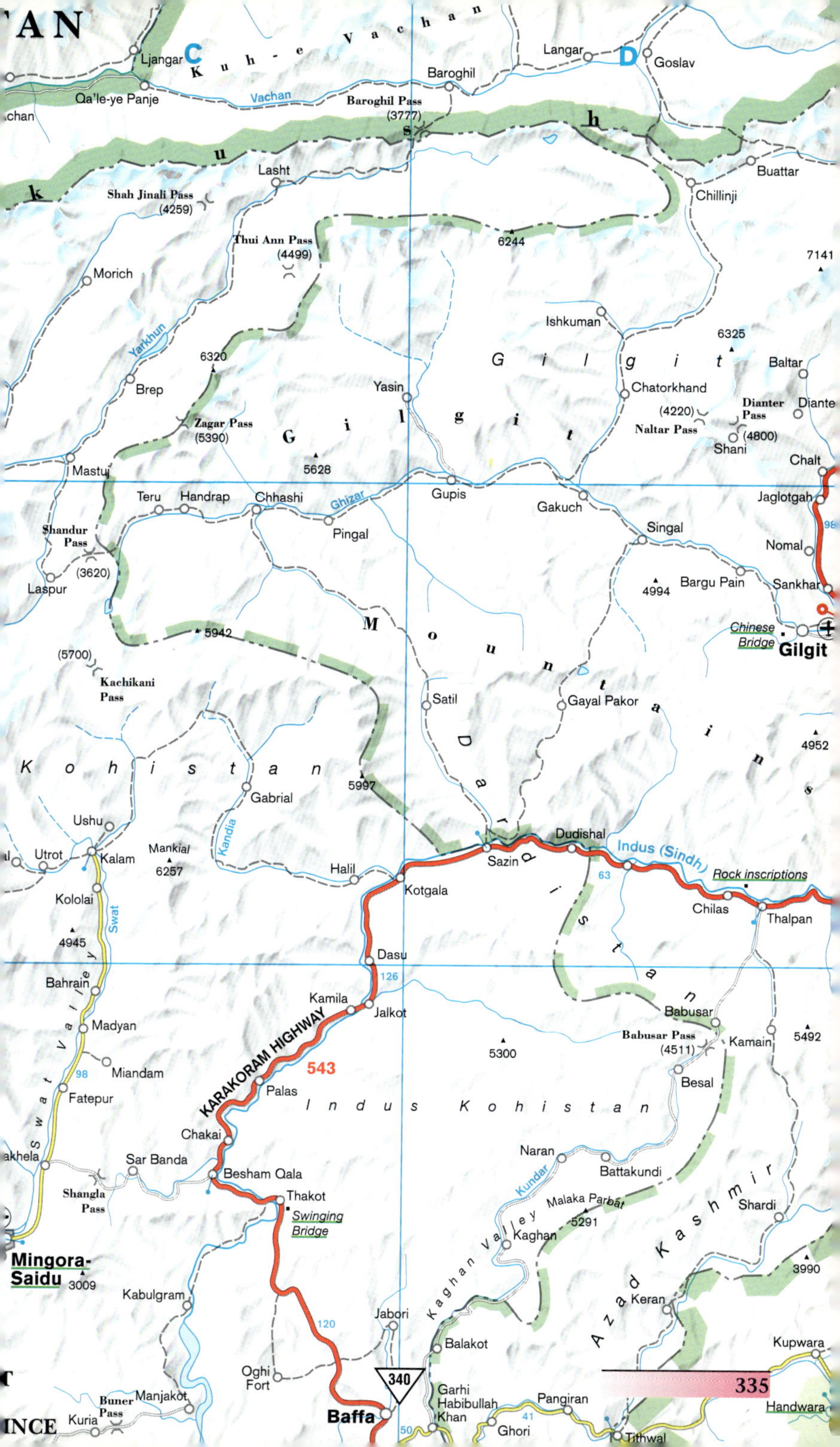

TAN
C
D
Kuh-e Vachan
Ljangar
Qa'le-ye Panje
Vachan
Baroghil
Baroghil Pass (3777)
Langar
Goslav
Hindukush
Buattar
Chillinji
Lasht
Shah Jinali Pass (4259)
Thui Ann Pass (4499)
6244
7141
Morich
Yarkhun
Ishkuman
6325
6320
Brep
Gilgit
Yasin
Chatorkhand
Baltar
Dianter Pass
Diante
(4220)
Naltar Pass
(4800)
Shani
Zagar Pass (5390)
Gilgit
5628
Mastuj
Chalt
Teru
Handrap
Chhashi
Ghizar
Gupis
Jaglotgah
Gakuch
Pingal
Singal
Shandur Pass
(3620)
Laspur
Nomal
4994
Bargu Pain
Sankhar
5942
Chinese Bridge
Gilgit
(5700)
Kachikani Pass
Mountains
Satil
Gayal Pakor
Kohistan
Darel
4952
Gabrial
5997
Ushu
Kandia
Utrot
Kalam
Mankial
6257
Dudishal
Indus (Sindh)
Sazin
Halil
Kotgala
63
Rock inscriptions
Chilas
Thalpan
Kololai
Swat
4945
Dasu
Diamir
126
Bahrain
Kamila
Jalkot
Babusar
Madyan
KARAKORAM HIGHWAY
543
Babusar Pass (4511)
5300
Kamain
5492
Miandam
98
Besal
Fatepur
Palas
Swat Valley
Indus Kohistan
Chakai
Naran
Battakundi
Sar Banda
Besham Qala
Kundar
Shangla Pass
Thakot
Malaka Parbat
5291
Shardi
Swinging Bridge
Kaghan
Azad Kashmir
Kaghan Valley
Mingora-Saidu
3009
3990
Kabulgram
Keran
Jabori
120
Balakot
Kupwara
Oghi Fort
340
Buner Pass
Manjakot
Garhi Habibullah Khan
Pangiran
Kuria
Baffa
41
Ghori
Handwara
Tithwal
50
INCE

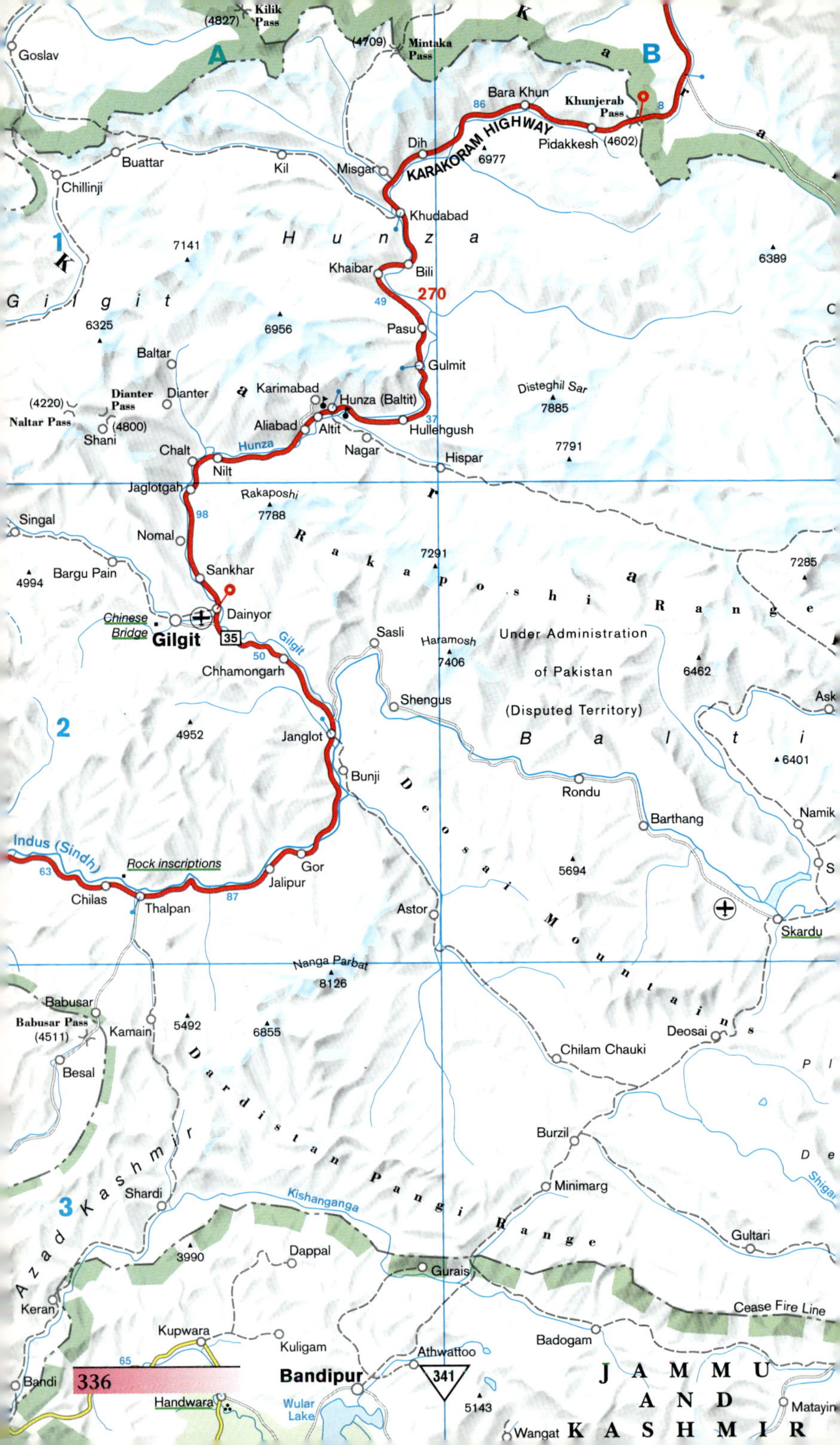

Kilik Pass
(4827)
(4709)
Mintaka Pass
Goslav
A
B
K
a
r
Bara Khun
Khunjerab Pass
(4602)
86
8
KARAKORAM HIGHWAY
Pidakkesh
Dih
6977
Buattar
Kil
Misgar
Chillinji
Khudabad
1
K
H u n z a
7141
6389
Khaibar
Bili
270
49
G i l g i t
6325
6956
Pasu
Gulmit
Baltar
Disteghil Sar
7885
Dianter Pass
Dianter
Karimabad
Hunza (Baltit)
(4220)
Naltar Pass
(4800)
Shani
Aliabad
Altit
37
Hullehgush
Chalt
Hunza
Nagar
7791
Nilt
Hispar
Jaglotgah
Rakaposhi
7788
98
Singal
Nomal
R a k a p o s h i
7291
7285
Bargu Pain
4994
Sankhar
R a n g e
Chinese Bridge
Gilgit
Dainyor
35
50
Gilgit
Sasli
Haramosh
7406
Under Administration of Pakistan (Disputed Territory)
6462
Chhamongarh
Shengus
Ask
2
4952
Janglot
B a l t i
6401
Bunji
Rondu
D e o s a i M o u n t a i n s
Namik
Barthang
Indus (Sindh)
Rock inscriptions
Gor
5694
S
63
Jalipur
Chilas
Thalpan
87
Astor
Skardu
Nanga Parbat
8126
Babusar
Babusar Pass
(4511)
Kamain
5492
6855
Deosai
Besal
Chilam Chauki
P l
D a r d i s t a n P a n g i R a n g e
Burzil
D e
Shigar
A z a d K a s h m i r
Shardi
Minimarg
3
Kishanganga
Gultari
3990
Dappal
Gurais
Keran
Cease Fire Line
Kupwara
Kuligam
Badogam
65
Athwattoo
Bandi
Bandipur
341
Handwara
Wular Lake
5143
Matayin
Wangat
J A M M U AND K A S H M I R

336

C
D
Qizil
Yarkand He
Tiznap He
Raskem
6111
Kunlun Shan
Aghil Pass
(5300)
(5400)
Chiragsaldi Pass
6470
Xaidulla
Jinderigin
6209
6489
Mazar
Yarkand He
Bazar Dara
Shaskumba
CHINA
Under Administration
of China
(Disputed Territory)
7269
6629
7084
K2 (Mt. G. Austen)
8611
7278
Broad Peak
8047
Muztagh Tower
Gasherbrum 2
8035
8068
Gasherbrum 1
6965
6248
Payu
6754
Masherbrum
7821
Chogaliza
7654
Sia La Pass
(Sella Pass)
(6200)
7202
6233
Karakoram
Baltistan
Saltaro Kangri
7742
7401
Khusomik
Kande
7469
Gapshah
Dansam
7526
Khaplu
Lunkha
Warch
Saser
Brangsa
6523
Khartaksho
Sasoma
7672
Papaldo
5773
Chalunka
Shyok
Ladakh
Marol
6167
Samur
Indus (Sindh)
Ladakh Range
Klunda
6186
Kargil
Satti
Goma
Khardung
Lamayuru
Phyang
anka

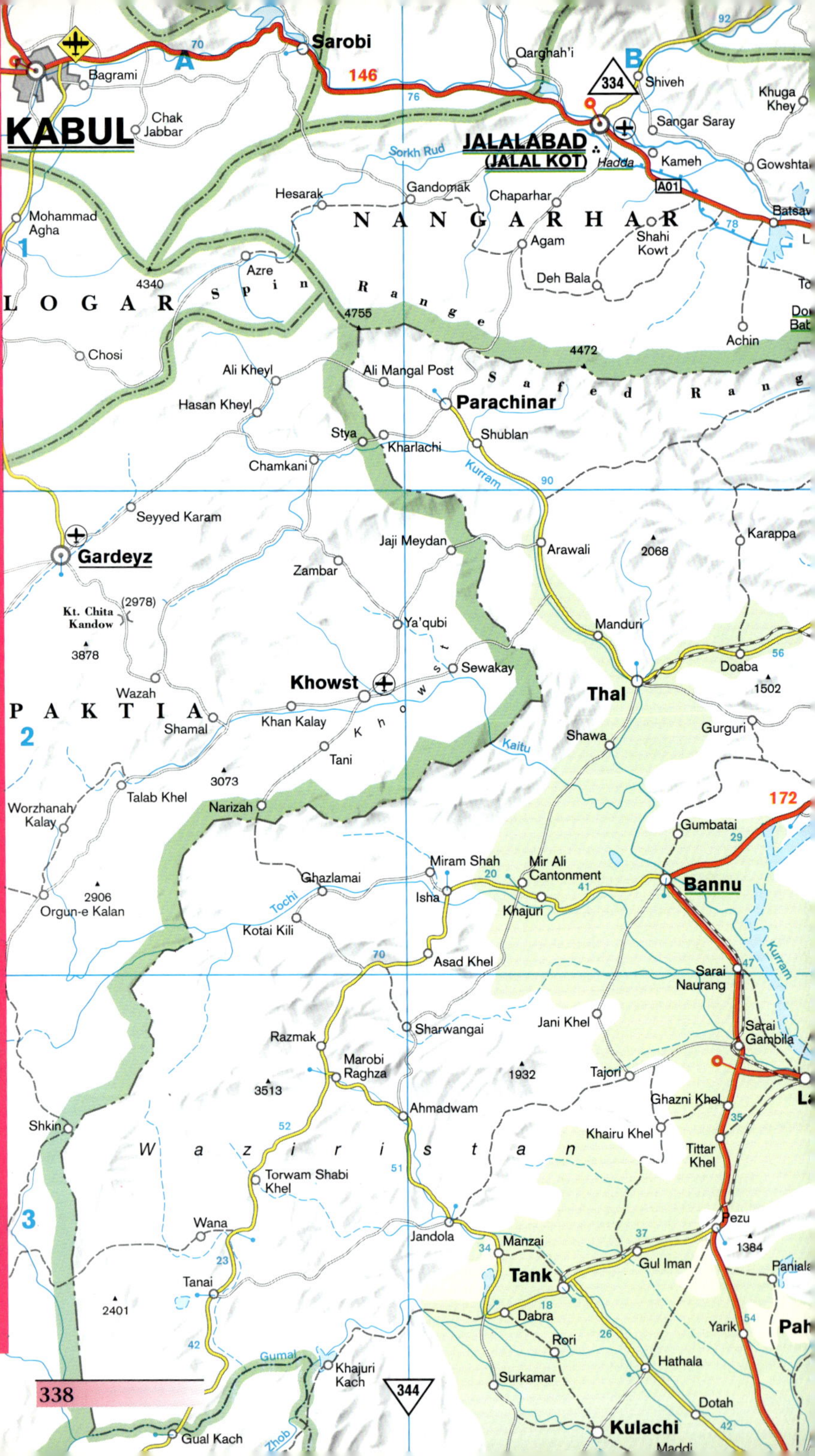
KABUL
Bagrami
Chak Jabbar
Sarobi
A
70
146
76
Qarghah'i
B
334
Shiveh
Khuga Khey
92
Sangar Saray
JALALABAD (JALAL KOT)
Hadda
Kameh
Gowshta
Sorkh Rud
A01
Hesarak
Gandomak
Chaparhar
N A N G A R H A R
Batsav
Mohammad Agha
1
78
Agam
Shahi Kowt
Azre
Deh Bala
4340
L O G A R
S p i n R a n g e
4755
Achin
Chosi
4472
Ali Kheyl
Ali Mangal Post
S a f e d R a n g
Hasan Kheyl
Parachinar
Stya
Kharlachi
Shublan
Chamkani
Kurram
90
Seyyed Karam
Gardeyz
Jaji Meydan
Arawali
2068
Karappa
Zambar
Kt. Chita Kandow
(2978)
3878
Ya'qubi
Manduri
Khowst
Sewakay
Doaba
56
Wazah
Thal
1502
P A K T I A
Shamal
Khan Kalay
K h o w s t
2
Tani
Shawa
Kaitu
Gurguri
3073
Talab Khel
Narizah
172
Worzhanah Kalay
Gumbatai
29
Miram Shah
Mir Ali Cantonment
20
41
Bannu
Ghazlamai
Isha
Khajuri
2906
Orgun-e Kalan
Tochi
Kotai Kili
70
Asad Khel
Sarai Naurang
47
Kurram
Jani Khel
Sharwangai
Razmak
Sarai Gambila
Marobi Raghza
3513
1932
Tajori
Ahmadwam
Ghazni Khel
35
Shkin
52
Khairu Khel
W a z i r i s t a n
Tittar Khel
Torwam Shabi Khel
51
3
Wana
Jandola
Pezu
Manzai
34
37
1384
23
Tank
Gul Iman
Paniala
Tanai
18
Dabra
2401
26
54
Yarik
Pah
42
Rori
Gumal
Khajuri Kach
Hathala
344
Surkamar
Dotah
Zhob
Gual Kach
Kulachi
42
Maddi

C
334
D
335
NORTH WEST
FRONTIER PROVINCE
Nawagai
Totakan
Bat Khela
Malakand Pass
(1500)
Malakand
Dargai
Kandhura
Gumbatai
Swat
Kabul
Tangi
Bari
Bandan
Sohbat
Takht-i-Bhai
Shahbazgarhi
Rustam
Ambela Pass
Kuria
Manjakot
Buner Pass
Ogli Fort
Tarbela Reservoir
Shabqadar
Utmanzai
Garhi Kapura
MARDAN
Sawabi
Miani
Tarbela
Khalabat
Khyber Pass
Landi Kotal
Sper Sang
Faqirabad
CHARSADDA
Risalpur Cantonment
Lahor
GRAND TRUNK ROAD
Jamrud Fort
Pabbi
NOWSHERA
Jahangira
Ghazi
Haripur
Sarband
Hazro
Hasan Abdal
Sikh Temple
PESHAWAR
Darra
Jallozai
ATTOCK
Bara
Matanni
Nizampur
Moghul Gardens
Attock-Campbellpore
WAH CANTONMENT
Usman Khattar
Taxila
Golra
Kohat Pass
Gidaro
Khwala Khel
Indus
Margalla Pass
KOHAT
Fatehjang
Gumbat
Kushalgarh
Basal
Pind Sultani
Dhok Pelha
Jafar
Gali Jagir
Ranial
Hangu
Lachi
Jand
Jaba
Mansurgarh
Jhamat
Dhok Sarwali
Khaur
Sihal
Bhal
Chakri
Shakardarra
Pindi Gheb
Dhulian
Potwar Plateau
Dhok Pathan
Dulla
Bhagwal
Khel
Kharak
Soan
Shah Muhammad Wali
Kot Sarang
Dhudial
Tamman
CHAKWAL
Kalabagh
Makhad
Murid
Dhrabi
Makarwal Kheji
Talagang
Bhaun
Pachnand
Dand Khel
Wanhar
Mial
Mines
Danda Shah Bilawal
Dhurnal
Kallar Kahar
Lawa
Salt Range
Malot
Kats Raj
Isa Khel
Nammal Lake
Nurpur
Musa Khel
Jaba
Pail
Khewra
MIANWALI
Sakesar
Lilla
Chhidru
Naushahra
Kattha Saghral
Bhera
Kundian
Wanbhachran
Rukhla
Jhawarian
Liaqatabad
KHUSHAB
Harnoli
Quaidabad
Hadali
Kalra
Bhalwal
Gunjyal
Jauharabad
Shahpur
Lak
Piplan
Chasma
Mitha Tiwana
Liliani
Ghulaman
Adhi Sargal
Bitta
SARGODHA
Kalur Kot
Chak
Mitha Lak
Nawan Jandanwala
Roda
Girot
Maihbal
Bhagatanwala
Rangpur Baghur
345
Titri
Jhelum
Thal Branch
Sahiwal
Mahmus Shahid
Nurpur
Faruka
Lower Jhelum Can.

NORTH WEST
FRONTIER PROVINCE
A
B
Bat Khela
Malakand Pass (1500)
Malakand
Totakan
Dargai
Manjakot
Kuria
Buner Pass
Oghi Fort
Balakot
Baffa
Garhi Habibullah Khan
Red Fort
Mansehra
Bandi
Tangi
Bari Bandan Sohbat
Takht-i-Bhai
Rustam
Ambela Pass
Shahbazgarhi
Garhi Kapura
Utmanzai
CHARSADDA
MARDAN
Tarbela Reservoir
ABBOTTABAD
Nawanshahr
Sawabi
Miani
Tarbela
Salhad Pass
Nathia Gali
Ayubia
Havelian
Fagirabad
Risalpur Cantonment
Lahor
Khalabat
Pabbi
NOWSHERA
Jahangira
Ghazi
Haripur
Jallozai
Hazro
ATTOCK
Hasan Abdal
Sikh Temple
Moghul Gardens
Murree
Tret
Ban
Nizampur
Attock-Campbellpore
Indus
WAH CANTONMENT
Usman Khattar
Taxila
ISLAMABAD
Golra
Margalla Pass
Khwala Khel
Basal
Fatehjang
RAWALPINDI
Kushalgarh
Gumbat
Pind Sultani
Dhok Pelha
Jafar
Gali Jagir
Ranial
Riwat
Kotla
Chappar
Kallar
Jand
Jaba
Dhok Sarwali
Jhamat
Sihal
Bhal
Mandra
Chakri
Bhangali Gujar
Gujar
Khaur
Pindi Gheb
Dhulian
Daultala
P o t w a r
Dulla
Dhok Pathan
Bhagwal
Dhudial
Soan
Shah Muhammad Wali
Tamman
Kot Sarang
Mulawa
Makhad
P l a t e a u
Murid
Dhrabi
CHAKWAL
Talagang
Pachnand
Wanhar
Bhaun
Mial
Danda Shah Bilawal
Dhurnal
Kallar Kahar
Choa Saidan Shah
Ara
Pindi Saiyidpur
Mines
Lawa
Malot
Kats Raj
Nammal Lake
Musa Khel
Nurpur
Khewra
S a l t R a n g e
Jaba
Pail
Pind Dadan Khan
Lilla
Sakesar
Chhidru
Naushahra
Kattha Saghral
Bhera
Miani
Malakwal
Kuthiala Shaikhan
Mona
Rukhla
Wanbhachran
Phularwan
Jhawarian
Gojra
Miana Gondal
Quaidabad
Hadali
KHUSHAB
Kalra
Bhalwal
Salam
Gunjyal
Jauharabad
Shahpur
Lak
Kot Mumin
Bhairowal
Adhi Sargal
Mitha Tiwana
Liliani
SARGODHA
Mitha Lak
Halalpur
Jalalpur Nau
Bitta
Chak
Nawan Jandanwala
Roda
Girot
Bhagatanwala
Midh Ranjba
Rangpur Baghur
Titri
Jhelum
Sahiwal
Faruka
Lower Jhelum Can.
Langar
Pindi Bhattian
Mahmus Shahid
Nurpur

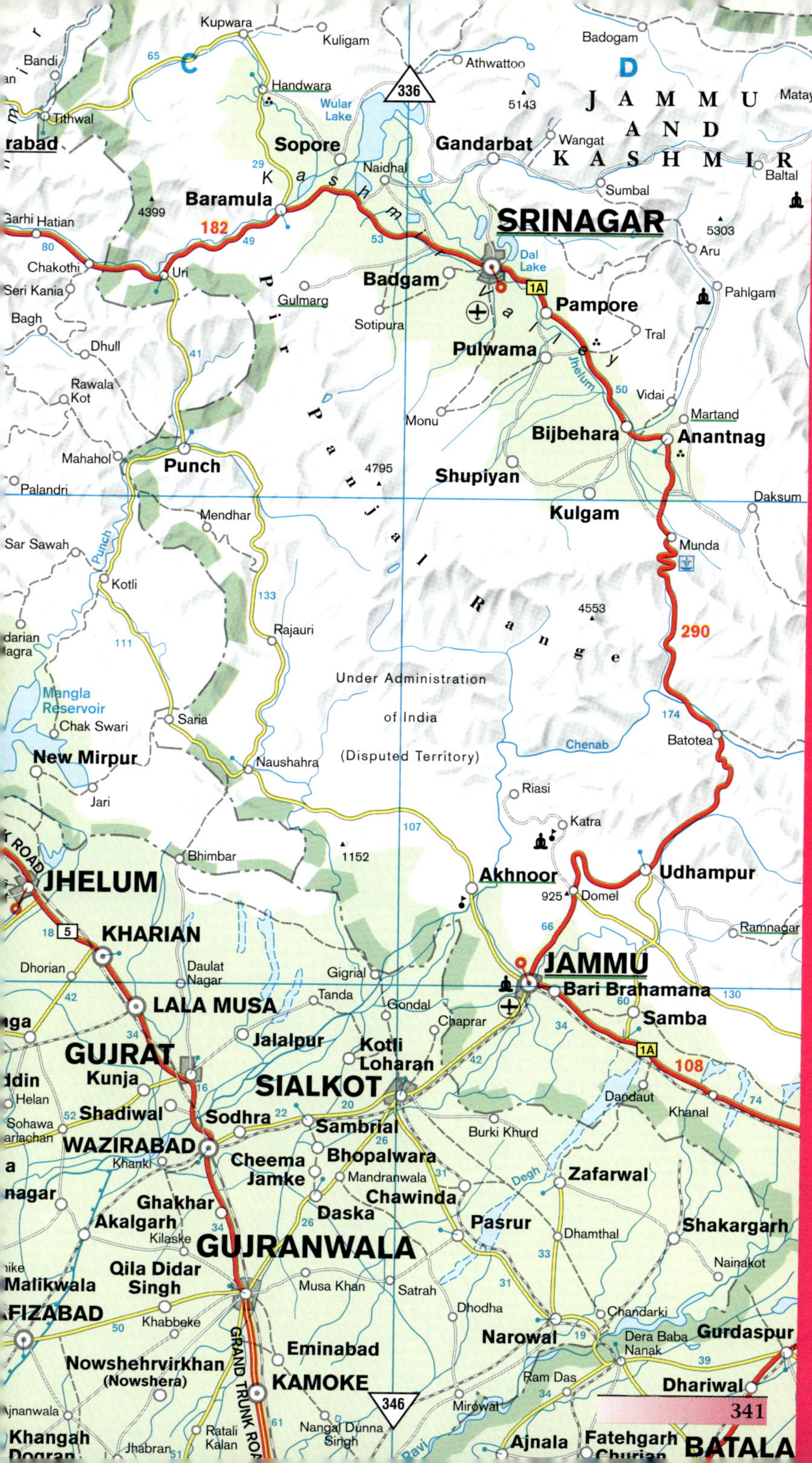

JAMMU AND KASHMIR
SRINAGAR
Kashmir Valley
Pir Panjal Range
Under Administration of India (Disputed Territory)
Kupwara
Kuligam
Badogam
Athwattoo
Handwara
Wular Lake
Sopore
Gandarbat
Wangat
Matayin
Baltal
Naidhal
Sumbal
Baramula
Bandi
Tithwal
Hatian
Chakothi
Uri
Seri Kania
Bagh
Dhull
Rawala Kot
Mahahol
Palandri
Punch
Mendhar
Sar Sawah
Kotli
Rajauri
Gulmarg
Badgam
Sotipura
Dal Lake
Pampore
Tral
Pulwama
Aru
Pahlgam
Jhelum
Vidai
Martand
Anantnag
Bijbehara
Monu
Shupiyan
Kulgam
Daksum
Munda
Chenab
Batotea
Riasi
Katra
Udhampur
Domel
Akhnoor
Mangla Reservoir
Chak Swari
Saria
Naushahra
New Mirpur
Jari
Bhimbar
JHELUM
KHARIAN
Dhorian
Daulat Nagar
LALA MUSA
GUJRAT
Kunja
Jalalpur
Tanda
Gigrial
Gondal
Chapran
JAMMU
Bari Brahamana
Samba
Ramnagar
Dandaut
Khanal
Kotli Loharan
SIALKOT
Sambrial
Sodhra
Shadiwal
Helan
Sohawa
WAZIRABAD
Khanki
Cheema Jamke
Bhopalwara
Mandranwala
Burki Khurd
Zafarwal
Chawinda
Degh
Ghakhar
Akalgarh
Daska
Pasrur
Dhamthal
Shakargarh
Nainakot
Kilaske
GUJRANWALA
Qila Didar Singh
Malikwala
Musa Khan
Satrah
Dhodha
Narowal
Chandarki
Dera Baba Nanak
Gurdaspur
Khabbeke
Eminabad
Nowshehrvirkhan (Nowshera)
Ram Das
Dhariwal
KAMOKE
GRAND TRUNK ROAD
Mirowal
Nangal Dunna Singh
Ratali Kalan
Jhabran
Khangah Dogran
Ajnala
Fatehgarh Churian
BATALA
Ravi

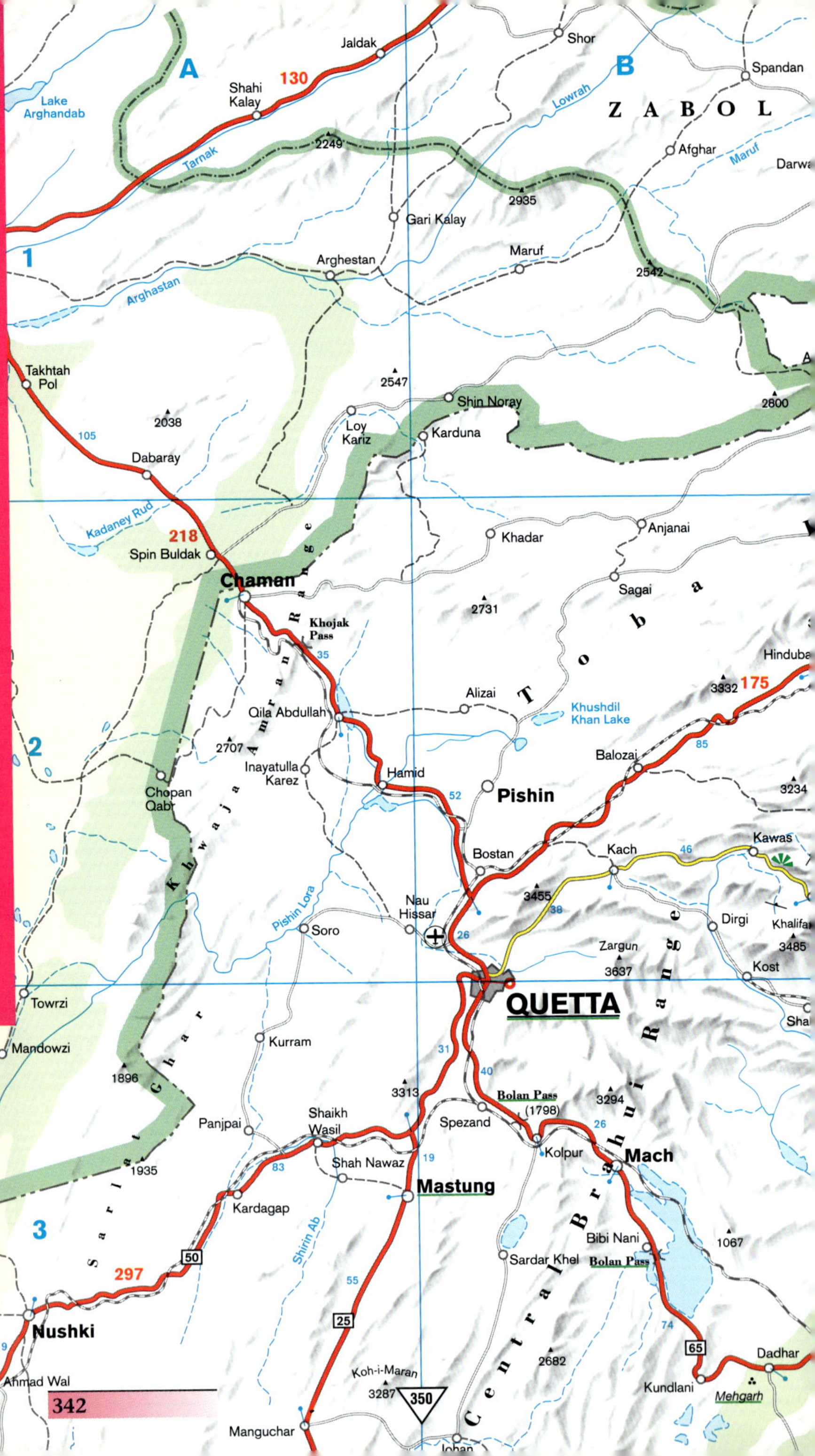
A
B
Z A B O L
Jaldak
Shor
Spandan
Shahi Kalay
130
Lake Arghandab
Tarnak
Lowrah
2249
Afghar
Maruf
Darwa
2935
Gari Kalay
1
Maruf
Arghestan
2542
Arghastan
Takhtah Pol
2547
2800
2038
Shin Noray
Loy Kariz
Karduna
105
Dabaray
Kadaney Rud
218
Spin Buldak
Khadar
Anjanai
Chaman
Sagai
2731
Khojak Pass
35
Toba
Hinduba
Alizai
3332
175
Qila Abdullah
Khushdil Khan Lake
2
2707
Amran Range
85
Inayatulla Karez
Balozai
Hamid
3234
Chopan Qabr
52
Pishin
Bostan
Kach
46
Kawas
Khwaja
3455
38
Pishin Lora
Nau Hissar
Dirgi
Khalifa
Soro
26
Zargun
3485
3637
Kost
Towrzi
QUETTA
Sha
Range
Kurram
Mandowzi
31
40
1896
Sarlat Ghar
Bolan Pass
(1798)
3313
3294
Shaikh Wasil
Spezand
26
Panjpai
Kolpur
Mach
Brahui
Shah Nawaz
19
1935
83
Mastung
Kardagap
3
Shirin Ab
Bibi Nani
1067
Sardar Khel
Bolan Pass
50
297
55
Nushki
25
74
Central
65
19
Dadhar
2682
Ahmad Wal
Koh-i-Maran
3287
350
Kundlani
Mehgarh
Manguchar
Johan

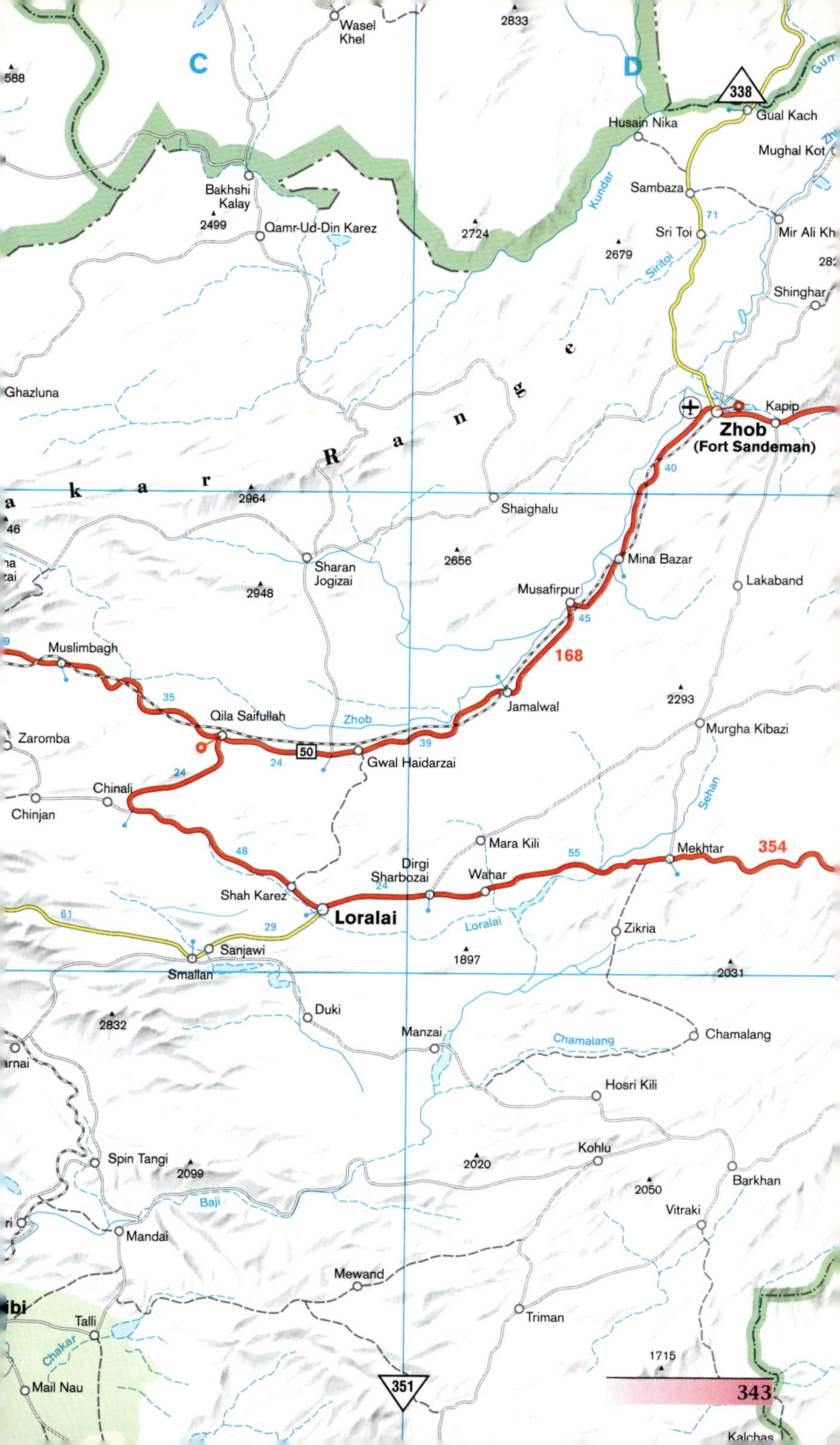
C
D
338
Wasel Khel
2833
588
Gual Kach
Husain Nika
Mughal Kot
Bakhshi Kalay
Sambaza
2499
Qamr-Ud-Din Karez
2724
Kundar
Sri Toi
71
Mir Ali Kh
2679
Siritoi
Shinghar
Ghazluna
Kapip
Zhob
(Fort Sandeman)
R a n g e
a k a r
2964
40
Shaighalu
46
2656
Sharan Jogizai
Mina Bazar
2948
Musafirpur
Lakaband
45
168
Muslimbagh
35
Jamalwal
2293
Qila Saifullah
Zhob
Zaromba
50
39
Murgha Kibazi
24
Gwal Haidarzai
24
Chinali
Chinjan
Sehan
48
Mara Kili
Mekhtar
354
55
Dirgi Sharbozai
Wahar
Shah Karez
24
Loralai
61
29
Loralai
Zikria
Sanjawi
1897
Smallan
2031
Duki
2832
Manzai
Chamalang
Chamalang
Hosri Kili
Spin Tangi
2099
2020
Kohlu
Barkhan
2050
Baji
Vitraki
Mandai
Mewand
Talli
Triman
Chakar
1715
Mail Nau
351
Kalchas

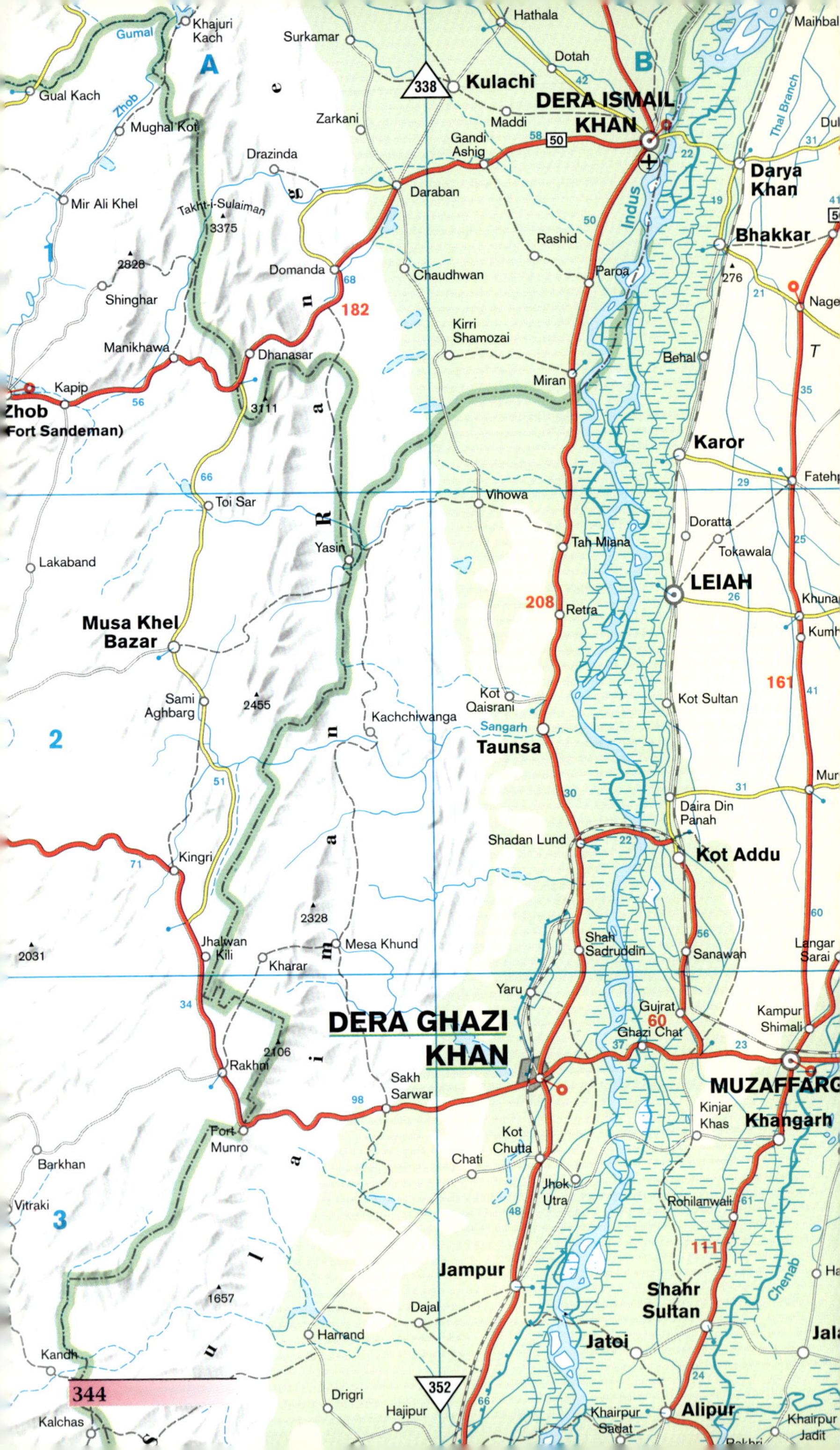

A
B
1
2
3
Gumal
Khajuri Kach
Gual Kach
Zhob
Mughal Kot
Mir Ali Khel
Takht-i-Sulaiman
3375
2828
Shinghar
Manikhawa
Kapip
Zhob
(Fort Sandeman)
56
Surkamar
338
Kulachi
Hathala
Dotah
42
DERA ISMAIL KHAN
Maddi
Zarkani
Drazinda
Gandi Ashig
58
50
Daraban
Domanda
68
182
Rashid
Chaudhwan
Paroa
Kirri Shamozai
Dhanasar
3111
Miran
Indus
Darya Khan
Bhakkar
Thal Branch
22
19
31
21
276
Nage
Dul
41
Behal
T
35
Karor
Fatehp
29
66
Toi Sar
Vihowa
77
Tah Miana
Doratta
Tokawala
25
Yasin
Lakaband
LEIAH
26
Khuna
Kumh
208
Retra
Musa Khel Bazar
Sami Aghbarg
2455
Kot Qaisrani
Kot Sultan
161
41
Kachchiwanga
Sangarh
Taunsa
51
30
31
Mur
Daira Din Panah
Shadan Lund
22
Kot Addu
Kingri
71
2328
60
Jhalwan Kili
Kharar
Mesa Khund
Shah Sadruddin
Sanawan
56
Langar Sarai
2031
Yaru
Gujrat
60
Ghazi Ghat
37
Kampur Shimali
34
DERA GHAZI KHAN
2106
23
Rakhni
Sakh Sarwar
98
MUZAFFARG
Kinjar Khas
Khangarh
Fort Munro
Kot Chutta
Barkhan
Chati
Jhok Utra
Vitraki
48
Rohilanwali
61
111
Ha
Jampur
Chenab
1657
Shahr Sultan
Dajal
Harrand
Jatoi
Jal
Kandh
352
Drigri
24
Hajipur
66
Khairpur Sadat
Alipur
Khairpur Jadit
Kalchas
Sulaiman Range

C
D
Roda
Rangpur Baghur
Titri
Jhelum
Sahiwal
Faruka
North Branch
507
Bhagatanwala
Lower Jhelum Can.
Langar
Pind Bhattian
Mahmus Shahid
Nurpur
Jamali
132
339
Sillanwali
Nihang
Lalian
Barana
Rabwah
Jhang Branch
CHINIOT
Karpahi
Bambul
Kot Isa Shah
Mari Shah Sakhira
Bhamb
Bhawana
Chenab
Chak Jhumra
Jandanwala
Khiu
Kot Shakir
Karluwala
Shergarh
Desert
Chuna
Khiwa
FAISALABAD (LYALLPUR)
245
Mankera
Haidarabad
96
Dosa
Suro
50
JHANG SADAR
Painsera
Jaipur
Gobindsar
Dijkot
Satiana
PUNJAB
Adharan Hazari
Diraj
Bagh
GOJRA
Tarn Taran
Samundri
Nawan Kot
Sultan
Rangpur Can.
Toba Tek Singh
Horjan
Chaubara
169
Garh Mahraja
Quaim Bharwana
SHORKOT
Mamu Kanjan
Nur Shah
183
Basti Islam
Shorkot Road
Pir Mahal
KAMALIA
Doab Canal
Ahmadpur Sial
Khatpur Sind
Sarai Sidhu
172
Sandilianwali
Jakhar
Harappa
Lower Bari
SAHIWAL
Abdul Hakim
Harappa
Nurpur
Sardarpur
Bagar
Tulamba
Kassowal
CHICHAWATNI
Makhdumpur
Kabir
93
Kabirwala
Chak Chak
Mian Channun
Shaik Fazil
Pakpattan Can.
ARIFWALA
Bosan
213
MULTAN
KHANEWAL
Qadirpur Ran
Muhammadwala
Hota
Dograna
Alamgir
MANDI BUREWALA
Bahli Dilawar
Machhi Singh
Chak
VIHARI
Khairanwala
Qasba
Jahania
Sahuka
Akuke
BAHAWALNAGAR
Mitru
Tibba
Karampur
Luddan
Basti Maluk
Takht Mahal
Mangheran
Donga Bonga
Dunjapur
Mailsi Canal
MAILSI
CHISTIAN MANDI
Hasilpur
Fatehpur
256
Harunabad
Kahror Pacca
Khairpur Tamewali
Lodhran
Adamwahan
Faqirwali
Hakra Right Br.
Quraishiwala
Lubhana
Chok
353
Lalsuhanra
BAHAWALPUR
Lal-Suhanra

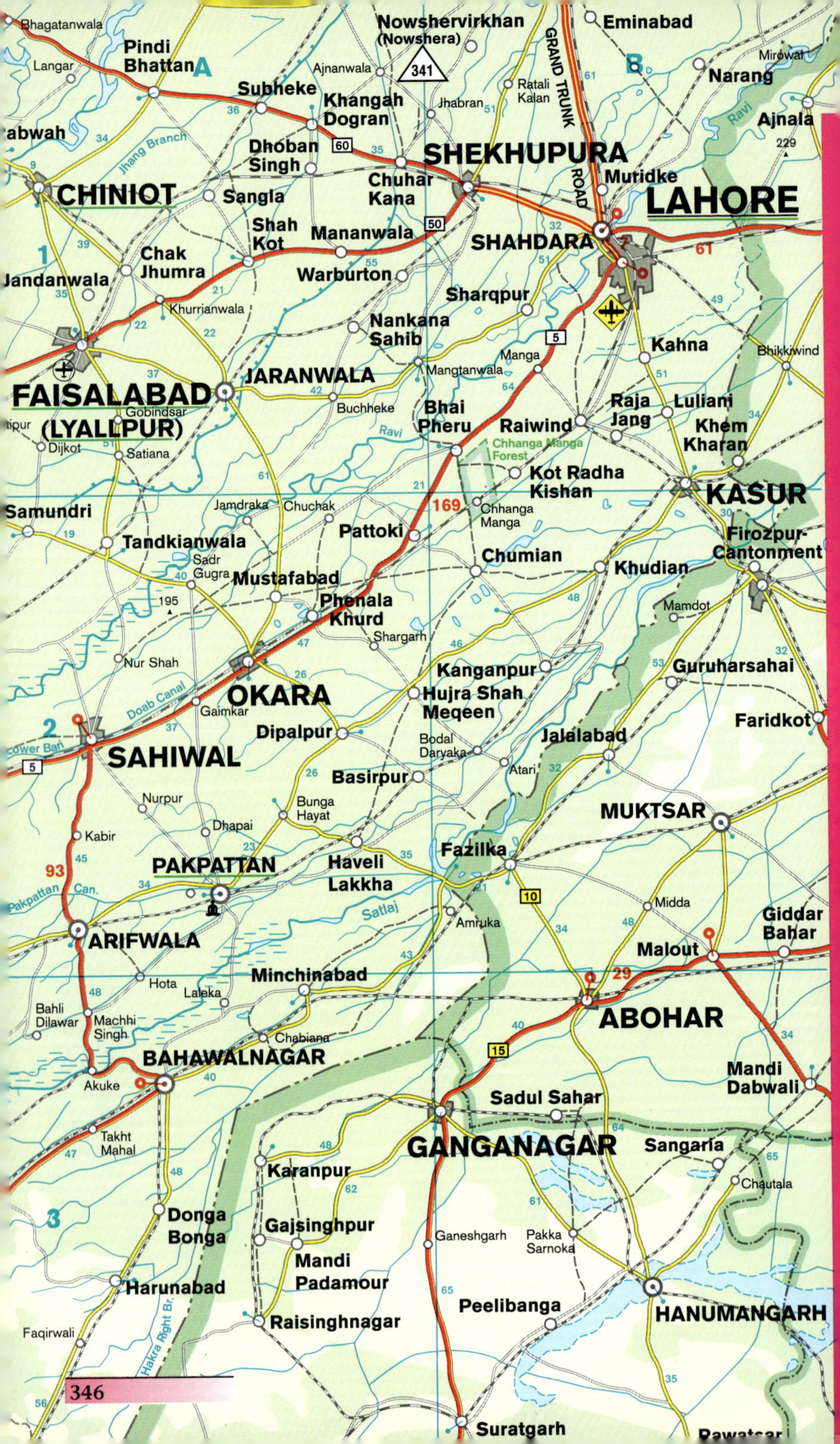
Bhagatanwala
Pindi Bhattan
Langar
A
Nowshervirkhan (Nowshera)
341
Eminabad
GRAND TRUNK ROAD
B
Mirowal
Narang
Ajnanwala
Subheke
Khangah Dogran
Jhabran
Ratali Kalan
Ajnala
abwah
Jhang Branch
Dhoban Singh
60
SHEKHUPURA
229
Ravi
Muridke
CHINIOT
Sangla
Chuhar Kana
LAHORE
Shah Kot
Mananwala
50
SHAHDARA
61
Chak Jhumra
Jandanwala
Warburton
Sharqpur
Khurrianwala
Nankana Sahib
5
Kahna
Manga
Bhikkiwind
Mangtanwala
FAISALABAD (LYALLPUR)
JARANWALA
Gobindsar
Buchheke
Bhai Pheru
Raiwind
Raja Jang
Luliani
Khem Kharan
Dijkot
Satiana
Chhanga Manga Forest
Kot Radha Kishan
KASUR
Samundri
Jamdraka
Chuchak
169
Chhanga Manga
Pattoki
Firozpur-Cantonment
Tandkianwala
Sadr Gugra
Chumian
Khudian
Mustafabad
Phenala Khurd
Mamdot
195
Shargarh
Nur Shah
Kanganpur
Guruharsahai
OKARA
Doab Canal
Hujra Shah Meqeen
Gaimkar
Faridkot
Lower Bari
SAHIWAL
Dipalpur
Bodal Daryaka
Jalalabad
Atari
Basirpur
Nurpur
Bunga Hayat
MUKTSAR
Kabir
Dhapai
Fazilka
93
PAKPATTAN
Haveli Lakkha
10
Pakpattan Can.
Satlaj
Midda
Giddar Bahar
ARIFWALA
Amruka
Malout
Hota
Minchinabad
29
Laleka
ABOHAR
Bahli Dilawar
Machhi Singh
Chabiana
BAHAWALNAGAR
15
Mandi Dabwali
Akuke
Sadul Sahar
Takht Mahal
GANGANAGAR
Sangaria
Chautala
Karanpur
Donga Bonga
Gajsinghpur
Ganeshgarh
Pakka Sarnoka
Mandi Padamour
Harunabad
Peelibanga
HANUMANGARH
Raisinghnagar
Faqirwali
Hakra Right Br.
Suratgarh
Rawatsar

Robat-e Ghali
Ribat Qila
2347
A
B
God-e Zere
Maki Shah
Kacheh Kuh
ZAHEDAN
Kirtaka
2123
NIMROZ
1
A02
1010
8
2487
84
Saindak
Amir Chah
1328
1227
Mirjaveh
29
Juzzak
Humai
1196
Gunabad
Mashki Chah
50
2287
Ladiz
1258
Koh-i Dalil
113
Tozghi
Nok Kumd
Talkh Abh
Kuh-e Taftan
3941
Sangan
Talkh Ab
Dasht-i-Tahlab
2
Lolokadan
2835
Gwalishtap
Kash
2271
3055
Kuh-e Jamshidzai
1919
2110
Mugsughte
94
IRAN
2553
Gasht
Kuh-e Birag
2618
2740
3
Kushkuk
Singan
Paskuh
55
Jalaq
Saravan
354
Suran
2499
1879
Mashkid
Zaboli

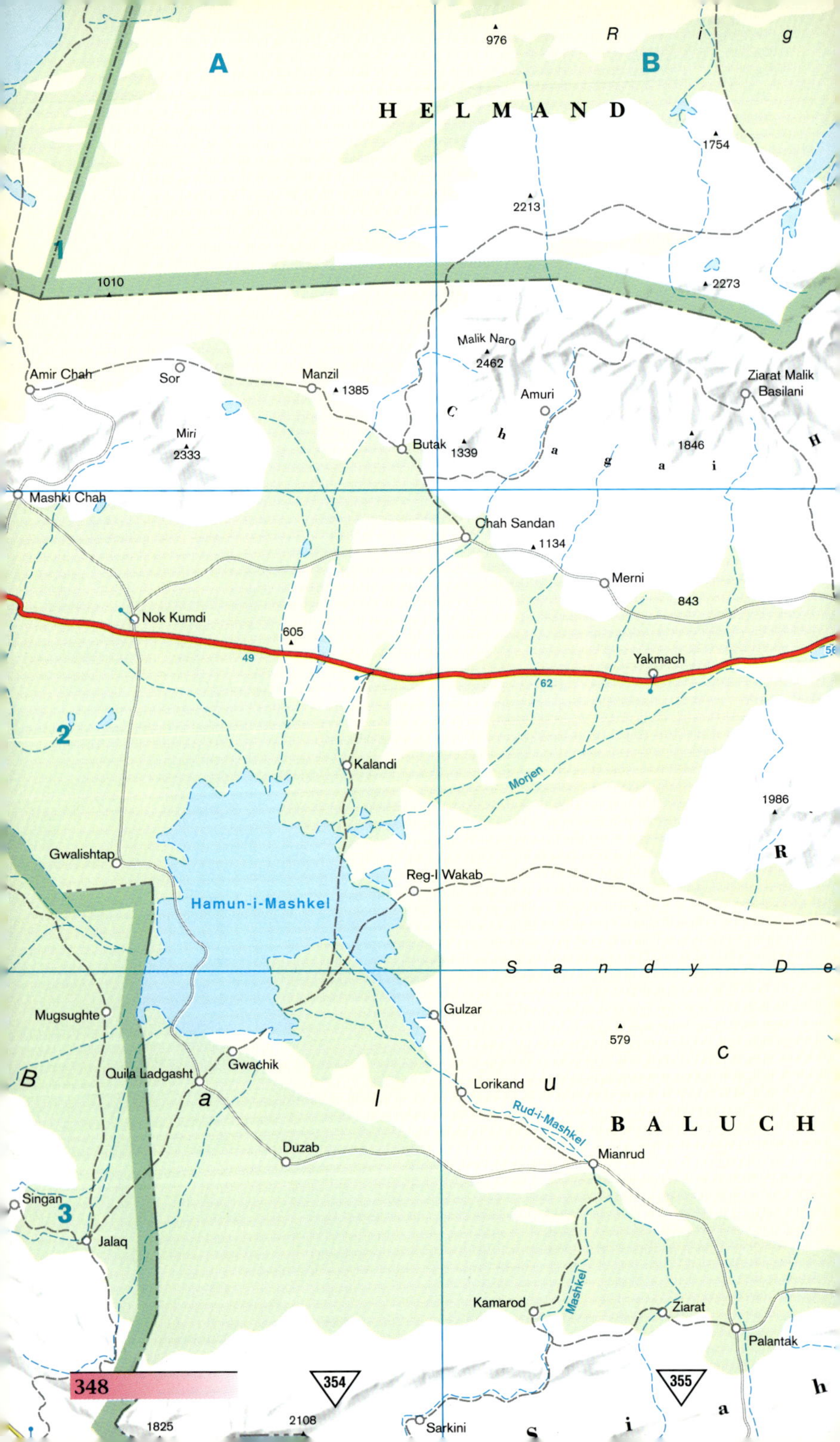
A
B
976
Rig
HELMAND
1754
2213
1
1010
2273
Malik Naro
2462
Amir Chah
Sor
Manzil
1385
Ziarat Malik Basilani
Amuri
Miri
2333
Butak
1339
Chagai
1846
H
Mashki Chah
Chah Sandan
1134
Merni
843
Nok Kumdi
605
49
Yakmach
62
2
Kalandi
Morjen
1986
R
Gwalishtap
Reg-I Wakab
Hamun-i-Mashkel
Sandy De
Mugsughte
Gulzar
579
c
B
Gwachik
Quila Ladgasht
a
l
Lorikand
u
Rud-i-Mashkel
BALUCH
Duzab
Mianrud
Singan
3
Jalaq
Mashkel
Kamarod
Ziarat
Palantak
354
355
h
1825
2108
Sarkini
S
i
a

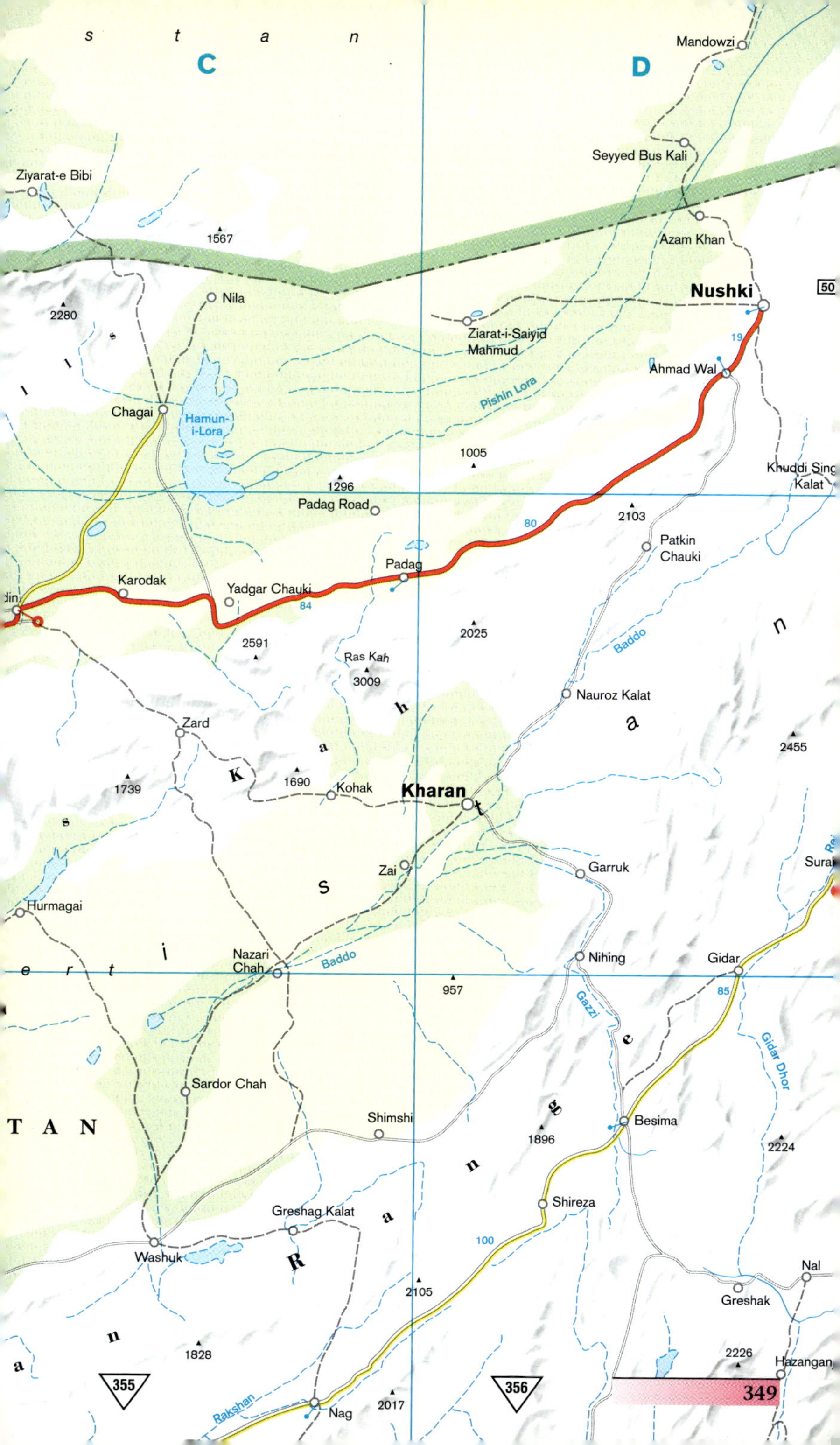
C
D
Mandowzi
Seyyed Bus Kali
Ziyarat-e Bibi
1567
Azam Khan
Nushki
50
Nila
2280
Ziarat-i-Saiyid
Mahmud
19
Ahmad Wal
Pishin Lora
Chagai
Hamun-i-Lora
1005
Khuddi Sing
Kalat
1296
Padag Road
2103
80
Patkin
Chauki
Padag
Karodak
Yadgar Chauki
84
2025
Baddo
2591
Ras Kah
3009
Nauroz Kalat
Zard
2455
1739
1690
Kohak
Kharan
Zai
Garruk
Sural
Hurmagai
Nazari
Chah
Baddo
Nihing
Gidar
957
85
Gazzi
Gidar Dhor
Sardor Chah
TAN
Shimshi
Besima
1896
2224
Shireza
Greshag Kalat
100
Washuk
Nal
2105
Greshak
1828
2226
Hazangan
355
356
349
Rakshan
Nag
2017

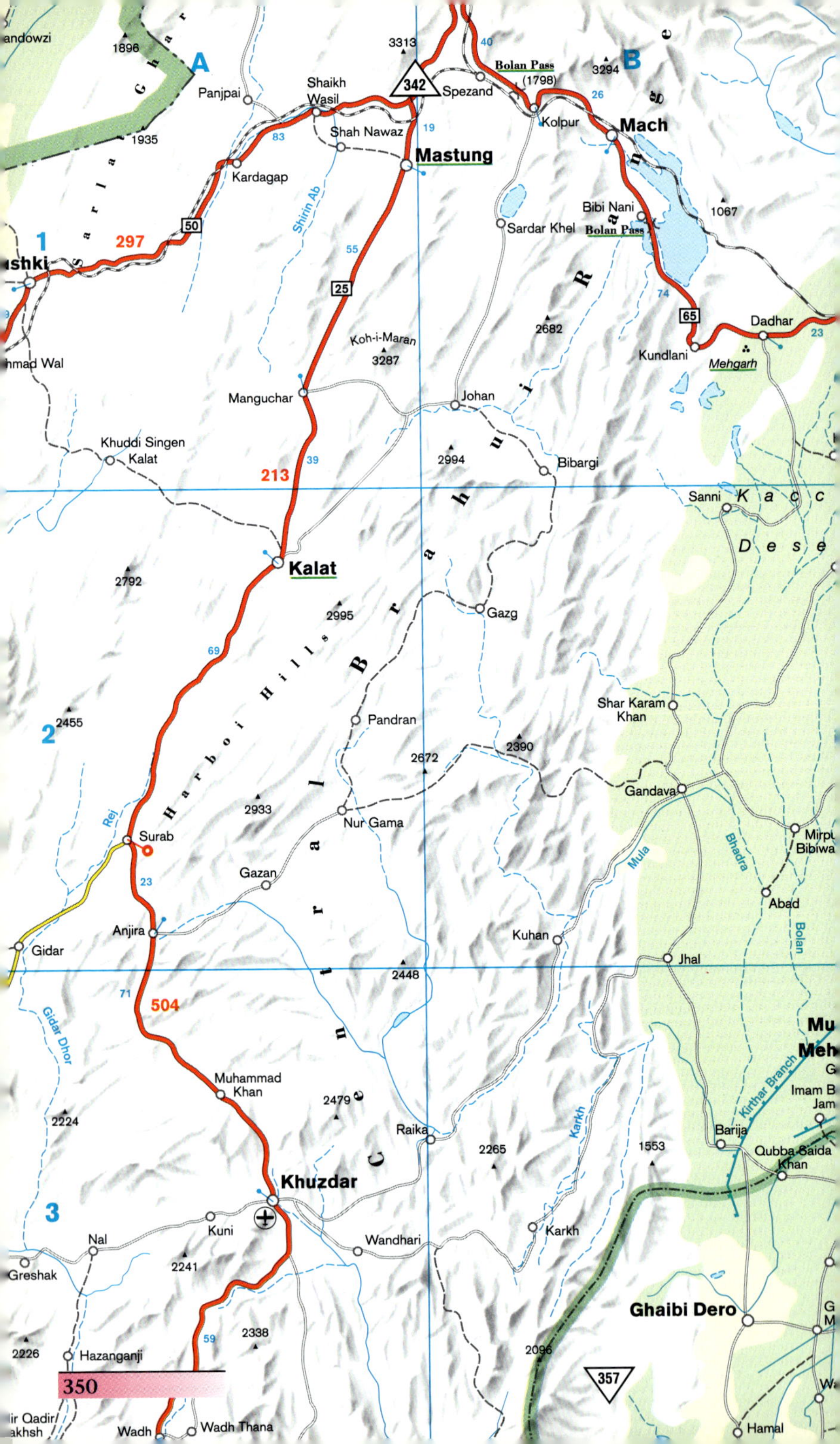

A
B
1
2
3
Panjpai
Shaikh Wasil
342
Spezand
Bolan Pass
(1798)
Kolpur
Mach
Shah Nawaz
Mastung
Kardagap
Shirin Ab
Sardar Khel
Bibi Nani
Bolan Pass
297
50
25
65
Koh-i-Maran
3287
Kundlani
Dadhar
Mehgarh
Manguchar
Johan
Khuddi Singen
Kalat
Bibargi
213
Sanni
Kalat
Gazg
Pandran
Shar Karam Khan
Gandava
Nur Gama
Mirpur Bibiwari
Surab
Gazan
Abad
Anjira
Gidar
Kuhan
Jhal
504
Gidar Dhor
Muhammad Khan
Raika
Barija
Qubba Saida Khan
Khuzdar
Kuni
Wandhari
Karkh
Nal
Greshak
Ghaibi Dero
Hazanganji
Wadh
Wadh Thana
Hamal
Harboi Hills
Central Brahui Range
Kachhi Desert
Mula
Bhadra
Bolan
Rej
Karkh
Kirthar Branch
357

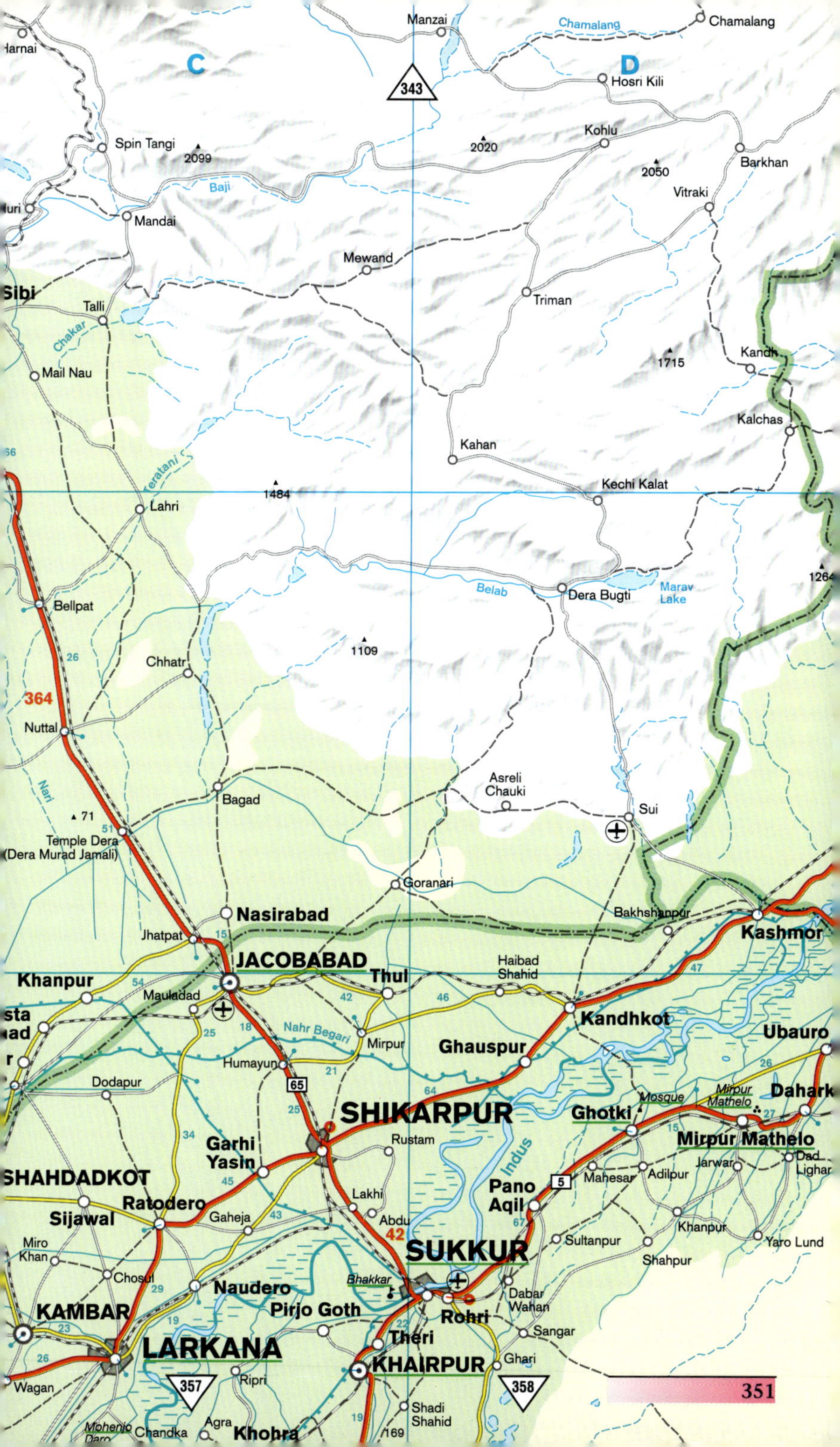
C
D
343
Manzai
Chamalang
Chamalang
Harnai
Hosri Kili
Spin Tangi
2099
2020
Kohlu
Barkhan
2050
Baji
Vitraki
Mandai
Mewand
Sibi
Talli
Triman
Chakar
Mail Nau
Kandh
1715
Kalchas
Kahan
Kechi Kalat
1484
Lahri
Belab
Dera Bugti
Marav Lake
1264
Bellpat
1109
Chhatr
364
Nuttal
Nari
Bagad
Asreli Chauki
Sui
71
Temple Dera (Dera Murad Jamali)
Goranari
Nasirabad
Bakhshanpur
Kashmor
Jhatpat
JACOBABAD
Haibad Shahid
Khanpur
Thul
Mauladad
Kandhkot
Nahr Begari
Mirpur
Ubauro
Ghauspur
Humayun
65
Dodapur
Mosque
Mirpur Mathelo
Daharki
SHIKARPUR
Ghotki
Rustam
Mirpur Mathelo
Garhi Yasin
Dad Lighari
SHAHDADKOT
Jarwar
Mahesar
Adilpur
Indus
Pano Aqil
5
Ratodero
Sijawal
Gaheja
Lakhi
Abdu
Khanpur
Miro Khan
42
SUKKUR
Sultanpur
Yaro Lund
Shahpur
Chosul
Bhakkar
Naudero
Dabar Wahan
KAMBAR
Pirjo Goth
Rohri
Sangar
Theri
LARKANA
Ghari
KHAIRPUR
357
358
Wagan
Ripri
Shadi Shahid
Mohenjo Daro
Chandka
Agra
Khohra

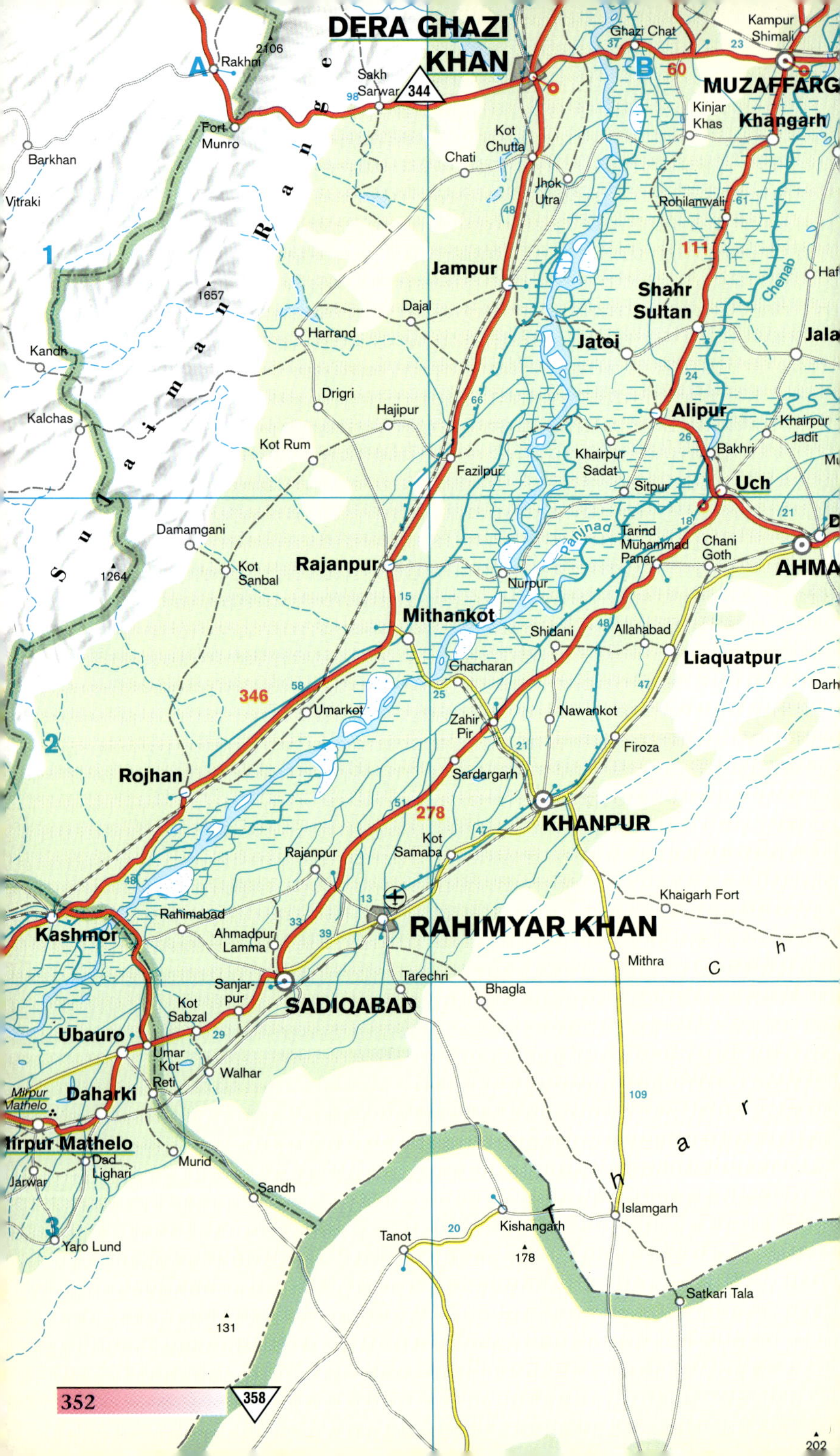
DERA GHAZI KHAN
344
Rakhni
2106
A
B
Sakh Sarwar
98
Fort Munro
Ghazi Chat
37
60
23
Kampur Shimali
MUZAFFARG
Kinjar Khas
Khangarh
Kot Chutta
Chati
Barkhan
Vitraki
Jhok Utra
48
Rohilanwali
61
111
1
Sulaiman Range
1657
Jampur
Shahr Sultan
Chenab
Haf
Dajal
Harrand
Jatoi
Jala
Kandh
Drigri
Hajipur
66
Alipur
24
Kalchas
Khairpur Jadit
26
Bakhri
Kot Rum
Fazilpur
Khairpur Sadat
Sitpur
Uch
Mu
21
18
Damamgani
Kot Sanbal
1264
Rajanpur
Panjnad
Tarind Muhammad Panar
Chani Goth
AHMA
Nurpur
15
Mithankot
Shidani
48
Allahabad
Liaquatpur
Chacharan
346
58
25
47
Darh
Umarkot
Zahir Pir
Nawankot
2
21
Firoza
Rojhan
Sardargarh
51
278
KHANPUR
Kot Samaba
47
Rajanpur
48
13
Khaigarh Fort
RAHIMYAR KHAN
Rahimabad
33
39
Kashmor
Ahmadpur Lamma
Mithra
Tarechri
Sanjarpur
Bhagla
SADIQABAD
Kot Sabzal
Ubauro
29
Umar Kot Reti
Walhar
109
Mirpur Mathelo
Daharki
Mirpur Mathelo
Dad Lighari
Murid
Jarwar
Sandh
Thar
Islamgarh
3
Kishangarh
20
Tanot
Yaro Lund
178
Satkari Tala
131
202

358

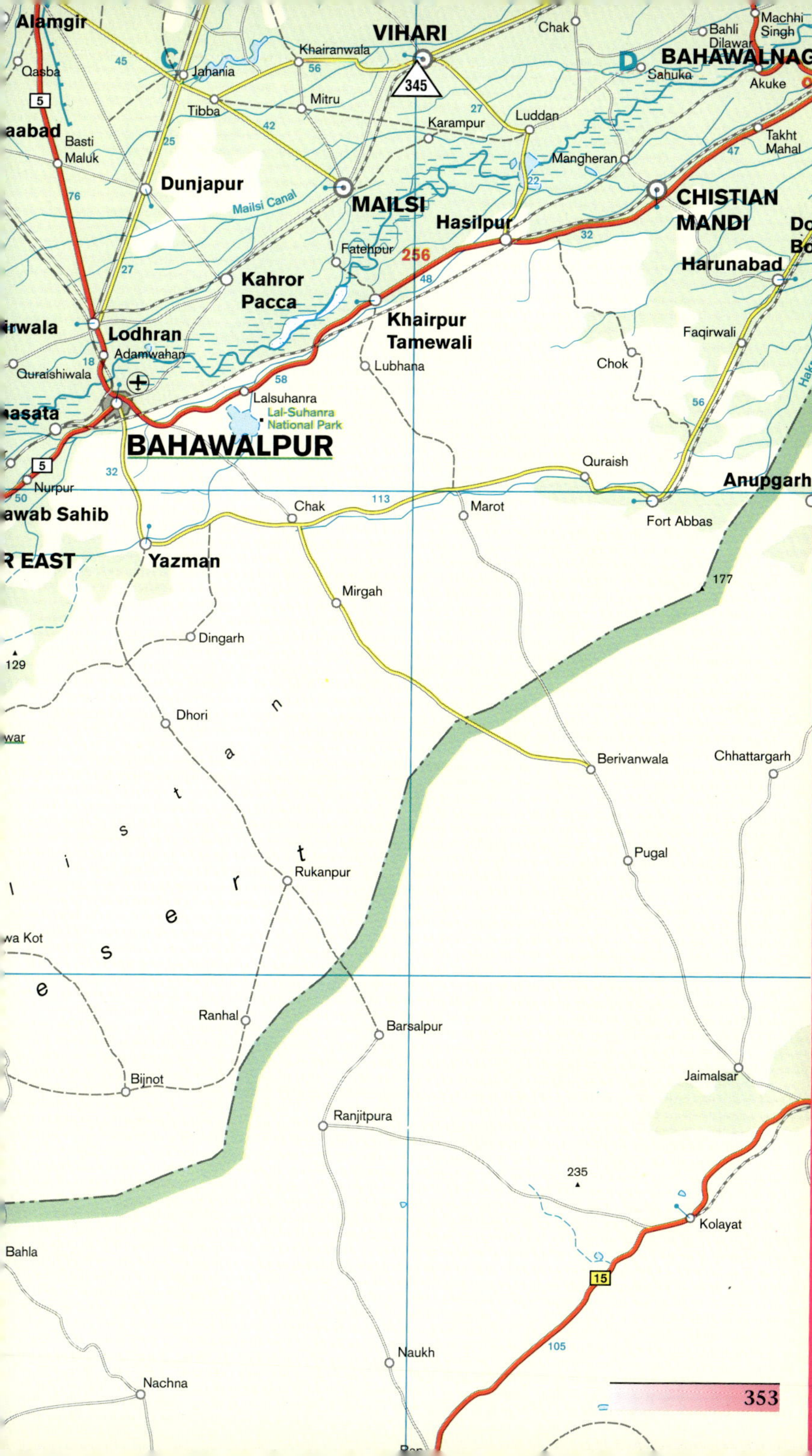
Alamgir
Qasba
aabad
Basti
Maluk
Jahania
Tibba
Dunjapur
Mailsi Canal
Khairanwala
Mitru
VIHARI
345
Karampur
MAILSI
Chak
Luddan
Hasilpur
Mangheran
Bahli
Dilawar
Machhi
Singh
BAHAWALNAGAR
Sahuka
Akuke
Takht
Mahal
CHISTIAN
MANDI
Harunabad
Donga
Bonga
Fatehpur
256
Kahror
Pacca
Khairpur
Tamewali
irwala
Lodhran
Adamwahan
Quraishiwala
Lubhana
Chok
Faqirwali
Hakra Right Br.
Lalsuhanra
Lal-Suhanra
National Park
BAHAWALPUR
asata
Nurpur
awab Sahib
R EAST
Chak
Yazman
Marot
Quraish
Anupgarh
Fort Abbas
177
Mirgah
Dingarh
129
Dhori
war
Berivanwala
Chhattargarh
Pugal
Rukanpur
wa Kot
Ranhal
Barsalpur
Bijnot
Jaimalsar
Ranjitpura
235
Kolayat
15
Bahla
105
Naukh
Nachna

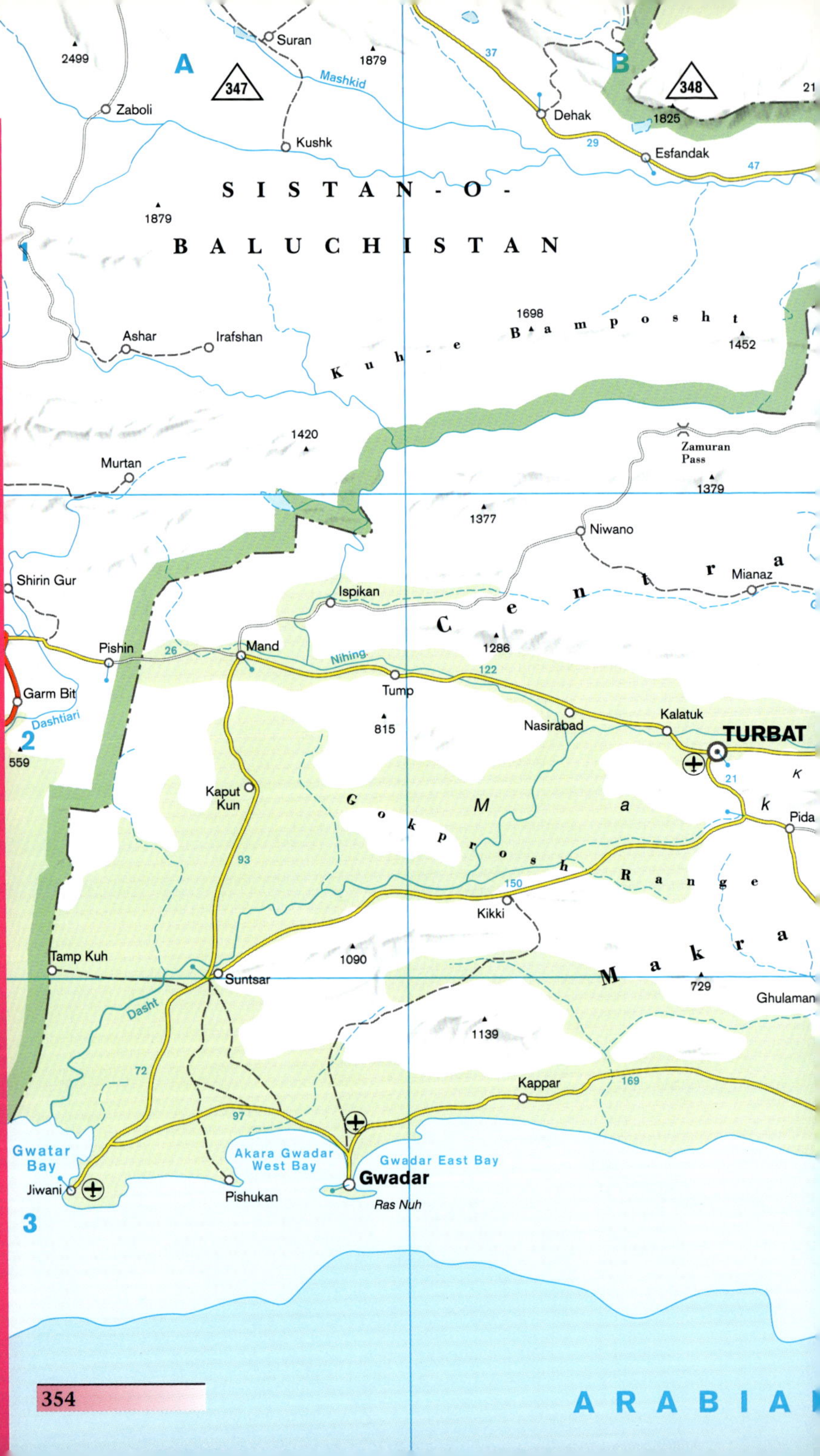
A
B
347
348
1
2
3
Suran
Zaboli
Kushk
Dehak
Esfandak
Mashkid
2499
1879
1825
S I S T A N - O -
B A L U C H I S T A N
Kuh-e Bamposht
1698
1452
Ashar
Irafshan
1420
Murtan
Zamuran Pass
1379
1377
Niwano
Shirin Gur
Ispikan
Mianaz
Central
Pishin
Mand
Nihing
Garm Bit
Dashtiari
559
1286
Tump
815
Nasirabad
Kalatuk
TURBAT
Kaput Kun
Gokprosh
Makran Range
Pida
Kikki
Tamp Kuh
Suntsar
1090
729
Ghulaman
Dasht
1139
Kappar
Gwatar Bay
Akara Gwadar West Bay
Gwadar East Bay
Jiwani
Pishukan
Gwadar
Ras Nuh
ARABIA

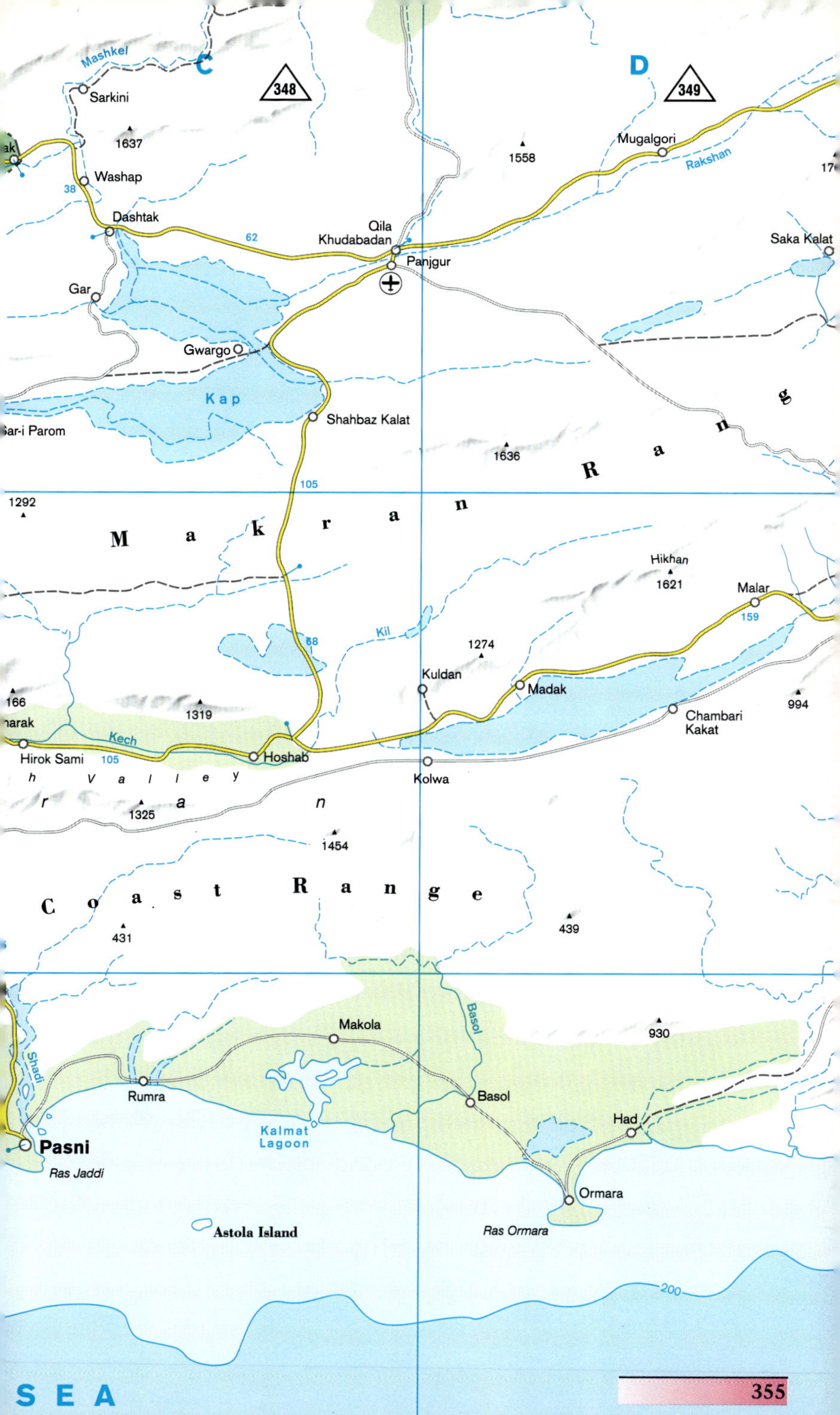

C
D
348
349
Mashkel
Sarkini
1637
Washap
38
Dashtak
62
Qila
Khudabadan
Panjgur
1558
Mugalgori
Rakshan
Saka Kalat
Gar
Gwargo
Kap
Shahbaz Kalat
Sar-i Parom
1636
R a n g
105
1292
M a k r a n
Hikhan
1621
Malar
159
Kil
68
1274
Kuldan
Madak
166
1319
Chambari
Kakat
994
Kech
Hirok Sami
105
Hoshab
Kolwa
V a l l e y
a n
1325
1454
C o a s t R a n g e
431
439
Makola
Basol
930
Shadi
Rumra
Basol
Had
Pasni
Ras Jaddi
Kalmat
Lagoon
Ormara
Astola Island
Ras Ormara
200
SEA

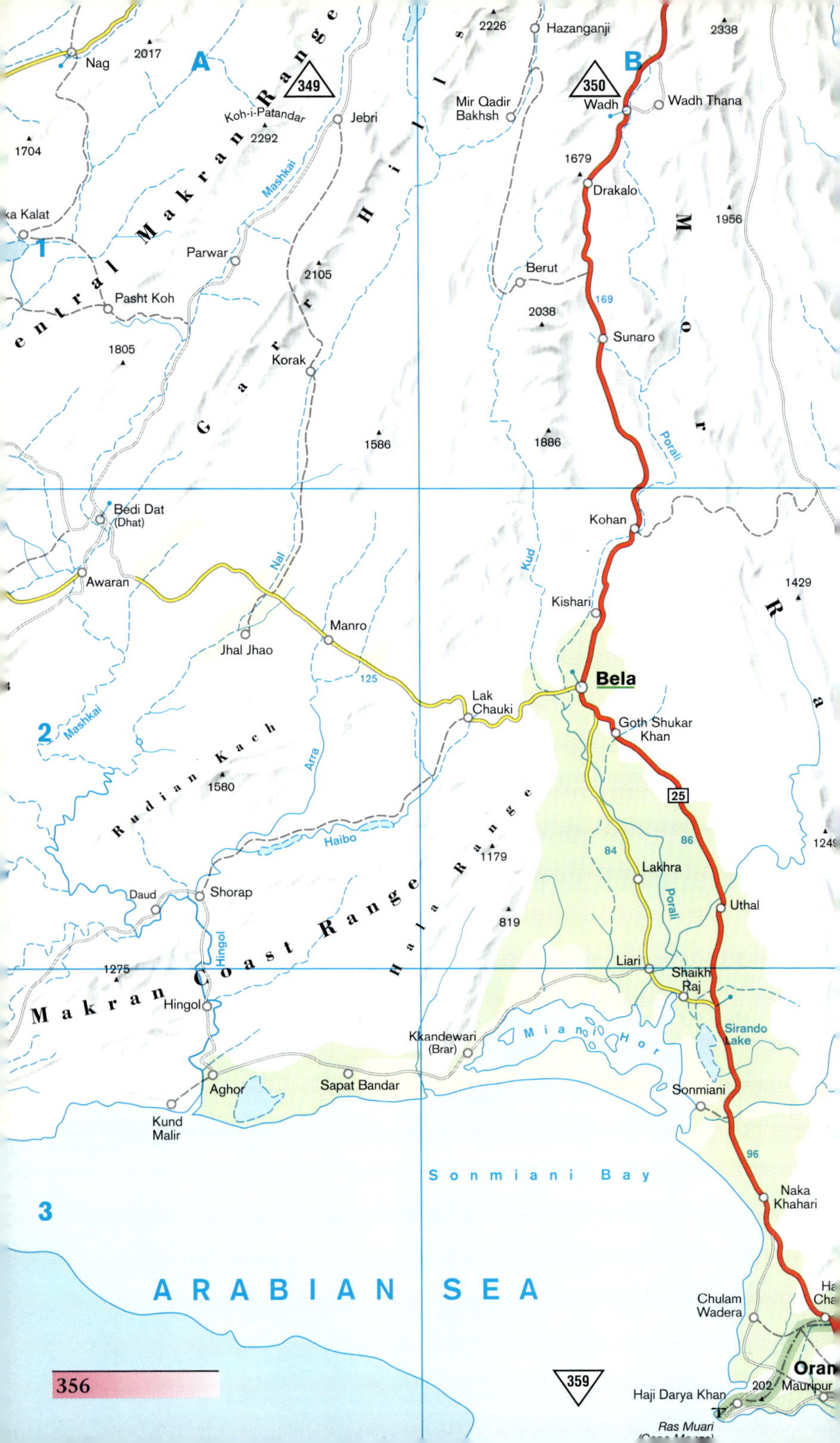

Nag
2017
A
349
entral Makran Range
Koh-i-Patandar
2292
1704
Jebri
Garr Hills
2226
Hazanganji
B
350
2338
Wadh
Wadh Thana
Mir Qadir Bakhsh
1679
Drakalo
1956
Mor Ra
Mashkai
ka Kalat
1
Parwar
Pasht Koh
2105
Berut
169
2038
Sunaro
1805
Korak
1586
1886
Porali
Bedi Dat (Dhat)
Kohan
Kud
Nal
Awaran
1429
Kishari
Manro
Jhal Jhao
125
Bela
Lak Chauki
Goth Shukar Khan
2
Mashkai
Rudian Kach
1580
Arra
25
Hala Range
Haibo
1179
84
86
Lakhra
Daud
Shorap
Porali
Uthal
Makran Coast Range
Hingol
819
1275
Liari
Shaikh Raj
Hingol
Sirando Lake
Mian Hor
Kkandewari (Brar)
Aghor
Sapat Bandar
Sonmiani
Kund Malir
96
Sonmiani Bay
Naka Khahari
3
ARABIAN SEA
Chulam Wadera
Oran
359
Haji Darya Khan
202
Mauripur
Ras Muari

LARKANA
KHAIRPUR
KOT D
Wagan
Warah
Hamal
Nasirabad
Data Chandio
Faridabad
Mohenjo Daro
Chandka
Agra
Khohra
Gambat
Sobhadero
Badrah
Mehar
Hingorja
Rainpur
Khairpur Natham Shah
Goth Fateh Khan
Bhangar
Radhan
Sita Road
Setharja
Halani
Kandiaro
Thar
Dabelo
Kakkar
Goth Nasrani
Tharu Shah
Bhiria
Mari
Phulji Station
Phulji Road
Gul Muhammad
Mithiani
Naushahro Firoz
Chang
Pad Idan
Haji Khan
Johi Br.
Phul
Uman
Johi
Dadu
Khudabad
Gachero
Moro
Badal Khan Goth
Bandhi
S I N D
Bhan
Talti
Daulatpur
Nasrat Branch
Sehwan
Haberi
Pir Ghazi
Bubak
Lake Manchhar
Shah Hazan
Daur
Indus
Jamal Shah
Jhangara
Kotiro
Saruna
Tirath Laki
Qazi Ahmad
NAWABSHAH
Jam S
Chanu Daro
Shahpur Chakar
Goth Amri
Gidarir Forest
Diwana
Sakrand
Sarhari
Khad
Sann
Nahr Rohri
Kirthar National Park
New Saidabad
Shahdadpur
Shergarh
Ranikot
Marjhand
Dureji
Mans
Karchat
Hab
TANDO ADAM
Hala
Bhit Shah
Ghulam
Budhapur
Sakhat
Dero Lai Station
Hinidan
Matiari
Tando Allahyar
Nasu Bhurgari
Nasirpur
Band Virah
Wahi
Baran
Railo
Tando Jam
Goth Piaro
Shangri
Dinga
Kotri
Thano Bula Khan
Sari Sing
Kho
Bholari
HYDERABAD
Tando Muhammad Khan
Shaikh Bhirkio
Goth Ahmal
Gadep
Kalu Kuhar
Meting
Mulla Katyar
Khachhi
KARACHI
Manghopir
Jerruk
Matli
Jhimpir
Dhana
Kalri Lake
Chaukundi
Bird and Fish Paradise
Bird Paradise
Bano
Pipri
Chaukhandi
Jungshahi
Bulri
Landhi
Kairo
Kirthar Range
Lakhi Range
350
351
359
360
315
366
5
2096
2171
1734
1316
1036
1231
1133
1005
717
209
446

KHAIRPUR
Ghari
A
B
Ripri
Shadi Shahid
351
352
169
KOT DIJI
Piarewaro Tar
Ghotarn
Rainpur
268
Nara Canal
Phariaro
Kadanwari
Shahgarh
Setharja
Sorah
Thari
Desert
Dingri
Thar
SIND
Khewari
Rajar
Dhanana
Petro
Mamoi Tar
Surtanahu
Jamaro Can.
Jamaro Head
Jam Sahib
Shahpur Chaka
Khadro
Rukhul Shah
Sinjihoro
Sanghar
Shahdadpur
Nara Canal
Ranahu
Mansura
Berani
Khipro
Bhit Shah
TANDO ADAM
Kandfari
Jhando Marri
Sindhri
Munak
Bhitala
Dero Lal Station
Sakhat
MIRPUR KHAS
Khahi
Nasirpur
Tando Allahyar
Dhoro Naro
Naya Chor
Pithoro
Bulgai
Tando Jam
Nahr Rohri
Karna
Umarkot
Khokar
Samaro
Dhoro
Shaikh Bhirkio
Chunibar
Mirwar Gorchani
Jamesabad
Tando Muhammad Khan
Khachhar
Digri
Kunri
Tando Ghulam Ali
Chachro
Matli
Nabisar
Sarmast Lighari
Jhudo
Pir Ali Mardan
360
361
Drigh
Talhar
Jamali
Naokot
Kairo

A
B
1
2
3
Kishari
Bela
Lak Chauki
356
357
Goth Shukar Khan
25
86
84
Lakhra
Porali
Uthal
Liari
Shaikh Raj
Sirando Lake
Mian Hor
Sonmiani
96
Naka Khahari
Sonmiani Bay
Hab Chauki
Chulam Wadera
Haji Darya Khan
Ras Muari (Cape Monze)
202
Mauripur
Orangi
Pir Mangho
KARACHI
Landhi
Chaukundi
Chaukhandi
Pipri
68
Bhanbore
Gharg
Juna Shah Bandar
Ghulamullah
Mirpur Sakro
Kotri Allahrakio
Garho
Goth Musa
Keti Bandar
Shahbandar
Jadewari
Gujo
Haleji Lake
Bird Paradise
Jungshahi
Kalu Kuhar
446
5
Gadep
Goth Ahmal
Dinga
578
142
Hinidan
1133
Hab
Dureji
Diwana
1231
1249
1036
Kotiro
Saruna
Shah Hazan
Jhangara
Lakhi Range
Kirthar National Park
Karchat
1005
Goth Piaro
Thano Bula Khan
Sari Sing
1179
819
Range
dewari
ARABIAN SEA
Masqat (Oman)
Aden (Yemen)
Bombay (India)

NAWABSHAH
HYDERABAD
MIRPUR KHAS
TANDO ADAM
A
B
1
2
3
357
358
366
197
5
Lake Manchhar
Shah Hazan
Jhangara
Tirath Laki
717
Lakhi Range
Indus
Qazi Ahmad
Jamal Shah
Jam Sahib
Jamaro Head
Goth Amri
Gidarir Forest
Chanu Daro
Sakrand
Shahpur Chaka
Khadro
Sarhari
Rukhul Shah
Sanghar
Sann
Nahr Rohri
Sinjhoro
Kirthar National Park
Shergarh
Ranikot
New Saidabad
Marjhand
Shahdadpur
Nara Canal
Mansura
Karchat
1005
Hala
Bhit Shah
Berani
Kandfari
Jamaro Can.
Budhapur
Sakhat
Ghulam
209
Matiari
Dero Lai Station
Jhando Marri
Band Virah
Nasu Bhurgari
Nasirpur
Tando Allahyar
Wahi
Baran
Railo
Tando Jam
Bulgai
Goth Piaro
Shangri
Kotri
Thano Bula Khan
Bholari
Sari Sing
Khokar
Shaikh Bhirkio
Dhoro
Chunibar
Mirwar Gorchani
Tando Muhammad Khan
Kalu Kuhar
Meting
Mulla Katyar
Khachhar
Digri
Tando Ghulam Ali
446
Jhimpir
Jerruk
Dhana
Matli
Sarmast Lighari
Kalri Lake
Bird and Fish Paradise
Pir Ali Mardan
Talhar
Bano
Drigh
Bird Paradise
Jungshahi
Bulri
Jamali
Haleji Lake
Kairo
Makli
Gujo
Khorewah
Tando Bago
Gharg
Thatta
Kalankot
Mirpur Batoro
Tando Ikran
Raho Kharia
Badin
Wango
Sujawal
Ghulamullah
Pir Patho
Mirpur Sakro
Garahi
Kadhan
Kotri Allahrakio
Chuhar Jamali
Bhadmi
Garho
Jati (Mughalbhin)
Ladiun
Rahim
Goth Musa
Shahbandar
Mian Pirdao Fakir
Musafirkhana
Jadewari
Lakhpat

C
D
358
Surtanahu
Myajlar
368
Ranahu
Harsani
Khipro
Bhitala
Munabao
Gadra
hi
Dhoro Naro
Naya Chor
Pithoro
19
78
Chohtan
657
Khimar
Karna
Umarkot
38
aro
Ahmad Tar
bad
Kunri
Chachro
Nabisar
Satidera
Naokot
146
Mithi
Islamkot
Gorhiar
Sami ji Veri
Panhario
Diplo
Nagar Pakar
359
n o f K u t c h
465
Lodrani
Kharda

Ortsregister zum Reiseatlas

Zum Auffinden der Orte dient das blaugedruckte Suchgitter mit den dazugehörigen halbfetten Suchbezeichnungen am Kartenrand. Nach dem Ortsnamen steht als erste Zahl die Seite, danach die Bezeichnung des entsprechenden Suchfeldes.

A

B

C

Und so urteilen Presse und Leser über die neuen Mai's Weltführer

Der Namibia-Führer ist der erste Band der Reihe des Mai-Verlags in neuer Gestalt: Die einzelnen Kapitel sind durch ein »Farbleitsystem« kenntlich gemacht, die inhaltliche Gliederung in die Abschnitte »Landeskunde«, »Praktischer Reiseführer« sowie »Reiseinformationen von A bis Z«, ergänzt um eine umfangreiche Bibliographie, ist schlüssig. Die Farbfotos sind gut, der abschließende Kartenteil, an dessen Beginn eine Übersichtskarte mit Blattschnitt steht, gefolgt von fünfzehn Detailkarten und einem ausführlichen Ortsregister, ist exzellent. Der Text hält das Niveau. Die Autorin beweist, daß man auch auf knappem Raum umfassend und zugleich unterhaltsam informieren kann.

Frankfurter Allgemeine Zeitung über Mai's Weltführer »Namibia«

Wir entschlossen uns kurzfristig Ihren Reiseführer mitzunehmen. Es war ein voller Erfolg. Dieses hochaktuelle Werk ist uns auf der Reise zu einem unersetzlichen Begleiter geworden. Alle Ratschläge, alle Hinweise und das Kartenmaterial haben wir als hervorragend empfunden. Die diversen Stadtpläne waren uns eine echte Hilfe. Lobend möchten wir auch die Restauranttips erwähnen. Unser Eindruck ist: Ihr Neuseeland-Reiseführer ist mehr als gelungen. Dafür gebührt Ihnen Anerkennung und Dank!

Ein Leser aus Bayern über Mai's Weltführer »Neuseeland«

Optisch und inhaltlich ein starkes Stück.

Globo-Reiseführervergleich Oktober 1994 über Mai's Weltführer »Namibia«

Meine Hochachtung der Autorin und dem Verlag ein »Glück auf« zum neuen Outfit der Mai's Weltführer!

Radio 50plus, Berlin, über Mai's Weltführer »Namibia«

NOTIZEN